奋斗与梦想

近代以来中国人的百年追梦历程

李 捷 著

中国社会科学出版社

图书在版编目（CIP）数据

奋斗与梦想：近代以来中国人的百年追梦历程／李捷著 . —北京：中国社会科学出版社，2021.6（2024.11 重印）

（理解中国丛书）

ISBN 978 – 7 – 5203 – 8378 – 3

Ⅰ.①奋… Ⅱ.①李… Ⅲ.①社会主义核心价值观—中国 Ⅳ.①D616

中国版本图书馆 CIP 数据核字（2021）第 076635 号

出 版 人	赵剑英
项目统筹	王　茵
责任编辑	孙　萍
责任校对	李　莉
责任印制	王　超

出　　版	中国社会科学出版社
社　　址	北京鼓楼西大街甲 158 号
邮　　编	100720
网　　址	http://www.csspw.cn
发 行 部	010 – 84083685
门 市 部	010 – 84029450
经　　销	新华书店及其他书店
印　　刷	北京明恒达印务有限公司
装　　订	廊坊市广阳区广增装订厂
版　　次	2021 年 6 月第 1 版
印　　次	2024 年 11 月第 9 次印刷
开　　本	710×1000　1/16
印　　张	39.75
字　　数	497 千字
定　　价	98.00 元

凡购买中国社会科学出版社图书，如有质量问题请与本社营销中心联系调换
电话：010 – 84083683
版权所有　侵权必究

《理解中国》丛书编委会

编委会主任： 王伟光

编委会副主任： 李 扬　李培林　蔡 昉

编委会成员（以拼音字母为序）：

　　卜宪群　蔡 昉　高培勇　郝时远　黄 平
　　金 碚　李 林　李培林　李 扬　马 援
　　王 镭　王 巍　王伟光　杨 义　赵剑英
　　周 弘　卓新平

主编： 赵剑英

编辑部主任： 王 茵

编辑部成员： 孙 萍　朱华彬　李凯凯

出版前言

  自鸦片战争之始的近代中国，遭受落后挨打欺凌的命运使大多数中国人形成了这样一种文化心理：技不如人，制度不如人，文化不如人，改变"西强我弱"和重振中华雄风需要从文化批判和文化革新开始。于是，中国人"睁眼看世界"，学习日本、学习欧美以至学习苏俄。我们一直处于迫切改变落后挨打、积贫积弱，急于赶超这些西方列强的紧张与焦虑之中。可以说，在一百多年来强国梦、复兴梦的追寻中，我们注重的是了解他人、学习他人，而很少甚至没有去让人家了解自身、理解自身。这种情形事实上到了1978年中国改革开放后的现代化历史进程中亦无明显变化。20世纪八九十年代大量西方著作的译介就是很好的例证。这就是近代以来中国人对"中国与世界"关系的认识历史。

  但与此并行的一面，就是近代以来中国人在强国梦、中华复兴梦的追求中，通过"物质（技术）批判""制度批判""文化批判"一直苦苦寻求着挽救亡国灭种、实现富国强民之"道"，这个"道"当然首先是一种思想，是旗帜，是灵魂。关键是什么样的思想、什么样的旗帜、什么样的灵魂可以救国、富国、强国。一百多年来，中国人民在屈辱、失败、焦虑中不断探索、反复尝试，历经"中学为体，西学为用"、君主立宪实践的失败，西方资本主义政治道路的破产，"文化大革命"的严重错误以及20世纪90年代初世界社会主义的重大挫折，终于走出了中国革命胜利、民族独立解放之路，特别是将科学社会主义理论逻辑与中国社会发展历史逻辑结合在一起，走出了一条中国社会主义现代化之路——中国特色社会主义道路。经过最近三十多年的改革开放，中国社会主义市场经济快速发展，经济、政治、文化和社会建设取得伟大成就，综合国力、文化软实力和国际影响力大幅提升，中国特色社会主义取得了巨大成功，虽然还不完善，但可以说其体制制度基本成型。百年追梦的中国，正以更加坚定的道路自信、理论自信和制度自信的姿态，崛起于世界民族之林。

与此同时，我们应当看到，长期以来形成的认知、学习西方的文化心理习惯使我们在中国已然崛起、成为当今世界大国的现实状况下，还很少积极主动向世界各国人民展示自己——"历史的中国"和"当今现实的中国"。而西方人士和民族也深受中西文化交往中"西强中弱"的习惯性历史模式的影响，很少具备关于中国历史与当今发展的一般性认识，更谈不上对中国发展道路的了解，以及"中国理论""中国制度"对于中国的科学性、有效性及其对于人类文明的独特价值与贡献这样深层次问题的认知与理解。"自我认识展示"的缺位，也就使一些别有用心的不同政见人士抛出的"中国崩溃论""中国威胁论""中国国家资本主义"等甚嚣尘上。

可以说，在"摸着石头过河"的发展过程中，我们把更多的精力花在学习西方和认识世界上，并习惯用西方的经验和话语认识自己，而忽略了"自我认知"和"让别人认识自己"。我们以更加宽容、友好的心态融入世界时,自己却没有被客观真实地理解。因此,将中国特色社会主义的成功之"道"总结出来,讲好中国故事,讲述中国经验,用好国际表达,告诉世界一个真实的中国,让世界民众认识到,西方现代化模式并非人类历史进化的终点,中国特色社会主义亦是人类思想的宝贵财富,无疑是有正义感和责任心的学术文化研究者的一个十分重要的担当。

为此,中国社会科学出版社组织一流专家学者编撰了《理解中国》丛书。这套丛书既有对中国道路、中国理论和中国制度总的梳理和介绍,又有从政治制度、人权、法治,经济体制、财经、金融,社会治理、社会保障、人口政策,价值观、宗教信仰、民族政策,农村问题、城镇化、工业化、生态建设,以及古代文明、哲学、文学、艺术等方面对当今中国发展和中国历史文化的客观描述与阐释,使中国具象呈现。

期待这套丛书的出版,不仅可以使国内读者更加正确地理解100多年中国现代化的发展历程,更加理性地看待当前面临的难题,增强全面深化改革的紧迫性和民族自信,凝聚改革发展的共识与力量,也可以增进国外读者对中国的了解与理解,为中国发展营造更好的国际环境。

中国社会科学出版社社长

2014年1月9日

目　录

引言　民族精神与百年梦想……………………………………（1）

第一章　前所未有之大变局………………………………（6）
"康乾盛世"与强弩之末 …………………………………（7）
"日不落帝国"的崛起及侵华野心 ………………………（12）
百年民族屈辱的开始 ……………………………………（17）

第二章　东方睡狮醒来了 …………………………………（24）
农民阶级的"天国"之梦 …………………………………（25）
地主阶级洋务派的"富国强兵"之梦 ……………………（32）
资产阶级维新派的"变法改良"之梦 ……………………（38）
资产阶级革命派的"民主共和"之梦 ……………………（45）

第三章　人间正道是沧桑 ……………………………………（56）
　　黑暗中的希望曙光 …………………………………………（57）
　　五四运动带来的转折 ………………………………………（63）
　　民族复兴的新希望 …………………………………………（68）
　　国共第一次合作 ……………………………………………（77）
　　大革命高潮的到来与失败 …………………………………（91）

第四章　为了创建新中国 ……………………………………（101）
　　蒋介石的得意之时 …………………………………………（102）
　　中国革命有了新起点 ………………………………………（107）
　　红军反"围剿"的胜利与失败 ………………………………（115）
　　长征路上的历史转折 ………………………………………（120）
　　一扫民族耻辱 ………………………………………………（125）
　　人民与历史的选择 …………………………………………（131）

第五章　现代化的曲折探索 …………………………………（144）
　　国家工业化建设的起步 ……………………………………（146）
　　探索独立自主的建设道路 …………………………………（154）
　　"大跃进"的深刻教训 ………………………………………（161）
　　"多事之秋"与共渡难关 ……………………………………（181）
　　"文化大革命"的发动与结束 ………………………………（190）

第六章　改革开放的伟大觉醒 ………………………………（198）
　　路向何方的深邃思考 ………………………………………（199）

实现历史性转折……………………………………（205）
　　在立与破中开启改革开放…………………………（211）
　　从十二大到十三大…………………………………（229）

第七章　大踏步赶上时代………………………………（236）
　　搞活城乡经济………………………………………（236）
　　积极对外开放………………………………………（239）
　　经济改革的第一个顶层设计………………………（241）
　　在严峻考验中坚持改革开放………………………（248）
　　邓小平发表"南方谈话"……………………………（257）
　　对五大历史性课题的破解…………………………（260）

第八章　以新姿态跨入 21 世纪………………………（277）
　　社会主义市场经济的创举…………………………（277）
　　跨世纪发展的战略擘画……………………………（281）
　　实施跨世纪发展战略………………………………（284）
　　香港澳门回归祖国…………………………………（289）
　　党的建设新的伟大工程……………………………（294）
　　开启全面建设小康社会新征程……………………（296）
　　促进统筹发展与科学发展…………………………（299）
　　应对重大灾害和考验………………………………（309）

第九章　开创新时代……………………………………（315）
　　开启民族复兴新航程………………………………（315）
　　打铁还需自身硬……………………………………（318）

将改革进行到底……………………………………………（320）
实行依法治国新方略……………………………………（327）
新发展理念推动高质量发展……………………………（330）
实现指导思想的新飞跃…………………………………（335）
推进机构改革与国家治理………………………………（340）
创造抗击新冠肺炎疫情的中国奇迹……………………（351）

第十章　马克思主义中国化新飞跃……………………（362）
既一脉相承又与时俱进的理论创新……………………（363）
习近平新时代中国特色社会主义思想的创立…………（370）
指引实现中华民族伟大复兴的科学理论………………（377）
一系列领域的思想结晶…………………………………（385）
彰显马克思主义中国化鲜明品格………………………（392）

第十一章　为了人民美好生活…………………………（402）
实现从无到有的跨越……………………………………（403）
从短缺经济到人民总体小康……………………………（406）
积极参与和推动经济全球化……………………………（410）
进入高质量发展新阶段…………………………………（422）
第一个百年目标完满实现………………………………（429）
人民生活的沧桑巨变……………………………………（434）

第十二章　打赢三大攻坚战……………………………（444）
防范化解重大风险………………………………………（445）
警惕"黑天鹅""灰犀牛"事件……………………………（450）

历史性解决绝对贫困问题……………………………………（458）
确保中华民族永续发展……………………………………（476）
推动发展观和财富观的深刻变革…………………………（487）

第十三章 用自我革命引领社会革命………………………（496）
解决长期执政历史性课题…………………………………（496）
强力反腐败反"四风"………………………………………（500）
把权力关进制度的笼子……………………………………（505）
以政治建设统领各项建设…………………………………（508）
补足理想信念之钙…………………………………………（510）
坚持党对一切工作的领导…………………………………（512）
原创性的理论贡献…………………………………………（517）

第十四章 破解国家治理难题………………………………（523）
中国特色社会主义制度的由来……………………………（523）
国家治理问题的认识升华…………………………………（528）
推进国家治理体系和治理能力现代化……………………（539）
国家治理理论与实践的集大成……………………………（546）

第十五章 环球同此凉热……………………………………（556）
回答21世纪的世界之问……………………………………（557）
提出全球治理的中国方案…………………………………（559）
"三个世界"划分理论………………………………………（563）
和平发展的时代主题………………………………………（571）
建立和平平等合作繁荣的新世界…………………………（578）

构建人类命运共同体……………………………………（583）

结束语　长风破浪会有时……………………………（599）

参考文献………………………………………………（608）

索　引…………………………………………………（614）

引　言

民族精神与百年梦想

我们这本书，是专讲近代以来中国人的追梦历程的。这个梦，就是专指中华民族伟大复兴中国梦。因此，这个追梦历程，也自然要从1840年后这个复兴之梦的产生与兴起开始讲起。

中华民族，是一个勤劳务实的民族，也是一个充满理想与奋斗精神的民族。

在中华民族5000多年文明史中，梦想与追求，梦想与奋斗，梦想与挫折，梦想与抗争，梦想与胜利，从来就是紧紧连在一起的。梦想越崇高、越伟大，付出的牺牲就越巨大。

中华民族是一个酷爱和平的民族，一个崇敬道义的民族，一个追求天人和谐的民族。中国人自古以来崇拜道义，而非强权；崇拜智者，而非强者；崇拜祖先，而非上帝；崇拜包容，而非零和。

对美好社会理想的憧憬与追求，而非对强权、霸主的崇拜与追求，在中华民族的梦想中，居于核心地位。

远古以来，中国就流传着"女娲补天""羿射九日""神农尝百草""精卫填海""愚公移山"等传说，代代相传，家喻户晓，渗入了中国人的精神世界，化作中华民族历史文化基因的一部分。这些传说生动地告诉一代又一代炎黄子孙，人不能没有梦想，不能没有追求，但梦想与追求的实现，离不开奋斗，哪怕是舍生取义、粉身碎骨也在所不辞。

农耕文明形成以降，《周易》中便有"天行健，君子以自强不息。""观乎天文，以察时变；观乎人文，以化成天下。""天地革而四时成，汤武革命，顺乎天而应乎人。"这些思想告诫后人，不能因循守旧、坐享其成，而要自强不息，在顺天应人中化成天下，实现远大抱负与理想。

先秦时期，中华文明经过漫长的积累过程，出现了一次伟大的思想觉醒，对后世中华文明走向产生极其重大的影响，中华文明的思想元素开始真正具有了"中华"特色。在诸子百家丰富多彩的思想中，对人与社会关系、人与国家关系、国家与民众关系有了深刻反思，提出多种多样的社会理想。如孔子对"礼""仁"的倡导，老子对"道""无为"的推崇，墨子的"兼爱"，孟子的"仁义"，庄子的"万物齐一"，荀子的"礼义"等等，奠定了中华民族在社会理想中对"天人合一""人间正道""和谐友善"等的不懈追求。这些积极进取的思想，既是为当时社会动荡、阶级分化状况寻找出路的客观反映，也为秦汉时期形成一体多元的统一多民族封建国家奠定了思想文化基础。

汉唐以后，以儒家为中心、包容多样、博采众长的中华民族思想文化格局形成并发展，进一步形成了以"大同社会""小康社会""修身齐家治国平天下""民如水，君如舟，水可载舟，亦可覆舟""先天下之忧而忧，后天下之乐而乐"等为代表的社会理想，激励着一代又一代的中华民族子孙砥砺前行。

这些社会理想，在中国近代国运式微、制度腐败、内忧外患频仍、动乱战乱不已的情况下，难以为中国找到救亡图存、革故鼎新的新出路与新道路，难以真正解决民族独立、人民解放、国家富强、人民富裕的历史性新课题。但是，在中国选择了中国共产党领导、马克思主义指导、社会主义道路并取得成功后，这些社会理想作为中华优秀传统文化的重要标志，在中华民族从站起来、富起来向强起来跨越的征途中，依然发挥着不可替代的积极作用，成为中华民族的历史文化基因。

正如习近平总书记2014年9月24日在纪念孔子诞辰2565周年国际学术研讨会暨国际儒学联合会第五届会员大会开幕会上的讲话中所说："儒家思想同中华民族形成和发展过程中所产生的其他思想文化一道，记载了中华民族自古以来在建设家园的奋斗中开展的精神活动、进行的理性思维、创造的文化成果，反映了中华民族的精神追求，是中华民族生生不息、发展壮大的重要滋养。中华文明，不仅对中国发展产生了深刻影响，而且对人类文明进步作出了重大贡献。"[①]

他在讲话中列举了中国古代形成的许多重要思想，今天对治国理政、道德修养、精神文明建设、生态文明建设、增强民族团结、构建人类命运共同体等，依然发挥着重要作用。

这些思想包括：关于道法自然、天人合一的思想，关于天下为公、大同世界的思想，关于自强不息、厚德载物的思想，关于以民为本、安民富民乐民的思想，关于"为政以德""政者正也"的思想，关于"苟日新，日日新，又日新"、革故鼎新、与时俱进的思想，关于脚踏实地、实事求是的思想，关于经世致用、知行合一、躬行实践的思想，关于集思广益、博施众利、群策群力的思想，关于仁者爱人、以德立人的思想，关于以诚待人、讲信修睦的思想，关于清廉从

---

① 习近平：《在纪念孔子诞辰2565周年国际学术研讨会暨国际儒学联合会第五届会员大会开幕会上的讲话》，人民出版社2014年版，第4页。

政、勤勉奉公的思想，关于俭约自守、力戒奢华的思想，关于中和、泰和、求同存异、和而不同、和谐相处的思想，关于安不忘危、存不忘亡、治不忘乱、居安思危的思想，等等。

对于5000多年从未中断过的文明历史的中华民族来说，对于历经沧桑与磨难而始终历久弥新、保持旺盛活力的中华民族来说，对美好社会理想的追求，就是不断激励其从灾难中奋起、在厄运中抗争、在战乱中聚合、在挫折中前行的巨大精神力量。

正是有对美好社会理想的不懈追求，中华民族才能不断励精图治、革故鼎新，紧随时代前进的步伐，从原始社会走向奴隶制社会，又从奴隶制社会走向封建社会，再从半殖民地半封建社会的苦难深渊中跃出谷底，经过新民主主义革命、社会主义革命，终于走上了中国特色社会主义康庄大道。

这种对美好社会理想的不懈追求，深刻地影响着中华民族的精神世界，既是中华民族的精神支撑，也是中华民族的精神禀赋，使中华民族在5000多年艰难曲折的文明史中形成了伟大的创造精神、奋斗精神、团结精神、梦想精神，成为近代以来中华民族从站起来、富起来走向强起来的强大精神动力。

这种对美好社会理想的不懈追求，深刻地决定着中国近代半殖民地半封建社会的根本走向，成为中国人民和中华民族根据自身经历最终选择了中国共产党领导、马克思主义指导、社会主义道路的历史文化基因。

每个时代，有每个时代的追求，有每个时代的发展逻辑与发展主题。中国近代以来，对美好社会理想的不懈追求，集中地表现为实现中华民族伟大复兴。而要实现民族复兴，就必须完成彻底摆脱历史厄运、赢得中国革命胜利、大踏步赶上时代潮流这三个历史性跨越。

中华民族要想彻底摆脱半殖民地半封建社会的历史厄运，实现"小康社会"和"大同世界"的理想，就要进行推翻帝国主义、封建主义、官僚资本主义三座大山的民主革命。

中国革命要取得胜利，面对强大的敌人和"一盘散沙"的民众，就要有大公无私、兼济天下、以民族独立和人民解放为己任的革命阶级和革命政党。

中华民族要想大踏步赶上时代潮流，实现中华民族伟大复兴，就要建立起适合本国国情的良制善法，在中国革命和建设取得成功的基础上，不断推动改革开放和社会主义现代化建设，坚持和发展中国特色社会主义道路、理论、制度、文化。

中国近代以来的历史证明，中国共产党继承了中华民族的文化根脉和精神追求，从成立之日起就把人民幸福、民族复兴作为自己的初心和使命，成为团结带领中国各族人民进行革命、建设和改革的领导核心与民族脊梁。中国革命、建设和改革不断取得胜利的过程，马克思主义中国化的过程，就是同中华传统文化精华相融合、与中国具体实践相结合的过程。在这一过程中形成、发展和不断完善的中国特色社会主义道路是中华民族悠久历史的延续，中国特色社会主义道路、理论、制度、文化有着深厚的中华历史文化基因，凝聚和接续着中华民族对美好社会理想的不懈追求。

奉献给广大读者的这本书，就是想在中国共产党成立 100 周年之际，在中华民族伟大复兴第一个百年奋斗目标已经实现、开始向第二个百年奋斗目标继续前进之际，完整地回顾 1840 年以来中华民族经历的奋斗与梦想，中国人所经历的实现中华民族伟大复兴中国梦的追梦历程。

第 一 章

前所未有之大变局

1840年6月下旬,英国一支舰队来到中国广东珠江口外,宣布封锁广东海口。持续两年零两个月的第一次鸦片战争爆发。

当时的人谁也未曾想到,这场在中国大门口爆发的侵略战争,竟揭开了长达一个世纪之久的中华民族屈辱史的序幕。

对这一幕降临的原因,后人常用一句话来说明:落后就会挨打。也就是说,中国当时被动挨打的重要原因,是中国落伍了。

对此,我们还要追问一句,中国落的是什么"伍"?

中国落的,不是世界霸主地位的"伍"。因为,尽管长期以来中国在世界上处于经济文化发展的领先地位,国力强盛程度在世界上也首屈一指,但由中国经济社会发展所处的特定发展阶段所决定,由中国历史文化的特质所决定,由中国封建社会长期奉行的基本国策所决定,中国从来没有谋求过世界的霸主地位。这一点,与古代的罗马帝国等迥然不同。

中国落的是什么"伍"呢?那就是在西方国家已经开始迅速发展的资本主义生产方式占据统治地位之"伍",是英国等国已经开始了的工业革命之"伍"。

既然落伍了,就要迎头赶上。这就提出了民族复兴的历史任务。

第一章　前所未有之大变局

但是，西方列强用武力打开中国国门的目的，绝不是要唤醒一个潜在的竞争对手，而是要永久地占领一个广阔的海外殖民扩张市场。这就决定了中国不能跟在西方屁股后面，重走西方列强资本主义发展的老路。中国要想实现民族复兴，只能探索另外的道路。这是后话。

这里，我们还是回到最初的话题，中国为什么会落伍呢？这主要不是因为西方列强的强大，而是中国封建社会自身发展的结果。

这要从清朝"康乾盛世"说起。

◇ "康乾盛世"与强弩之末

清朝出现的"康乾盛世"，尽管也是中国封建社会强盛的重要时期，但已是"强弩之末"。与以往历史上的盛世不同的是，就在这一盛世中，已经出现了衰败的征象。中国古代的文学名著《红楼梦》，已经深刻地揭露了这些征象。只不过当时的统治者与世人，还被盛世的表象所迷惑罢了。

历史现象，很多时候不仅是复杂的，而且是互相矛盾的。"康乾盛世"就是如此。

首先我们要说，"康乾盛世"是名副其实的盛世。

——奠定了中国现在版图的基础。经过70余年战争，击败准噶尔部，平定了西北回疆，随后又稳定了西藏。在北方，给向黑龙江流域进犯的沙皇军队以重创，通过《尼布楚条约》（1689年签订）巩固了清廷对东北地区的控制。清朝的统治疆域，在乾隆时期达到全盛，北起外兴安岭，西逾葱岭，南至琼州，东至黄海、东海，成为当时世界上少有的幅员辽阔的东方大国。

——封建皇权统治空前巩固。清朝沿袭明朝强盛时期的中央集权制度，又加以发展。雍正时期，设立军机处，削弱内阁权力，进一步加强了皇权。所有政治军事经济大权，集中在皇帝手中。皇帝具有至高无上的权力，能对他加以限制的，唯有皇太后。皇权的加强，既是封建政治制度从中央官僚体制向皇权专制政体发展演变的结果，也是统治集团内部强化满族贵族统治的产物。

——农业恢复，经济发展，市井繁荣。顺治时期，叫停了引起民怨的八旗贵族"圈地""投充"①。康熙时期，大力奖励垦荒，改革税制，与民生息，还拨款治理黄河、海河。到康熙六十年（1721年），全国垦田达735.6万余顷。乾隆三十一年（1766年）增加至780万顷。乾隆二十七年（1762年），各省大小男妇共计2亿零40万人。

与此同时，"康乾盛世"又是名副其实的"败絮其中"。诚如萧致治先生在《鸦片战争史》中所言："川、鄂等五省白莲教大起义虽可视为清王朝由盛到衰的转折点，然而它的衰败却肇始于乾隆中期。从乾隆中叶起，土地集中，剥削苛重，吏治腐败，武备废弛，矛盾激化，衰败现象已明显地表现出来。而土地集中、经济衰败则是导致清王朝走下坡路的基本问题。"②

——土地兼并严重，社会矛盾凸显。据乾隆十八年（1753年）统计，宗室贵族、勋戚世爵所领庄田共为153366顷，远远超过闽、桂、滇、黔等省的民田数目。故乾隆时湖南巡抚在奏疏中说："近日田之归于富户者，大约十之五六，旧时有田之人，今俱为佃耕之

---

① 清八旗一般不从事社会生产，在京畿地区圈占大量田地后，强迫失去土地的农民为他们进行生产劳动，被称为"投充"。

② 萧致治主编：《鸦片战争史》上册，福建人民出版社2017年版，第132页。

户。"① 实际上，开垦荒地得到的土地，多数落在了达官贵族和乡绅手上。土地高度集中，使大量农民背井离乡，农村劳动力减少。农业生产的萎缩，又使耕地面积减少。嘉庆十七年（1812年），全国耕地共有7915251顷。道光十三年（1833年），降至7375129顷，21年间减少了54万多顷。

——"文字狱"成风，造成严重的思想禁锢。清代文字狱，集中发生在顺治、康熙、雍正、乾隆时期，持续时间之长，发生案件之多，株连之广，超过封建统治的历代王朝。龚自珍曾作诗《咏史》，对清代"文字狱"作了无情的揭露："金粉东南十五州，万重恩怨属名流。牢盆狎客操全算，团扇才人踞上游。避席畏闻文字狱，著书都为稻粱谋。田横五百人安在，难道归来尽列侯？"

——八旗子弟分化衰败，战斗力大大削减。康熙时期，八旗和绿营就已乱象迭出。康熙二十六年（1687年），左都御史王鸿绪在奏折中说，驻防将领占夺民产，重息放债，强娶民妇，"种种为害，所在时有"；驻防旗兵，纪律败坏；绿营提镇，纵兵害民，虚冒粮饷，不一而足。② 至乾隆中期以后，八旗与绿营更是每况愈下，军纪败坏，训练废弛，将士骄惰，军营奢靡。乾隆五十九年（1794年），乾隆皇帝最后一次南巡，在杭州检阅营伍。据当时记载，"射箭箭虚发，驰马人坠地"③。

——吏治腐败，奢靡之风蔓延。从乾隆中叶起，清廷上下的腐败

---

① 萧致治主编：《鸦片战争史》上册，福建人民出版社2017年版，第133页。
② 转引自萧致治主编《鸦片战争史》上册，福建人民出版社2017年版，第165页。
③ 转引自萧致治主编《鸦片战争史》上册，福建人民出版社2017年版，第166页。

已十分严重,成为清朝国运迅速衰败的重要原因。和珅的腐败尽人皆知,已到了令人发指的程度。清朝贵族的奢靡,更是突出,既影响到官员的腐败之风蔓延,也影响到社会的奢靡之风泛滥。尽管乾隆皇帝也大加整饬,因贪污处死的二品以上官员即达30人之多,但腐败之风愈演愈烈,上至大学士、军机大臣,下至州官、县官和幕僚书吏,无所不包。具有讽刺意味的是,乾隆皇帝多次南巡,最初的用意,也有视察河工、体察民情的意思,发展到后来却成为皇帝游玩挥霍、官员借机搜刮民脂民膏的劳民伤财之举。

——边民暴动与农民起义不止。清朝统治时期,不仅有尖锐的阶级矛盾,还有复杂的民族矛盾。两者相互作用,到乾隆中期,已经开始酿成民变,暴露出"康乾盛世"积累的深刻社会矛盾。在此之前,雍正至乾隆年间,先后镇压了贵州苗民起义,平定了四川大小金川部落,耗费了大量精力。乾隆三十九年(1774年)发生的山东王伦起义,揭开清朝大规模农民起义的序幕。随后,又出现甘肃回民起义、台湾天地会起义等。直至嘉庆皇帝即位,爆发了声势浩大的白莲教起义,成为清朝由盛而衰的转折点。

因此可见,"康乾盛世"与以往每个封建王朝的盛世有很大不同,它不是王朝走向兴盛的标志,而是清王朝乃至整个封建制度走向衰落的"拐点"。正是"康乾盛世",将中国封建社会进入衰败时期后深刻的社会矛盾与制度弊端充分暴露,为鸦片战争引发的全面社会危机与统治危机埋下了隐线。与此同时,还严重扼杀了正在东南沿海出现的资本主义萌芽。这种深刻的社会矛盾与制度弊端,正是导致中国逐渐落伍的根本原因。

在鸦片战争前后直至整个清朝灭亡,清朝统治者在处置内忧外患中的种种表现、种种作为,与清王朝在"康乾盛世"中形成的封建统治传统及统治思路，有着极为密切的渊源关系和因果关系。剪不断，理还乱。

通过以上分析，我们可以看到，中国在"康乾盛世"时落伍于时代潮流之后的根本原因所在。正是中国封建社会制度发展到了后期，走向了自己的反面。

中国历史上曾经有过的辉煌与强大，在很大程度上得益于中国封建社会独特的政治制度、经济制度和社会制度，适应并推动了中国封建社会生产力的发展和经济社会繁荣，并且使这一辉煌与强盛持续了很长一段时间，使中国封建社会具有极强的自我修复能力的重要原因。

然而，也就在西方列强先后走上资本主义发展道路之时，特别是英国完成了第一次工业革命之时，中国封建社会及其政治经济文化社会制度走到了自己的反面，成为严重束缚和阻碍中国社会先进生产力发展、资本主义萌芽的障碍。清朝统治阶级也随着中国封建社会进入腐朽的后期，日益丧失其刚刚入主中原、建立新的封建王朝之时的朝气与锐气。等待着他们的，将是一个内忧外患同时袭来的大变乱时期。

"九州生气恃风雷，万马齐喑究可哀。我劝天公重抖擞，不拘一格降人材。"

这是龚自珍在道光十九年（1839年）写下的《己亥杂诗》之一。既表露出时人对清廷的失望与愤懑，又表达了对重振中华的渴望之情。

◇◇ "日不落帝国"的崛起及侵华野心

也正是在这时,一个在工业革命中崛起的资本主义强国——英国,正在透过印度殖民地,用贪婪的目光,虎视眈眈地遥望着中国。

16、17世纪,英国还是一个农业国。英国的商人以经营呢绒出口为主,在新航路开辟的刺激下,开始经营远洋贸易。英国资产阶级革命后,这一情况发生根本性改变。

1688年"光荣革命"①后,英国政府长期奉行重商主义政策,一方面刺激国内资本主义经济迅速发展,另一方面鼓励资本主义海外扩张。以此为背景,英国国内的毛纺织业与圈地运动相互推动,迅速发展。

然而,英国的毛纺织业在17世纪遇到了印度和中国棉纺织品的有力竞争。为保护本国的棉纺织业,1700年,英国国会通过了禁止棉纺织品进口的法令。也恰在此后不久,以1733年发明飞梭为标志,在棉纺织业中诞生了一系列的革命性变革,最终导致了18世纪80年代以蒸汽机为代表的动力革命。这就是在英国首先发生的工业革命。正是第一次工业革命,使英国成为名副其实的世界工厂,并取得海上霸主地位。

我们来看这组数据:(1)制造能力:1820年,英国工业总产量为世界工业生产总额的50%,对外贸易占世界贸易总额的18%。

---

① 1688年,英国资产阶级和新贵族发动推翻英王詹姆士二世的统治、防止天主教复辟的非暴力政变,史称"光荣革命"。1689年,英国议会通过限制王权的《权利法案》,国家权力由国王逐渐转移到议会。英国君主立宪制政体由此起源。

1830年，英国原煤产量占世界的70%，布匹和铁产量均占世界的50%。1820—1850年间，英国的五金制造占世界的40%。① 1850年，英国拥有的蒸汽机总功率为129万马力，占欧洲总量的58.5%。②（2）国家经济实力：1760年，英国国民生产总值为9000万英镑。1800年，增加到1.4亿英镑。1860年为6.5亿英镑。100年间增长6.2倍。③

重商主义在英国长期居于主导地位。而工业制造能力和商品生产能力的迅速提高，海上霸主地位的确立，进一步刺激了海外殖民扩张欲望。

此时，在中国周围，英国已经控制或染指了印度、新加坡、缅甸、伊朗、阿富汗等地，印度尼西亚、菲律宾等也在荷兰、西班牙等的控制之下。中国作为一个在西方人眼里的富庶的东方古国，此时成为西方列强垂涎欲滴的"围猎"对象。

其实，英国早已开始了各方面的准备。

就武的一手来说：1637年6月，英国舰队闯入中国珠江，炸毁了缺乏戒备的虎门炮台；1808年，英印总督以保护贸易为名，派舰队在澳门强行登陆；1838年，英国海军少将马他仑率军舰驶入广州内河。

就文的一手来看：1792年，英国派马戛尔尼使华，向清廷提出

---

① 《中国近代史》（第二版）上册，高等教育出版社2020年版，第16页。（[美]戴维·罗伯兹：《英国史：1688年至今》，鲁光桓译，中山大学出版社1990年版，第91—92、215页。——该书原注）

② 中国社会科学院世界历史研究所：《世界历史》第5册，江西人民出版社2012年版，第149—150页。

③ 中国社会科学院世界历史研究所：《世界历史》第5册，江西人民出版社2012年版，第150页。

增开通商口岸、在北京设立商馆、在舟山附近小岛设立贸易商站等要求，被拒绝；1816年，又派阿美士德使华，继续提出贸易要求，也遭到失败。

此外，1832年，英国"阿美士德"号船只到中国沿海，测绘地图，搜集情报。

对上述事件，如果只取其中一两件孤立地看，似乎只是一般的中西贸易往来。在这些商谈与处置中，也充分暴露了当时的清朝统治者居安自赏、妄自尊大的愚昧。但偶然之中孕育了必然。如果把这些事件前后联系起来，特别是放在英国经历了第一次工业革命后，急于要在海外寻找更大市场的背景下看，不难得到这样的结论：自18世纪末开始，英国已经把下一个殖民扩张的目标锁定在中国。

这一时期西方列强的殖民扩张手段，主要是殖民掠夺与商品输出。由于有17世纪英国毛纺织业遭遇中国棉纺织品竞争的经历，英国深知要打开向中国市场进行商品倾销的大门，必须找到一种特殊的商品。而自1600年以来经营东印度公司的经验，以及打开中国市场的种种尝试，使它很快找到了鸦片贸易这把对付中国朝野的"利器"。

任何一种有问题的商品，由它的输入演变成为社会问题，是要有特定的社会历史条件的。鸦片也不例外。

鸦片输入中国，由来已久。据文字记载，至少在唐代，罂粟已传入中国。在很长一段时间里，人们一直把它视为药材。鸦片作为毒品在中国开始传播，要追溯到明朝万历年间。到了清朝道光、咸丰年间，吸食鸦片之风在官员与民间流传，最终演变为严重的社会问题。其中很重要的原因，是明清之时到了封建社会的后期，封建制度的弊端与社会矛盾日益显露。人们面对这种种制度问题、社会问题又无计可施，不少有识之士渐渐心灰意冷。诞生于这一时期的中国古典文学名著《红楼梦》，便是这种社会窘境的艺术缩影。加之当时清廷的文化禁锢政策，更使士大夫阶层的许多人感觉思想苦闷、报国无门。在这样一种由封建社会后期所造成的压抑的社会氛围中，人们不仅需要精神鸦片的寄托，也需要从鸦片获得自我麻痹。

自1800年清廷颁布严禁外商输入鸦片、禁止国内种植鸦片的禁令后，严禁鸦片实际上成为政府官员同英美鸦片商人之间的一场博弈。而更严重的是，在社会每况愈下的背景下，内外鸦片走私者相互勾结，鸦片走私之风与鸦片吸食之风日甚一日，由社会问题演变成中国白银大量外流的财政问题。

正是在这一背景下，清道光帝采纳严禁鸦片的主张，派钦差大臣林则徐于1838年12月赴广东严查鸦片。1839年6月3日至25日，林则徐等在广东虎门海滩当众销毁缴来的大量鸦片，令嚣张一时的英美鸦片贩子为之一惧。在此之前，同年5月，林则徐下令解除封舱，恢复正常贸易，要求进口商船出具甘结，保证不再向中国贩运鸦片。这使禁烟运动于情于理都站住了脚。

鼓动英国商人拒绝做出不贩卖鸦片保证，致使两国贸易中断的，不是别人，正是英国驻华商务监督义律。他一面阻止英国商人出具甘结、恢复贸易，一面向英国政府游说出兵报复。在林则徐禁烟期间，他还在1839年3月27日，以英国政府名义发布一则公告，要求所有英国商人交出手中的鸦片，并保证"本总监督，为了不列颠女王陛下政府并代表政府，充分而毫无保留地愿意对缴出鸦片的全体及每一位女王陛下的臣民负责，转交中国政府。本总监督特别警戒所有旅居广州的女王陛下的臣民，不论是英国人所有的鸦片的货主，或是托管人，如在本日六时以前不将该项鸦片缴出，本总监督即行宣布女王陛下政府对该英商所有的鸦片不负任何责任"①。这实际上把中国政府同英国鸦片商之间的问题扩大成了两国之间的矛盾，为发动鸦片战争埋下了伏笔。

1840年4月，英国议会通过了发动对华战争的决议。在此之前，同年2月，英国政府已任命乔治·懿律为侵华英军总司令、英国全权代表。

特定的语汇及特定的含义，都是在社会历史发展中形成的。在西方国家殖民掠夺的语汇中，"通商自由"或"贸易自由"就是这些国家凭借船坚炮利与廉价商品打开落后国家大门的武器，在那些落后国家的眼里，这些语汇其实就是殖民扩张、殖民掠夺的同义词。只有在经过长达一个多世纪之久的民族独立民族解放运动，西方国家的旧有殖民体系土崩瓦解之后，才出现了现代意义上的"通商自由"或"贸易自由"。

对华侵略战争，是由英国的殖民扩张野心所决定的。这是第一次鸦片战争的实质，也是发生这场战争的根本原因。至于战争以什么样的口实、在何时、借什么样的导火线发生，那要由历史的具体发展而定，其中不排除各种偶然因素起作用。

有一种说法，这场战争全是林则徐禁烟惹的祸，似乎是中国人"自招其辱"。

这里实际上颠倒了战争发动的因果关系。前面的历史过程已经说明，是英美商人大肆走私鸦片在先，清廷派林则徐严厉禁烟在后；林则徐一边禁烟一边恢复正常贸易，义律阻挠英国商人具结恢复通商、蓄意发动侵华战争。如果把前前后后的历史过程联系起来看，清廷在

---

① ［美］马士：《中华帝国对外关系史》第1卷，生活·读书·新知三联书店1957年版，第254页。

当时的所作所为，没有超出任何一个主权国家正常行使主权的范围，也没有任何一个负责任的政府会放任毒品走私而撒手不管。以清廷严禁鸦片为借口，并把禁止毒品走私的正当行为称为"阻挠贸易自由"，发动对华战争的正是当时的英国殖民主义者。

当然，林则徐的禁烟尽管轰轰烈烈，伸张了中国的国威。但这场禁烟运动是注定会失败的。除了中英双方实力对比悬殊的客观原因之外，很重要的是行使国家主权的恰恰是一个正在走向末路的封建王朝。清廷的极度腐败，高官们普遍的昏庸无能、避战求和，使林则徐等爱国官员远无回天之力，只能抱恨终生。第一次鸦片战争，最终以林则徐被革职发往新疆，关天培等战死沙场，清廷被迫同英国侵略者签订以《南京条约》为代表的第一批不平等条约而告结束。这也是历史逻辑所使然。

◇◇ 百年民族屈辱的开始

1842 年 8 月 29 日签订的《南京条约》，一个最引人注目的条款，便是中国割让香港岛给英国。从此开了每每令中国割地赔款、丧权辱国的先例，也使香港离开祖国怀抱长达 150 多年。

有一种说法，中国如果像香港那样直接成为英国殖民地，岂不更好。其实，在当时英国殖民者的对华殖民策略中，香港是个局部。历史告诉我们，在局部因一定条件可以成为现实的事，是不可能完全复制到总体上来的。因为，事物发展的全部结果，皆因特定的时间、地点、条件等为转移，而非以人的主观倾向或意向为转移。

为了尊重历史，我们还是从中英《南京条约》等第一批不平等条约说起。

1842年8月29日（清道光二十二年七月二十四日），钦差大臣耆英、伊里布、两江总督牛鉴同英方签订了中国近代历史上第一个不平等条约《南京条约》。第一次鸦片战争以中国失败告终。

《南京条约》共十三款。

（一）五口通商。第二款规定："自今以后，大皇帝恩准英国人民，带回所属家眷，寄居沿海之广州、福州、厦门、宁波、上海等五处港口，贸易通商无碍。英国君主派设领事、管事等官住该五处城邑，专理商贾事宜。"①

（二）割地香港岛。第三款称："因英国商船远路涉洋，往往有损坏须修补者，自应给予沿海一处，以便修船及存守所用物料。今大皇帝准将香港一岛给予英国君主暨嗣后世袭主位者常远据守主掌，任便立法治理。"②

（三）赔款。第四款规定："因钦差大臣等于道光十九年二月间，将英国领事官及民人等，强留粤省，吓以死罪，索出鸦片，以为赎命。今大皇帝准以洋银六百万圆，偿补原价。"③第五款规定："且向例额设行商等，内有累欠英商甚多，无措清还者，今酌定洋银三百万元，作为商欠之数，准明由中国官为偿还。"④第六款规定："钦命大臣等向英官民人等，不公强办，致须拨发军士，讨求伸理，今酌定水陆军费洋银一千二百万元，大皇帝准为偿补。惟自道光二十一年六月

---

① 《中外旧约章汇编》第1册，生活·读书·新知三联书店1957年版，第31页。
② 《中外旧约章汇编》第1册，生活·读书·新知三联书店1957年版，第31页。
③ 《中外旧约章汇编》第1册，生活·读书·新知三联书店1957年版，第31页。
④ 《中外旧约章汇编》第1册，生活·读书·新知三联书店1957年版，第31页。

十五日以后，英国在各城收过银两之数，按数扣除。"① 第七款称："以上酌定银数，共两千一百万元。此时交银六百万元。癸卯年六月间交银三百万元，十二月间交银三百万元，共银六百万元。甲辰年六月间交银二百五十万元，十二月间交银二百五十万元，共银五百万元。乙巳年六月间交银二百万元，十二月间交银二百万元，共银四百万元。自壬寅年起，至乙巳止，四年共交银二千一百万元。但按期未能交足，则酌定每年每一百元应加息五元。"②

（四）享有不经过商行直接进行贸易的权利。第五款规定："凡英商民在粤贸易，向例全归额设行商，亦称公行者承办，今大皇帝准以嗣后不必仍照向例，乃凡有英商等赴各该口贸易者，勿论与何商交易，均听其便。"③

（五）实际上享有了在华刑事豁免权。第八款规定："凡系英国人，无论本国、属国军民等，今在中国管辖各地方被禁者，大皇帝准即释放。"④ 第九款规定："凡系中国人，前在英国人所据之邑居住者，或与英人有来往者，或有跟随及伺候英国官人者，均由大皇帝俯降谕旨，誊录天下，恩准免罪。凡系中国人为英国事被拿监禁者，亦加恩释放。"⑤ 也就是说，为英国人做事而获罪的中国人，也享有了免罪释放的特权。

（六）协定关税。第十款规定："俾英国商民居住通商之广州等五处，应纳进口出口货税、饷费，均宜秉公议定则例，由部颁发晓

---

① 《中外旧约章汇编》第 1 册，生活·读书·新知三联书店 1957 年版，第 31 页。
② 《中外旧约章汇编》第 1 册，生活·读书·新知三联书店 1957 年版，第 31 页。
③ 《中外旧约章汇编》第 1 册，生活·读书·新知三联书店 1957 年版，第 31 页。
④ 《中外旧约章汇编》第 1 册，生活·读书·新知三联书店 1957 年版，第 31 页。
⑤ 《中外旧约章汇编》第 1 册，生活·读书·新知三联书店 1957 年版，第 31 页。

示，以便英商按例交纳。今又议定：英国货物，自在某港按例纳税后，即准由中国商人，遍运天下，而路所经过，税关不得加重税例，只可照估价则例若干，每两加税不过某分。"①

（七）实际获得根据需要驻军的权利。第十二款规定："惟有定海县之舟山海岛，厦门厅之鼓浪屿小岛，仍归英兵暂为驻守，迨及所议洋银全数交清，而前议各海口均已开关，俾英人通商后，即将驻守二处军士退出，不复占据。"②

近一年之后，中英双方又于1843年7月、10月先后签订《五口通商章程（附海关税则）》和《五口通商附粘善后条款》，进一步巩固和扩大了英国在华权益。主要有：英国人犯罪后，"由英国议定章程、法律，发给管事官照办"；五口岸均可停泊一艘英国"官船"；准许在驻地"租赁"房屋及基地；承诺"设将来大皇帝有新恩施及外国，亦应准英人一体均沾"。通过这些规定，实际上取得了在华片面的"领事裁判权"、驻扎权、租借权、"最惠国待遇"。此外，还通过《五口通商章程（附海关税则）》，开了关税税则中国不能自己做主的先例。

后来，英国还通过第二次鸦片战争等，从中国夺取一系列殖民特权，对香港的占领也从本岛一直向外延伸至新界等地。但无论如何发展变化，第一次鸦片战争及《南京条约》实际上确定了英国对华殖民政策的基调。这就是，独占香港，作为实现对华殖民控制的基地；保全中国统治者的体面，以控制中国，与其他列强殖民利益"一体均沾"。一个是独占，一个是控制，这里面有严格的区别。这个基调，直到第二次世界大战期间，始终没有变。

---

① 《中外旧约章汇编》第1册，生活·读书·新知三联书店1957年版，第31—32页。
② 《中外旧约章汇编》第1册，生活·读书·新知三联书店1957年版，第31—32页。

精明而富有经验，特别是富有控制印度经验的英国殖民者非常清楚，尽管拥有坚船利炮，但要完全独占中国，把中国变成彻底的英属殖民地，是根本做不到的。这不仅有实力问题，也有东方社会文化的障碍，更有当时后起的西方列强俄国、美国、德国对中国的觊觎。而最重要的，还是中国人民异常猛烈的反抗。这一点，英国殖民者通过镇江抗英、广州三元里抗英等，已经领教过了。

1840年鸦片战争及一系列不平等条约的订立，对中国的影响是巨大的，带来的灾难也是巨大的。正如冯桂芬后来在《校邠庐抗议》中说："自五口通商，而天下之局大变。"① 曾经出使欧洲的郭嵩焘也说："西洋入中国，诚为天地一大变。"②

中国近代的历史，就是在这种屈辱下开始了。

同时，反抗这种屈辱、争取中华民族复兴的历史，也由此发端。

在中国封建社会的历史上，第一次出现了这样一组复杂的矛盾。一方面，封建统治阶级同农民阶级等人民大众的矛盾，这是旧有矛盾的延续和发展，构成了当时社会的基本矛盾。另一方面，由于殖民主义入侵，新出现了英国等殖民主义者同中国封建统治者的矛盾，西方殖民主义侵略同中国人民的矛盾。在新出现的这两组矛盾中，西方殖民主义侵略同中国人民大众的矛盾是当时社会的一组基本矛盾，而同前一组社会基本矛盾（封建统治阶级同农民阶级等人民大众的矛盾）错综复杂地交织在一起。

对以英国为代表的殖民主义者来说，要想直接解决同中国人民大

---

① 张海鹏主编，虞和平、谢放著：《中国近代通史》第3卷，江苏人民出版社2007年版，第348页。

② 张海鹏主编，虞和平、谢放著：《中国近代通史》第3卷，江苏人民出版社2007年版，第350页。

众的矛盾，代价太高承受不起，统治也难以持久。不如同中国封建统治者达成某种利益交换，联手控制中国。这样，既能使中国封建统治者"保全体面"，又能使自己从中获利，还可以避免直接面对中国数以亿计的民众需要付出的高昂代价。

对以清廷为代表的中国封建统治者来说，有一个和西方列强打交道的"学习与适应"的过程。他们同西方列强也有矛盾，开始面对西方列强的入侵，也希望像过去那样采取"攘夷"与"怀柔"并重的方式来解决。但在经过几个回合的抵抗之后，便退而采取"以夷制夷"的手法，通过办"洋务"来换取统治的稳固与某些既得利益。为什么会做这样的选择呢？这就要说到那对基本矛盾，即封建统治阶级同农民阶级等人民大众的矛盾。对封建统治者来说，维护统治与割地赔款相比，当然是前者更重要。清朝统治者从两次鸦片战争与太平天国农民起义的强烈对比中，得到了一个结论：农民起义是"心腹之患"，列强入侵只是"体肤之患"。这成了清朝统治者对待内忧外患的处世哲学。正是在西方列强的不断侵略和中国封建统治者不断妥协出卖下，中国自1840年以后，逐渐陷入半殖民地半封建社会的深渊，1840年鸦片战争成为中国近代历史的开端。

当然，以上是从整体即社会矛盾来说的。至于清朝统治内部的具体人物，在国家与民族处于内忧外患并起的危难之时，也不乏挺身而出、以民族大义为重的英雄人物，如林则徐等；也有一面镇压过农民起义，一面又在抵御外侮、维护祖国统一上屡建功勋的著名人物，如左宗棠等。这也可以看出一个规律，在中国近代历史上，爱国主义始终是一面伟大的旗帜。谁为这面旗帜流过血、增过光，人民就会记住他、理解他。

在中国近代史上，中国人民始终是社会历史的主人，也是推动社会历史发展进步的主要力量。正是中国人民同封建统治阶级、同西方殖民主义的两大基本矛盾，决定了中国近代社会面临着反帝反封建双重历史任务。中华民族要实现伟大复兴，首先就要使自己从殖民主义、封建主义的枷锁中解放出来，求得民族独立和人民解放。但这还远远不够。因为中国人民第一次面对比自己先进而强大的敌人——西方资本主义，不从根本上改变贫穷落后的面貌，不使中国由传统农业国走上现代工业国的道路，就不可能真正求得民族独立和人民解放，取得了也不完整，难以巩固。这就决定了中华民族伟大复兴还有更加艰巨的下半程的任务——实现国家富强、民族振兴、人民富裕。前一任务为后一任务扫清障碍，创造必要的前提，也为后一任务规定了基本方向——非资本主义发展方向。

第 二 章

东方睡狮醒来了

中国共产党诞生之前，中国无数仁人志士、各个社会阶层都为寻求民族复兴做出了前赴后继的努力，尽管都没有成功，却从不同侧面推动了历史前进、思想进步。

在中国近代史上，一个十分有趣的现象是，在日趋加重的内忧外患重压下，在爱国主义旗帜感召下，几乎每一个阶级中具有图存之心的人们，被空前广泛地召唤起来。他们先是各干各的，彼此间还有很深的芥蒂，又一个个遭受失败。最后，他们终于在一种新的领导力量面前逐渐团结起来，汇成一股强大的、不可阻挡的力量，这才有百年之后新中国的诞生。

换一个角度看，历史老人对中国近代各个阶级、各个阶层，都是公平的，都给了他们在中国近代历史舞台上充分施展的机会。但因阶级的局限、历史的局限，以及"具体执行人"的眼界、格局、水平等局限，绝大多数阶级和阶层都在历史洪流中败下阵来。可谓"大浪淘沙"。但无论成功也好，失败也罢，这些社会力量都在不同程度上推动了社会历史发展。中国近代历史，就是这样一步一步地走了过来。

下面，我们就来逐一看下他们的表现。

◇ 农民阶级的"天国"之梦

首先登上中国近代舞台的，是农民阶级。他们受封建统治压迫最深，革命性最强。同时，他们在封建文化统治与小农经济文化熏陶下，又受封建统治者的影响最深。这一矛盾，一方面决定了农民起义的革命性极强，一旦社会矛盾激化到一定程度，这种起义的发展便势如破竹，难以阻挡；另一方面也决定了农民起义的结局是悲剧性的，"每一次大规模的农民革命斗争停息以后，虽然社会多少有些进步，但是封建的经济关系和封建的政治制度，基本上依然继续下来"①。

1851年1月至1864年7月，几乎席卷了中国南部的洪秀全领导的太平天国起义，将旧式农民战争推向了最高峰，但依然没有逃脱失败的结局。

历史研究，很容易陷入"以成败论英雄"的套路。着眼于研究太平天国起义为什么会失败，固然重要。但更值得关注的，还是在刚刚进入半殖民地半封建的中国，为什么会爆发这样一场大规模的农民起义。而且，从今天的眼光看，这场起义的思想武库的确很"滑稽"，是一个中西混搭、不伦不类的"拜上帝教"。但就是这样一个起义，也绝非"乌合之众"，在素有"虎踞龙盘"之称的金陵南京（当时称"天京"）坚持了长达11年之久。即使在"天京内讧"、石达开出走后，自身元气大伤，又面临湘军、淮军劲敌包围进攻，之后还有英、

---

① 《毛泽东选集》第2卷，人民出版社1991年版，第625页。

法侵略军参加"会剿",仍坚持了近7年。

是什么样的社会力量使太平天国起义支撑了如此之久?又是什么样的社会矛盾使得洪秀全这样一个不及第的秀才能在广西发动金田起义?我们的目光,不能不回到第一次鸦片战争后的中国南方农村,特别是广东、广西一带。

同历次农民起义一样,太平天国起义也是封建统治者与农民阶级矛盾日益激化的结果。这种激化的直接根源,主要来自赋税与土地。

同时,发生在第一次鸦片战争后的这次起义,又增加了一个新的爆发原因,这就是英国殖民入侵促成了中国社会矛盾的进一步激化,并产生了新的矛盾。正如马克思写于1853年5月的有关太平天国起义的著名评论《中国革命和欧洲革命》所说:"中国的连绵不断的起义已经延续了约十年之久,现在汇合成了一场惊心动魄的革命;不管引起这些起义的社会原因是什么,也不管这些原因是通过宗教的、王朝的还是民族的形式表现出来,推动了这次大爆发的毫无疑问是英国的大炮,英国用大炮强迫中国输入名叫鸦片的麻醉剂。"[①]

马克思指出殖民入侵造成的几个突出结果。一是在白银大量外流之上,又加上大量战争赔款,加剧了清廷财政负担;二是英国棉织品和毛织品的倾销,使"中国的纺织业者在外国的这种竞争之下受到很大的损害,结果社会生活也受到了相应程度的破坏"[②];三是百姓不堪重负。"中国在1840年战争失败以后被迫付给英国的赔款、大量的非生产性的鸦片消费、鸦片贸易所引起的金银外流、外国竞争对本国工业的破坏性影响、国家行政机关的腐化,这一切造成了两个后果;

[①] 《马克思恩格斯选集》第1卷,人民出版社2012年版,第779页。
[②] 《马克思恩格斯选集》第1卷,人民出版社2012年版,第780页。

旧税更重更难负担，旧税之外又加新税。"①

马克思的论述，我们从同一时期曾国藩的奏疏中，可以得到印证："自庚子（公元1840年）以至甲辰（公元1844年），五年之间，一耗于夷务，再耗于库案，三耗于河决，固已不胜其浩繁矣。乙巳（公元1845年）以后，秦、豫两年之旱，东南六省之水，计每年歉收，恒在千万以外。又发帑数百万，以赔款之。天下财产，安得不绌？"② 据统计，清政府财政赤字在1840年至1849年的10年间，达7159万余两。③ 这些财政赤字，最终仍需通过加重对农民阶级的封建剥削来化解。

大量白银外流，造成国内银价上涨。白银涨价造成的负担，最终也落到百姓头上。清朝赋税，一律以银两缴纳。据曾国藩1851年（咸丰元年）所言："东南产米之区，大率石米卖钱三千，自古迄今，不甚悬远。昔日两银换钱一千，则石米得银三两；今日两银换钱两千，则石米仅得银一两五钱。昔日卖米三斗，输一亩之课而有余；今日卖米六斗，输一亩之课而不足。朝廷自守岁取之常，小民暗加一倍之赋。此外如房基，如坟地，均须另纳税课。准以银价，皆倍昔年。无力监追者，不可胜计。"④

经过层层转嫁，最终落到佃农身上的负担到底有多重呢？我们以广西为例。道光年间，桂平大宣里的田租，"大多是百种千租，随后就增加到百种二千租"。这里说的"百种千租"，是按播种下的种子

---

① 《马克思恩格斯选集》第1卷，人民出版社2012年版，第780页。
② 曾国藩：《议汰兵疏》，《曾文正公全集·奏稿》卷一。
③ 参见周育民《1840—1849年的清朝财政》，《山西财经学院学报》1982年第2—3期。
④ 曾国藩：《备陈民间疾苦疏》，《曾文正公全集·奏稿》卷一。

计算佃租的方法，即每 100 斤种子播种的田地，收获时要交 1000 斤的租谷。贵县庆丰村的地租，"最初是四成五成，后来收到六成七成"，该村地主邓石梅的"田租占收获物的百分之八十"；湛江村则"每年田租要交收获稻谷的一半以上"。平南的地租，"一般占佃户收获物的百分之五十到百分之七十"。武宣东乡的地租，"一般占收得净谷的六成"。①

又据黎斐然对广西桂平县金田附近的五个村的调查："介垌村、鸡母凼村的地租为百种千租；甘皇村上等田为百种一千三百斤租，中等田为百种千租，下等田为百种五百斤租；桂平县城镇竟高达百种千斤租；金田村为百种千租至百种千五百斤租；桂平附近的贵县、平南武宣、博白等地，地租也在百种千租至百种二千租之间，或收成的六成至七成。"②

而在富庶的江南地区，掌管漕运的大小官员假公济私，鱼肉百姓，中饱私囊，使"漕弊"成为江南中小地主乃至佃农深恶痛绝的一大弊政。江南地区人多地少，土地多集中在地主手中，"吴农佃人之田者，十之八九皆所谓租田"③。在素有鱼米之乡美誉的江苏常熟，记载着当时佃农如下的倾诉："麦租折价，各业每石钱二千者，何得二千四百？秋来花租每亩钱一千者，何得至一千二百？过一期限，钱每千各业加钱三十者，何得骤加钱一百？而且各业新买田产，招我等立写租札，每亩索钱五六百，乃我等意中事，及于

---

① 王明前：《太平天国起义前广西及江南地区农村的社会状况——太平天国起义的背景分析》，《广西社会科学》2006 年第 12 期。
② 沈嘉荣：《太平天国史略》，南京出版社 1992 年版，第 46 页。
③ 陶煦：《租核》，载赵靖、易梦虹编《中国近代经济思想资料选辑》上册，中华书局 1982 年版，第 383—384 页。

千，犹可努力支持，若索至钱二三千一亩，我辈典衣剥债，男啼女哭，谁则知之？"①

在当时的江南地区，漕弊与佃农不堪重负，成为促进社会矛盾激化的两大社会问题。不但农民对清廷矛盾激化，抗租斗争时有发生，不少中小地主与地方绅士也对清廷心怀不满。这就为太平天国起义席卷江南地区，埋下了社会矛盾的引线。

加上这一时期，由于土地兼并、连年灾荒、农民破产，致使社会上出现大量流民。五口通商后，广州对外通商的垄断地位开始衰落，导致水手、纤夫、搬运工等大量失业。这些都在本已激化的社会矛盾中，又增加了不少动荡因素。在太平天国起义发生前，1842—1850年，天地会、白莲教等反清组织十分活跃，全国各地反清起义达上百起。

就在这样的背景下，1851年1月11日，洪秀全在自己生日那天，率太平军在广西桂平县金田村发动起义，宣布建立太平天国。起义初期，太平军聚众二万余人，但真正有战斗力的不足万人。但因这支起义军与众不同，有严格的纪律，"不掳乡民，且所过之处，攫得衣物散给贫者"②，加之作战勇猛，内部团结，许多穷苦人家纷纷加入太平军，其中还有不少天地会成员。两年后，1853年1月12日，太平军攻克重镇武昌。不久沿长江挥师东下时，太平军已号称有50万之众，发展成为威胁清廷封建统治的重要力量。

作为中国农耕社会基础的农民，历经上千年形成的传统，是家不离土。非到衣食无着、官逼民反之时，是绝不会走"犯上作乱"一途

---

① 郑兴祖：《一斑录》，载罗尔纲、王庆成编《中国近代史资料丛刊续编·太平天国》（五），广西师范大学出版社2004年版，第411页。

② 张德坚：《贼情汇纂》卷十。

的。太平军所到之处出现的这种揭竿而起、一呼百应的情势，一方面反映了清朝统治的腐败，另一方面也反映出当时社会矛盾激化的程度。

1853年3月20日，是一个震撼清廷、震撼南半个中国的日子。这一天，洪秀全率领太平军攻克江南重镇南京。同月29日，宣布定都南京，改南京为天京。在中国近代史上，首次形成农民政权与清廷对峙的局面。

同年冬天，太平天国颁行了《天朝田亩制度》。这个文献，以"田亩制度"命名，说明它想回应农民阶级对平分土地的渴望。就其内容来说，它不仅涉及土地制度，还包括洪秀全们心目中众人平等的理想社会。

《天朝田亩制度》的锋芒所向，是实行了上千年的封建土地制度。它提出："凡天下田，天下人同耕。""有田同耕，有饭同食，有衣同穿，有钱同使，无处不均匀，无人不饱暖也。"还提出一套按人口平均分田的具体办法。上述这些思想和纲领的提出，其深刻性和明确性超过历史上任何一次农民起义，具有强烈的反封建的革命性，代表了当时农民阶级梦寐以求的理想。然而，在农民起义那里，理想与现实之间，每每相隔着难以跨越的鸿沟。太平天国实际政策实行的结果证明，这一纲领本身带有浓厚的空想色彩，不可能真正付诸实行。

《天朝田亩制度》还提出了一套废除等级制度的社会理想。太平天国实行国库制度，"盖天下皆是天父上主皇上帝一大家，天下人人不受私，物物归上主，则主有所运用，天下大家处处平匀，人人饱暖矣"。它所信奉的拜上帝教，也宣传大家皆为共享太平的兄弟姐妹。但在实际上，封建等级制度照样渗透在太平天国的各个方面，而天京变乱则是太平天国农民领袖们向其反面转变的结果。正如著名史学家胡绳所说:"过去,人们是在人人都是兄弟,并力斩邪除妖,建立人间天国的号召下团结起来,进行斗争的,这种号召在太平天国领袖集团的分裂和相杀中黯然失色了。过去,太平天国的革命政治和革命思想是以宗教的语言表达出来的,自经天京大变乱后,这些宗教的语言也不能不丧失其魅力了。"①

在评价太平天国起义的历史作用和历史地位时,我们不能只强调其封建性的一面,而否定其革命作用;也不应过分夸大其脱离实际的空想,而贬低其革命作用。其实,农民阶级本身就是一个具有二重性的、自相矛盾的阶级。一方面,它是被压迫阶级,具有反抗封建剥削压迫的革命性;另一方面,它又深受封建思想和皇权意识影响,不可能提出能够推翻封建统治的经济社会纲领,具有相当的盲目性和保守性。它的革命性,因其提不出切实可行的革命纲领,要么沦为空想,要么实行起来具有很大的破坏性。它的革命性,又因其相当的盲目性与保守性同时存在,要么难以持久,要么在巨大的胜利面前向封建化转化,致使其革命性最终归于消失。这就是旧式农民起义的历史性悲剧,太平天国起义也不能避免。

1864年7月,太平天国都城天京被曾国藩的湘军攻破,太平天国起义失败。天王洪秀全在一个月前病故。

我们在客观评价太平天国起义的历史作用与历史地位时,需要更多地着眼于它与同时期和历史上的农民起义有哪些进步,更多地着眼于它在中国旧式民主革命历史长河中起到哪些作用。

如果这样来看,完全可以说太平天国起义尽管有着种种历史局

---

① 胡绳:《从鸦片战争到五四运动》上册,人民出版社1981年版,第133页。

限，但它提出了历次农民起义都未曾提出的农民革命纲领——《天朝田亩制度》，建立了与清廷对立的农民政权并持续11年之久，代表着中国旧式农民战争的最高峰，充分显示了农民阶级的力量，沉重打击了清朝封建统治，并使清朝统治者在关键时刻与西方殖民主义列强相勾结的面目暴露在世人面前。

历史上的许多重大事件，并非偶然。太平天国起义发生前后，先后爆发了1848—1852年伊朗民族起义、1857—1859年印度民族大起义，矛头所指，既有本国封建统治者，更有英国殖民统治者。太平天国起义，在这些起义中持续时间最长、规模最大，也是这一时期亚洲民族解放运动的重要组成部分。

就是这样，英国殖民主义入侵，使中国人民的命运同亚洲人民的命运开始联系在一起。

◇ 地主阶级洋务派的"富国强兵"之梦

历史机缘，有时会出现阴差阳错。镇压太平天国起义中出了大力气的曾国藩、李鸿章等人，在随后的历史发展中，成为客观上推动中国工业起步的洋务派。他们在封建统治集团中，属于比较开明、容易接受新事物的一派，同时也代表着清廷在受到太平天国起义沉重打击后崛起的汉族集团和地方实力派。

地主阶级洋务派的先驱，还要从林则徐说起。

当初，林则徐在赴广东禁烟之前，对西方情况了解也很有限。但他知道"知己知彼"的道理，禁烟中深感对手非同一般。"日日使人刺探西事，翻译西书，又购其新闻纸。"① "凡以海洋事进者，无不纳之，所得夷书，就地翻译，于是海外图说毕集。"② 他还广泛搜集地球仪、航海图、地图集、地理书等。林则徐认识到，"洋面水战，系英夷长技"③。他购置西洋大炮，"捐资仿造两船，底用铜包，篷如洋式"④，还请人翻译有关制造枪炮的西洋书籍和重炮操作资料。这些使他成为中国近代"开眼看世界"的先驱。

与林则徐交往甚密的魏源，此时明确提出"师夷长技以制夷"的主张。他在《道光洋艘征抚记》中提出："尽收外国之羽翼为中国之羽翼，尽转外国之长技为中国之长技。富国强兵，不在一举乎？"⑤ 在《海国图志》中说："是书何以作？曰：为以夷攻夷而作，为以夷款夷而作，为师夷长技以制夷而作。"⑥

"师夷长技以制夷"，是林则徐等在广东禁烟斗争中得出的重要结论，代表了那个时候有见识的中国人对中国未来出路的设想。这个设想，被后来的封建统治阶级中的洋务派接了过来，发展为"富国强兵"的梦想，并认真实践了一番。

洋务派分为湘系与淮系两派。湘系的主要代表有曾国藩、左宗棠。其他如刘坤一⑦、沈葆桢⑧、曾国荃⑨等，都属于湘系。淮系的主

---

① 《魏源集》上册，中华书局1976年版，第174页。
② 姚莹：《康輶纪行》卷十六。
③ 梁廷枏：《夷氛闻记》卷三，中华书局1959年版。
④ 《林则徐集·奏稿》中，中华书局1965年版，第865页。
⑤ 《魏源集》上册，中华书局1976年版，第206页。
⑥ 魏源：《海国图志叙》，《魏源集》上册，中华书局1976年版，第207页。
⑦ 刘坤一，曾任江西巡抚，署理两江总督、两广总督、两江总督兼南洋通商大臣。
⑧ 沈葆桢，曾任江西巡抚、办理台湾等处海防兼理各国事务大臣、两江总督兼南洋通商大臣。
⑨ 曾国荃，曾国藩的九弟，曾任陕甘总督、两江总督兼南洋通商大臣。

要代表是李鸿章。张树声①、丁日昌②、刘铭传③、盛宣怀④等，也是湘系代表。继曾国藩、李鸿章之后，洋务派后期最有影响的是张之洞。在清廷的洋务派代表，前期为恭亲王奕訢⑤，后期为醇亲王奕譞⑥。

1861年，曾国藩在安徽怀宁黄石矶、安庆大观亭创设安庆内军械所。这是洋务派创办的第一个近代军事工业企业，主要制造子弹、火药、枪炮。科学家华蘅芳曾在此主持制造中国第一艘轮船"黄鹄"号。1864年迁往江宁（即江苏南京），改建为金陵内军械所。1866年初并入李鸿章办的金陵机器局。

从1861年安庆内军械所创办算起，直到1895年中日甲午海战后洋务派失败，洋务运动前后持续了近35年，主要做了五件大事。

一是兴办近代军事工业企业。这是洋务派最主要的政绩。洋务派们目睹了两次鸦片战争西方列强"船坚炮利"的厉害，又亲身经历了洋枪队剿灭太平军的全过程，认为在这方面"师夷长技以制夷"，"可以剿发逆，可以勤远略"⑦。据统计，到1884年，洋务派所建局（厂）共计32个。到1894年，又新增2个。此时，这些局（厂）中，有些已停工关闭，还有24个在生产。⑧在这些企业中，最著名、影响

---

① 张树声，曾署理江苏巡抚、两江总督兼南洋通商大臣、直隶总督兼北洋大臣。
② 丁日昌，先后主持上海洋炮局、江南机器制造总局，曾任江苏巡抚、北洋帮办大臣、福建巡抚兼船政大臣、驻南洋会办海防事宜大臣。
③ 刘铭传，曾任福建巡抚、台湾巡抚。
④ 盛宣怀，参与创办轮船招商局，曾主持湖北煤铁矿、中国电报局、华盛纺织总厂等洋务企业。
⑤ 奕訢，曾任总理衙门大臣。
⑥ 奕譞，曾任总理衙门大臣和海军大臣。
⑦ 曾国藩：《复陈购买外洋船炮折》（咸丰十一年七月十八日），《曾国藩全集·奏稿之三》（修订版），岳麓书社2011年版，第186页。
⑧ 张海鹏主编，虞和平、谢放著：《中国近代通史》第3卷，江苏人民出版社2007年版，第92—94页。

最大、最有代表性的是江南制造总局、金陵机器局、福建船政局。从这些企业的名称就可看出，洋务派创办的这些企业，大都官气十足。

二是兴办官督商办的民用企业。洋务派在兴办军事工业企业的过程中，遇到资金短缺、原料不足、运输不畅等困难。而纵观西方国家军事工业发展历程，无不建立在金融业和民用工业、采矿业、交通运输业、通信事业等有比较充分发展的基础上。洋务派希望依靠每况愈下的清廷的力量，直接兴办军事工业，走"捷径"一举达到"求强"的目的，无疑是把房屋建在了沙滩上。为摆脱困境，李鸿章提出"必先富而后能强，尤必富在民生，而国本乃可益固"。[①] 1873年1月，轮船招商局在上海成立，成为中国第一个官督商办的民用企业。11年后，到1884年，洋务派兴办的民用企业共21家，覆盖了轮船航运、煤矿、金属矿、通信、纺织等领域，而以采矿业居多。[②] 轮船招商局、开平煤矿、中国电报总局，是当时最著名的民用企业。又据统计，从民用企业兴办到1894年，洋务派所创办或支持的民用产业实存资本总额为3961万元，超过同期军用产业实存资本1071万元的两倍以上。两者相加的实存资本为5032万元，占当时中国产业实存资本总额6749万元的74.56%，成为当时中国资本主义性质企业的主体。[③]

三是编练新式海陆军。这是洋务派"求强"办企业的最终目的。这既是为了加强清廷防务，也是为拥兵自重。编练新式陆军，从1862

[①] 李鸿章：《李文忠公全集·朋僚函稿》卷四十三，第43页。

[②] 张海鹏主编，虞和平、谢放著：《中国近代通史》第3卷，江苏人民出版社2007年版，第103—104页。

[③] 张海鹏主编，虞和平、谢放著：《中国近代通史》第3卷，江苏人民出版社2007年版，第330页。

年开始，以后逐步扩大。1863年开始，李鸿章对淮军进行改革。至1865年，编练成淮军5万人，装备洋枪3万—4万支，开花炮队4营。1874年日本侵犯台湾后，清廷决心建立海军。到1884年，建成大小不等的五支水师。北洋水师规模最大，有大小舰船15艘，总吨位1.2万吨。南洋水师次之，有舰船14艘，总吨位1.5万吨。福建水师第三，有14艘旧式船舰，总吨位1.1万吨。广东水师第四，有内海、内河巡缉船19艘，总吨位5千吨。浙江水师最弱，仅有2艘炮船。1884年中法战争中，福建水师全军覆没。1885年，清廷增设总理海军事务衙门，重点发展北洋水师。在中日甲午战争前，北洋舰队拥有25艘舰船，总吨位3.6万吨。与日本海军相比，2000吨级的主力舰，日本海军有5艘，总吨位不足1.5万吨，北洋舰队有7艘，总吨位2.7万吨。舰船总体实力略强于日本海军。尽管如此，北洋舰队仍难逃覆灭的结局，由此暴露了包括洋务派在内的整个封建统治集团的腐败无能。

四是创办新式学堂。既要向西方学习，兴办新式企业，创建新式陆海军，就要培养各类新式人才。同时，清廷也需要培养办"洋务"的外交人才。最早创办的新式教育机构，是1862年8月开馆的京师同文馆。开始只有教师2人，负责教英文与中文，后逐渐增设法文馆、俄文馆、天文算学馆、德文馆。至1877年，在馆学生为120人。这类学校先后办了不少，如上海广方言馆、江南机器制造总局翻译馆、广州同文馆、新疆俄文馆、台湾西学馆、珲春俄文馆、湖北自强学堂等。还创办了各类军事学校。1867年1月，福州船政局创办福州求是堂艺局（即船政学堂）。1880年，李鸿章开办天津水师学堂。至1894年，先后毕业147人，成为北洋水师的骨干。1885年，李鸿章还兴办天津武备学堂，聘德国军官为教师，从选拔基层军官为学生，培养了一批在中国近代史上有影响的人物。这类军事学校，各地兴办了不少，是这一时期兴办新式学校的重点。

五是向西方国家派遣留学生。曾国藩、李鸿章在容闳①推动下，提出选派幼童出国留学的计划，得到清廷批准。1872年8月，第一批官派留学的30名幼童由上海出发，跨越太平洋，赴美国留学。从1872年到1875年，清政府先后派出4批共120名赴美留学，平均年龄只有12岁。他们陆续考入各类专业学校学习。据已知的90人学习分布情况是：小学19人，中学36人，工科17人，法政12人，矿学6人。这种做法在当时引起争议，这批留学生于1881年分3批撤回。②尽管这次留学被迫流产，但在这批留学生里还是涌现出不少人才。其中有中国铁路之父詹天佑，清华学校校长唐国安，北洋大学校长蔡绍基，交通大学创办人梁如浩，曾任中华民国内阁总理的唐绍仪，还有阵亡于中法海战的邝永钟、杨兆楠、黄季良、薛有福，阵亡于中日甲午海战的陈金揆、沈寿昌、黄祖莲等。

生活中和历史上，常常有这种现象，"有心栽花花不开，无心插柳柳成荫"。用来描述洋务派所发起的洋务运动，是再恰当不过了。作为洋务派的主要目的，一个"求强"，一个"求富"，哪一个都没有达到，也不可能达到。最终，这场运动因封建统治集团的腐败和西方列强侵略，而告失败。令洋务派心有不甘的是，洋务运动的巅峰之作——北洋水师，竟覆灭在了后来崛起的日本海军手下。但洋务运动在客观上推动了中国近代资本主义工业发展，创办了中国近代第一批新式教育，形成了一批有用人才。尽管这并非洋务派的主要目的，但

---

① 容闳，1850年至1854年在美国耶鲁大学学习。

② 在这120名留学生中，有26名因故先期撤回、在美病故、"告长假不归"外，其余94人全部回国。

历史就是历史，这些进步作用我们也要如实地承认。

通过洋务运动的演变发展直至消亡的历程，不难发现两个不可克服的矛盾。一是创办者为封建统治集团的洋务派，而办洋务的实际结果，却产生了中国最早一批资本主义性质的工业企业，为后来资产阶级性质的维新变法运动与革命运动的发生准备了条件。二是西方列强侵略中国的目的，绝不是要帮助中国发展资本主义，但在客观上却刺激了清廷允许以"求强""求富"为目的的洋务派推行洋务运动，但通过洋务运动好不容易积累下来的"资本"，却又在新一轮的列强侵略中毁于一旦。

这种矛盾的事实，绝非偶然出现，背后揭示了一个道理：在中国近代内忧外患的情况下，单纯走"师夷长技以制夷"的路线，行不通。

◇ 资产阶级维新派的"变法改良"之梦

洋务运动的发展，既推动了中国资本主义性质企业的诞生与发展，也促使西学在中国开始传播。中国人对西方的了解更近了一层，不仅看到了西方列强的"船坚炮利"，更看到了在"器物精良"背后的先进制度。进入19世纪90年代的中国，变法图新逐渐成了士大夫阶层的普遍愿望。而这背后，反映了在中国进一步推动资本主义发展的强烈愿望。

其实，早在洋务运动后期，最初的维新思潮及其思想家便已应运而生。郑观应便是其中一个重要代表人物。他在1883—1885年中法战争中清廷不败而败窘况刺激下，写成《盛世危言》，对唤醒国人特别是当时的士大夫阶层起了重要作用。早期维新思想家比较深入地了解了西方重商主义思想,对"重农抑商"国策持批评态度。郑观应提出:"盖西人尚富强最重通商","泰西各国以商富国,以兵卫商,不独以兵为战,且以商为战"。"商务者国家之元气也,通商者舒畅其血脉也。"因而,他对洋务派侧重于强兵的做法提出批评说:"习兵战不如习商战。"[1] 早期维新思想家郑观应、王韬等人,也较早注意到西方政治制度,对其议会制度尤为向往。王韬认为:"泰西之立国有三;一曰君主之国,一曰民主之国,一曰君民共主之国",而最适合中国的是"君民共治"。[2] 郑观应认为:"西人立国之本,体用兼备。育才于书院,论政于议院,君民一体,上下同心,此其体;练兵、制器械、铁路、电线等事,此其用。中国遗其体效其用,所以事多扞格,难臻富强。"[3]

需要说明的是,郑观应、王韬等早期维新思想家,原先多寄希望于洋务运动。后来接触到西方的重商主义思想和政治制度,思想开始发生变化,从办洋务转而求维新。而王韬还在上海英国传教士开办的墨海书馆工作多年,参与译介西方科技书籍,并曾化名"黄畹"向太平军献策。遭到清廷通缉后避居香港。此后转而宣传变法自强。这种历史现象,在中国近代大变局中,屡屡出现。人物思想变迁,往往是社会历史变迁的一面多棱镜。近代思想史上这些人物的变化,背后隐含着由农民起义到封建统治集团的自强自救、再到维新变法、再到革命的一条历史发展的逻辑曲线。这些在中国近代历史上产生重大影响

---

[1] 夏东元编:《郑观应集》上册,上海人民出版社1982年版,第586—597、604、607页。

[2] 《弢园文录外编》,第18、19、56页。

[3] 夏东元编:《郑观应集》上册,上海人民出版社1982年版,第967页。

的事件，表面看互不相干，深入到内部看，却有着千丝万缕的联系。在中国近代民族的与阶级的双重矛盾的作用下，在中国近代历史大变局的涌动下，这些事件此起彼伏，相互激荡，对正在走向没落的清廷封建王朝来说，无疑是"按下葫芦浮起瓢"。

1894年至1895年的中日战争，丧权辱国的《马关条约》签订，日本强占祖国宝岛台湾。这些接连发生的事件，使民族危机进一步加深。

1895年春，北京照例举行会试。参加者是前一年在各省乡试里考中了的举人。会试期间，传来《马关条约》签字的消息。在广东举人康有为鼓动下，来自广东、湖南等地的在京举人联名上书，提出"迁都练兵，变通新法，以塞和款而拒外夷，保疆土而延国命"，史称"公车上书"。这个事件，标志着在民族危机激荡下，维新思潮开始向着以维新变法为目的的政治运动发展。其领袖人物，便是康有为。

康有为属于1840年第一次鸦片战争后出生的一代人，本是深受中国传统思想熏陶的士大夫，在日益加深的民族危机刺激下，逐渐接触到西方的自由、平等、博爱思想，便开始潜心今文经学和西方学说，希望走托古改制的路。1888年12月，也就是"公车上书"前六年，康有为写了《上清帝第一书》，向慈禧太后和光绪帝明确提出"变成法、通下情、慎左右"三策。随后，康有为于1891年在广州开办长兴学舍，后更名为"万木草堂"，培养出包括梁启超这样的一批主张维新变法的人才。同时，他潜心研究著述，写下了《新学伪经考》《孔子改制考》《大同书》等阐述维新变法思想的著作。他以儒家的"三世说"为根据，指认"升平世"为"小康"，"太平世"为"大同"，由此演绎出一套大同社会的社会理想体系。

"公车上书"失败后，康有为没有气馁，继续为推行维新变法主张而奔走，创办《万国公报》（后改名《中外纪闻》），成立维新组织——强学会。一时间，维新变法既受到清廷中顽固派的强烈反对，也得到一些赞成变法的要员支持。最重要的是，在康有为的带动下，一批维新人士开始积极活动起来。1896年8月，汪康年、黄遵宪等在上海创办《时务报》，邀梁启超担任主笔。1897年4月，江标、唐才常在湖南长沙创办《湘学新报》。后改名《湘报》，继由谭嗣同、唐才常、熊希龄接手。同年10月，严复、夏曾佑等在天津创办《国闻报》。在办报造舆论的同时，维新人士还兴办学堂、组织学会。1897年10月，湖南巡抚陈宝箴在长沙办了时务学堂，请梁启超、李维格担任中文总教习和西文总教习。1898年2月，谭嗣同、唐才常在陈宝箴支持下，组织南学会。

据统计，1895年至1897年间，创办具有传播维新思想背景的学会、学堂、报馆、书局等共计51个。到了1898年，增加到300多个。[①] 这个变化，足以说明在救亡图存背景下，维新思想影响的迅速扩大。

在推动维新思想社会影响的同时，康有为时刻没有放弃争取光绪帝支持的希望。1897年初冬，他再次来到北京。适逢发生德国强占胶州湾事件，康有为递交《上清帝第五书》被拒绝。不久，又于1898年1月29日呈递了《上清帝第六书》（即著名的《应诏统筹全局折》），详尽地阐明了变法主张。

康有为在认真比较了西方和日本等国政治制度之后，认为可以"择法俄日以定国是"[②]，即希望效法俄国、日本等与中国国情比较相

[①] 《中国近代史》（第2版）上册，高等教育出版社、人民出版社2020年版，第170页。

[②] 《康有为政论集》上册，中华书局1981年版，第208页。

近的国家的成功道路。康有为还援引日本明治维新的例子西方国家三权分立政体作为根据提出"开制度局而定宪法"① 的主张，认为"制度局之设，尤为变法之原也"②。

康有为还提出具体建议，在制度局下设立十二个分支机构，来推行新政。这十二个分支机构，同样以"局"来命名。他认为："十二局立，而新制举。凡制度局所议定之新政，皆交十二局施行。"

"一、法律局，考万国法律公法，以为交涉平等之计，或酌一新律，施行于通商口岸，以入万国公法之会。"

"二、税计局，掌参用万国之税则，定全地之税、户口之籍、关税之法、米禄之制、统计之法、兴业之事、公债之例、讼纸之制。"

"三、学校局，掌于京师。各直省即书院、佛寺为学堂，分格致、教术、政治、医律、农矿、制造、掌故、各国语言文字诸科，别以大小，公私并立，师范女学而广励之，其有新书、新艺、新器者，奖劝焉。"

"四、农商局，掌凡种植之法、土地之宜、垦殖之事、赛珍之会、比较之厂，考土产、计物价、定币权、立商律、劝商学。"

"五、工务局，掌凡制造之厂、机器之业、土木之事。"

"六、矿政局，掌凡天下一切矿产，开矿学，定矿则，凡开矿者隶焉。"

"七、铁路局，掌天下开铁路事。"

"八、邮政局，掌修天下道路及递信、电报之事。"

"九、造币局，掌铸金、银、铜三品，立银行，造纸币，时其轻重。"

---

① 《康有为政论集》上册，中华书局1981年版，第213页。
② 《康有为政论集》上册，中华书局1981年版，第214页。

"十、游历局，掌派人游学外国，一法一艺，宜得其详，其有愿游学者报焉。"

"十一、社会局。泰西政艺，精新不在于官，而在于会，以官人寡而会人多，官事多而会事暇也。故皆有学校会、农桑会、商学会、防病会、天文会、地舆会、大道会、大工会、医学会、各国文字会、律法会、剖解会、植物会、动物会、要术会、书画会、雕刻会、博览会、亲睦会、布施会，宜劝令人民立会讲求，将会例、人名报局考察。"

"十二、武备局，掌编民兵，购铁舰，讲洋操，学驾驶，讲海战。"

经过一段准备，1898年6月11日，光绪帝颁布明定国事的诏书。维新变法正式开始。由于这一变法发生于中国传统的干支纪年中的戊戌年，所以称作"戊戌变法"。还由于这次短命的变法只持续了103天，因此又称"百日维新"。

在"百日维新"期间，光绪帝先后发布上百道上谕，颁行了不少维新举措。这在清廷是前所未有的，唤起了不少人对国家前途的希望。"新政焕然，耳目一新。"[①]

政治方面主要有：广开言路，准许大小官员和普通民众上书言事，严禁官吏阻挠；删改则例，撤销重叠闲散机构，裁汰冗员；准许旗人经营商业。

军事方面主要有：裁减绿营，裁汰冗兵；陆军改练洋操；拟添设海军，筹造兵轮。

经济方面主要有：设立农工商总局，成立铁路、矿务总局，并在各省设分局；鼓励商办铁路、矿业；奖励发明创造，实行专利制度；

[①] 吴汝纶：《吴挚甫尺牍》卷二，上册，国学扶轮社1910年版，第11页。转引自《中国近代史》（第2版）上册，高等教育出版社、人民出版社2020年版，第177页。

裁撤驿站，设立邮政局；改革财政，创办国家银行，编制国家预算；广开口岸，促进商品流通。

文化教育方面主要有：创办京师大学堂；书院、祠庙、义学、社学一律改为兼习中西学的学堂；各省会设高等学堂，郡城设中等学堂，州县设小学；鼓励私人开办学堂；科举考试废除八股文和诗赋，改试策论；允许民间创办学会、报馆；设立译书局，编译外国新书；派人出国游历、留学。

上述这些维新变法措施，看起来十分热闹，但仔细看下来，康有为等维新派所主张的开国会、设制度局、实行君民共主等主张，全不见了踪影。大量的内容，实际上不过是洋务派主张的补充与继续。所以说，光绪帝实行的"百日维新"，并没有认真实行维新派的资产阶级改良主义方案，仅仅是拿着"维新变法"的幌子敷衍一番。但无论如何，即使是这些十分有限度的举措，也比先前洋务派主张进了一步，既有利于民族资本主义的发展，也有利于西学的传播、教育与发展。特别是京师大学堂的开办和各地新式学堂的兴办，为培养一大批更多接受新式资产阶级启蒙教育的青年知识分子铺平了道路。

以慈禧太后为代表的封建统治集团顽固派，连光绪帝这些软弱温和的维新举措也不能容忍。他们更关注的还是自己的统治大权不能旁落。

1898年9月21日，在慈禧太后支持下发动了戊戌政变，软禁光绪帝，处决了谭嗣同等人。康有为、梁启超等不得不亡命日本。维新变法以失败告终。

维新变法虽然失败了，但它的意义和影响却是深远的。正如历史学家范文澜所说："戊戌变法运动的进步意义，主要表现在知识分子得到一次思想上的解放。""知识分子从此在封建思想里添加一些资本主义思想，比起完全封建思想来，应该说，前进了一步。"①

历史潮流滚滚向前。它提供给人们的机遇往往不容错过。

维新变法以失败而告终，将资产阶级民主革命推向了前台。美国历史学家费正清曾经说过："没有别的事件能比这更有效地证明：通过自上而下逐步改良的办法来使中国现代化，是绝无希望的。1895年的战败和雄心勃勃的计划在1898年的彻底破产，第一次大大地促进了革命变革。"②

维新派希望以温和的改良避免流血革命，结局却是戊戌六君子付出血的代价。维新变法的失败，使中国近代历史翻过了重要的一页。此后，无论清王朝提出新政改革，还是预备立宪，都不能挽回其被革命推翻的厄运。

◇ 资产阶级革命派的"民主共和"之梦

中国完全意义上的近代民族民主革命，是从以孙中山为代表的资产阶级革命派开始的。辛亥革命作为旧式民主革命的最高峰，上承1840年以来中国社会反帝反封建两大基本矛盾、两大基本任务，是自林则徐虎门销烟、洪秀全金田起义、封建统治集团洋务派兴起洋务运动、维新派推动戊戌变法相继失败后，历史发展的必然结果。

孙中山等一批中国资产阶级民主革命家的爱国行动，可歌可泣，可圈可点，其成功与失败，都将中华民族伟大复兴推向了一个新的阶段。

---

① 《范文澜全集》第10卷，河北教育出版社2002年版，第438—439页。
② [美] 费正清：《美国与中国》，商务印书馆1987年版，第147页。

孙中山的成长历程，与原是中国传统士大夫阶层的康有为完全不同，走的是在檀香山居住①并系统受到资本主义教育的路子。在他的思想里，更少受到中国封建礼教"三纲五常"的束缚，更易接受资本主义政治制度、经济制度、社会制度和思想文化的影响。而更重要的是，孙中山有一个炽热的爱国之心。他曾说："文②爱国若命。"③ 自幼深受洪秀全太平天国故事的影响，对祖国遭受的内忧外患有着切肤之痛。特别是中法战争时，孙中山正在香港，清楚地知道在清廷极度腐败昏庸的情况下，中国是如何屈辱地落得不败而败的境地的。这使他立志走上革命道路。他后来曾说："予自乙酉中法战败之年，始决倾覆清廷、创建民国之志。由是以学堂为鼓吹之地，借医术为入世之媒，十年如一日。"④

不过，世界上从没有笔直的道路，历史也没有直线发展的前例。具有易感、多变特征的人的思想发展，更是如此。此刻的孙中山，在倾向革命的同时，也对不流血的改良抱有希望。

1894年冬，孙中山上书李鸿章，提出了"人能尽其才，地能尽其利，物能尽其用，货能畅其流"⑤的改良方案。认为"此四事者，富强之大经，之国之大本也"⑥。为了能将上书送达李鸿章，孙中山费了一番功夫，先到上海去找郑观应，又通过郑观应认识了维新人士王韬，通过王韬找到李鸿章的幕友。还专程到天津等候消息。然而，

---

① 孙中山的大哥孙眉，于1878年将母亲和孙中山接到檀香山居住。孙中山便在当地读书，于1883年回国。
② 孙中山，名孙文，在日本避难时化名"中山樵"。
③ 《孙中山选集》（下），人民出版社2011年版，第540页。
④ 《孙中山选集》（上），人民出版社2011年版，第201页。
⑤ 《孙中山选集》（上），人民出版社2011年版，第2页。
⑥ 《孙中山选集》（上），人民出版社2011年版，第2页。

就是这样一封孙中山抱有极大寄托的上书,却没有得到回音。孙中山等来的,只是一张出国考察农务的护照。这使孙中山彻底断了通过改良主义救中国的念想,最终走上了革命道路。

当时处在清廷封建统治下的中国,改良维新都要惹下杀身之祸,更何况密谋革命。孙中山又回到十分熟悉、有大哥孙眉做后援的檀香山。这里还有很多广东籍的华侨。1894年11月,成立了中国历史上第一个资产阶级革命组织——兴中会。孙中山在1894年11月《兴中会章程》中,第一次提出"振兴中华"[①]的口号,标志着中华民族伟大复兴民族意识的觉醒。从此,爱国主义成为贯穿孙中山领导的辛亥革命的一条主线,也成为中国近代直至今日最能打动人心、最能凝聚人心的一面精神旗帜。

要进行革命,檀香山毕竟与祖国远隔重洋,孙中山决计于1895年在香港设立兴中会总部。孙中山有"孙大炮"的绰号,但他并不是一个只会坐而论道的人,而是说干就干的革命家。他决定在这一年的重阳节发动起义,地点选在广州。不料起义计划被清廷获知,陆皓东等英勇牺牲,孙中山被迫流亡国外。从此,孙中山成了被清廷通缉严查的"危险人物",开始了四海为家的职业革命家生涯。

1900年,义和团运动席卷中国北方。孙中山把这视为组织起义的极好时机。在他领导下,同年10月,郑士良等革命党人在广东惠州发动起义,参加者一度发展到3万人,终因弹尽粮绝而告失败。这次起义,在孙中山革命党人的历史上,具有转折意义。孙中山后来回忆说:"经此失败而后,回顾中国之人心,已觉与前有别矣。当初次之失败也,举国舆论莫不目予辈为乱臣贼子、大逆不道,咒诅谩骂之

[①] 《孙中山选集》(上),人民出版社2011年版,第14页。

声，不绝于耳；吾人足迹所到，凡认识者几视为毒蛇猛兽，而莫敢与吾人交游也。惟庚子失败之后，则鲜闻一般人之恶声相加，而有识之士且多为吾人扼腕叹惜，恨其事之不成矣。前后相较，差若天渊。吾人睹此情形，中心快慰，不可言状，知国人之迷梦已有渐醒之兆。加以八国联军之破北京，清后、帝之出走，议和之赔款九万万两而后，则清廷之威信已扫地无余，而人民之生计从此日蹙。国势危急，岌岌不可终日。有志之士，多起救国之思，而革命风潮自此萌芽矣。"①

尽管中国古代社会素有农民起义的传统，但真正要使长期全家生计被束缚在土地之上、思想被束缚在封建礼教之中的传统农民走上"犯上作乱"的造反之途，并非一件轻而易举的事情。况且在广东等地，不久前刚刚经历过太平天国起义被镇压的变乱，广大农民更是小心翼翼地观望着周围发生的一切，心里掂量着后果。在这样的背景下，孙中山领导的革命，能在短短数年间赢得人心的转变，足见这些民众在日益深重的内外压迫面前开始觉醒的程度。

此后，孙中山继续以"有志竟成"的勇气和"愈挫愈奋"的韧劲，从1895年第一次广州起义起，接连领导发动了十次武装起义，直至最后一次即1911年武昌起义大获成功。这些武装起义的时间跨度长达16年之久，是中华民族反帝反封建斗争在民族危亡与清廷封建统治危机相互激荡下，渐次走向新高潮、新阶段的生动写照，也是以孙中山为代表的中国资产阶级革命派为民族复兴不懈奋斗的真实写照。这样的一种革命精神，在中国上千年的历史中，还不曾有过。

既要革命，就要有一个革命党。在革命斗争的磨难中，在革命影响的日益扩大中，在以孙中山兴中会总会为中心的资产阶级革命派的

---

① 《孙中山选集》（上），人民出版社2011年版，第208页。

逐渐成熟中，建立中国历史上第一个资产阶级政党的各方面条件臻于成熟。1905年8月20日，在孙中山、黄兴、宋教仁、陈天华等人的共同努力下，中国同盟会在日本东京正式成立。孙中山被推为同盟会总理，黄兴被推为下设的执行部庶务总干事。从此，同盟会长期以孙中山为领袖，以黄兴为孙中山的得力助手的领导格局，基本奠定。

孙中山的资产阶级民主革命思想，成为同盟会的纲领。这个思想，被概括为以"驱除鞑虏，恢复中华，创立民国，平均地权"为核心内容的"三民主义"。

同任何一个影响社会历史发展方向的思想理论一样，孙中山的三民主义思想经历了一个发展过程。1905年10月，孙中山在中国同盟会机关刊《民报》发刊词里，第一次提出三民主义，还提出"诚可举政治革命、社会革命毕其功于一役"[1]。一年后，在1906年发表的《军政府宣言》里，在重申"驱除鞑虏，恢复中华，创立民国，平均地权"四纲的基础上，提出其实施需经过"军法之治""约法之治""宪法之治"三期的设想。同年12月，孙中山在东京《民报》创刊周年庆祝大会的演说里，更加完整系统地阐释了三民主义纲领和五权分立学说。

"驱除鞑虏，恢复中华"，即是此时孙中山所说的民族主义。以孙中山为代表的资产阶级革命派，希图以民族主义旗号推翻满清专制统治，因而使民族主义带有相当浓厚的革命色彩。正如《民报》发刊词所说："今者中国以千年专制之毒而不解，异种残之，外邦逼之，民族主义、民权主义殆不可须臾缓。"[2] 同时，他们分不清清朝封建专制统治与所谓"满族统治"的区别，更不可能把封建统治集团中的满

---

[1] 《孙中山选集》（上），人民出版社2011年版，第80页。
[2] 《孙中山选集》（上），人民出版社2011年版，第80页。

族人同整个满族分别开来,因而笼统地提出"排满革命"口号,使自己的革命纲领带有浓厚的民族狭隘性与历史局限性。当然,孙中山也多少意识到这一点,强调:"民族革命的原故,是不甘满洲人灭我们的国,主我们的政,定要扑灭他的政府,光复我们民族的国家。这样看来,我们并不是恨满洲人,是恨害汉人的满洲人。"①

民权主义的目标,是"创立民国"。孙中山认为,这是政治革命的根本。"中国数千年来都是君主专制政体,这种政体,不是平等自由的国民所堪受的。要去这政体,不是专靠民族革命可以成功。"②"我们推倒满洲政府,从驱除满人那一面说是民族革命,从颠覆君主政体那一面说是政治革命,并不是把来分作两次去做。"③ 他在《军政府宣言》中,说得更加明白:"今者由平民革命以建国民政府,凡为国民皆平等以有参政权。大总统由国民公举。议会以国民公举之议员构成之,制定中华民国宪法,人人共守。敢有帝制自为者,天下共击之!"④

民生主义的重要政策,是"平均地权"。孙中山之所以把土地问题看得如此重要,一方面是通过太平天国起义看到了中国农民对土地的渴望,另一方面也是在游历西方各国时,看到由地权问题引发出种种社会矛盾。他主张:"文明之福祉,国民平等以享之。当改良社会经济组织,核定天下地价。其现有之地价,仍属原主所有;其革命后社会改良进步之增价,则归于国家,为国民所共享。"⑤ 可见,孙中

---

① 《孙中山选集》(上),人民出版社2011年版,第86页。
② 《孙中山选集》(上),人民出版社2011年版,第87页。
③ 《孙中山选集》(上),人民出版社2011年版,第87页。
④ 《孙中山选集》(上),人民出版社2011年版,第82页。
⑤ 《孙中山选集》(上),人民出版社2011年版,第82页。

山的平均地权主张，并非要从根本上动摇现有土地制度的根基，而只是对工业化过程中土地价格增值部分采取的改良性措施。这相对于彻底反封建的土地要求来说，具有相当的温和性与保守性。

不过，孙中山对民生主义的思考，并不限于平均地权，而由西方资本主义国家陷入深刻社会矛盾不得解脱的冷酷现实，得出希望"毕其功于一役"的思想。这才是孙中山民生主义的进步与可贵之处。

孙中山为躲避清廷的通缉，到过英国、美国、日本等国。此时的资本主义发展，正在由自由垄断时期向帝国主义时期转变，科学社会主义兴起，工人阶级反抗资产阶级的斗争，推动资本主义社会的固有矛盾日益深刻化。

孙中山目睹了这些深刻变化，认为："社会问题在欧美是积重难返，在中国却还在幼稚时代，但是将来总会发生的。到那时候收拾不来，又要弄成大革命了。革命的事情是万不得已才用，不可频频伤国民的元气。我们实行民族革命、政治革命的时候，须同时想法子改良社会经济组织，防止后来的社会革命，这真是最大的责任。"① 他从欧美国家的前车之鉴，看到在中国实行民生主义的重要："欧美各国，善果被富人享尽，贫民反食恶果，总由少数人把持文明幸福，故成此不平等的世界。我们这回革命，不但要做国民的国家，而且要做社会的国家，这决是欧美所不能及的。"② 他由此得出结论："吾国治民生主义者，发达最先，睹其祸害于未萌，诚可举政治革命、社会革命毕其功于一役。"③

此时，孙中山还没有搞清楚社会改良主义、科学社会主义、无政

---

① 《孙中山选集》（上），人民出版社2011年版，第88页。
② 《孙中山选集》（上），人民出版社2011年版，第90页。
③ 《孙中山选集》（上），人民出版社2011年版，第80页。

府主义的分别，有时还认为自己所主张的社会革命和民生主义就是社会主义。但也正是这些闪光的思想，后来促使他在很大程度上超越了自身的局限，推动自己的思想向新三民主义发展。这是后话。

　　孙中山作为中国资产阶级革命的伟大先驱者，在构建三民主义学说，创设资产阶级共和国建国方案时，已经在从中国的现实需要出发思考一些问题，提出若干富有创造性的思想。例如，他在提出民族主义、民权主义、民生主义时，注意到了民族革命、政治革命同社会革命的关系，注意到了资本主义发展的种种弊端，提出"诚可举政治革命、社会革命毕其功于一役"[①]的思想。又例如，他在西方国家"三权分立"政体基础上，提出创设"五权分立"，即在立法权、司法权、行政权之外，增加考选权和督察权，自诩为"破天荒的政体"，认为"这便是民族的国家、国民的国家、社会的国家皆得完全无缺的治理"[②]。

　　此外，孙中山从中国"民智未开"的国情出发，在《军政府宣言》中提出"其措施之次序则分三期"[③]。第一期为军法之治，为期三年；第二期为约法之治，"以天下平定后六年为限，始解约法，布宪法"[④]；第三期为宪法之治，即是他的最终目标。他认为："此三期，第一期为军政府督率国民扫除旧污之时代；第二期为军政府授地方自治权于人民，而自总揽国事之时代；第三期为军政府解除权柄，宪法上国家机关分掌国事之时代。俾我国民循序以进，养成自由平等之资

[①] 《孙中山选集》（上），人民出版社2011年版，第80页。
[②] 《孙中山选集》（上），人民出版社2011年版，第94页。
[③] 《孙中山选集》（上），人民出版社2011年版，第82页。
[④] 《孙中山选集》（上），人民出版社2011年版，第83页。

格，中华民国之根本胥于是乎在焉。"[1] 这一设想，后来被孙中山进一步概括为"军政""训政""宪政"三期。

上述三民主义的资产阶级革命纲领，尽管有种种历史局限和阶级局限，但纵观中国历史，如此彻底的革命纲领还是从未有过的。它在民族危亡、灾难深重的历史关头，提出了超越农民阶级、封建统治阶级的洋务派、资产阶级维新派的完整革命纲领，这是以孙中山为代表的中国资产阶级革命派的过人之处。

一次成功的革命行动，远超过一打纲领。

1911年10月10日，革命党人在武昌成功发动起义。1912年1月1日，孙中山在南京宣布国号为中华民国，宣誓就任临时大总统。1月2日，孙中山以临时大总统身份通电各省改元，以1912年1月1日为中华民国元年元旦。同年3月11日，公布《中华民国临时约法》。这是中国历史上第一部具有宪法性质的法律文献，以根本大法的形式废除封建君主专制制度，体现了主权在民、五权分立等资产阶级共和国方案。中国历史上第一个资产阶级共和国出现在世人面前。这是孙中山领导的资产阶级革命所取得的最高政治成就，将中国历史向前推进了一大步。这以后，"民主共和"思想日益深入人心，取代了存在上千年的"皇权至上"思想，树立起中国人民为救亡图存、振兴中华而进行民主革命新的里程碑。

在一些特殊的历史时期，不仅过人之处会放大，弱点同样会被暴露无遗。在辛亥革命中，以孙中山为代表的资产阶级革命派，也暴露出自身的弱点和历史局限性。他们对于南北议和以及袁世凯抱有极大幻想，因而将好不容易得来的革命果实拱手让与他人，形成了刚推翻

---

[1] 《孙中山选集》（上），人民出版社2011年版，第83页。

了清廷、又让封建军阀势力篡取民国政权的悲剧，为日后北洋军阀统治留下了后患。在民主共和目标刚刚实现，革命成果尚未巩固的情况下，革命党内部过早出现意见分歧与内部纷争，削弱了革命的力量。

1912年2月12日，清宣统帝退位诏书颁布。2月13日，孙中山辞去临时大总统职务。2月15日，袁世凯当选民国临时大总统。

这以后，孙中山等革命党人逐渐认清了袁世凯假借"共和"名义加强专制统治的真面目，于1913年7月组织"二次革命"。"二次革命"尽管昙花一现，9月即宣告失败，却显示了革命党人革命精神未泯的气概。

这以后，袁世凯强迫国会进行总统选举，终于在自己的头衔上去掉了"临时"二字，于1913年10月10日正式就任中华民国总统。自此，中国近代历史进入北洋军阀统治时期。

袁世凯低估了辛亥革命带来的潮流变化和民心向背，高估了拥戴自己圆梦"洪宪帝制"的所谓"民意"基础，居然冒天下之大不韪，于1915年12月13日以皇帝身份在居仁堂接受群臣朝贺。12月底，又下令改民国五年为"洪宪"元年。由此把自己推上了历史审判台。在各地的讨袁声中，袁世凯不得不在1916年3月取消帝制，最终在同年6月6日暴病身亡。应验了孙中山在10年前《军政府宣言》中发出的誓言："敢有帝制自为者，天下共击之！"[1]

自此，辛亥革命推翻了封建帝制，开启了民主共和的时代。然而，中国近代史上的混乱黑暗时期——北洋军阀统治时期，也就此开始。

历史的发展，有时就是这么矛盾。先进的与落后的，进步的与保

---

[1] 《孙中山选集》（上），人民出版社2011年版，第82页。

守的，相互胶着在一起，使历史从表面看来似乎是停顿了，甚至有些方面在"倒退"。

实际上，历史不会重复，更不会倒退。"世界潮流浩浩荡荡，顺之则昌，逆之则亡。"中国近代历史，发展到这时，在暂时的停滞背后，正在孕育着新的社会大变动，同时也在酝酿着引领这一社会大变动的新的阶级、新的思想、新的力量。

第 三 章

人间正道是沧桑

　　历史进入20世纪20年代，中国社会尽管还处在北洋军阀政府的黑暗统治之下，但已出现了新的气象，新的希望。它的孕育形成，还要从第一次世界大战①说起。

　　1914年6月28日，奥匈帝国皇位继承人弗兰茨·斐迪南大公夫妇，在波斯尼亚首府萨拉热窝检阅军事演习。这里在六年前，即1908年，被奥匈帝国吞并。居民大都是塞尔维亚人。他们对奥匈帝国怀有仇恨。这一天，恰逢塞尔维亚纪念1386年被土耳其征服的"国耻日"。检阅结束后，弗兰茨·斐迪南大公夫妇被塞尔维亚青年加弗利尔·普林西普刺杀身亡。这件事，成为第一次世界大战的导火索。

　　第一次世界大战，使盛极一时的资本主义国家的深刻内外矛盾充分暴露。对整个世界发展方向，乃至中国的走向，都产生了深刻的影响。

---

　　① 第一次世界大战，1914年8月4日全面爆发，1918年11月11日宣告结束，是以德奥同盟国为一方、英法俄协约国为另一方的帝国主义战争。

◇ 黑暗中的希望曙光

进入20世纪的中国，已经和1840年后的中国有很大不同。

自1900年八国联军入侵中国、《辛丑条约》签订以来，帝国主义国家在中国掀起了新一轮瓜分中国的狂潮，并形成了各自的势力范围，而"后起之秀"俄国、日本、德国、美国更是胃口极大、虎视眈眈。中国人民同帝国主义的民族矛盾进一步发展与深化。

20世纪初年，也是中国社会矛盾激烈冲突、急剧变化的时刻。清朝通过所谓"新政"改革，不但没有挽救最后的统治危机，反而加速了自身的灭亡。但取而代之的，是更加黑暗的北洋军阀统治。直系、皖系、奉系等不同外国势力背景的军阀，将北洋政府视为自己的"战利品"或"竞争物"，你方唱罢我登场，争斗不已，战事连年，生灵涂炭。中国人民同封建主义的阶级矛盾也在进一步发展与深化。

此时，中国社会原有的一切阶级，都尝试过了。从太平天国运动、洋务运动、戊戌变法、义和团运动、清末新政到辛亥革命，都未能从根本上改变中国悲惨的历史命运，都未能推翻压在苦难深重的中国人民身上的重重压迫。

此时，一切能够找到的救国思想、救国方案，都尝试过了。从太平天国的"拜上帝教"和《天朝田亩制度》，到洋务运动的"师夷长技以制夷"，到维新变法的君主立宪和改良主义，再到资产阶级革命派的资产阶级民主共和方案，都未能解决中国社会的基本矛盾，都未能改变中国半殖民地半封建的社会性质，都未能给国家和民族带来救亡图存的希望。辛亥革命后，在"共和"的旗帜下，也尝试过议会制、多党制、总统制等各种形式，出现过政党林立的局面。据后人研究统计，民国初年的政治性党派有312个，仅北京和上海就分别有82个和80个。① 其结果，中国陷入更大的混乱与苦难，依然是山河破碎、积贫积弱，列强依然在中国横行霸道、攫取利益，中国人民依然生活在苦难和屈辱之中。

半个多世纪以来，人们总是从西方国家那里寻找国家与民族的希望。但在帝国主义的侵略面前，特别是帝国主义自身陷入重重矛盾，陷入第一次世界大战空前厮杀面前，这种希望变得日益迷茫了。

就这样，寻找能够给国家和民族带来新希望、新出路的新阶级、新思想，是这一时期的普遍要求。历史在找到新的希望之前，往往会陷入一段思想苦闷的困惑期。这一时期正是这样。

1915年，当时还在拥袁（世凯）还是反袁间徘徊的梁启超在《大中华发刊词》中写道："我国民积年所希望所梦想，今殆已一空而无复余。……二十年来朝野上下所昌言之新学新政，其结果乃至为全社会所厌倦所疾恶：言练兵耶，而盗贼日益滋，秩序日益扰；言理财耶，而帑藏日益空，破产日益迫；言教育耶，而驯至全国人不复识字；言实业耶，而驯至全国人不复得食。其他百端，则皆若是。"②

当时，孙中山一直在为捍卫共和而不懈斗争。但他用来同袁世凯等北洋军阀斗争的武器，主要还是利用一些同北洋军阀有矛盾的南方军阀。当时追随孙中山的吴玉章后来回忆说："在当时，军队是统治者私人的财产和工具，军队的活动完全听命于他们的统帅，不知道有国家民族，我们也没有可能去根本改造旧军队，使它成为革命的工

---

① 张玉法：《民国初年的政党》，台北"中央研究院"近代历史研究所2002年版，第42—46页。
② 梁启超：《饮冰室文集》卷三十三，第80页。

具，而只是看到个人的作用，力图争取有实力的统帅。从辛亥革命起，我们为了推倒清朝而迁就袁世凯，后来为了反对北洋军阀而利用西南军阀，再后来为了抵制西南军阀而培植陈炯明，最后陈炯明又叛变了。这样看来，从前的一套革命老办法非改变不可，我们要从头做起。但是我们要依靠什么力量呢？究竟怎样才能挽救国家的危亡呢？这是藏在我们心中的迫切问题，这些问题时刻搅扰着我，使我十分烦闷和苦恼。"[1]

就在这时，1915年9月15日，由陈独秀主办的《青年杂志》在上海创刊。在此之前，陈独秀一直是辛亥革命和倒袁斗争的积极参加者，曾因参加讨袁"二次革命"被捕入狱。他在第一卷第一号上发表《敬告青年》一文，对青年人提出六点希望。第一，"自主的而非奴隶的"。"盖自认为独立自主之人格以上，一切操行，一切权利，一切信仰，唯有听命各自固有之智能，断无盲从隶属他人之理。"第二，"进步的而非保守的"。"自宇宙之根本大法言之，森罗万象，无日不在演进之途，万无保守现状之理。""以人事之进化言之，笃古不变之族，日就衰亡；日新求进之民，方兴未已；存亡之数，可以逆睹。""吾宁忍过去国粹之消亡，而不忍现在及将来之民族，不适世界之生存而归削灭也。"第三，"进取的而非退隐的"。"夫生存竞争，势所不免，一息尚存，即无守退安隐之余地。排万难而前行，乃人生之天职。""人之生也，应战胜恶社会，而不可为恶社会所征服；应超出恶社会，进冒险苦斗之兵，而不可逃循恶社会，作退避安闲之想。"第四，"世界的而非锁国的"。"投一国于世界潮流之中，笃旧者固速其危亡，善变者反因以竞进。""于此而执特别历史国情之说，以冀抗此

---

[1] 《吴玉章回忆录》，中国青年出版社1978年版，第109—110页。

潮流，是犹有锁国之精神，而无世界之智识。"第五，"实利的而非虚文的"。"夫利用厚生，崇实际而薄虚玄，本吾国初民之俗；而今日之社会制度，人心思想，悉自周、汉两代而来，——周礼崇尚虚文，汉则罢黜百家而尊儒重道。——名教之所昭垂，人心之所祈向，无一不与社会现实生活背道而驰。倘不改弦而更张之，则国力莫由昭苏，社会永无宁日。"第六，"科学的而非想象的"。"近代欧洲之所以优越他族者，科学之兴，其功不在人权说下，若舟车之有两轮焉。""夫以科学说明真理，事事求诸证实，较之想象武断之所为，其步度诚缓，然其步步皆踏实地，不若幻想突飞者之终无寸进也。宇宙间之事理无穷，科学领土内之膏腴待辟者，正自广阔。"[①] 尽管陈独秀的思想，这时还没有超出资产阶级民主主义思想范畴，但他推崇"科学"与"人权"（即民主）的作用，痛快淋漓地抨击此刻依然统治人们思想的封建礼教，发人所未发，发人所未敢发，在当时苦闷的思想界响起了一声春雷。由此，《青年杂志》的创刊，标志着一场思想启蒙运动——新文化运动的兴起。

1917年1月，陈独秀接受北京大学校长蔡元培的聘请，从上海来到北京，担任北京大学文科学长。在此之前，《青年杂志》已从1916年9月1日出版的第二卷第一号起，改名为《新青年》。陈独秀到了北京，《新青年》编辑部也随之移至北京，设在东城箭杆胡同9号陈独秀的寓所。从此，北京大学[②]成为新文化运动的中心，陈独秀也成为新文化运动的旗手。

[①] 以上引文，均见张宝明主编《〈新青年〉百年典藏·社会教育卷》，河南文艺出版社2019年版，第4—7页。

[②] 北京大学，前身为1898年戊戌变法期间成立的京师大学堂。1912年改为国立北京大学。

新文化运动在冲决封建礼教和封建思想网罗方面，起了思想解放的作用。这个作用所取得的成就和影响，超过了辛亥革命。但在"科学""民主"两大口号背后，这些思想家的思想武器，说到底还是西方的个人主义思潮。这种个人主义在西方资产阶级反对宗教神权的斗争中，发挥过巨大作用。但在遭受封建统治和帝国主义侵略的旧中国，并不能找到实现民族独立和人民解放的道路。

陈独秀、李大钊等人逐渐意识到了这个缺陷，开始把思考的重点转向改造社会上。由此迈出了从资产阶级民主主义者向马克思主义者转变的第一步。

围绕改造社会，马克思、恩格斯形成了科学社会主义理论。在此前后，其他社会主义思潮也在讨论改造社会问题，提出了不同的方案，有改良主义的，也有无政府主义的，等等。在新文化运动前后，包括科学社会主义在内的各种社会主义思想，也陆陆续续被译介到国内来。是否能把这些主义作为改造社会的真理？人们还在思考，还在观望，还在犹豫。

此时，利用第一次世界大战和俄国国内造成的有利形势，1917年11月7日，列宁领导的俄国十月革命爆发，并取得成功。在人类历史上，第一次出现工农兵当家做主的社会主义国家。这使正在苦苦思索和寻找改造社会方法与道路的李大钊、陈独秀等人看到了希望。

在中国思想界，公开发表文章盛赞俄国十月革命的，是李大钊。1918年7月1日，李大钊在《言治》季刊①第3号上，发表《法俄革命之比较观》一文。他用十分明确的语言指出："法兰西之革命是十八世纪末期之革命，是立于国家主义上之革命，是政治的革命而兼含

---

① 《言治》，1913年4月1日创刊，同年11月停刊，由天津北洋法政学会创办。1917年，《言治》在北京复刊，仍为天津北洋法政学会主办。李大钊是该刊编辑部成员。

社会的革命之意味者也。俄罗斯之革命是二十世纪初期之革命，是立于社会主义上之革命，是社会的革命而并著世界的革命之采色者也。时代之精神不同，革命之性质自异，故迥非可同日而语者。""吾人对于俄罗斯今日之事变，惟有翘首以迎其世界新文明之曙光，倾耳以迎其建于自由、人道上之新俄罗斯之消息，而求所以适应此世界的新潮流。"随后，李大钊于同年11月15日，在《新青年》发表《庶民的胜利》和《布尔什维主义的胜利》两篇文章，继续以欣喜的心情讴歌俄国十月革命。他在《布尔什维主义的胜利》中，把布尔什维主义称作"这是二十世纪世界革命的新信条"，预言"试看将来的环球，必是赤旗的世界"！

1919年1月5日，李大钊在《每周评论》第3号上发表《新纪元》一文，认为："一九一四年以来世界大战的血、一九一七年俄国革命的血、一九一八年德奥革命的血，好比作一场大洪水——诺阿以后最大的洪水——洗来洗去，洗出一个新纪元来。这个新纪元带来新生活、新文明、新世界，和一九一四年以前的生活、文明、世界，大不相同，仿佛隔几世纪一样。""多少历史上遗留的偶象，如那皇帝、军阀、贵族、资本主义、军国主义，也都像枯叶经了秋风一样，飞落在地。这个新纪元是世界革命的新纪元，是人类觉醒的新纪元。我们在这黑暗的中国，死寂的北京，也仿佛分得那曙光的一线，好比在沉沉深夜中得一个小小的明星，照见新人生的道路。我们应该趁着这一线的光明，努力前去为人类活动，作出一点有益人类工作。"这表明，以陈独秀、李大钊为代表的先进的中国人不再犹豫与观望，而决心以苏俄为榜样，将马克思主义作为救国救民的真理来接受，并认真地在中国实行之。

❖ 五四运动带来的转折

历史发展到了一个关节点的时候，往往是借助于重大事件的发生，为自己打开通道。这个事件，既是历史发展到一定程度的结果，也为历史发展创造出新的转机。俄国十月革命，给中国思想界打开了一扇窗户，使大家看清了中国的未来，以及通向未来的道路。而在这一过程中，真正起到极大地推动作用的，是爆发于1919年5月4日的五四爱国革命运动。

五四运动的导火索，是1919年1月18日至6月18日在法国巴黎凡尔赛宫举行的巴黎和会。会前，美国总统威尔逊大谈"公理战胜强权"，迷惑了许多心地善良的中国人。然而，随着巴黎和会的进行，越来越多的事实证明，这实际上是帝国主义国家之间的"分赃会议"。作为战胜国之一的中国，实际上处于主权和领土任帝国主义强权私相授受、瓜分宰割的境地。当美英法同意将德国在山东的所有权益转让给日本的消息传回国内，立即引起全国民众的强烈反对。

这前后的变化，实际上折射出当时激进的知识分子对其所信奉的资产阶级民主主义思想的怀疑与动摇。这恰恰是从新文化运动向五四运动转变的内在逻辑联系。我们以陈独秀前后的思想变化为例。

在巴黎和会召开之前，1918年12月22日，陈独秀在用"只眼"笔名发表的《每周评论》发刊词中说："列位要晓得什么是公理，什么是强权呢？简单说起来，凡合乎平等自由的，就是公理；倚仗自家强力，侵害他人平等自由的，就是强权。"接下来，他称赞威尔逊的"公理战胜强权"主张，说："美国大总统威尔逊屡次的演说，都是光明正大，可算得现在世界上第一个好人。他说的话很多，其中顶要紧的是两主义：第一不许各国拿强权来侵害他们的平等自由。第二不许各国政府拿强权来侵害百姓的平等自由。这两个主义不正是讲公理不讲强权吗？我所以说他是世界上第一个好人。"[1]

1919 年 5 月 4 日，五四运动爆发当天，陈独秀用"只眼"笔名在《每周评论》发表《随感录》，明确指出："巴黎的和会，各国都重在本国的权利。什么公理，什么永久和平，什么威尔逊总统十四条宣言，都成了一文不值的空话。"[2]

巴黎和会上中国外交的失败，已远远超过了外交本身。西方各国在巴黎和会上的种种表现，彻底地撕下了资产阶级民主主义的伪装和假面具，这对将资产阶级民主主义作为救国理想的中国先进知识分子来说，不啻是当头一棒。这些人从受欺骗中惊醒过来，怀着满腔愤懑，投入了以中国外交失败为导火索的彻底反帝反封建的爱国革命运动中去。五四爱国革命运动在这种背景下爆发了。

1919 年 5 月 4 日，北京大学等学校学生聚集在天安门，随后向西方国家驻华使馆密集的东交民巷进发。在受到警察阻挡后，改道前往赵家楼胡同，火烧曹汝霖的住宅。很快，这场运动迅速向全国发展。

就在北京学生被大批逮捕，五四运动严重受挫的情况下，出现了一个前所未有的惊人之举。6 月 5 日，设在上海的日本工厂的中国工人率先罢工，其他工厂的工人纷纷响应。参加罢工的工人，约有六七万人之多。这标志着中国工人阶级的觉醒，开始以独立力量登上政治舞台。

---

[1] 只眼（陈独秀）：发刊词，《每周评论》第 1 号，1918 年 12 月 22 日出版。
[2] 转引自金冲及《二十世纪中国史纲》上册，社会科学文献出版社 2009 年版，第 161 页。

上海工人罢工，有力推动着大规模罢市、罢课斗争。运动很快席卷南半个中国的江苏、浙江、安徽、江西、福建、湖北、湖南、广东、广西、云南、贵州、四川，还有北方的直隶、奉天、吉林、黑龙江、河北、河南、山西、陕西等省。运动最猛烈的城市，除北京、上海外，还有济南、天津、武汉、长沙。

在五四运动的空前压力下，北洋政府于 6 月 7 日释放被捕学生，10 日免去亲日派官僚曹汝霖、陆宗舆、章宗祥职务。6 月 28 日，中国代表团拒绝出席巴黎和会最后一天的会议，未在《对德和约》上签字。

五四爱国运动的影响是划时代的。这主要表现在三个方面。

第一，它使资产阶级民主主义思想在中国先进知识分子的心目中破了产，开始转向通过俄国十月革命和马克思主义寻找救国救民的革命道路。其标志，是李大钊于 1919 年发表的《我的马克思主义观》。[①] 一年后，1920 年 9 月，陈独秀发表《谈政治》一文，也鲜明地表达了自己的马克思主义新世界观。这表明，马克思主义取代资产阶级民主主义，成为新思潮的主流，其意义是巨大的。一方面，这使得新文化运动的旗手和闯将陈独秀、李大钊等人迅速转变成中国第一批共产主义知识分子；另一方面，这又推动在五四运动中崭露头角的毛泽东、周恩来、恽代英等一大批青年知识分子在几年间迅速完成世界观转变。正是以这一新兴群体为骨干，以各种方式推动了马克思主义在中国的广泛传播，其深度和广度远远超过先前的思想传播。中国先进知识分子迅速完成思想转变，也促使原先新文化运动的思想营垒发生剧烈分化，引发了中国早期马克思主义者同一部分资产阶级知识分子

---

① 李大钊《我的马克思主义观》先后连载于 1919 年 5 月出版的《新青年》第 6 卷第 5 号（马克思主义研究专号）和同年 11 月出版的第 6 号上。

之间关于问题与主义、关于社会主义的争论，同部分小资产阶级知识分子关于无政府主义的争论。通过这些争论，进一步扩大了马克思主义的影响，促成了一部分知识分子的思想转变。在这一背景下，到了20世纪20年代初，中国共产党成立的思想准备基本完成。

第二，它使社会上的人们特别是先进知识分子开始认识中国工人阶级的力量，决心走与工农群众相结合的道路，到劳苦大众特别是产业工人中，通过办补习学校、夜学等方式，做工农基本群众的思想启蒙和宣传组织工作。在这方面，陈独秀带了个头。五四运动中，他因散发《北京市民宣言》传单被北洋军阀政府逮捕。获释后，他在1920年2月到上海，在码头工人中了解罢工情况，深入中华工业协会、中华工会总会等劳动团体调研。1920年4月2日，陈独秀在上海码头工人发起的"船务栈房工界联合会"成立大会上，发表《劳动者底觉悟》演说，说："世界上是些什么人最有用最贵重呢？必有一班糊涂人说皇帝最有用最贵重，或是说做官的读书的最有用最贵重。我以为他们说错了，我以为只有做工的人最有用最贵重。""中国古人说：'劳心者治人，劳力者治于人。'现在我们要将这句话倒转过来说：'劳力者治人，劳心者治于人。'"[①] 他还推动北大学生等进步青年深入研究工人运动。这些工作，不仅使中国革命的新的领导力量——工人阶级进一步有了政治自觉，而且促进了马克思主义同中国工人运动的深度结合。这为中国共产党的诞生创造了坚实的阶级基础。

第三，在推动马克思主义广泛传播，以及推动同中国工人运动相结合的过程中，中国具有初步共产主义思想的知识分子，先是以北京（李大钊等）、上海（陈独秀等）、济南（王尽美、邓恩铭等）、武汉

---

① 《新青年》第7卷第6号，1920年5月1日出版。

（董必武、陈潭秋等）、长沙（毛泽东、何叔衡等）、广州（谭平山等）等城市以及旅欧旅日学生为中心，形成若干团体组织。随后，又逐渐在陈独秀、李大钊的周围团结起来，演变为中国共产党的早期组织。1920年2月，为躲避北洋军阀政府的迫害，陈独秀秘密从北京迁居上海。行前，李大钊和他商讨了在中国建立共产党组织的问题。同年8月，在共产国际代表维经斯基推动下，以马克思主义研究会的骨干为基础，陈独秀在上海成立中国第一个共产党早期组织，命名为"中国共产党"。这一举动，有力地推动了各地共产党早期组织发展，成立统一的全国性的马克思主义政党成为一致的要求。这样，创建中国共产党的组织准备也基本完成，在适当时间、以适当方式宣告中国共产党的正式成立已成为大势所趋。

以上三点，实际上因应了辛亥革命以来中国历史发展的困惑所在，为中国革命后来的发展扫清了最大的障碍，准备了最重要的条件。由此奠定了五四运动在中国近代史上的划时代意义，也奠定了它在中华民族复兴史上的划时代意义。

从此，自1840年以后逐步兴起的反帝反封建的中国民族民主运动，开始有了新的指导思想——马克思列宁主义。"中国人从思想到生活，才出现了一个崭新的时期。"[①] 这场民族民主运动，开始有了新的领导阶级——中国工人阶级。"虽然中国无产阶级有其不可避免的弱点，例如人数较少（和农民比较），年龄较轻（和资本主义国家的无产阶级比较），文化水准较低（和资产阶级比较）；然而，他们终究成为中国革命的最基本的动力。中国革命如果没有无产阶级的领导，就必然不能胜利。"[②] 这场民族民主运动，开始有了新的政

[①] 《毛泽东选集》第4卷，人民出版社1991年版，第1470页。
[②] 《毛泽东选集》第2卷，人民出版社1991年版，第644—645页。

党——中国共产党。这就决定了这场革命运动，尽管仍属于资产阶级民族民主革命性质，但它的前途必然是社会主义性质的。"资产阶级的共和国，外国有过的，中国不能有，因为中国是受帝国主义压迫的国家。唯一的路是经过工人阶级领导的人民共和国。"[1] 总之，五四运动为新的革命力量、革命文化、革命斗争登上历史舞台创造了条件，形成了爱国、进步、民主、科学的五四精神。

历史前进的通道，就这样被打开了。从此，旧式资产阶级民主革命让位于无产阶级领导的、以马克思列宁主义为指导、以社会主义为前途的新民主主义革命。这在近代以来中华民族追求民族独立和发展进步的历史进程中具有里程碑意义。

◇ 民族复兴的新希望

1921年7月23日，中国共产党第一次全国代表大会在上海法租界望志路106号（今兴业路76号）的一座石库门建筑里秘密举行。8月初，在浙江省嘉兴南湖的一只游船举行了最后一天的会议。

毛泽东在中共七大上，曾引用《庄子·人间世》的话来形容这次大会的意义："其作始也简，其将毕也必巨。"这次会议确定了中国共产党的性质与未来。

大会确定了党的名称——"本党定名为'中国共产党'"[2]；确定了党的纲领——"（1）革命军队必须与无产阶级一起推翻资本家阶

---

[1] 《毛泽东选集》第4卷，人民出版社1991年版，第1471页。
[2] 《建党以来重要文献选编（1921—1949）》第1册，中央文献出版社2011年版，第1页。

级的政权,必须支援工人阶级,直到社会的阶级区分消除为止;(2)承认无产阶级专政,直到阶级斗争结束,即直到消灭社会的阶级区分;(3)消灭资本家私有制,没收机器、土地、厂房和半成品等生产资料,归社会公有;(4)联合第三国际"[1];确定了党的当前工作——"本党的基本任务是成立产业工会。""党应在工会里灌输阶级斗争的精神。""因工人学校是组织产业工会过程中的一个阶段,所以在一切产业部门均应成立这种学校。""工人学校应逐渐变成工人政党的中心机构。""学校的基本方针是提高工人的觉悟,使他们认识到成立工会的必要"[2];确定了党的领导机构——以陈独秀为总书记的中央局。由此宣告了中国共产党的成立。

正如毛泽东所说:"中国产生了共产党,这是开天辟地的大事变。""从此以后,中国改换了方向。"[3]

96年之后,2017年10月31日,中共十九大刚刚开过,习近平总书记带领刚刚当选的中央政治局常委来到上海一大纪念地和浙江嘉兴南湖瞻仰,深情地讲了一句话:"我们党的全部历史都是从中共一大开启的,我们走得再远都不能忘记来时的路。"他还说:"上海党的一大会址、嘉兴南湖红船是我们党梦想起航的地方。我们党从这里诞生,从这里出征,从这里走向全国执政。这里是我们党的根脉。"[4]他曾经把中国共产党的建党精神概括为"红船精神",作为中国共产

---

[1] 《建党以来重要文献选编(1921—1949)》第1册,中央文献出版社2011年版,第1页。

[2] 《建党以来重要文献选编(1921—1949)》第1册,中央文献出版社2011年版,第4、5页。

[3] 《毛泽东选集》第4卷,人民出版社1991年版,第1514页。

[4] 《习近平在瞻仰中共一大会址时强调 铭记党的奋斗历程时刻不忘初心 担当党的崇高使命矢志永远奋斗》,《人民日报》2017年11月1日第1版。

党革命精神谱系的源头。他说："开天辟地、敢为人先的首创精神，坚定理想、百折不挠的奋斗精神，立党为公、忠诚为民的奉献精神，是中国革命精神之源，也是'红船精神'的深刻内涵。"①

中国共产党成立之初，不过是有50多名党员的年轻政党。然而，她勇敢地肩负起为人民谋幸福、为民族谋复兴的初心和使命，毅然决然地投入领导中国革命的艰难历程。从1921年7月正式成立到1927年7月大革命失败的短短六年时间里，中国共产党完成了领导中国革命的"三级跳"。

第一大跨越：领导推动中国工人运动迎来第一次高潮。

当时，中国产业工人在200万人以上。② 而中国共产党成立时，只有50多名党员。中国共产党是如何将工人阶级组织起来，并迅速形成工人运动第一次高潮的呢？

中国产业工人的一个特点，是集中在少数几个城市之中。当时缺乏系统的逐年统计资料。仅据1894年的一个统计，上海、广州、武汉三座城市的工人占全国工人总数的77%以上。③ 这时的工人阶级，不仅有了独立的政治主张，而且罢工次数也比以前显著增加。据统计，1870年到1911年的41年间，工人罢工106起。而从1912年到1920年的9年间，罢工增加至226起。④ 这反映了民族矛盾与阶级矛盾的激化情况。在这种情况下，中国共产党在建党之初，就以办工人学校、组织工会为突破口，无疑是正确的选择。

---

① 习近平：《弘扬"红船精神"走在时代前列》，《光明日报》2005年6月21日。
② 中共中央党史研究室：《中国共产党的历史》第1卷（1921—1949）上册，中共党史出版社2011年版，第25页。
③ 中共中央党史研究室：《中国共产党的历史》第1卷（1921—1949）上册，中共党史出版社2011年版，第27页。
④ 李步前：《中国共产党的诞生是历史的必然》，《学习时报》2017年6月26日。

这种做法，也是从摸索中找到的。据金冲及在《二十世纪中国史纲》中回忆："我在五十多年前曾听陈望道说过：他和沈雁冰（茅盾）常在工厂放工、大批工人从厂门里出来时站在稍高处对工人演讲，却没有多少人听这样的讲话。他们在实践中逐步摸索出一些行之有效的做法：以'提倡平民教育'为名，举办工人学校，帮助他们补习文化。从这里着手，一面同工人们熟悉起来，和他们交朋友，从中发现和培养一些积极分子，不断扩大团结面；另一面，在讲文化课时加上一些内容，帮助工人了解自己受剥削受压迫的真相和需要团结起来进行斗争的道理。到条件成熟时，就组织工会或工人俱乐部，团结更多工人，为他们谋福利，组织他们进行斗争。这样，就把工作局面一步步打开了。"[1]

中共一大结束没多久，1921年8月11日，中国劳动组合书记部在上海正式成立，主任为张国焘。这是中国共产党领导工人运动的公开机构。8月16日，发表《中国劳动组合书记部宣言》。《宣言》中说："中国劳动组合书记部是由上海——中国产业的中心——的一些劳动团体所发起的，是一个要把各个劳动组合都联合起来的总机关。他的事业是要发达劳动组合，向劳动者宣传组合之必要，要联合或改组已成的劳动团体，使劳动者有阶级的自觉，并要建立中国工人们与外国工人们的密切关系。"[2] 8月20日，机关刊物《劳动周刊》正式出版。

很快，中国劳动组合书记部设在各地的分部也相继建立起来。北方分部设在北京，主任罗章龙。武汉分部设在汉口，包惠僧、林育南

---

[1] 金冲及：《二十世纪中国史纲》上册，社会科学文献出版社2009年版，第200页。

[2] 《建党以来重要文献选编（1921—1949）》第1册，中央文献出版社2011年版，第46页。

先后担任主任。湖南分部设在长沙，主任毛泽东。广东分部设在广州，谭平山、阮啸仙先后担任主任。1922年8月，中国劳动组合书记部总部迁往北京后，上海也设立分部。中国劳动组合书记部及其分部的建立，对创办工人夜校、组织工人教育、领导工人罢工，起了重要作用。

这一时期，工人罢工继续发展。1921年下半年起，上海、武汉、广东、湖南、直隶等省市和航运、铁路、采矿等行业相继爆发工人的罢工斗争。自中国劳动组合书记部成立后，在中国共产党领导下的工人罢工斗争迅速发展。1922年1月，长沙华实纱厂2000多工人举行罢工，遭到湖南军阀赵恒惕镇压，罢工领袖黄爱、庞人铨被逮捕杀害。他们曾受无政府主义影响。后在毛泽东等人的启发下，于1921年底加入中国社会主义青年团。他们是全国最早被军阀残杀的工人运动领导人。

工人罢工，在中国共产党成立以前，早已有之。但在中国共产党成立以后，情况开始大变。据邓中夏①《中国职工运动简史（1919—1926）》记载："上海英美烟厂罢工，中国劳动组合书记部是参加去领导的；汉口人力车夫和粤汉罢工完全为共产党武汉党部所领导的，陇海铁路罢工，共产党北京党部闻讯派人驰往参加则已解决。由此可见共产党在一九二一年下半年的确渐能领导罢工了。特别是武汉因铁路工人与人力车夫两大罢工，开了当地一个新纪元，职工运动从此有一个顺利的进展。主持者为林育南（牺牲）和施洋同志。"②

1922年1月开始，中国共产党领导的工人运动逐渐走向高潮。这一高潮的起点，是苏兆征等领导的香港海员大罢工。1922年1月12

---

① 邓中夏，中国共产党早期领导人之一，中国工人运动领袖。1922年5月当选中国劳动组合书记部主任。1925年任中华全国总工会秘书长兼宣传部长，领导了省港大罢工。1933年被捕牺牲。

② 《邓中夏文集》，人民出版社1983年版，第439页。

日，海员工会第三次向资方提出增加工资等要求。[①] 在迟迟得不到回应的情况下，开始举行海员罢工。至 3 月初，罢工席卷全香港，参加罢工的工人达 10 万人以上。3 月 4 日，港英当局派出大批军警镇压，不料激起更大的罢工浪潮，迫使其在 3 月 8 日接受了罢工要求。香港海员罢工取得胜利。

在这一背景下，1922 年 7 月召开的中国共产党第二次全国代表大会，为蓬勃发展的工人运动指明了方向。

在此之前，列宁的关于民族和殖民地问题理论传入中国，对中共二大形成民主革命纲领起了重要的指导作用。1922 年 1 月 21 日至 2 月 2 日，远东各国共产党及民族革命团体第一次代表大会在莫斯科举行。出席大会的有中国、朝鲜、日本、蒙古等国代表。中国代表团里，有共产党员 14 人。这是中国共产党成立后第一次正式派出代表参加此类会议。大会根据列宁关于民族殖民地问题的理论，阐明了被压迫民族所面临的反帝反封建的历史任务，讨论共产党人在民族和殖民地问题上的立场，以及共产党同民族革命政党进行合作的问题，强调吸收农民群众参加民族民主革命运动的重大意义。

会议期间，列宁抱病接见中国共产党代表张国焘、中国国民党代表张秋白和铁路工人代表邓培。他十分关心中国革命问题，希望国共两党实现合作，勉励中国工人阶级和革命群众加强团结，推动中国革命向前发展。[②]

[①] 中华海员工业联合总会于 1921 年 3 月 6 日在香港成立后，同年 9 月第一次向资方提出增加工资等要求。遭到拒绝后，又于 11 月再次向资方提出。其后，资方只对外籍海员增加了 15% 的工资。

[②] 参见中共中央党史研究室《中国共产党的历史》第 1 卷（1921—1949）上册，中共党史出版社 2011 年版，第 77—78 页。

为推进全国工人阶级的大联合，1922年5月，中国劳动组合书记部在广州召开第一次全国劳动大会。在这次大会上，中国共产党同无政府主义等派别进行了有节制的斗争，把受这些错误思潮影响的工人团体争取过来，进一步增强了中国共产党对工人运动的领导。这次大会后，中国劳动组合书记部还发起领导劳动立法运动，起草《劳动法大纲》，得到各地工会的积极响应。《劳动法大纲》提出的各项要求，也成为第一次工人运动高潮中各地罢工的纲领。①

1922年6月15日，中共中央发表《中国共产党对于时局的主张》。这是中国共产党成立以后发表的第一个时局宣言。它明确提出："中国共产党是无产阶级的先锋军，为无产阶级奋斗，和为无产阶级革命的党。但是在无产阶级未能获得政权以前，依中国政治经济的现状，依历史进化的过程，无产阶级在目前最切最要的工作，还应该联络民主派共同对付封建式的军阀革命，以达到军阀覆灭能够建设民主政治为止。"②《中国共产党对于时局的主张》表明，在列宁关于民族和殖民地问题理论的指导和推动下，中国共产党正在认真思考党在民主革命的纲领。

1922年7月16日，中共二大在上海南成都路辅德里625号举行，出席代表共12人。此时，党员人数已由一大召开时的50多人发展至195人。这次代表大会吸取了一大的教训，以分组会为主，至23日闭幕只召开过三次全体会议，每次会议都要换地址。

大会发表了《中国共产党第二次全国代表大会宣言》（以下简称《宣言》）。《宣言》指出了当前中国革命的性质："加给中国人民（无

---

① 邓中夏：《中国职工运动简史（1919—1926）》，载《邓中夏文集》，人民出版社1983年版，第488页。
② 《建党以来重要文献选编（1921—1949）》第1册，中央文献出版社2011年版，第97页。

论是资产阶级、工人或农民）最大的痛苦的是资本帝国主义和军阀官僚的封建势力，因此反对那两种势力的民主主义的革命运动是极有意义的。"《宣言》提出了党的最高纲领与当前纲领："中国共产党是中国无产阶级政党。他的目的是要组织无产阶级，用阶级斗争的手段，建立劳农专政的政治，铲除私有财产制度，渐次达到一个共产主义的社会。""中国共产党为工人和贫农的目前利益计，引导工人们帮助民主主义的革命运动，使工人和贫农与小资产阶级建立民主主义的联合战线。"《宣言》还提出七条政纲，其中包括"消除内乱，打倒军阀，建设国内和平"，"推翻国际帝国主义的压迫，达到中华民族完全独立"，"统一中国本部（东三省在内）为真正民主共和国"。《宣言》还号召："我们一定要为解放我们自己共同来奋斗！工人和贫农必定要环绕中国共产党旗帜之下再和小资产阶级联合着来奋斗呀！"[1]

在上述宣言中，不仅根据当前中国革命性质，提出了中国共产党的最高纲领和当前纲领，还开始提出关于统一战线的思想和主张。这表明，经过短短一年的实践，中共二大在对中国革命性质与规律的认识，向前推进了关键性的一步。

中共二大还提出："我们既然要组成一个做革命运动的并且一个大的群众党，我们就不能忘了两个重大的律：（一）党的一切运动都必须深入到广大的群众里面去。（二）党的内部必须有适应于革命的组织与训练。"[2] 这里提出的使中国共产党成为"大的群众党"的任务，成为贯穿于党的初创时期和大革命时期自身发展的主线。

---

[1] 以上引文均参见《建党以来重要文献选编（1921—1949）》第 1 册，中央文献出版社 2011 年版，第 132、133、134 页。

[2] 《建党以来重要文献选编（1921—1949）》第 1 册，中央文献出版社 2011 年版，第 162 页。

中共二大做出的这些决定，对于进一步指导和推动中国工人运动第一次高潮产生了重要影响。这次会后，1922年9月，中共中央还在上海创办《向导》周报。它旗帜鲜明地宣传党的反帝反封建的民主革命纲领，在领导工人运动中发挥了重要作用。

前面说过，这次工人运动高潮从1922年1月开始，持续到1923年2月结束。在十三个月间，参加罢工人数在30万以上。也就是说，全国十分之一强的工人被动员起来，组织起来，投身反帝国主义压迫和北洋军阀统治的罢工斗争。这是中国历史上前所未有的，是中国共产党成立后带来的一大变化。

第一次工人运动高潮的详细经过，有不少专著给予详细的记述，兹不赘述。大致的过程，当时的主要领导者之一邓中夏在《中国职工运动简史》中说："一九二二年一月香港海员大罢工是高潮的第一怒涛，接着就是长江海员罢工和上海邮差罢工与日华纱厂罢工。五月全国劳动大会后，广州发生盐业工人罢工，上海日华纱厂继续发生罢工，澳门全体华人发生总罢工，于是高潮又起了一个波峰，至六月而低落。七月汉口钢铁厂发生罢工，工潮又高涨，此时劳动立法运动普及到全国，工人阶级有了一个目前的斗争纲领，更推进高潮上升。首先表现在八月的长辛店铁路工人罢工，接着是汉阳兵工厂罢工，上海丝厂女工罢工。从此以后，因长辛店罢工的胜利，影响波及北方各大铁路与两湖，高潮的趋势更加奔腾澎湃。九月粤汉铁路武长段再次罢工，京奉铁路山海关罢工，安源煤矿罢工，汉口扬子机器厂罢工，十月京奉铁路唐山罢工。至十月末，开滦五大煤矿大罢工，而工潮达到最高峰。开滦罢工失败，工潮已开始表示低落的征兆。上海方面所谓金银业，日华纱厂，英美烟厂工人三角同盟罢工，就一败涂地，工潮在上海表示先退。虽然如此，但在北方各大铁路与两湖，工潮仍回旋荡漾于铁路方面。十月发生京绥铁路车务工人罢工，十二月发生正太铁路石家庄罢工，次年一月发生津浦路浦镇罢工，次年一月发生花厂罢工，英美烟厂再次罢工。湖南方面发生水口山铅矿罢工，粤汉铁路武昌段第三次罢工。武汉方面，十一月发生汉口英美烟厂罢工，直到一九二三年二月，京汉铁路大罢工爆发，发生'二七'惨案，为这次罢工高潮最后的一个怒涛。从此以后，中国职工运动暂时进于消沉期了。"[①]

对第一次工人运动高潮的意义，邓中夏说："这个罢工显然为中国职工运动开了一个新的阶段——从改良主义的经济斗争转变到争取自由的政治斗争的阶段。"[②] 这是中国共产党领导为中国工人运动带来的最大变化。

第一次工人运动高潮被北洋军阀政府镇压，给了中国共产党一个重要的教训。在中国，由于工人阶级自身力量的弱小，不可能单枪匹马闹革命，必须同农民阶级以及城市小资产阶级、民族资产阶级结成牢固的统一战线。而这一认识，在理论上和政策上，已由中共二大做过阐发，还曾经通过《关于"民主的联合战线"的议决案》。这一认识在这次工人运动失败中得到进一步的印证，也就更加坚定了建立"民主的联合战线"的信心和决心。

这便有了第二大跨越：领导实现同国民党的第一次合作。

◇ 国共第一次合作

中国共产党领导的中国工人运动第一次高潮虽然失败了，但它提

[①] 《邓中夏文集》，人民出版社1983年版，第441—442页。
[②] 《邓中夏文集》，人民出版社1983年版，第493—494页。

出的"打倒列强,除军阀",却日益成为深入人心、打动民心的政治动员口号。

此时,北洋军阀政府的政治信用已达低点。北洋军阀之间,你争我斗,使自己陷入了一场政治危机。1922年4月28日至5月5日,发生第一次直奉战争。最后以直系军阀吴佩孚获胜,奉系军阀张作霖败退关外告终。1923年6月,直系军阀曹锟为抢总统宝座,逼走了傀儡大总统黎元洪。随后,又通过亲信威逼利诱国会议员,贿选成为中华民国大总统。"民国"招牌和"议会"民主,在国民心目中一起破产。

就在这一背景下,年轻的中国共产党同孙中山领导的中国国民党,在共产国际和苏俄的撮合下,走到了一起。

孙中山第一次见到共产国际代表,是1920年秋。当时,共产国际代表维经斯基在上海与孙中山见面,双方谈得很融洽。向维经斯基提出见面的建议者,正是陈独秀。此后,孙中山还会见过共产国际代表马林、少共国际代表达林,在他们的影响下,他逐渐认识到"中国革命的惟一实际的真诚朋友是苏俄"[①]。

孙中山对中国共产党人格外看重。1922年6月陈炯明叛变后,孙中山避难来到上海。在这里,他第二次见到马林,并与陪同前来的李大钊多次面谈,"讨论振兴国民党以振兴中国之问题","畅谈不倦,几乎忘食"[②]。李大钊告诉孙中山,自己是共产党员。孙中山还是坚持要李大钊加入国民党。随后,陈独秀、张太雷、蔡和森等也以个人身份加入国民党。

孙中山看重的是,中国共产党人的朝气与力量。据宋庆龄回忆:

[①] 达林:《中国回忆录(1921—1927)》,中国社会科学出版社1981年版,第126页。
[②] 《李大钊文集》(下),人民出版社1984年版,第890页及注1。

"1923年当李大钊、林伯渠等人来商谈国民党和中国共产党合作的问题时，孙中山立即看到把力量联合起来的价值。""孙中山在见到这样的客人后常常说，他认为这些人是他的真正的革命同志。他知道，在斗争中他能依靠他们的明确的思想和无畏的勇气。""我记得当时我问他为什么作出这个决定。他在回答时把国民党比作一个就要死的人，他说这种合作将会加强和恢复它的血液的流动。"[①]

中国共产党看重的是孙中山领导的国民党的影响力和社会基础。但正式做出采取党内合作方式同国民党合作的决定，并非一帆风顺。

前面提到的1922年7月召开的中共二大，还通过了一个决议《关于"民主的联合战线"的议决案》，改变党的一大文件中关于不同其他党派建立任何联系的规定，提出组织民主的联合战线，邀请国民党等革命团体举行联席会议，共商具体办法。会后，中共中央先后派李大钊、陈独秀同孙中山等会晤，商谈两党合作问题。

根据中共二大《关于"民主的联合战线"的议决案》的设想，是通过联合包括国民党在内的一切革命党派成立民主的联合战线，也就是党外合作方式来实现。但在商谈中，孙中山不接受这种合作方式，只同意共产党员以个人身份加入国民党。对此，中国共产党的多数领导人感到，这样做有一定的风险。因为国民党是一个资产阶级政党，共产党员加入进去，就有丧失自己独立性的危险。

在这时，共产国际的意见起了关键性作用。共产国际代表马林支持接受孙中山的意见，可以实行党内合作方式。因为他曾在爪哇有过类似的经历，而且取得成功。共产国际采纳了马林的意见，同意国共两党实行党内合作的建议。当时，中国共产党属于共产国际的一个支

---

① 宋庆龄：《孙中山和他同中国共产党的合作》，《人民日报》1962年11月12日第2版。

部，共产国际的决定有着非常大的影响。

根据马林的建议，1922年8月29日至30日，中共中央在杭州西湖举行会议，讨论共产党员加入国民党的问题。经过热烈的讨论，会议最终做出决定，同意共产党员以个人名义加入国民党。但有一个条件，就是孙中山改组国民党。

西湖会议毕竟是一个小范围的党内会议，尽管有上述决定，但还没有解决问题。

1923年6月12日至20日，中共三大在广州举行，主要议题便是讨论共产党员加入国民党问题。这时，党员人数已由中共二大时的195人，发展到420人。出席三大的代表有30多人，共产国际代表马林也参加大会。

在大会讨论中，发生了激烈争论。陈独秀等支持马林的意见。最终，大会接受共产国际关于同国民党合作的指示，通过《关于国民运动及国民党问题的议决案》。这个议决案进一步阐释了当前革命的任务："半殖民地的中国，应该以国民革命运动为中心工作，以解除内外压迫。"这个国民革命，对外是反对帝国主义，对内是反对封建军阀。议决案认为："依中国社会的现状，宜有一个势力集中的党为国民革命运动之大本营，中国现有的党，只有国民党比较是一个国民革命的党。"同时，"工人阶级尚未强大起来，自然不能发生一个强大的共产党——一个大群众的党，以应目前革命之需要，因此，共产国际执行委员会议决中国共产党须与中国国民党合作，共产党党员应加入国民党，中国共产党中央执行委员会曾感此必要，遵行此议决，此次全国大会亦通过此议决"①。至此，以党内合作方式同国民党实行合

---

① 《建党以来重要文献选编（1921—1949）》第1册，中央文献出版社2011年版，第258、259页。

作问题得到解决。

事实证明，这一决定是符合当时国共两党实际情况的正确决定，对推动国民革命迅速出现高潮起了至关重要的作用，对中国共产党在这一高潮中迅速发展壮大成为一个群众性的大党也是关键之举。

当时的中国共产党与孙中山领导的国民党相比，尚有不小的差距。从规模来说，国民党党员众多，而中国共产党到中共三大时也不过420个党员。从影响来说，国民党经营了十余年，始终处于维护共和与约法的政治斗争之中，尽管屡遭挫折，仍是中国政坛中影响力较大的政治力量，且在广东有自己的活动基地；而中国共产党成立不久，主要影响在工人阶级中，又处在秘密状态，活动与影响都受到很大限制。从政治经验来说，国民党有许多老同盟会员，经过了清朝统治下的秘密斗争，经历了辛亥革命，又经过民国初年的政治风雨和倒袁斗争，尽管不少人政治立场渐趋保守，但政治斗争经验老到，而中国共产党诞生不久，各方面的政治经验都明显不足。因此，无论从哪方面说，能抓住这次难得的历史机遇，在国共合作中实现工农运动和党自身的壮大发展，都是中国共产党一次具有深远影响的正确选择。

然而，许多事情都像"双刃剑"。对于中国共产党这样一个刚刚诞生不久的党来说，能否驾驭得了未来国共合作复杂的政治关系，这是一个十分严峻的考验。就中国共产党当时的认识来说，既没有国共合作中的领导权意识，更没有能提出争取领导权的任务，只是提出要保持自己的组织独立性。

这时，孙中山已下定决心，走联俄、联共的路，并对国民党进行改组。他心里十分清楚，改组国民党需要新的力量，这个新力量，非经他遴选加入国民党的共产党人莫属。这是第一次国共合作得以顺利实现，并能一度比较顺利地发展的重要因素。

据邹鲁《中国国民党史稿》记载：1922年孙中山因陈炯明叛变避难至上海后，"时国内反对本党之势力固愈恶，而信仰本党主义者亦愈多，苏俄已嘱中国共产党加入本党，而苏俄之联系，亦日见亲切，总理乃于九月四日，召集在沪各省同志张继等五十三人，交换意见，改进一切，各人一致赞同，结果呈报总理。总理于九月六日，指定茅祖权（字咏薰）、覃振、丁维汾、张秋白、吕志伊、田桐、陈独秀、管鹏、陈树人九人，为起草委员，嗣因丁、吕、覃赴京出席国会，争国会应继承广州八年之法统，乃复指定叶楚伧、刘芷芬、孙科（字哲生）、彭素民补其缺，至十一月十五日，复召集各省同志张继等五十九人，审查全案，修订告成，推胡汉民为宣言起草员，至十二月十六日，再召集各省同志六十五人，审查增修宣言，十七日汇案呈诸总理，于十二年一月一日发表宣言，二日召集会议，宣布党纲及总章"。①

此后，陈炯明叛乱被平复，孙中山于1923年2月重返广州。在全力巩固广东根据地的同时，继续推动国民党改组。同年10月6日，苏联政府派往国民党的首席政治顾问鲍罗廷到达广州。不久被孙中山聘为国民党组织训练员，参与国民党改组和国民党组织法、党章、党纲等草案的起草工作。鲍罗廷的到来，使国民党改组的进度加快。

1923年10月19日，孙中山委任廖仲恺、汪精卫、张继、戴季陶、李大钊为国民党改组委员。② 10月25日，又组织国民党临时中央执行委员会，负责起草国民党党纲、章程，为召开国民党全国代表大会做准备。经他指定的临时中央执行委员有胡汉民、林森、廖仲

---

① 邹鲁编著：《中国国民党史稿》（上），东方出版中心2011年版，第276页。
② 《中国国民党九十年大事年表》，台北"中央"文物供应社1984年版，第164页。

恺、邓泽如、杨庶堪、陈树人、孙科、吴铁城、谭平山九人，汪精卫、李大钊、谢伯英、古应芬、许崇清五人为候补执行委员。①

1924年1月20日至30日，中国国民党第一次全国代表大会在广东国立高等师范学校召开。围绕彻底反帝纲领和允许共产党员跨党加入国民党等问题，会上曾有过激烈的讨论。但在孙中山的坚持下，大会通过了《中国国民党第一次全国代表大会宣言》。这个宣言，由鲍罗廷起草，瞿秋白翻译成中文，又经汪精卫润色，最后由孙中山亲自审定。这足见当时孙中山对鲍罗廷的信任与倚重。

《中国国民党第一次全国代表大会宣言》（以下简称《宣言》）根据孙中山的"联俄、联共、扶助农工"三大政策，对三民主义作了新的解释，使旧三民主义发展成为新三民主义，为国共合作奠定了政治基础，也为分清真革命、假革命、反革命提供了政治标尺。

《宣言》在阐释民族主义纲领时，特别强调两点："一则中国民族自求解放；二则中国境内各民族一律平等。"② 不仅克服了原先"排满革命"口号的局限，还包含了反对帝国主义的内容。

《宣言》在阐释民权主义（即民主主义）纲领时，特别强调："近世各国所谓民权制度，往往为资产阶级所专有，适成为压迫平民之工具。若国民党之民权主义，则为一般平民所共有，非少数者所得而私也。"③ "详言之，则凡真正反对帝国主义之个人及团体，均得享有一切自由及权利；而凡卖国罔民以效忠于帝国主义及军阀者，无论其为团体或个人，皆不得享有此等自由及权利。"④ 这表明，孙中山

---

① 《中国国民党九十年大事年表》，台北"中央"文物供应社1984年版，第164页。
② 《孙中山选集》（下），人民出版社2011年版，第614页。
③ 《孙中山选集》（下），人民出版社2011年版，第615—616页。
④ 《孙中山选集》（下），人民出版社2011年版，第616页。

此时已对资产阶级民主制度彻底失望，转而谋求在反帝、反军阀旗帜下最广泛的民权主义联盟。

对此，《宣言》明确表示："故国民革命之运动，必恃全国农夫、工人之参加，然后可以决胜，盖无可疑者。国民党于此，一方面当对于农夫、工人之运动，以全力助其开展，辅助其经济组织，使日趋于发达，以期增进国民革命运动之实力；一方面又当对于农夫、工人要求参加国民党，相与为不断之努力，以促国民革命运动之进行。"[①] 这也就是"扶助农工"政策，是孙中山新三民主义中最具革命性的内容之一。

《宣言》在阐释民生主义纲领时，在"平均地权"基础上，又增加了"节制资本"。这同样是孙中山新三民主义最具革命性的特色之一。"平均地权"为的是打破土地垄断："盖酿成经济组织之不平均者，莫大于土地权之为少数人所操纵。故当由国家规定土地法、土地使用法、土地征收法及地价税法。私人所有土地，由地主估价呈报政府，国家就价征税，并于必要时依报价收买之，此则平均地权之要旨也。"[②] "节制资本"为的是打破"资本垄断"："凡本国人及外国人之企业，或有独占的性质，或规模过大为私人之力所不能办者，如银行、铁道、航路之属，由国家经营管理之，使私有资本制度不能操纵国民之生计，此则节制资本之要旨也。"[③] 孙中山已经意识到，只有打破土地垄断与资本垄断，才能真正实行民生主义："举此二者，则民生主义之进行，可期得良好之基础。"[④]

---

① 《孙中山选集》（下），人民出版社2011年版，第617页。
② 《孙中山选集》（下），人民出版社2011年版，第616页。
③ 《孙中山选集》（下），人民出版社2011年版，第616页。
④ 《孙中山选集》（下），人民出版社2011年版，第616页。

通过国民党一大，实现从旧三民主义到新三民主义的转变，代表了孙中山在为救国救民真理不断求索道路上的最高成就，也是中国国民党在苏联与中国共产党帮助下获得新生的标志。正如毛泽东所评价："这篇宣言，区分了三民主义的两个历史时代。"[1] 这次代表大会，标志着第一次国共合作的正式形成。

国民党一大后的两年里，第一次国共合作进入了最好时期。国民党在中国共产党人的真诚帮助下，建立了黄埔军校，开始有了自己的武装力量——党军；在各省市普遍建立国民党党部，使国民党第一次有了比较稳固的组织基础；建立了广东革命根据地，成为后来北伐战争的大本营。

与此同时，中国共产党也有了迅速发展。党员人数从1923年6月中共三大时的420人发展到1925年1月中共四大时的994人，到1927年4月中共五大召开时已达57967人。[2] 一个群众性的、有动员力和影响力的、朝气蓬勃的马克思主义新型革命政党，出现在世人面前。

这一跨越，是在第一次国共合作中实现的，也是在北伐战争期间工农运动高潮中实现的。

第三大跨越：在领导工农运动走向高潮中成为有影响力与号召力的群众性革命政党。

在第一次工人运动高潮被镇压后，工人运动暂时陷入低潮。据1924年5月14日中共中央局向中央执行委员会扩大会议的报告说："自'二七'后，重要的产业工人工会，大半封闭解散了，其未封闭

---

[1] 《毛泽东选集》第2卷，人民出版社1991年版，第689页。
[2] 参见中共中央党史研究室《中国共产党历史》第1卷（1921—1949）上册，中共党史出版社2011年版，第108、126、188页。

的也只得取守势。自去年'五一'至今年'五一'三十六次罢工中，除水口矿夫及湘潭锰矿运工两个罢工外，其余大半是手工业工人小规模的罢工。"①

但这一时期人民大众同封建军阀的矛盾还在继续发展。北洋军阀直系控制着北京政权，但直系与奉系的争斗从来没有停止过。与此同时，直系军阀同南方的皖系军阀以及各省大大小小的军阀也存在各种复杂矛盾。这些军阀的兵员与俸禄，都来自对人民的劫掠盘剥。这些军阀之间还时常发生战争，更使得民不聊生。而在这些军阀背后，又都有不同帝国主义支持的身影。人民群众从这种特殊关系中，逐渐悟出一个道理，打倒军阀，就必须反对帝国主义。

人民群众的这种觉悟程度，也可以从中国共产党宣传口号的接受程度得到印证。同样据1924年5月14日中共中央局向中央执行委员会扩大会议的报告说："我们政治的宣传，自一九二三年起，即是打倒国际帝国主义及国内军阀两个口号。在一九二二与一九二三年间，'反对军阀'已成了全国普遍的呼声；到一九二三与一九二四年间，列强对华进攻日急，全国知识阶级中进步分子，已采用'反抗帝国主义'的口号；而且最近在北京、上海、汉口、广州、奉天等处，已渐渐有反帝国主义的民众运动发生。"②

可以说，在这时的中国，广大民众蕴藏着巨大的革命潜能。这种潜能，毫无疑问是军阀统治与帝国主义侵略的结果。但要把这种潜能释放出来，转变为推动革命运动走向高潮的强大力量，还要有两个必

---

① 《建党以来重要文献选编（1921—1949）》第2册，中央文献出版社2011年版，第33—34页。

② 《建党以来重要文献选编（1921—1949）》第2册，中央文献出版社2011年版，第33页。

不可少的条件。一是要有能够沉下身做深入细致的民众工作的革命政党；二是要提得出打动民心的革命纲领与口号。

第一次工人运动高潮被镇压后，中国共产党一方面在做国共合作的推动工作，另一方面也在做群众运动的发动工作。

1923年12月1日，陈独秀在《前锋》第2期发表题为《中国国民革命与社会各阶级》一文，系统阐发了"国民革命"的主张。他认为，国民革命，既不同于资产阶级的民主革命，也不同于无产阶级的社会革命。它是在殖民地或半殖民地发生的一种特殊形式的革命，"含有对内的民主革命和对外的民族革命两个意义"[①]。在分析了中国社会各阶级的政治态度后，陈独秀提出："败坏困苦的中国，须有各阶级群起合作的大革命。""中国社会各阶级都处在国际资本帝国主义及本国军阀两层严酷的压迫之下，而各阶级合作的国民革命，是目前的需要而且可能。""产业幼稚文化落后的中国，目前也只有这各阶级群起的国民革命是可能的。若是贪图超越可能的空想，实际上不能使革命的行动丰富起来，以应目前的需要，不但在本国的革命事业上是怠工，而且阻碍了世界革命之机运。"[②] 这篇文章也有历史的局限，如对工人阶级作为革命领导力量的能力估计不足，将国民革命的希望更多地寄托在"革命的资产阶级身上"。但国民革命的主张，的确是在当时唯一能打动人心、吸引各革命阶级加入革命阵营的革命纲领。

陈独秀提出"国民革命"，经过了一年多的酝酿。早在1922年9月20日《造国论》一文中，首次提出了这一主张。他认为，"中国产业之发达还没有到使阶级壮大而显然分裂的程度，所以无产阶级革命的时期尚未成熟，只有两阶级联合的国民革命的时期是已经成熟了"。

[①] 《陈独秀文集》第2卷，人民出版社2013年版，第491页。
[②] 《陈独秀文集》第2卷，人民出版社2013年版，第501—502页。

因此他提出，要成立"各阶级大群众联合的国民军"，来创造"真正的中华民国"。①

在此之前，国民党一直在为捍卫民主共和而奋斗，却不懂得发动民众，来一场真正的国民革命。国民党一大后，为落实孙中山提出的"扶助农工"政策，成立了工人部和农民部。工人部部长是坚定的国民党左派廖仲恺，实际负责人是该部秘书、共产党员冯菊坡。农民部部长是林祖涵，部秘书是彭湃，都是共产党员。特别是彭湃，从1922年起就投身农民运动，在组织农会方面有丰富的经验。1924年7月第一届广州农民运动讲习所，就是彭湃提议开办，并担任第一届讲习所主任。这个讲习所，先后办了六期，为农民运动培养了大批骨干。毛泽东曾任第六届讲习所所长。这样，国民党一大后，在国民革命旗帜下发动工农运动的条件逐渐成熟。

此时，又发生了一件事情，使国民运动从南方一下子扩展到了北方。

1924年9月15日到11月3日，爆发了第二次直奉战争。奉系军阀张作霖借齐燮元（直系江苏军阀）与卢永祥（皖系浙江军阀）爆发浙江战争之机，向直系宣战。直系吴佩孚率20万军迎战。其间，直系第3军司令冯玉祥、第2路援军司令胡景翼和北京警备司令孙岳宣布倒戈，发动北京政变，推翻直系军阀首领曹锟、吴佩孚控制的国民政府，使战事急转直下。吴佩孚率残部2000余人由塘沽登舰南逃。第二次直奉战争后，北洋军阀元气大伤，陷入分崩离析局面。

1924年春，冯玉祥受到苏联政府驻华全权代表加拉罕的影响，开始倾向革命。10月，发起北京政变后，冯玉祥等将所部15万余人

---

① 《陈独秀文集》第2卷，人民出版社2013年版，第285页。

改称中华民国国民军,冯玉祥为总司令兼第一军军长,胡景翼为副司令兼第二军军长,孙岳为副司令兼第三军军长。他还电邀孙中山赴北京共商国是。

同年11月13日,孙中山接受邀请,离粤北上。行前他发表《时局宣言》,提出:"主张召开国民会议,以谋中国之统一与建设。而在国民会议召集以前,主张先召集一预备会议,决定国民会议之基础条件及召集日期、选举方法等事。"①

对孙中山的北上和召开国民会议主张,中国共产党全力支持,并把它作为发动民众的极好机会,1924年冬至1925年春,与国民党共同发起了声势浩大的国民会议运动。

1924年底孙中山到达北京后,面临着十分不利的局面。一方面,他重病在身。另一方面,冯玉祥与奉系张作霖、皖系段祺瑞妥协,致使国民政府落入段祺瑞手中。段祺瑞于1924年12月公布《善后会议条例》,公开与孙中山的国民会议主张对抗。

在这种情况下,孙中山于1925年1月17日发表《为反对包办善后会议事致段祺瑞电》,希望对善后会议加以补救,却被段祺瑞拒绝。在忍无可忍的情况下,孙中山于1925年1月31日决定,国民党员拒绝参加善后会议。

此时,中国共产党正在召开第四次全国代表大会。② 大会期间,1925年1月19日,中共中央局做出《对于段祺瑞"善后会议"之议决案》,提出在积极组织各地国民会议促成会的基础上,"共产党当使民众向段政府要求,国民会议促成会得派代表参加善后会议,此等代表的人数当占善后会议人数三分之二。此种参加即以阻止段氏计划为

---

① 《孙中山选集》(下),人民出版社2011年版,第992页。
② 1925年1月11日至22日,中国共产党第四次全国代表大会在上海举行。

目的,并使段氏立即召集国民会议"。"建议于各国民会议促成会请其选举代表到北京开联合大会,每一国民会议促成会派代表约自五人至十五人。"① 在 1 月 22 日发表的《中国共产党第四次全国大会宣言》里,再次声明:"全国各城市里面的群众现正努力达到召集国民会议的要求,差不多都组织了国民会议促成会。工人、农民、手工业者、商人、学生现正组织这种机关,并且高叫着消灭一切军阀阴谋,反对段祺瑞所要召集的军阀善后会议。""我们号召工人和农民,手工业者和知识阶级巩固自己的组织,并极力赞助国民会议促成会,要求国民会议之召集。无数万中国民众的命运真不能再静听军阀们的愚弄了!"②

段祺瑞的"善后会议"于 1925 年 2 月 1 日开幕,到 4 月 21 日结束,尽管勉强形成《国民代表会议条例》《军事善后委员会条例》《财政善后委员会条例》,但根本无法兑现。它以冷酷的事实再次证明,在半殖民地半封建的中国,各种资产阶级民主方案,都没有落地生存的土壤。

1925 年 3 月 12 日,中国资产阶级革命的先驱者、中国共产党的诚挚朋友孙中山在北京逝世。完成国民革命,完成统一中国、造成独立自由之国家的北伐,成了他未竟的遗愿。他在 3 月 11 日的《遗嘱》中说:"余致力国民革命凡四十年,其目的在求中国之自由平等。积四十年之经验,深知欲达到此目的,必须唤起民众及联合世界上以平

---

① 《建党以来重要文献选编(1921—1949)》第 2 册,中央文献出版社 2011 年版,第 206、207 页。

② 《建党以来重要文献选编(1921—1949)》第 2 册,中央文献出版社 2011 年版,第 273 页。

等待我之民族，共同奋斗。"① 他还特别嘱咐："最近主张开国民会议及废除不平等条约，尤须于最短期间促其实现。"②

◇ 大革命高潮的到来与失败

在孙中山逝世后，中国共产党在国民会议运动的基础上，又酝酿发起了废除不平等条约运动。这些运动的相互激荡，为大革命高潮的到来创造了不可或缺的条件。到1925年5月，受中国共产党领导或影响的工会有160多个，其工人约54万人。农民运动在广东迅速发展，有20余县成立农民协会，会员达20多万人，还建立了全省农民协会。③

有时，历史发展就像大海的波涛一样，一浪高过一浪。1925年的工农运动就是这样。国民会议运动掀起的波浪刚过，又一场更加猛烈的浪潮便席卷而来。这就是震惊中外的五卅运动。

1925年5月7日，上海日本纺织同业会开会议决，拒绝承认工人组织的工会，要求租界当局及中国官方取缔工会活动。5月15日，日本资本家宣布内外棉七厂停工，不准工人进厂。该厂工人顾正红率领工人冲进工厂，要求复工和发工资。日本大班（相当于工厂厂长）率领打手向工人开枪，顾正红身中四弹，伤重身亡。还有十多名工人受伤。这一事件成为五卅运动的导火线，激起了日益高涨的罢工高潮。

自1923年2月"二七惨案"以来，这样大规模的罢工还是第一

---

① 《孙中山选集》（下），人民出版社2011年版，第1033页。
② 《孙中山选集》（下），人民出版社2011年版，第1033页。
③ 参见中共中央党史研究室《中国共产党历史》第1卷（1921—1949）上册，中共党史出版社2011年版，第128页。

次。这一方面是工人与资本家矛盾和中日民族矛盾的爆发,但更重要的原因是中国共产党已经把工人群众组织起来了,他们既不再是"沉默的大多数",更不是任人宰割的"羔羊"。

在1923年"二七惨案"后,工人运动的开展遇到了重重阻力。据邓中夏《中国职工运动简史(1919—1926)》记载:"消沉期中,我们的工会工作,确实困难万分","完善的仅安源矿工工会,铁路工会①又稍起即仆"。②

1924年第一次国共合作,给了中国共产党开展工作的便利。邓中夏《中国职工运动简史(1919—1926)》中说:"此时国民党已经改组,当时国民党左派领袖确有意思改造成为一个有组织的党,一个接近民众的党,但这种事他们却不在行,不得不依靠加入国民党的共产分子。共产分子当时在国民党各级党部工作的不少,特别是工农两部大半为共产分子主持。国民党自改组后,经共产党的宣传与提携,此时声誉日起,共产党当时的职工运动,在一定的条件之下,也用国民党的旗帜去做。如在上海,我们曾用国民党的名义,在杨树浦、小沙渡、吴淞、浦东等处开办工人补习学校。这种工人教育运动,的确给了我们公开工作的可能,找出不少线索,于是不久就成立工人团体。如杨树浦,我们成立了'工人进德会',小沙渡,我们成立'沪西工人俱乐部'等。"③

1924年12月冯玉祥"北京政变"后,北方各军阀忙于相互争斗,在一定程度上放松了对工人运动的镇压。中国共产党抓住机会开

---

① 即中国共产党领导的全国铁路总工会,1924年2月7日在北京成立。同年5月被北洋政府查封。
② 《邓中夏文集》,人民出版社1983年版,第525页。
③ 《邓中夏文集》,人民出版社1983年版,第525—526页。

始在全国范围内恢复工会运动。其重要标志，便是遭到严重破坏的全国铁路总工会在1925年2月7日，成功召开为期4天的第二次代表大会。在中国共产党发起组织的国民会议运动中，各地工会也发挥了中坚作用，并且是各地国民会议促成会的骨干，"做了政治舞台上的一员最强悍的战将"①。

工人运动和工人组织复苏后，有了全国大联合的客观条件。在中国共产党领导和推动下，1925年5月1日至7日，第二次全国劳动大会在国民革命的大本营广州举行。大会由中国共产党领导的全国铁路总工会、中华海员工业联合总会、汉冶萍总工会、广州工人代表会四大团体发起组织。与会代表277人，代表工人团体165个。在这些工人团体下，组织起来的工人有54万人。② 一些右翼的"黄色工会"试图阻止大会召开，没有成功。这次大会最重要的成果，是中华全国总工会正式成立，林觉民当选委员长，刘少奇、邓培等当选副委员长，还通过了《中华全国总工会章程》。

这一次劳动大会还有一个标志性的创举，就是同广东省第一次农民代表大会同时同地举行。这被邓中夏称为"这是中国有史以来第一次工农兵大联合的表现"③。大会还通过《工农联合的决议案》，提出："无产阶级倘若不联合农民，革命便难成功。"④ 还提出工农联合

---

① 《邓中夏文集》，人民出版社1983年版，第532页。
② 据《中国第二次全国劳动大会宣言》（1925年5月）；《建党以来重要文献选编（1921—1949）》第2册，中央文献出版社2011年版，第366—367页。另据邓中夏《中国职工运动简史（1919—1926）》记载："这次劳动大会，计到代表二百八十一人，代表工会一百六十六个，代表有组织的工人五十四万。"参见《邓中夏文集》，人民出版社1983年版，第552页。
③ 《邓中夏文集》，人民出版社1983年版，第550—551页。
④ 《建党以来重要文献选编（1921—1949）》第2册，中央文献出版社2011年版，第363页。

的具体措施，包括："工会农会之间，得互派代表；工会应设法提携农会进行。""农民如发生经济上或政治上的争斗，工会应领导工人为实力的援助。"① 从此，"工农联合"口号就和"国民革命"口号一样，成为大革命的时代最强音。

就在顾正红被枪杀后不久，5月28日晚，中共中央和上海党组织召开紧急会议。陈独秀在会上指出，中国工人不但要扩大及巩固自己阶级的联合战线，且急需工农联合的成立。会议决定要使斗争表现出明显的反帝性质，以争取一切反帝力量的援助。在五卅惨案发生后，中共中央再次召开紧急会议，成立领导罢工、罢课、罢市的行动委员会，并于6月1日起在全上海出现气势空前的反对帝国主义的总罢工、总罢课、总罢市，20多万工人和5万多学生参加了斗争。这场运动很快影响到广州和香港，到这年6月底，参加省港两地罢工的工人达到25万人。

辛亥革命没有真正发动工农群众，因而失败了。而在中国共产党领导下，"国民革命"因为有了"工农联合"的群众运动，才能席卷全国。这是中国共产党成立后，给中华民族复兴带来的最大变化。

五卅运动再次推动了工人阶级的大联合，并产生了一批工人领袖。1925年6月1日，在五卅运动迅速走向高潮中，成立了上海总工会，李立三任委员长。在省港大罢工中，同年7月3日，又诞生了省港罢工委员会，苏兆征为委员长，邓中夏为省港罢工委员会党团书记。

上海的罢工斗争坚持了3个月，后因民族资产阶级动摇，于8月下旬至9月上旬有组织地陆续复工。省港大罢工坚持了1年4个月，

---

① 《建党以来重要文献选编（1921—1949）》第2册，中央文献出版社2011年版，第364页。

至 1926 年 10 月主动宣布结束。

五卅运动，是中国近代以来第一次旗帜鲜明地喊出"打倒帝国主义""废除不平等条约"口号的政治斗争。它的兴起，标志着国共合作的大革命高潮的到来，在很大程度上抑制了孙中山逝世后蠢蠢欲动的国民党右派的影响，为正在加紧准备的广东革命政府北伐准备了条件。同时，也迅速扩大了中国共产党的影响。

1925 年 1 月举行中共四大时，共产党员人数不过 994 人。同年底，猛增到 1 万人。[①] 特别是在省港大罢工中，形成了在中国共产党直接领导下的十多万工人阶级队伍，不仅是广东革命政府的坚强后盾，也是中国共产党在广东同国民党新老右派进行斗争的可靠阶级基础。

在南方形成的五卅运动高潮中，进一步推进在北洋军阀政府严密控制下的北方工农运动的时机逐渐成熟。

为加强领导，1925 年 10 月成立中共北方区执行委员会，李大钊为书记。到 1926 年初，已在北京、天津、唐山、乐亭、张家口、正定、大连、太原、保定及北满等地组建十多个地委和几十个特别支部或独立支部，党员发展到 2000 多人。[②]

北方农民运动也发展起来，最为突出的当属地处中原的河南。在王若飞领导下，中共豫陕区委于 1926 年 4 月在开封召开河南省农民代表大会，宣告河南省农民协会成立，拥有会员 27 万人，仅次于广东省。还组织了农民自卫军 10 万人。此后，山东、山西、直隶、热

---

① 中共中央党史研究室：《中国共产党历史》第 1 卷（1921—1949）上册，中共党史出版社 2011 年版，第 134 页。

② 参见中共中央党史研究室《中国共产党历史》第 1 卷（1921—1949）上册，中共党史出版社 2011 年版，第 141 页。

河、察哈尔、绥远，也相继成立了农民协会。

1926年7月9日，北伐战争正式开始。这为工农运动进一步高涨，提供了难得的历史机遇。

按照当时中共中央对北伐战争的认识，党的主要工作是发动沿途工农运动，以支持和配合北伐战争。这一认识，存在着轻视武装斗争、削弱以致放弃党对北伐战争的领导的问题，由此成为大革命失败的重要原因。但从客观上，使得全党集中全力发展工农运动，取得了领导群众运动的重要经验。

当时，北洋军阀的三支主要力量，直系吴佩孚20万军队控制着湖南、湖北、河南等地，直系孙传芳20万军队盘踞在江西、福建、安徽、浙江、江苏一带，奉系张作霖连同山东军阀张宗昌30万军队占据着山东、天津、北京、热河、察哈尔及东北。

孙中山逝世后，广东革命根据地也有了很大发展。1925年7月1日，广州大元帅府正式改组为中华民国国民政府，公开同北洋军阀政权对立。随后，将黄埔军校校军和驻扎广东的不同派系拥护国民政府的军队等，统一编为6.5万人的国民革命军。接着，又统一了广东，促使广西和湖南地方政权接受国民政府领导，国民革命军也从6个军扩充为8个军共10万人。

北伐战争采纳苏联军事顾问加伦的建议，先集中力量出击两湖，击败吴佩孚，然后再向江西进军。北伐军在工农运动的配合下，一路所向披靡。7月11日进占长沙，8月22日占领岳州，8月30日在贺胜桥一带击溃吴佩孚主力，10月10日攻占武昌。在一路进攻中，中国共产党领导的叶挺独立团冲锋在前，立下汗马功劳。11月初，北伐军会师东进，11月上旬先后占领南昌、九江，消灭了孙传芳主力。

1926年，湖南、湖北遭遇百年未有的灾害，北伐军作战难以就地补充给养。省港罢工委员会组织北伐运输队以及宣传队、卫生队共3000人,随军出征。北伐军进入湖南后,中共湖南区委发动工农群众支援北伐军,还组织农民自卫军直接参战。长沙各业工人组成近万人的运输队随军前进。北伐军还未进入湖北,中共湖北党组织已经在做各种准备。汉阳兵工厂工人举行总罢工,拒绝为吴佩孚军队制造枪械。北伐军克复汉阳后,党组织又在汉口发动群众罢工、罢市,断绝交通,使北伐军顺利收复汉口。

北伐军控制湖北、湖南、江西后,中国共产党领导的工农运动出现了新的景象。1926年9月17日,中华全国总工会在汉口设立办事处。同年12月,全国工会会员由北伐前的100万人增加到近200万人,其中湖南、湖北、江西的发展尤其迅速,还先后成立湖北全省总工会和湖南全省总工会。湖南、湖北、江西等省还组织了相当数量的工人纠察队。

与此同时,一场前所未有的农村革命风暴席卷湖南、湖北、江西等地。正如毛泽东所说:"国民革命需要一个大的农村变动。辛亥革命没有这个变动,所以失败了。现在有了这个变动,乃是革命完成的重要因素。"[1]

北伐军进入湖南后,湖南农村掀起了一场迅猛异常的革命大风暴,矛头直指地主政权、封建土地制度和封建宗法制度,农民协会成为乡村唯一的权力机关。这一革命浪潮,有力地鼓舞着其他省份的农民运动。为加强对农民运动的领导,中共中央决定成立农民运动委员会。1926年11月,毛泽东担任中共中央农民运动委员会书记后,决定以湖南、湖北、江西、河南为重点开展农民运动。此时,湖南农民

---

[1] 《毛泽东选集》第1卷,人民出版社1991年版,第16页。

协会会员已有 107 万人，湖北农民协会会员也有 20 万人左右，江西的农协会员也发展到 5 万多人。

这一时期的工农运动，已经因北伐军的到来连成一气。1927 年 1 月起，汉口、九江发生了震惊中外的收回英租界的斗争，得到武汉国民政府支持。群众性反帝运动与武汉国民政府的外交谈判互相声援，迫使英国政府在 2 月 19 日和 20 日分别与武汉国民政府签署协定，交还汉口、九江的英租界。像这样的斗争，这样的胜利，在中国近代以来还是第一次，进一步鼓舞了工农群众的革命斗志。

大革命时期的一个特点，是革命斗争越发展、越激烈，阶级分化也越剧烈、越显著。这个问题，早在孙中山逝世后已初见端倪，经过 1926 年 3 月 20 日中山舰事件和同年 5 月 "整理党务案" 后，便愈演愈烈，在革命营垒里形成了以蒋介石为中心的国民党新右派。分清革命阵营的敌我友问题，成了革命的首要问题。

最早尖锐地提出这个问题的是毛泽东。1925 年 12 月 1 日，他在国民革命军第二军司令部编印的《革命》第四期发表《中国社会各阶级的分析》一文。他在分析了各阶级的经济地位和政治态度后，得出的结论是："一切勾结帝国主义的军阀、官僚、买办阶级、大地主阶级以及附属于他们的一部分反动知识界，是我们的敌人。工业无产阶级是我们革命的领导力量。一切半无产阶级、小资产阶级，是我们最接近的朋友。那动摇不定的中产阶级，其右翼可能是我们的敌人，其左翼可能是我们的朋友——但我们要时常提防他们，不要让他们扰乱了我们的阵线。"[①]

到了 1927 年上半年，工农运动全面高涨之时，也是北伐战争发

---

① 《毛泽东选集》第 1 卷，人民出版社 1991 年版，第 9 页。

展到关键时刻，革命营垒的分化更加严重，蒋介石背叛革命仅仅是时间早晚的问题。就在这时，曾经积极支持工农运动的陈独秀退缩了，并且不加区别地一味指责工农运动搞"左"了。他天真地以为，只要约束住了工农运动，也就保住了国共合作的基础。

在这种情况下，毛泽东再次挺身而出，于1927年1月4日至2月5日，回到他十分熟悉的湖南家乡湘潭，以及湘乡、衡山、醴陵、长沙等地深入调研，写了《湖南农民运动考察报告》。在报告里，他以铁的事实列举了农民运动干的14件大事，说明农民运动不是"痞子运动"，不是"过分""乱来"，更不是什么"糟得很"。他预言："很短的时间内，将有几万万农民从中国中部、南部和北部各省起来，其势如暴风骤雨，迅猛异常，无论什么大的力量都将压抑不住。他们将冲决一切束缚他们的罗网，朝着解放的路上迅跑。一切帝国主义、军阀、贪官污吏、土豪劣绅，都将被他们葬入坟墓。"①

面对这场中国共产党领导的农民革命，毛泽东在大革命失败前夕提出了一个尖锐的现实问题："一切革命的党派、革命的同志，都将在他们面前受他们的检验而决定弃取。站在他们的前头领导他们呢？还是站在他们的后头指手画脚地批评他们呢？还是站在他们的对面反对他们呢？每个中国人对于这三项都有选择的自由，不过时局将强迫你迅速地选择罢了。"②

毛泽东后来每每强调说，正确的意见往往不是产生于开头，而是在调查研究之后。事实正是如此。他在回顾自己的思想转变时说过："农民要革命，接近农民的党也要革命，但上层的党部则不同了。当我未到长沙之先，对党完全站在地主方面的决议无由反对，及到长沙

---

① 《毛泽东选集》第1卷，人民出版社1991年版，第13页。
② 《毛泽东选集》第1卷，人民出版社1991年版，第13页。

后仍无法答复此问题，直到在湖南住了三十多天，才完全改变了我的态度。我曾将我的意见在湖南作了一个报告，同时向中央也作了一个报告，但此报告在湖南生了影响，对中央则毫无影响。广大的党内党外的群众要革命，党的指导却不革命，实在有点反革命的嫌疑。这个意见是农民指挥着我成立的。"①

然而，这些铿锵有力、振聋发聩的话语，没有发挥应有的效力。对此，毛泽东在"八七"会议上不无悔意地表示："我素以为领袖同志的意见是对的，所以结果我未十分坚持我的意见。"②

历史在很多关头，给人留下了深深的遗憾。在蒋介石"四一二"反革命政变后召开的中共五大，③继续了陈独秀的右倾机会主义错误。这样，轰轰烈烈的大革命，不能不以国民党反动派的血雨腥风而告失败。

一切似乎都一下子翻转了过来。然而，这时的中国共产党已经不是刚刚成立时的党。它有了第一次国共合作的经验教训，尝到了赤手空拳没有武装的苦头。而更重要的，是它有了深厚的工农群众基础，有了丰富的宣传群众、组织群众的成功经验，更拥有一批深得群众信赖的革命领袖。

大革命失败了，但民族复兴有了新的依靠。年轻的中国共产党还要历经磨难，才能成熟起来，担当民族复兴大任。然而，只有在她身上，寄托着中国的未来，中华民族的未来。

留得青山在，不怕没柴烧。在中国大地上，依然布满了干柴。只等中国的"普罗米修斯"，再次点燃中国革命熊熊烈焰。

---

① 《毛泽东文集》第 1 卷，人民出版社 1993 年版，第 46—47 页。
② 《毛泽东文集》第 1 卷，人民出版社 1993 年版，第 47 页。
③ 中国共产党第五次全国代表大会，1927 年 4 月 27 日至 5 月 9 日在武汉召开。

第 四 章

为了创建新中国

　　1927年大革命失败后，很多人把民族复兴的希望，放在了以蒋介石为代表的南京国民政府身上。

　　这并不奇怪。蒋介石因为深得孙中山的信赖，又被委任为黄埔军校校长，在很多人眼里，是孙中山未竟事业的继承者。他又是北伐战争中冲锋陷阵的国民革命军的总司令，在很多人眼里，是北伐战争的功臣，也是北伐战争继续向北推进的希望。他还建立了南京国民政府，[①] 拥有了"正统"地位，有了"号令天下"的政治资本。这一切都使他感觉春风得意、踌躇满志。

---

① 蒋介石在1927年发动"四一二"反革命政变后，于同年4月18日在南京另立国民政府，以国民党元老胡汉民为主席。1927年7月15日，汪精卫集团实行"分共"，武汉国民政府也背叛革命。同年8月19日，武汉国民政府宣布前往南京。双方以蒋介石辞职为条件，实现"宁汉合流"。1928年1月，蒋介石重新担任国民革命军总司令。同年2月，在国民党二届四中全会上，被推任国民党军事委员会主席。同年9月召开的国民党二届五中全会，宣布全国进入训政时期。随后，南京国民政府公布《中华民国国民政府组织法》。同年10月8日，国民党中央常务委员会会议推举蒋介石为国民政府主席兼海陆空军总司令。身为国民党中央执行委员会政治会议主席的蒋介石，此时集党政军大权于一身。

◈ 蒋介石的得意之时

在随后的几年内,似乎历史的天平真的倒向了蒋介石。他继续北伐,换来了张学良的"东北易帜"①;他实现了"宁汉合流",分裂的国民党重新归一;他借助"清共""剿共",不仅把共产党打入地下,而且使中小军阀听从他的号令;他通过各种经济政策,投靠了大资产阶级,安抚了民族资产阶级和小资产阶级及其知识分子,使经济发展一度进入民国的"黄金时期",为国民党政权的巩固打下了物质基础;他还推行"新生活运动",重塑"礼义廉耻"四维,提倡所谓"生活艺术化、生活生产化、生活军事化",企图为国民党统治提供一个与共产主义思想相抗衡的思想道德体系。然而,历史的发展很快打破了这种暂时平衡。

一是军阀纷争不已,内战不断,人民继续遭受苦难。北伐战争结束了北洋军阀统治,却没有给人民带来片刻安宁。国民党内部的纷争,取代北洋军阀纷争,成为荼毒社会的一大公害。1929年3月至6月,蒋介石与李宗仁、白崇禧之间发生蒋桂战争。同年10月至11月,发生蒋介石同冯玉祥之间的战争。1930年5月至10月,蒋介石与冯玉祥、阎锡山之间爆发中原大战。

---

① 1928年6月3日,奉系军阀张作霖在同国民党军队作战失利情况下,率军退回关外,所乘专列在返回途中被日本人炸毁。张作霖伤重身亡。张学良就任奉军首领后,于同年12月29日发布通告,"遵守三民主义,服从国民政府,改易旗帜"(《张学良文集》(1),新华出版社1992年版,第150页)。从此,北洋军阀解体,国民党政府在全国的统治确立。

冯玉祥在日记中写道："蒋专弄权术，不尚诚意，既联甲以倒乙，复拉丙以图甲，似此办法，决非国家长治久安之象。"① 张发奎也说："蒋先生在编遣过程中假公济私，善自为谋，这就是他为什么一次又一次遭到反对，直至抗战爆发。"②

二是金融垄断逐渐形成，严重束缚了民族资产阶级发展。

南京国民党政府成立之初，给民族资本带来一些新的希望。其中最重要的是"关税自主"。国民党政府在1928年6月发表的"改订新约"对外宣言中，提出"关税自主"主张。同年7月，同美国首先签订了《中美关税条约》。随后，又同挪威、比利时、意大利、丹麦、葡萄牙、荷兰、英国、瑞典、法国、西班牙、日本等国缔结了"友好通商条约"或新的"关税条约"，在关税自主权上取得了一些进展，但海关行政管理权仍掌握在外国人手里。这些进展，有利于国内工商业的发展。

然而，好景不长。连年内战和沉重的内债外债，犹如两副重担，几乎压垮了国民党政府的财政。这实际上是国民党新军阀与帝国主义统治带来的经济后果。据统计，1928年至1930年，军务支出分别占财政总支出的49.7%、42.9%、43.8%，债务支出分别占33.3%、33.4%、39%，用于建设的支出仅占0.6%、0.4%、0.2%。③ 财政上的亏空，除了对民间加紧搜刮，主要靠发行公债来弥补。就这样，通过发行公债，财政负担大部分转嫁到民族资本身上。与此同时，发行

---

① 《冯玉祥日记》第2册，江苏古籍出版社1992年版，第571页。
② 张发奎：《蒋介石与我》，香港文化艺术出版社2008年版，第168页。
③ 蒋永敬：《第三编导言》，《中华民国建国史》第3编（1），（台北）"国立编译馆"1989年版，第44页。转引自金冲及《二十世纪中国史纲》上册，社会科学文献出版社2009年版，第293页。

公债也使国民党政府同江浙财团结成更加紧密的利益联盟，既巩固了金融垄断，也加速了国民党政府的腐败。

法国学者白吉尔在《中国资产阶级的黄金时代》一书中写道："从一九二七年开始，一直渴望获得独立地位的上海银行家，也成了国家的主要投资者，他们同样将自己的命运与蒋介石政权系在一起。在一九二七至一九三一年期间，他们认购了国内借款（当时总额已达到十亿元）的百分之五十至七十五。由于政府是以低于面值的价格出售，所以债券将给银行家带来百分之二十的实利，这在当时要比百分之八点六的官方利率高出许多。在此种意义上说，蒋氏政权的最初几年，是中国银行家获得繁荣发展的时期。但到一九三一年至一九三二年，情况就发生逆转。""在这种情况下，有些银行家就选择了进入政府部门当大官的道路。结果是他们获得了特权，却完全丧失了以往的首创精神。"[①]

国民党政府对待一般民族资本，则是另一种态度。法国学者白吉尔在《中国资产阶级的黄金时代》中说："大量事实证明：国民党政府对于发展私人企业的态度是相当冷漠的。这里可以举一个最能说明问题的例子：在工商业萧条的最初几年里（一九三二至一九三六年），南京政府竟然不愿为濒临绝境的资产阶级提供任何支持，以帮助有关企业克服和渡过危机。"[②] 据统计，1928年至1930年，国民党政府用于建设的支出仅占整个财政支出的

---

① ［法］白吉尔：《中国资产阶级的黄金时代》，上海人民出版社1994年版，第320、321页。

② ［法］白吉尔：《中国资产阶级的黄金时代》，上海人民出版社1994年版，第325页。

0.6%、0.4%、0.2%。① 这和军费开支相比，可谓"冰火两重天"。

这一时期，民族资本在列强企业不公平竞争、战事连年、金融垄断加剧、政府税收日益加重的夹缝中艰难生长。以民族工业发展为例。它在1928年达到第一次世界大战以后发展的最高峰，当年全国新注册的工厂数250家，资本额11784万元，之后逐年走低。1929年新注册工厂180家，资本额6402万元；1930年新注册119家，资本额4495万元；1931年新注册113家，资本额2769万元，工厂数与上年基本持平，但资本金大幅萎缩，反映了民族工业发展的困境；1932年新注册87家，资本额1459万元；1933年新注册153家，资本额2440万元，新注册工厂数有较大增长，但资本额增长幅度依然有限。②

三是面对日本挑起的九一八事变，实行"不抵抗"政策，长期奉行"攘外必先安内"反动国策。

日本侵略中国的预谋，由来已久。对此，蒋介石也深有感触。济南惨案③发生后，他在1928年5月7日的日记中写道："日本军阀，心毒狠而口狡诈。"④

---

① 蒋永敬：《第三编导言》，《中华民国建国史》第3编（1），（台北）"国立编译馆"1989年版，第44页。转引自金冲及《二十世纪中国史纲》上册，社会科学文献出版社2009年版，第293页。

② 参见许涤新、吴承明主编《中国资本主义发展史》第3卷，社会科学文献出版社2007年版，第89页表2—22。

③ 1928年4月，蒋介石率国民革命军开始第二次"北伐"，于5月1日攻克济南。5月3日，日本驻军竟以所谓"保护日侨"为口实，悍然开枪杀害北伐军交涉员，并造成中国军民4700多人伤亡。史称"济南惨案"。

④ 转引自金冲及《二十世纪中国史纲》上册，社会科学文献出版社2009年版，第300页。

然而，日本的对华野心岂止在济南和山东，而是在整个东北和中国。1931年9月18日，日本关东军悍然制造柳条湖事件，借机占领沈阳，不久控制了全东北。此时，东北军主力已在一年前随张学良入关，给了日本侵略者可乘之机。但不可思议的是，身为国民政府主席兼海陆空军总司令的蒋介石，在"九一八事变"之前给张学良的指令中，不是要他做好对付日本人突发事变的准备，而是称"现非对日作战之时，以平定内乱为第一"。[1]

"九一八事变"一出，举国震惊。它对中国人造成的强烈震撼，远远超过了中国在甲午战争中战败之时。南京、上海、北平等地爆发了学生请愿运动，却遭到蒋介石的无情镇压。[2]

民族危亡激起的爱国热情高涨的同时，对南京国民政府的失望情绪也与日俱增。当时在浙江实业银行任职的章乃器谈到他的思想变化时说："我们在不久以前，还正在欢呼北伐的胜利，以为祖国从此可以转弱为强，中华民族吐气扬眉为期不远，我们这样生活在租界的人也可以不再受外国人的轻视、侮辱了。孰知大好形势突然逆转，国家又濒于危亡，悲痛的心情真是难以言语形容的。"[3] 后来，章乃器走上了抗日救亡的道路。1936年5月和沈钧儒、邹韬奋等在上海发起成立全国各界救国联合会，因呼吁停止内战、释放政治犯等，获罪于南

---

[1] 蒋介石1931年7月12日给张学良的电报，转引自郭廷以《近代中国史纲》（第3版），格致出版社、上海人民出版社2009年版，第420页。

[2] 蒋介石在1931年12月9日的日记中称："昨日上午政治会议，一般书生对万恶、反动、盲从之学生仍主放任，不事制裁。"12月10日的日记称："晚会商镇压准备事。"转引自金冲及《二十世纪中国史纲》上册，社会科学文献出版社2009年版，第345页。

[3] 章乃器：《我和救国会》，《救国会》，中国社会科学出版社1981年版，第430页。

京国民政府而被捕，成为著名的七君子①之一。

同为"七君子"之一的邹韬奋，不仅在其主编的《生活周刊》上详细报道了"九一八事变"真相，他还发表《无可掩饰的极端无耻》一文，痛斥蒋介石的"不抵抗主义"，指出："其实这种'不抵抗主义'就是'极端无耻主义'，倘国民不加以深刻的观察和沉痛的驳击，则今后为国公负有守土之责者，贪生怕死，见敌即逃，不知人世间尚有羞耻事。"②

历史到了这时，也只有到了这时，才终于打破了人们对蒋介石国民党政府的幻想，开始把民族复兴的希望转向正在黑暗中奋斗的中国共产党。历史天平，在人心向背的转换中，一点点倾斜过来。

◇ 中国革命有了新起点

毛泽东在1945年中共七大上，曾经这样回顾大革命失败后中国共产党人的浴血奋战："中国共产党和中国人民并没有被吓倒，被征服，被杀绝。他们从地下爬起来，揩干净身上的血迹，掩埋好同伴的尸首，他们又继续战斗了。他们高举起革命的大旗，举行了武装的抵抗，在中国的广大区域内，组织了人民的政府，实行了土地制度的改革，创造了人民的军队——中国红军，保存了和发展了中国人民的革命力量。被国民党反动分子所抛弃的孙中山先生的革命的三民主义，

---

① 南京国民政府于11月23日上午，以"危害民国"罪在上海逮捕了救国会领导人沈钧儒、章乃器、邹韬奋、史良、李公朴、王造时、沙千里七位救国会的领导人。被称为"七君子事件"。

② 《生活周刊》第6卷第41期，1931年10月3日。

由中国人民、中国共产党和其他民主分子继承下来了。"①

大革命的失败,不是民主革命的终结,而是中国共产党人新的探索的开始。中国半殖民地半封建的性质没有改变,中国民主革命的任务没有完成,不过中国的政治状况和阶级分野却有了很大改变,中国共产党所处的环境也有了重大变化,这就需要探索新的道路,形成新的理论。

首先,阶级分野变了。国民政府,从民族资产阶级、小资产阶级、工人阶级、农民阶级的联合政权,演变为官僚资产阶级、大地主阶级的专制政权。民族资产阶级和上层小资产阶级一度退出了革命统一战线,成为蒋介石南京国民政府的追随者。中国资产阶级性质的反帝反封建的民主革命远没有完成,在当时能够担负起这场革命的力量,只剩下工人阶级和农民阶级这两大阶级。这就是毛泽东等探索中国革命道路之时中国的现实阶级状况。

其次,革命环境变了。当年,马克思主义的广泛传播,中国共产党的酝酿成立,都是以城市为中心。这里是工人阶级集中的地方,也是进步思想聚集的地方。中国共产党成立后,发动组织工人运动,重点也是在城市,同时在少数地区也向农村发展。第一次国共合作实现后,尽管是城市的工人运动与广大农村的农民运动相互配合、齐头共进,但国共合作的各级领导机构和党的各级领导机关,仍然放在城市,而且集中于上海、广州、武汉、长沙、南昌等大城市。

大革命失败后,历史发展的惯性与对共产国际和苏联经验的迷信,都使中国共产党继续选择了中心城市暴动、农村起义配合的道路。然而,也正是在这时,一个新的选择与新的希望出现了。

1927年8月7日,在汉口召开的中共中央紧急会议上,毛泽东做

---

① 《毛泽东选集》第3卷,人民出版社1991年版,第1036页。

出了一个新的选择。他在政治上的支持者、当时主持中央工作的瞿秋白提出，希望他去上海中央机关工作。毛泽东则表示，不愿去大城市住高楼大厦，愿到农村去，上山结交绿林朋友。[①] 后来的历史表明，正是有了毛泽东这一特立独行的选择，中国革命道路才能从井冈山革命根据地的创建起步，一路走向全国胜利。

更严重的是，当时的理论也不够成熟。历史现象是复杂的。大革命失败之后，中国民主革命远未完成，革命阶级只剩下工人阶级和农民阶级，对于这种独特的现象，谁也没有遇到过，也没有现成的书本理论可以遵循。

对于这种现象，可以作两种解读。一种是教条主义的解读，认为这时的革命已进入社会主义革命，至少也是从民主革命向社会主义革命的过渡时期。如果不进行实事求是的科学分析，就会得出混淆社会主义革命和民主革命界限的"无间断革命"的错误主张。大革命失败后一段时期的"左"倾盲动，其中一个原因就是误判了革命的性质。

另一种是从实际出发的解读，这就是中国还处于民主革命阶段。这是中共六大决议正确分析得出的结论，也是在有了"左"倾盲动招致失败的教训后反思的结果。中共六大政治议决案正确地指出："中国革命现在阶段的性质是资产阶级性的民权主义革命，如认中国革命目前阶段为已转变到社会主义性质的革命，这是错误的，同样，认为中国现时革命为'无间断革命'也是不对的。"[②]

在正确判断中国革命所处阶段及其性质以后，并不等于解决了问

---

① 《毛泽东年谱（1893—1949）》（修订本）上册，中央文献出版社2013年版，第206—207页。
② 《建党以来重要文献选编（1921—1949）》第5册，中央文献出版社2011年版，第377页。

题的全部。大革命失败以后,民族资产阶级和上层小资产阶级一度退出了革命统一战线,成为蒋介石南京国民政府的追随者,革命营垒里只剩下工人阶级和农民阶级在广大乡村苦斗。这是否就是中国民主革命的常态,还是说将来民族资产阶级和上层小资产阶级,甚至一部分大资产阶级还有重新加入革命营垒的可能。这个问题,同样是中国革命至关重要的问题。

中共六大由于缺少这方面的实践,未能解决这个问题。一方面,中共六大正确地解决了"中国革命现在阶段的性质是资产阶级性的民权主义革命"的问题,并批评了"无间断革命"的主张;另一方面,却认为"中国现时资产阶级性的民权革命必须反对民族资产阶级方能胜利,革命动力只是工农","民族资产阶级是阻碍革命胜利的最危险的敌人之一"。[①] 在这种情况下,党仍然不可能有效地阻止三次"左"倾冒险主义错误的发生。这是中共六大的一个历史局限。

中共六大的历史局限,是由理论上与实践上的不成熟造成的。当时摆在中国共产党面前的革命理论,只有无产阶级革命理论;成功的道路,只有俄国十月革命道路。按照这个理论与实践,工人阶级及其政党在革命成功以前,实际上面临着两个不同性质的革命。一个是尚未完成的资产阶级民主革命,一个是尚未开始的无产阶级社会主义革命。工人阶级及其政党肩负的双重革命任务,就是首先全力推动资产阶级民主革命取得胜利,就像俄国1905年革命和1917年2月革命那样;然后争得革命领导权,不间断地将这场革命向无产阶级社会主义革命推进,就像1917年十月革命那样。在当时中国共产党所接受的理论与实践中,在全力推动资产阶级民主革命取得胜利上,已经出现

[①] 《建党以来重要文献选编(1921—1949)》第5册,中央文献出版社2011年版,第378页。

过陈独秀的右倾机会主义错误；大革命失败后，又出现了过分强调"不间断革命"、夸大当前革命的社会主义因素的左倾教条主义错误。只有在后来毛泽东吸取一次右倾和三次左倾的教训，总结中国革命规律，提出了由中国共产党和中国工人阶级领导的、工农联盟为基础的、人民大众结成反帝反封建爱国民主统一战线的新民主主义革命理论后，才真正解决了这个问题。也只有这个问题解决了，中国革命道路才能沿着正确航向走向胜利，而避免重蹈"左"的或右的错误覆辙。

毛泽东就是从大革命失败后血与火的考验中冲杀出来的中国革命领袖，就是在破解前无古人的难题、闯过似乎是不可逾越的难关中诞生的中国革命领袖。历史呼唤和锤炼着伟大的人物，这样的伟大人物也应运而生。他给中国共产党带来了新的希望，也给中华民族复兴带来新的希望。

历史没有直通车，在许多历史关头，希望总是从迷茫中开始的。正如毛泽东后来对写于1927年春的词作《菩萨蛮·黄鹤楼》批注时所说："一九二七年，大革命失败的前夕，心情苍凉，一时不知如何是好，这是那年的春季。夏季，八月七号，党的紧急会议，决定武装反击，从此找到了出路。"[①]

在"八七"会议之前，1927年8月1日，爆发了中国共产党独立领导的八一南昌起义。八一南昌起义的意义，在于打响武装反抗国民党反动派的第一枪，但没有为中国革命找到通向成功之路。

当年领导南昌起义的周恩来回忆说："我觉得它的主要错误是没有采取就地革命的方针，起义后不应把军队拉走，即使要走，也不应走得太远。当时如果就地进行土地革命，是可以把武汉被解散的军校学

---

① 《毛泽东文集》第7卷，人民出版社1999年版，第460页。

生和两湖起义尚存的一部分农民集合起来的，是可以更大地发展自己的力量的。但南昌起义后不是在当地进行土地革命，而是远走汕头；不是就地慢慢发展，而是单纯的军事进攻和到海港去，希望得到苏联的军火接济。假使就地革命，不一定能保住南昌，但湘、鄂、赣三省的形势就会不同，并且能同毛泽东同志领导的秋收起义部队会合。"[1]

1927年8月7日，中共中央在汉口秘密召开紧急会议，这就是著名的"八七会议"。会议纠正了陈独秀右倾机会主义，确定实行土地革命和武装反抗国民党反动派屠杀政策的总方针，决定在湘、鄂、粤、赣四省发动秋收暴动。毛泽东在会上提出"须知政权是由枪杆子中取得的"[2]，并决心到农村去领导湘赣边界秋收起义。

1927年9月9日，毛泽东领导发动了湘赣边界秋收起义。这是他探索中国革命道路的开始，然而这次起义很快就失败了。十天之后，9月19日晚，毛泽东在湖南浏阳县的里仁学校主持召开前敌委员会会议，讨论起义失败后工农革命军的行动方向问题。这次会上争论得很激烈，多数人认为要继续执行湖南省委的决定，先取浏阳、再攻长沙。经过一夜的讨论，毛泽东终于说服了大家，决定直面敌强我弱的现实，放弃攻打长沙计划，转向敌人统治力量薄弱的农村、山区，寻求落脚点，以保存实力，再图发展。

这次转兵，奠定了毛泽东开辟中国农村第一个革命根据地——井冈山根据地的起点。1927年10月27日，毛泽东率领工农革命军来到井冈山中心区域茨坪。1928年4月，又迎来朱德、陈毅率领的南昌起义保留下来的英雄部队和湘南起义农军，实现了著名的朱毛会师，这使井冈山革命力量迅速发展壮大。同年5月4日，成立了工农革命军

---

[1] 《周恩来选集》上卷，人民出版社1980年版，第173页。
[2] 《毛泽东文集》第1卷，人民出版社1993年版，第47页。

第四军（后改称红军第四军）。不久，取得了 6 月 23 日龙源口大捷。井冈山革命根据地度过最为艰难的时刻，进入全盛时期。在艰苦卓绝的斗争岁月中，形成了坚定执着追理想、实事求是闯新路、艰苦奋斗攻难关、依靠群众求胜利的井冈山精神。

1927 年 10 月到 1929 年 1 月，毛泽东在井冈山革命根据地坚持斗争的一年零三个月里，从理论到实践解决了中国红色政权的生存问题，解决了工农红军的基本任务、基本战术、组织纪律问题，形成了"支部建在连上"的制度，还取得了建立苏维埃政权、打土豪分田地的初步经验。这些都为开辟中国革命道路奠定了初步的基础。

红军依靠井冈山革命根据地，解决了生存问题之后，又面临新的问题：红军队伍和根据地如何发展壮大。1929 年 1 月，面对国民党军的"会剿"，毛泽东和朱德决定率领红四军主力下山，到赣南、闽西寻求新的发展机会，把留守井冈山根据地的任务，交给了彭德怀率领的红三军。

经过一年的艰苦转战，到 1930 年初，朱德、毛泽东率领的红四军在当地党组织和工农武装配合下，开辟了赣南、闽西两块革命根据地，无论在地域上还是群众基础上，与井冈山时期相比都有了质的飞跃。

1930 年 3 月，赣西南苏维埃政府和闽西苏维埃政府先后宣告成立。这两个根据地共拥有 200 万人口，是当时全国红军中最大的战略区。这使朱毛红军有了充裕的兵源和广阔的回旋空间。

1930 年，还是红军规模与战斗力全面提升的一年。首先实现的是从军向军团的跃升。这年 6 月，红四军与红六军、红十二军整编为红军第一路军，不久改称红军第一军团，朱德任总指挥，毛泽东任政治委员。活跃在赣南、闽西的各路红军，从此结束了以游击战为主的阶段，开始实现以运动战为主的战略转变。

接着，又实现了从军团向方面军的历史性跨越。1930年8月，红一军团同彭德怀领导的红三军团合编为中国工农红军第一方面军，朱德任总司令，毛泽东任总政治委员。同时成立中国工农革命委员会，毛泽东任主席，统一指挥红军和地方政权。

一年多以前，朱德和毛泽东率领红四军主力下井冈山时，只有3600人。如今，红一方面军已发展到3万人。这同井冈山时期，早已是今非昔比。毛泽东的预言"星星之火，可以燎原"，几近成为现实。

从1929年1月进军赣南闽西到1930年，是毛泽东探索中国革命道路中，又一个关键时期。在这一时期，通过1929年12月古田会议①决议，系统形成具有鲜明特点的中国共产党建党建军纲领，确立了思想建党和坚持党对人民军队绝对领导的根本原则，解决了扎根农村、在广大小私有者汪洋大海中如何克服各种非无产阶级的错误思想、保持党的先进性与纯洁性这一根本问题，同时形成以《兴国土地法》为代表的土地革命纲领和政策，开始形成红军运动战的战略战术原则。特别需要指出的是，毛泽东的这些正确思想，并非天上掉下来的，更不是所谓"天才头脑"里想出来的，而是在革命斗争的群众实践中总结出来的。其中一个最重要的方法，便是调查研究。在长期深入开展调查研究的基础上，不仅形成了中国共产党在广大农村建党、建军、建政，发动群众、组织群众、宣传群众、武装群众进行土地革命的完整经验，而且形成了以1930年5月《反对本本主义》为代表

---

① 古田会议，即中国共产党红四军第九次代表大会，1929年12月在福建省上杭县古田村召开。大会通过毛泽东起草的《中国共产党红军第四军第九次代表大会决议案》，又称"古田会议决议"。这个决议使红军肃清旧式军队的影响，完全建立在马克思列宁主义的基础上。这个决议不但在红军第四军实行了，后来各部分红军都先后不等地照此做了，这样就使整个中国红军完全成为真正的人民军队。

的实事求是、群众路线、独立自主搞中国革命的基本思想方法和工作方法。毛泽东思想的雏形，也在这一时期形成了。

对毛泽东从大革命失败到此刻对中国革命道路的探索，周恩来作为主要当事人和见证人曾经在1944年3月《关于党的"六大"的研究》报告中有这样的回顾：

> 毛泽东同志对这个问题的认识也是有其发展过程的。大革命前，有一次恽代英同志看到陶行知他们搞乡村工作，写信给毛泽东同志。毛泽东同志回信说：我们现在做城市工人工作还忙不过来，那有空去做乡村工作。一九二五年他回家养病，在湖南作了一些农村调查，才开始注意农民问题。在"六大"那时候，关于要重视乡村工作、在农村里搞武装割据的重要与可能等问题，毛泽东同志是认识到了的，而"六大"则没有认识。但是，关于把工作中心放在乡村，共产党代表无产阶级来领导农民游击战争，我认为当时毛泽东同志也还没有这些思想，他也还是认为要以城市工作为中心的。开始他还主张在闽浙赣边创造苏区来影响城市工作，配合城市工作，到给林彪的信中才明确指出要创造红色区域，实行武装割据，认为这是促进全国革命高潮的最重要因素，也就是要以乡村为中心。所以，毛泽东同志的思想是发展的。①

◇ 红军反"围剿"的胜利与失败

从1931年起，毛泽东和赣南闽西革命根据地又面临新的考验。

---

① 《周恩来选集》上卷，人民出版社1980年版，第179页。

蒋介石国民党政府看到中国共产党依托农村革命根据地发展起来以后，决计集中主力部队发动大规模"围剿"。这样，能否打大规模的歼灭战并在战争中取胜，就成为中国革命道路能否成功的关键。

国民党军队的第一次"围剿"，是1930年12月16日至1931年1月3日发动的。国民党军各路由北向南，采取"分进合击"战术，向中央革命根据地中心地区进攻。毛泽东决定采取"中间突破"的打法，选择对宁冈的国民党军主力张辉瓒师首先下手，"我军实行中间突破，将敌人的阵线打开一缺口后，敌之东西诸纵队便被分离为远距之两群"。战斗打响后，"我们的第一仗就决定打而且打着了张辉瓒的主力两个旅和一个师部，连师长在内九千人全部俘获，不漏一人一马。一战胜利，吓得谭（道源——引者注）师向东韶跑，许（克祥——引者注）师向头陂跑。我军又追击谭师消灭它一半。五天内打两仗（一九三〇年十二月三十日至一九三一年一月三日），于是富田、东固、头陂诸敌畏打纷纷撤退，第一次'围剿'就结束了"。①

从1931年4月起，国民党军对中央苏区发起第二次"围剿"。他们吸取上次的教训，改取"稳扎稳打、步步为营"方针，从江西的吉安到福建的建宁东西八百里战线上，分四路向中央苏区进攻。毛泽东采取"先打弱敌"的战法，首攻富田附近的国民党军第五路军王金钰、公秉藩两师。"胜利后，接着打郭（华宗——引者注）、打孙（连仲——引者注）、打朱（绍良——引者注）、打刘（和鼎——引者注）。十五天中（一九三一年五月十六日至三十一日），走七百里，打五个仗，缴枪二万余，痛快淋漓地打破了'围剿'。"② 中华人民共和国成立后，毛泽东曾回忆说："打仗也是这样，凡是没有办法的时

---

① 《毛泽东选集》第1卷，人民出版社1991年版，第217—218页。
② 《毛泽东选集》第1卷，人民出版社1991年版，第218页。

候，就去调查研究。在第二次反'围剿'的时候，兵少觉得很不好办，开头不了解情况，每天忧愁。我跟彭德怀两个人到白云山上跑了一天，察看地形，看了很多地方。我对彭德怀说，红一军团的四军、三军打正面，打两路，你的红三军团全部打包抄，敌人一定会垮下去。"①

蒋介石见两次"围剿"连遭失败，便亲自上阵指挥，于7月初发动第三次"围剿"。这次采取"长驱直入"的战略，企图先击破红一方面军主力，然后再深入进行"清剿"，捣毁中央苏区。毛泽东决定采取"诱敌深入"的方针，避敌主力，打其虚弱。但这一仗打得并不顺利。"我军向富田开进之际，被敌发觉，陈诚、罗卓英两师赶至。我不得不改变计划，回到兴国西部之高兴圩，此时仅剩此一个圩场及其附近地区几十个方里容许我军集中。"② 此后，毛泽东指挥红军从敌军结合部乘隙钻过，先后同国民党军上官云相部、郝梦龄师、毛炳文师连打三仗。"三战皆胜，缴枪逾万"，并吸引国民党军主力掉头向东，企图聚歼主力红军。毛泽东则指挥红军转身西行，在兴国境内以逸待劳。"乃至敌发觉再向西进时，我已休息了半个月，敌则饥疲沮丧，无能为力，下决心退却了。我又乘其退却打了蒋光鼐、蔡廷锴、蒋鼎文、韩德勤，消灭蒋鼎文一个旅、韩德勤一个师。对蒋光鼐、蔡廷锴两师，则打成对峙，让其逃去了。"③

毛泽东亲自指挥红一方面军接连粉碎了国民党军三次"围剿"，红军独特的战略战术不仅经受了考验，而且进一步成熟。毛泽东在著名的《中国革命战争的战略问题》中，系统地总结了这些战略战术，

---

① 《毛泽东文集》第8卷，人民出版社1999年版，第261页。
② 《毛泽东选集》第1卷，人民出版社1991年版，第219页。
③ 《毛泽东选集》第1卷，人民出版社1991年版，第219—220页。

包括实行积极防御、诱敌深入、初战必胜，集中兵力打运动战、速决战、歼灭战，依托于人民的游击战争和巩固的根据地，既反对不顾主客观条件、御敌于国门之外的军事冒险主义，又反对四面出击、两个拳头打人的军事平均主义。在这篇名著里，毛泽东还针对照搬照抄苏联战争经验的军事上的教条主义指出："由此看来，战争情况的不同，决定着不同的战争指导规律，有时间、地域和性质的差别。从时间的条件说，战争和战争指导规律都是发展的，各个历史阶段有各个历史阶段的特点，因而战争规律也各有其特点，不能呆板地移用于不同的阶段。从战争的性质看，革命战争和反革命战争，各有其不同的特点，因而战争规律也各有其特点，不能呆板地互相移用。从地域的条件看，各个国家各个民族特别是大国家大民族均有其特点，因而战争规律也各有其特点，同样不能呆板地移用。我们研究在各个不同历史阶段、各个不同性质、不同地域和民族的战争的指导规律，应该着眼其特点和着眼其发展，反对战争问题上的机械论。"[①] 这实际上从指导中国革命战争的角度，阐述了马克思主义中国化的基本原则。

　　实践出真知。毛泽东自己也说过："没有那些胜利和那些失败，不经过第五次反'围剿'的失败，不经过万里长征，我那个《中国革命战争的战略问题》小册子也不可能写出来。"[②]

　　实践和理论之间，有一座桥梁，那就是总结经验。然而，大家都在总结经验，却并不是每个人都善于把经验上升为理论，特别是能把经验的东西上升为规律和本质的东西。为什么毛泽东思想的创立者只能是毛泽东呢？就是因为毛泽东最善于从成功与失败的经历中总结经验，摸索规律，并将其上升为好学、易懂、管用的理论。毛泽东还有

[①] 《毛泽东选集》第1卷，人民出版社1991年版，第173页。
[②] 《毛泽东文集》第8卷，人民出版社1999年版，第263页。

一个过人的长处，就是善于将别人的经验转化为自己的思想财富，包括从别人的教训中汲取养料，这些思想财富和养料源于集体智慧和群众实践，但经过他的总结和提炼，更具有揭示事物本质和规律的理论色彩，更具有指导全局和长远的深刻意义，更具有理论指导实践的直观性、有效性、可操作性。由此培育起中国共产党善于不断总结经验、推动理论创新的理论品格，由此培育出一大批拿起枪能打胜仗、放下枪能做群众工作的领导人才。

中央红军接连粉碎国民党军三次大规模"围剿"后，赣南、闽西两大块革命根据地连成一片。与此同时，鄂豫皖、湘鄂西、湘赣、湘鄂赣等革命根据地，从地域到人口也有了相当规模。1931年11月7日至20日，中华苏维埃第一次全国代表大会在江西瑞金召开，宣告中华苏维埃共和国成立，通过《中华苏维埃共和国宪法大纲》，选举产生中华苏维埃共和国临时中央政府。毛泽东是中央执行委员会和中央人民委员会这两个委员会的主席。党和人民相濡以沫，铸就了以坚定信念、求真务实、一心为民、清正廉洁、艰苦奋斗、争创一流、无私奉献等为主要内涵的苏区精神。

至此，中国共产党领导的土地革命战争和创建农村根据地的斗争，进入全盛时期。然而，就在这个关键时刻，以王明为代表的"左"倾教条主义在党内占据主导地位，[①] 开始了长达三年之久的"左"倾冒险主义统治时期。

历史不会重复，但会出现反复。王明"左"倾教条主义把毛泽东

[①] 1931年1月，中共扩大的六届四中全会在上海秘密举行。从苏联莫斯科回国、深得共产国际信任的王明（陈绍禹）在会上作长篇发言，点名批判瞿秋白，提出从思想上、政治上、组织上全面彻底改造党的主张。全会后，王明在共产国际代表米夫支持下，掌握了中共中央实际领导权，全面推行"左"倾教条主义错误。

为代表的党内正确主张视为"右倾错误"。1931年11月1日至5日，苏区第一次代表大会在瑞金召开。这次会议实际上由中央代表团掌握。会议通过的《政治决议案》等文件，不点名地指责毛泽东犯了"狭隘的经验论"，错误地认为中央根据地在土地革命中执行的是"富农路线"；红军"没有完全脱离游击主义的传统"；干部队伍中"充满""阶级异己分子"，等等。特别是在全面推行"左"倾教条主义的政治路线、组织路线、军事路线中，最终导致了第五次反"围剿"的失败，迫使中央红军主力不得不于1934年10月撤离经多年浴血奋战才开创出来的中央苏区，被迫实行战略大转移。

◇ 长征路上的历史转折

沉痛的教训，强烈的对比，促使从中央到基层的许多领导干部和广大指战员觉醒过来，在湘江战役[①]后形成了一致的呼声，期望中共中央召开会议讨论最为紧迫的军事路线问题，使毛泽东重新回到党和红军的重要领导岗位上来。

1935年1月15日至17日，中共中央政治局在贵州省遵义召开扩大会议。会议肯定毛泽东的正确主张，批判了博古、李德等人在第五次反"围剿"中实行的单纯防御路线，以及在战略转移中的错误指挥，确定了新的行动方针和行动方向。遵义会议还改组了中央领导机

---

① 1934年11月27日至12月1日，中央红军主力战略转移由湖南南部向广西北部前进途中，在湘江沿线同国民党军近30万人展开殊死搏斗。在付出惨重代价后，中共中央领导机关和中央红军大部胜利渡过湘江。渡过湘江后，中央红军主力从战略转移出发时的8.6万余人锐减至3万余人。

构，选举毛泽东为中央政治局常委。会后，成立周恩来、毛泽东、王稼祥组成的"三人团"，负责指挥全军军事行动。这实际上是在战争环境中最重要的中央领导机构。

遵义会议的胜利召开，使毛泽东为代表的党内正确主张占据主导地位，结束了"左"倾教条主义错误在中央的统治，毛泽东在中共中央和红军的领导地位得以确立。遵义会议因此成为中国共产党的历史上生死攸关的转折点，标志着中国共产党在政治上开始走向成熟。

1935年1月遵义会议后，毛泽东以高度灵活的战略战术，指挥中央红军四渡赤水，与国民党军百万"追剿"军巧妙周旋，最终于同年5月初渡过金沙江，使蒋介石的围追堵截宣告破产。1935年6月12日至13日，实现了同红四方面军的胜利会师。

一波未平，一波又起。红军两大主力会师后，毛泽东和中共中央主张的北上方针，遭到张国焘阳奉阴违的抵制。在同张国焘危害党中央、分裂红军的阴谋作斗争的过程中，毛泽东和中共中央以大局为重，于9月毅然决然先行率中央红军主力北上，并在10月19日到达陕甘根据地吴起镇，胜利结束了二万五千里长征。

举世闻名的长征壮举，展示了中国共产党人为了实现崇高理想，为了实现初心和使命，不畏艰险，不怕牺牲，顽强拼搏，勇于胜利的革命精神，实现了理想信念的伟大远征，检验真理的伟大远征，唤醒民众的伟大远征，开创新局的伟大远征，在血与火中蹚出了一条走向新生、走向胜利的中国革命道路与民族复兴之路。

长征精神是中国共产党成立后，以毛泽东为代表的中国共产党人在中国人民和中华民族面前树立起来的一座精神丰碑。长征精神，就是把全国人民和中华民族的根本利益看得高于一切，坚定革命的理想和信念，坚信正义事业必然胜利的精神；就是为了救国救民，不怕任何艰难险阻,不惜付出一切牺牲的精神;就是坚持独立自主、实事求是,一切从实际出发的精神;就是顾全大局、严守纪律、紧密团结的精神;就是紧紧依靠人民群众,同人民群众生死相依、患难与共、艰苦奋斗的精神。

历史机遇并不多见。只有有准备的人,才能抓住稍纵即逝的历史机遇。艰苦卓绝的长征,就是中国共产党为迎接中日矛盾上升为主要矛盾后的新局面,所做的必要准备。从这个意义上说,长征不仅史无前例,而且还具有承上启下的特殊历史地位。

中央红军经过二万五千里长征胜利到达陕北前后,中日民族矛盾逐渐上升为国内主要矛盾。毛泽东敏锐地抓住这个历史变化,确定并推动了抗日民族统一战线的发展,不但赢得了抗日战争的伟大胜利,而且成功推动了中国共产党和中国革命力量的大发展。

在长征途中,王明根据共产国际七大精神,为中共中央起草了"八一宣言"。长征到达陕北后,中共中央政治局于1935年12月召开瓦窑堡会议,确定了建立抗日民族统一战线的策略方针。这一方针的酝酿由来已久。

1931年日本帝国主义制造了九一八事变,迈出了大举侵华的第一步——独占中国东北。自此,全国抗日救亡热潮日渐高涨。但蒋介石集团在"攘外必先安内"国策下,无视民众的抗日救亡热潮,继续加紧对中国共产党领导的各革命根据地进行"围剿"。

这时,民族资产阶级和上层小资产阶级不满于国民党蒋介石的"攘外必先安内"政策,对中国共产党的停止内战、一致对外、实行抗日民族统一战线的主张深表赞同。1932年国民党军第十九路军上海淞沪抗战,1933年福建事变,1934年宋庆龄等1700余人在中国共产党提出的《中国人民对日作战的基本纲领》上签字,都是在这一背景下发生的。这表明,随着日本帝国主义加紧侵华步伐,中日民族矛盾逐步上升为国内主要矛盾,大革命失败后一度出现的民族资产阶级和上层小资产阶级追随国民党的局面,发生了重大转变。

中国共产党一到陕北,立即对抗日民族统一战线政策做出重大调整。其标志,就是1935年12月中共中央政治局召开的瓦窑堡会议,以及会后毛泽东所做的《反对日本帝国主义的策略》报告。

毛泽东在《反对日本帝国主义的策略》报告中,着重指出中国社会正在发生着如下变动:一是民族资产阶级。"我们认为在殖民地化威胁的新环境之下,民族资产阶级的这些部分的态度可能发生变化。这个变化的特点就是他们的动摇。他们一方面不喜欢帝国主义,一方面又怕革命的彻底性,他们在这二者之间动摇着。"[①] 二是国民党营垒。"国民党营垒中,在民族危机到了严重关头的时候,是要发生破裂的。这种破裂,表现于民族资产阶级的动摇,表现于冯玉祥、蔡廷锴、马占山等风头一时的抗日人物。这种情况,基本地说来是不利于反革命,而有利于革命的。由于中国政治经济的不平衡,以及由此而生的革命发展的不平衡,增大了这种破裂的可能性。"[②]

由此,毛泽东批驳了认为中国民族资产阶级不可能和中国工人农民联合抗日的错误观点,指出抗日民族统一战线的基本依据是:"日本帝国主义决定要变全中国为它的殖民地,和中国革命的现时力量还有严重的弱点,这两个基本事实就是党的新策略即广泛的统一战线的出发点。""我们一定不要关门主义,我们要的是制日本帝国主义和汉奸卖国贼的死命的民族革命统一战线。"[③]

[①] 《毛泽东选集》第1卷,人民出版社1991年版,第145页。
[②] 《毛泽东选集》第1卷,人民出版社1991年版,第147页。
[③] 《毛泽东选集》第1卷,人民出版社1991年版,第155页。

毛泽东和中共中央做出这些重大政治判断,是有国内政局和阶级关系变动作客观依据的,而非主观臆想的结果。

就民族资产阶级的态度变化来说,民族资产阶级在大革命失败后投入国民党营垒,中日矛盾上升为主要矛盾后又再一次同情和支持共产党抗日主张,这一反一正的变化,验证了中国民族资产阶级的两面性。

就国民党营垒的政治态度变化来说,除宋庆龄、何香凝等少数继续坚持孙中山先生革命立场者外,国民党各派系在大革命失败后几乎无一例外地投入反共阵营;而在中日矛盾上升为主要矛盾后,某些派别又表现出联共抗日的积极性,这些变化,验证了国民党营垒破裂的可能性。

此时,还有一个有待历史发展进一步验证的问题。即以蒋介石为代表的带买办性的英美系大资产阶级在中日矛盾上升为主要矛盾后,会不会改变其"攘外必先安内"的国策,而采取联共抗日方针,这一点还要视历史发展而定。这也是中共中央政治局瓦窑堡会议没有条件解决的问题。

这以后,张学良的东北军在对红军"围剿"遭到惨败后,意识到这场内战不能再打下去了。毛泽东适时加强了对东北军上层的统一战线工作,并指导周恩来与张学良1936年4月9日肤施会谈取得成功。在肤施会谈中,张学良提出,根据他两年来的观察,蒋介石有可能抗日。他主张他在里面劝,共产党在外面逼,促使蒋改变错误政策,走上抗日的道路。[①] 张学良的意见,对同年9月中共中央决定改"抗日反蒋"为"逼蒋抗日"方针,起了重要的推动作用。

"逼蒋抗日"局面的真正形成,是1936年12月12日爆发的西安

---

① 《周恩来传(1898—1949)》,人民出版社1995年版,第309页。

事变的结果。蒋介石顽固坚持"攘外必先安内"国策，不但激起民怨，而且在 1936 年 12 月 12 日爆发震惊中外的西安事变，爱国将领张学良、杨虎城对蒋介石实行兵谏，将蒋介石扣留。中国共产党在张学良、杨虎城两位将军的支持下，推动西安事变的和平解决，并迫使蒋介石承诺停止"剿共"、联红容共、"俟抗战起，再联合行动，改番号"。① 第二次国共合作的新希望，终于出现在世人面前。

◇ 一扫民族耻辱

1937 年 7 月 7 日，卢沟桥事变爆发。中国人民历时 14 年的抗日战争进入全民族抗战阶段。能不能打败日本帝国主义，挫败其自 1895 年中日甲午战争以来逐步发展起来的侵华野心，成为中华民族复兴中一场新的严峻考验。

9 月 22 日，国民党中央通讯社播发《中国共产党为公布国共合作宣言》。这个宣言，是周恩来代表中共中央于 7 月 15 日（卢沟桥事变后的第八天）面交蒋介石的。9 月 23 日，蒋介石发表庐山谈话，实际上承认了共产党的合法地位。

面对日本帝国主义的大规模侵华战争，国共两党实现了第二次合作，各个党派也实现了合作抗日，中国人民被空前地动员起来，形成了抗日民族统一战线。这是 1840 年以来，中华民族从未有过的新气象，也是近代中国从未有过的新局面。

"解铃还须系铃人。"具有历史讽刺意味的是，10 年前，作为中

---

① 《周恩来年谱（1898—1949）》，中央文献出版社 1989 年版，第 340 页。

国大地主大买办资产阶级总代表的蒋介石，背叛了孙中山先生奠定的第一次国共合作，向中国共产党人大开杀戒；10年后，也正是蒋介石，不得不放弃"攘外必先安内"的误国政策，再次宣布实行国共合作。这一反一正的事实说明了一条真理：在中国，反共不能长久，反共最终不得人心；统一战线才是人心所向。

这一现象还证明了一个规律，在民族危亡的关头，"由于中国的带买办性的大资产阶级的各个集团是以不同的帝国主义为背景的，在各个帝国主义间的矛盾尖锐化的时候，在革命的锋芒主要地是反对某一个帝国主义的时候，属于别的帝国主义系统的大资产阶级集团也可能在一定程度上和一定时期内参加反对某一个帝国主义的斗争。在这种一定的时期内，中国无产阶级为了削弱敌人和加强自己的后备力量，可以同这样的大资产阶级集团建立可能的统一战线，并在有利于革命的一定条件下尽可能地保持之"[①]。这样，第三个问题也在全国抗战实践中得到了解答。

在整个抗日战争中，形成了国民党正面战场、中国共产党领导的敌后战场两足鼎立的全民抗战格局。国民党军队在正面战场，通过南京保卫战、太原会战、徐州会战、武汉会战等一系列重要战役，迟滞了日本侵华步伐，打击了侵华日军的气焰，也为国民政府从南京经武汉前往陪都重庆争取了时间。中国共产党领导的八路军、新四军和其他群众武装，在国民党军节节溃退的情况下，挺进日军敌后，开辟了晋绥、晋察冀、晋冀鲁豫、冀中、山东、皖南、苏北等敌后抗日根据地，在广大敌后和沦陷区吸引了大批侵华日军和伪军，强有力地支持了国民党正面战场。特别是在1938年10月武汉、广州失守后，进入

[①] 《毛泽东选集》第2卷，人民出版社1991年版，第607页。

长达 6 年的抗日战争战略相持阶段，敌后战场更是成为整个抗日战场中最为活跃、对敌威胁力最大的方面，中国共产党也逐步成为全民族抗战的中流砥柱。

历史老人是最公平的。在民族危亡关头，谁承受的压力最大，谁得到的发展机遇也最多；谁在战略大后方企图坐收"渔翁之利"，谁失去的发展机遇也越多。

在整个全民族抗战中，中国共产党领导的抗日武装，对敌作战12.5 万次，消灭日伪军 171.4 万人（其中日军 52.7 万人），缴获各种枪支 69.4 万余支，各种炮 1800 余门。① 自身力量得到空前壮大。中国共产党党员达 120 多万人，人民军队发展到 120 余万人②，民兵 260 万人。中国共产党领导的敌后抗日民主根据地总面积达到近 100 万平方公里，总人口近 1 亿人。③

由于全民族抗战期间国内各种政治力量的多变性，抗日民族统一战线的格局也呈现出阶段性变化，中国共产党对抗日民族统一战线领导权、话语权的实现也具有阶段性特征。

全民族抗日战争爆发，第二次国共合作实现后，蒋介石领导的国民政府一度成为领导抗战的政治中心，国民党军正面战场也成为抗战的战略重心。但由于蒋介石集团继续坚持单纯依靠国民党正规部队的

---

① 参见中共中央党史研究室《中国共产党历史》第 1 卷（1921—1949）下册，中共党史出版社 2011 年版，第 668 页。

② 1937 年 8 月，在陕甘宁地区的中国工农红军主力改编为八路军时，总兵力约 4.6 万人。1937 年 10 月，在南方坚持游击战争的 8 省红军游击队宣布改编为新四军后，参加集中整编的部队共有兵力 1.03 万人。参见中共中央党史研究室《中国共产党历史》第 1 卷（1921—1949）下册，中共党史出版社 2011 年版，第 466、467 页。

③ 参见中共中央党史研究室《中国共产党历史》第 1 卷（1921—1949）下册，中共党史出版社 2011 年版，第 670 页。

片面抗战，继续坚持所谓"训政时期"一党独裁，始终不接受中国共产党全民抗战的十大纲领，始终不进行符合坚持和发展抗日民族统一战线需要的政治民主化改革，逐渐失去了包括民族资产阶级、小资产阶级在内的广大民众的信任。再加上1938年10月后战略相持阶段到来，日本调整侵华政治策略和军事战略，逐渐把重心向敌后战场转移，一定程度上减轻了国民党正面战场压力，蒋介石集团消极抗日、积极反共的旧病复发。

这样，中国共产党及其领导的敌后战场，在抗日战争中的中流砥柱作用更加凸显。中国共产党在抗日民族统一战线中的领导作用及其凝聚力、号召力、影响力得到极大提升。延安宝塔成为民族复兴希望的象征，铸就了以坚定正确的政治方向，解放思想、实事求是的思想路线，全心全意为人民服务的根本宗旨，自力更生、艰苦奋斗的创业精神为核心内容的延安精神。

特别是1941年1月，蒋介石集团悍然制造了震惊中外的"皖南事变"，新四军将士牺牲两千余人，扣押了抗日名将叶挺军长。消息传来，国人哗然。

起初，毛泽东提出要做好最坏的准备，甚至要准备出现第二个"四一二"反革命事变。但经过"军事上取守势、政治上取攻势"的有理有利有节的策略斗争，使得国共两党的政治对比发生了有利于我的变化。在这种情况下，毛泽东及时提出，"要反对对时局认为国共已最后破裂或很快就要破裂的错误估计以及由此发生的许多不正确的意见"[①]，努力迫使蒋介石谋取暂时的轻微的缓和。

事态果真如毛泽东所判断的那样，这一次反共高潮再一次被打

---

① 《毛泽东选集》第2卷，人民出版社1991年版，第779页。

退。而且通过这一次斗争，各民主党派、各界爱国民主人士等在政治上日益向中国共产党靠拢，成为中国共产党取得政治主动权的分水岭。根据这种有利于中国共产党的政局变化，中国共产党通过1944年9月在重庆召开的第三届国民参政会第三次会议，正式提出废除国民党一党专政、建立民主联合政府的主张，得到各民主党派、各界民主人士的热烈响应。

通过"皖南事变"的斗争，毛泽东得出几条重要的结论。其一，在中国两大矛盾中间，中日民族间的矛盾依然是主要的，国内阶级间的矛盾依然处在从属的地位。只要中日矛盾继续尖锐地存在，即使大地主大资产阶级全部地叛变投降，也绝不能造成1927年的形势，重演"四一二事变"和"马日事变"。其二，指导着国民党政府全部政策的英美派大地主大资产阶级，依然是两面性的阶级。它的抗日和反共，又各有其两面性。在抗日方面，既和日本对立，又不积极地作战，不积极地反汪反汉奸，有时还向日本的"和平使者"勾勾搭搭。在反共方面，既要反共，又不愿意最后破裂，依然是一打一拉的政策。其三，在反对国民党顽固派的斗争中，将买办性的大资产阶级和没有或较少买办性的民族资产阶级加以区别，将最反动的大地主和开明绅士及一般地主加以区别，这是我党争取中间派和实行"三三制"政权的理论根据。地方实力派的领导成分虽然也是大地主大资产阶级，但是因为他们和统制中央政权的大地主大资产阶级分子有矛盾，故一般地亦须以中间派看待之。如果我们将一切地主资产阶级都看成和国民党顽固派一样，其结果将使我们自陷于孤立。"须知中国社会是一个两头小中间大的社会，共产党如果不能争取中间阶级的群众，并按其情况使之各得其所，是不能解决中国问题的。"[①] 其四，中国共产党的方针是以革命的两面政策对付蒋介石的两面政策，实行有理有利有节的斗争。我党在整个全国抗战时期，对于国内各上层中层还在抗日的人们，不管是大地主大资产阶级和中间阶级，都只有一个完整的包括联合和斗争两方面的（两面性的）民族统一战线的政策。只有这样，才能发展进步势力，争取中间势力，孤立顽固派。

1945年，是中国人民赢得长达14年之久的抗日战争伟大胜利的一年，也是自1840年以来饱受西方列强欺侮的中华民族开始感到扬眉吐气的一年。

1945年8月15日，日本天皇广播《终战诏书》，用这种方式向国内外宣布无条件投降。同年9月2日，在停泊于日本东京湾的美国"密苏里号"战列舰上，日本外相重光葵、日军参谋总长梅津美治郎，分别代表日本天皇、日本政府和日本帝国大本营在投降书上签字。

中国人民抗日战争胜利，是近代以来中国抗击外敌入侵的第一次完全胜利。这一伟大胜利，彻底粉碎了日本军国主义殖民奴役中国的图谋，洗刷了近代以来中国抗击外来侵略屡战屡败的民族耻辱，开辟了中华民族伟大复兴的光明前景，开启了古老中国凤凰涅槃、浴火重生的新征程。

在中国人民抗日战争的壮阔进程中，形成了伟大的抗战精神，中国人民向世界展示了天下兴亡、匹夫有责的爱国情怀，视死如归、宁死不屈的民族气节，不畏强暴、血战到底的英雄气概，百折不挠、坚忍不拔的必胜信念。

中国人民抗日战争和世界反法西斯战争，是正义和邪恶、光明和

[①] 《毛泽东选集》第2卷，人民出版社1991年版，第783页。

黑暗、进步和反动的大决战。在那场惨烈的战争中，中国人民抗日战争开始时间最早、持续时间最长。中国人民和中华民族以巨大民族牺牲，支撑起了世界反法西斯战争的东方主战场，为世界反法西斯战争胜利做出了重大贡献。

在此之前，一次次反抗西方列强和帝国主义侵略的斗争，都失败了。唯有中国人民抗日战争取得了历史性胜利。这是中国共产党诞生后，给中国人民和中华民族历史命运带来的根本改变。这是中国共产党在抗日民族统一战线中的坚强领导，给中国人民抗日战争结局带来的根本改变。

◇ 人民与历史的选择

中国人民抗日战争胜利了，全国沉浸在对和平、民主、建国的渴望之中。然而，蒋介石集团却在酝酿着一场对中国共产党的全面内战。

为了制止这场全面内战，中国共产党在各民主党派、各界民主人士支持下，尽了最大努力，展现出最大的诚意。1945年8月至10月，毛泽东冒着危险赴重庆谈判，并在10月10日国共双方达成"双十协定"。1946年1月，在政治协商会议上，经过中国共产党和各民主党派的努力，并作了必要的让步，通过了和平建国纲领、政府组织案、国民大会案、军事问题案、宪法草案共五项协议。这些斗争使得中国共产党在内战爆发之前，就在道义上赢得了主动，争取了民心。

然而，对于中国共产党的这些诚意和让步，蒋介石集团并不满足。一向迷信武力的蒋介石，幻想通过军事较量取得在政治谈判中没有得到的东西，和谈、停战、召开政协会议等，不过是在换取调兵遣将所需要的时间。在一切准备就绪后，1946年6月26日，国民党军队开始围攻以宣化店为中心的中原解放区。随后，又向各解放区展开全面进攻。

当时，国民党军总兵力约430万人，其中正规军约200万人。中国共产党领导的人民武装为127万人，野战军只有61万人。国民党军不但在数量上有绝对优势，而且在装备上依靠美国援助，更具有压倒性优势。

双方的战争支撑能力，也相差悬殊。国民党政府拥有约占全国76%的面积、3.39亿人口的地区，几乎所有的大城市和绝大部分铁路交通线都在它的掌握之中，还控制着全国大部分近代工业和人力、物力资源。中国共产党领导的解放区的土地面积仅占全国的24%，人口约1.3亿，缺少近代工业和交通运输支撑，基本上依靠传统的农业经济。

当时的国内外舆论，也形成了"一边倒"局面。美国等西方阵营，在全球"冷战"战略的背景下，积极奉行"扶蒋反共"政策。苏联对中国共产党能否打赢这场战争，持谨慎怀疑态度，担心"引火烧身"而爆发"第三次世界大战"。在国内，不相信中国共产党能打赢国民党者大有人在，许多中间人士认为中国共产党应当以退让政策换取"国内和平"。

历史上，貌似强大却逆历史潮流而动，终因丧失人心难逃失败覆辙者，比比皆是。蒋介石集团同样如此。他们为一时来势汹汹、接连得手的假象所迷惑，殊不知已在不知不觉之中将自己置于全中国人民的反对声中，成为中国人民的公敌。

此时，无论是国民党方面，还是中国共产党方面，都把这场较量看作最后的、带有决定意义的较量。在两军对垒中，如果说，人心向背是一种夺取胜利的潜能的话，要把它转化为现实的能量，还要靠战场上的军事较量。

中国共产党和毛泽东深知这一点，为此采取了三项重大部署。

第一项，是对党内高层的。还在国民党发动全面内战之前，1946年4月，毛泽东写了《关于目前国际形势的几点估计》，在党内高层传阅，以树立敢打必胜的信心和决心。他强调："世界反动力量确在准备第三次世界大战，战争危险是存在着的。但是，世界人民的民主力量超过世界反动力量，并且正在向前发展，必须和必能克服战争危险。"① 他还强调："这种妥协②，并不要求资本主义世界各国人民随之实行国内的妥协。各国人民仍将按照不同情况进行不同斗争。反动势力对于人民的民主势力的原则，是能够消灭者一定消灭之，暂时不能消灭者准备将来消灭之。针对这种情况，人民的民主势力对于反动势力，亦应采取同样的原则。"③ 这些判断，充分体现了中国共产党的独立自主精神，和当年王明"左"倾教条主义统治全党的时候，完全不一样了。这就是毛泽东所说的，中国共产党和中国人民在精神上赢得了完全的主动。

第二项，是对整个世界的。面对国民党军全面进攻，毛泽东迫切需要赢得国际同情。但当时，中国共产党没有直接的对外宣传渠道，只有借助于同情中国革命的西方进步记者。1946年8月6日，毛泽东在延安杨家岭窑洞前，会见美国记者安娜·路易斯·斯特朗。在这次谈话中，毛泽东提出了一个响彻中外的著名论断："一切反动派都是纸老虎。"④ 他充满自信地预言："我们所依靠的不过是小米加步枪，

---

① 《毛泽东选集》第4卷，人民出版社1991年版，第1184页。
② 这里是指美、英、法同苏联之间的妥协。
③ 《毛泽东选集》第4卷，人民出版社1991年版，第1185页。
④ 《毛泽东选集》第4卷，人民出版社1991年版，第1195页。

但是历史最后将证明，这小米加步枪比蒋介石的飞机加坦克还要强些。""这原因不是别的，就在于反动派代表反动，而我们代表进步。"① 这次谈话的采访，发表在《美亚》杂志②上，产生了很大影响。

　　第三项，是给各解放区部队的。1946年9月16日，毛泽东为中共中央军委起草了《集中优势兵力，各个歼灭敌人》的党内指示。他意识到，面对国民党军全面进攻，如果各解放区部队死守要地不放，死拼硬打，势必会得不偿失。相反，如果利用国民党军求胜心切又骄傲自大的特点，大踏步地展开运动战，"在战役的部署方面，当着敌人使用许多个旅（或团）分几路向我军前进的时候，我军必须集中绝对优势的兵力，即集中六倍、或五倍、或四倍于敌的兵力、至少也要有三倍于敌的兵力，于适当时机，首先包围歼击敌军的一个旅（或团）。这个旅（或团），应当是敌军诸旅中较弱的，或者是较少援助的，或者是其驻地的地形和民情对我最为有利而对敌不利的"③。在战术的部署方面，也"应集中绝对优势兵力，即集中六倍、五倍、四倍于敌，至少也是三倍于敌的兵力，并集中全部或大部的炮兵，从敌军诸阵地中，选择较弱的一点（不是两点），猛烈地攻击之，务期必克"④。

　　毛泽东特别强调："这种战法的效果是：一能全歼；二能速决。"⑤"这是战胜蒋介石进攻的主要方法。"⑥

---

　　① 《毛泽东选集》第4卷，人民出版社1991年版，第1195页。
　　② 《美亚》杂志，是在美国纽约出版的专门介绍远东地区特别是中国情况的政论杂志。
　　③ 《毛泽东选集》第4卷，人民出版社1991年版，第1197页。
　　④ 《毛泽东选集》第4卷，人民出版社1991年版，第1198页。
　　⑤ 《毛泽东选集》第4卷，人民出版社1991年版，第1198页。
　　⑥ 《毛泽东选集》第4卷，人民出版社1991年版，第1198—1199页。

"集中优势兵力，各个歼灭敌人"，实际上是毛泽东交给各解放区军民打败蒋介石国民党军的"锦囊妙计"。这一招，果然厉害。

从1946年7月到1947年2月，各解放区军民取得粉碎国民党军全面进攻的重大胜利。经过8个月作战，共歼灭国民党军71万余人，使得蒋介石因兵力不足不得不放弃全面进攻。在此期间，蒋介石被一时的"胜利"冲昏头脑，于1946年11月15日至12月25日召开了由国民党包办的"国民大会"，蒋介石"当选"总统。他万万没有想到的是，恰恰是此举将他和国民党政权置于"千夫所指"的绝境，加速了国民党统治的灭亡。

毛泽东在1947年2月1日起草《迎接中国革命的新高潮》党内指示，提出："目前各方面情况显示，中国时局将要发展到一个新的阶段。这个新的阶段，即是全国范围的反帝反封建斗争发展到新的人民大革命的阶段。现在是它的前夜。我党的任务是为争取这一高潮的到来及其胜利而斗争。"[①] 为了这一时刻的到来，中国共产党带领人民已经奋斗了26年。

全面进攻不行，蒋介石决计调整部署，向解放区发动重点进攻。1947年2月下旬，蒋介石来到西安，部署向中共中央所在地延安的进攻。他的如意算盘是，先集中兵力攻克延安，"动摇其军心，瓦解其意志，削弱其国际地位"[②]。

面对胡宗南25万精锐部队的进攻，毛泽东决定避其锋芒，于1947年3月18日晚8时主动率领中共中央、中央军委撤离延安，同国民党军采取兜圈子的办法，转战于陕北黄土高原之上。同时令彭德怀率领

---

① 《毛泽东选集》第4卷，人民出版社1991年版，第1211页。
② 台湾"国防部史政局"编：《戡乱战史》第2册，台湾"国防部史政局"1973年版，第96页。

西北野战军2.6万余人，接连进行青化砭、羊马河、蟠龙三次作战，共歼敌1.4万余人，沉重打击了胡宗南的气焰，稳定了西北战局。

蒋介石向解放区发动重点进攻的另一个方向，是山东战场。华东野战军于1947年5月中旬，在孟良崮地区围歼以张灵甫为师长的国民党军整编第74师，歼敌3万余人。该师是蒋介石的嫡系部队，号称为国民党军五大主力之一。蒋介石闻讯慨叹："这是我军'剿匪'以来，最可痛心、最可惋惜的一件事。"①

从国民党军发起全面进攻起，战争始终在中国共产党领导的各解放区区域内进行。蒋介石的算盘之一，是想通过长期战争摧毁解放区经济、瓦解解放区各级组织和群众基础。在挫败国民党军重点进攻后，将战争推进到国民党统治区的条件业已成熟。

就在蒋介石孤注一掷，在一西一东发起重点进攻之时，却犯了兵家大忌，将中原腹地暴露在人民解放军面前。1947年5月，毛泽东抓住千载难逢的机会，成立了以邓小平为书记的新的中共中央中原局。6月30日，指挥刘伯承、邓小平率领的中原野战军开始向大别山挺进。随后，又指挥陈赓、谢富治率领的部队和陈毅、粟裕率领的华东野战军，分别在豫陕鄂边地区、豫皖苏地区完成战略展开。这三路大军在中原地区迅速展开，创建新的中原解放区，吸引调动南线国民党军约90个旅不得脱身，一下子改变了整个解放战争的战局。从此，战争的主动权落到了中国共产党及其领导的解放区军民手上。国民党当局也承认，其"全盘战略形势，乃从此陷于被动"②。

---

① 张其昀主编：《先总统蒋公全集》第2册，台湾中国文化大学出版部1984年版，第1876页。

② 台湾"国防部史政局"编：《戡乱战史》第2册，台湾"国防部史政局"1973年版，第124页。

掌握了战争主动权,也就掌握了通向全国胜利的锁钥。1947年10月10日,也是在国民党"双十节"当天,毛泽东起草的《中国人民解放军宣言》发表。《宣言》正式提出"早日打倒蒋介石,建立民主联合政府"口号,提出了中国共产党的八项基本政策[①]。

这以后,为筹建新中国、举行战略决战做准备,毛泽东和中共中央于1947年12月25日至28日,在陕北杨家沟召开扩大会议(十二月会议),明确提出了新民主主义革命总路线和夺取新民主主义革命彻底胜利的政治、经济、军事纲领;于1948年4月30日至5月7日,在由陕北前往西柏坡途中,在城南庄召开中央书记处扩大会议,确定了"军队向前进,生产长一寸,加强纪律性,革命无不胜"的行动方针,还在4月30日发布纪念"五一劳动"节口号,提出召开新的政治协商会议号召;于1948年9月8日至13日在西柏坡召开中央政治局扩大会议,为举行战略决战、有计划有步骤地夺取全国胜利,做了思想上、政治上、组织上的重要准备。

到了1948年秋季,国民党军一线作战部队只有170万人,被人民解放军分割钳制在东北、华北、中原、华东、西北五大战场,机动

[①] 这八项基本政策是:"一、联合工农兵学商各被压迫阶级、各人民团体、各民主党派、各少数民族、各地华侨和其他爱国分子,组成民族统一战线,打倒蒋介石独裁政府,成立民主联合政府。二、逮捕、审判和惩办以蒋介石为首的内战罪犯。三、废除蒋介石统治的独裁制度,实行人民民主制度,保障人民言论、出版、集会、结社等项自由。四、废除蒋介石统治的腐败制度,肃清贪官污吏,建立廉洁政治。五、没收蒋介石、宋子文、孔祥熙、陈立夫兄弟等四大家族和其他首要战犯的财产,没收官僚资本,发展民族工商业,改善职工生活,救济灾民贫民。六、废除封建剥削制度,实行耕者有其田的制度。七、承认中国境内各少数民族有平等自治的权利。八、否认蒋介石独裁政府的一切卖国外交,废除一切卖国条约,否认内战期间蒋介石所借的一切外债。要求美国政府撤退其威胁中国独立的驻华军队,反对任何外国帮助蒋介石打内战和使日本侵略势力复兴。同外国订立平等互惠通商友好条约。联合世界上一切以平等待我之民族共同奋斗。"参见《毛泽东选集》第4卷,人民出版社1991年版,第1237—1238页。

性和战斗力明显下降。这时,将国民党军主力歼灭在长江以北的战略决战时机已经成熟。

在毛泽东和中央军委的决策下,华东野战军首先发起济南战役,于9月24日攻克济南,使华北、华东两大战略区连成一片,并为挥师南下歼灭徐州国民党军重兵集团创造了条件。

初战必慎。毛泽东和中共中央、中央军委把战略决战的第一仗,选在了各方面条件都最成熟的东北地区。1948年9月12日至11月2日,辽沈战役取得成功。当时,林彪率领的东北野战军加上地方武装共有103万人,卫立煌率领的国民党军在东北部队只有55万人。这些国民党军,10万人在长春困守,30万兵力在沈阳一带,15万兵力在锦州至山海关一线防守。东北的其他地区,基本被东北野战军控制。要取得这场战役胜利,有两种选择。如果站在东北地区考虑,自然是先打长春或沈阳之敌,再取锦州至山海关。而毛泽东胸中装的是整个战略决战全局,因此提出先走"关门打狗"的险棋,出其不意,断其向关内逃跑的后路。

1948年9月12日,辽沈战役首先从锦州方向打响,击中了敌人的痛处。蒋介石慌忙飞到东北亲自指挥,并急调北宁线华北"剿总"的五个师来援,国民党军"东进兵团"共11个师被东北野战军顽强阻击在塔山一带。10月15日,东北野战军攻克锦州。长春守军见失守,已无斗志,宣布起义,10月19日长春和平解放。蒋介石此时犯了一个战略性错误,严令廖耀湘率国民党军第九兵团继续向锦州前进。东北野战军将该兵团包围于黑山、大虎山、新民地区,10月28日全歼廖耀湘兵团。11月2日解放沈阳、营口。辽沈战役共歼灭国民党军47.2万余人,只有锦西、葫芦岛地区的国民党军从海上撤向关内。

辽沈战役结束后,毛泽东电令林彪率领东北野战军主力缩短休整时间，加紧秘密进入山海关，发起平津战役。平津战役于 1948 年 11 月 29 日在张家口打响，至 1949 年 1 月 31 日人民解放军进驻北平，北平宣告和平解放结束。

平津战役打响时，淮海战役已于 1948 年 11 月 6 日开始。此时，傅作义已成惊弓之鸟，随时有可能南逃或西窜。绥远，是守卫平津一带的傅作义集团的老巢。平津战役的关键，是东北野战军能否秘密入关，出其不意攻克张家口一线，切断傅作义集团的西窜之路；同时，还要兼顾北平、天津一线，需待完成对北平、天津分割与战略包围后，再对张家口等地发起总攻。这一方法，被毛泽东称为"围而不打"和"隔而不围"。

林彪东北野战军和华北军区部队严格执行了毛泽东的命令。1948 年 12 月中旬，将国民党军 50 多万部队分割包围在北平、天津、张家口、新保安、塘沽五个据点，截断其南逃西撤的通路。随后，12 月 12 日攻克新保安，12 月 24 日攻克张家口，1949 年 1 月 15 日解放天津。傅作义见大势已去，经过谈判，接受和平改编。1949 年 1 月 31 日，北平宣告和平解放。平津战役中，国民党军除塘沽守敌 5 万余人由海上逃跑外，其余 52 万余人或被歼灭，或被改编。国民党军绥远部队也于 1949 年 9 月通电起义，接受改编。

淮海战役，是三大战役中规模最大、持续时间最长、战果也最丰硕的战略决战。此次战役最大的困难，是参战双方的总兵力势均力敌，且国民党军重兵集团集中在以徐州为中心、以津浦铁路线与陇海铁路线纵横两条大动脉为依托的区域内，便于相互支援、机动作战。针对这一情况，毛泽东制定了集中优势兵力，先打黄百韬兵团，再寻机各个歼灭黄维兵团、杜聿明集团（下辖两个兵团）的方针。还成立总前委，以邓小平为书记，刘伯承、陈毅、粟裕、谭震林等为成员，放手委以指挥华东、中原两大野战军主力之权。

淮海战役从 1948 年 11 月 6 日开始，至 11 月 22 日全歼黄百韬兵团，并将徐州与蚌埠之敌拦腰斩断。随即，毛泽东采纳总前委建议，以中原野战军全部和华东野战军一部围歼黄维第十二兵团，至 12 月 15 日歼灭蒋介石嫡系部队黄维兵团，黄维被俘。

在淮海战役胜利已成定局的情况下，为配合正在开始的平津战役，不使蒋介石下决心将平津守敌海运南下，1948 年 12 月 14 日，毛泽东以中共中央军委名义发出电令，要求"整个就现阵地态势休息若干天，只作防御，不作攻击"。① 1949 年 1 月初，就在东北野战军发起对天津的进攻、傅作义集团从海上南撤的可能彻底被消除后，毛泽东和中共中央军委下达了发起淮海战役最后总攻的命令。

此刻，杜聿明集团两个兵团 8 个军被人民解放军合围在以陈官庄为中心长约 10 千米、宽约 5 千米的狭长区域里，雨雪交加、饥寒交迫，士气低落到了极点。1949 年 1 月 6 日，总攻开始。至 1 月 10 日，全歼杜聿明集团，杜聿明本人被俘，邱清泉被击毙，仅李弥化装逃脱。至此，规模巨大的淮海战役以歼灭国民党军 55.5 万人的战果宣告结束。

通过辽沈、淮海、平津三大战役，国民党军主力基本被消灭，国民党政权统治基础已从根本上动摇。蒋介石不得不在 1949 年 1 月 21 日宣告"引退"，由副总统李宗仁代理总统。此前，毛泽东为新华社写 1949 年新年献词《将革命进行到底》，强调："坚决彻底干净全部地消灭一切反动势力，不动摇地坚持打倒帝国主义，打倒封建主义，打倒官僚资本主义，在全国范围内推翻国民党的反动统治，在全国范

---

① 《毛泽东军事文集》第 5 卷，军事科学出版社、中央文献出版社 1993 年版，第 401 页。

围内建立无产阶级领导的以工农联盟为主体的人民民主专政的共和国。这样，就可以使中华民族来一个大翻身，由半殖民地变为真正的独立国，使中国人民来一个大解放，将自己头上的封建的压迫和官僚资本（即中国的垄断资本）的压迫一起掀掉，并由此造成统一的民主的和平局面，造成由农业国变为工业国的先决条件，造成由人剥削人的社会向着社会主义社会发展的可能性。"[①]

梦寐以求的中国革命即将取得全国胜利，但依然会有半途而废的危险。毛泽东告诫全党，政策和策略是党的生命，各级领导万万不可粗心大意。如果我们只取得了军事斗争的胜利，而在工商业政策上、土地政策上、城市政策上犯了错误，同样也会使革命半途而废。为此，毛泽东重申党的各项土地政策，完善和发展党的城市政策和工商业政策，严肃纠正各种"左"倾错误，强调加强中央统一领导，加强请示报告制度。还采取统一人民解放军番号，重新颁布"三大纪律、八项注意"等措施。

西柏坡，被誉为"进入北平解放全中国的最后一个农村指挥所"。在这里，毛泽东和中共中央指挥了三大战役，为创建新中国作了重大决策和周密部署。1949年3月，还在这里召开对创建新中国具有决定意义的七届二中全会。以"两个务必"为核心的西柏坡精神，也是在这里孕育形成的。

进入1949年，蒋介石见败局已定，一面宣布"引退"，一面操纵国民党政府提出"和谈"。为使蒋介石坚持内战的真面目彻底暴露，中共中央派周恩来为首席代表的和谈代表团，于4月1日至15日在北京同以张治中为首席代表的南京政府和谈代表团举行商谈。中共代

[①] 《毛泽东选集》第4卷，人民出版社1991年版，第1375页。

表团尽可能采纳南京代表团意见，于 4 月 15 日提出《国内和平协定》（最后修正案），并以 4 月 20 日为最后签字日期。

在蒋介石和南京政府拒绝在《国内和平协定》上签字的情况下，1949 年 4 月 20 日 20 时，人民解放军开始渡江战役，并于 4 月 22 日胜利突破国民党军近千里的长江江防阵地。4 月 23 日，解放南京，国民党统治覆亡。

此刻，毛泽东怀着喜悦的心情，写下了《七律·人民解放军占领南京》："钟山风雨起苍黄，百万雄师过大江。虎踞龙盘今胜昔，天翻地覆慨而慷。宜将剩勇追穷寇，不可沽名学霸王。天若有情天亦老，人间正道是沧桑。"

1949 年 9 月 21 日至 30 日，中国人民政治协商会议第一届全体会议在北平中南海怀仁堂隆重举行。这次会议履行的庄严历史任务，就是秉承 1840 年以来无数先驱者的遗志，宣告中华民族历史新纪元的到来。会议讨论通过了《中国人民政治协商会议共同纲领》，这个《共同纲领》在共和国宪法正式产生前，实际上起着代宪法的作用。会议还通过《中华人民共和国中央人民政府组织法》《中国人民政治协商会议组织法》。

会议选举毛泽东为中央人民政府主席，朱德、刘少奇、宋庆龄、李济深、张澜、高岗为副主席，周恩来等 56 人为委员，组成中央人民政府委员会。还选出以毛泽东为主席的由 180 人组成的中国人民政治协商会议第一届全国委员会。政治协商会议，在全国人民代表大会召开以前，担负着代行全国人民代表大会的职责。

会议还做出下列具有历史意义的决定：中华人民共和国的国都定于北平，并将北平改为北京；采用公元纪年；国歌未正式确定前，以《义勇军进行曲》为国歌；国旗为五星红旗。

1949 年 9 月 30 日，中国人民政治协商会议第一届全体会议闭幕当晚，毛泽东等党和国家领导人为人民英雄纪念碑奠基。毛泽东亲自为人民英雄纪念碑写下了以下碑文：

"三年以来，在人民解放战争和人民革命中牺牲的人民英雄们永垂不朽！

三十年以来，在人民解放战争和人民革命中牺牲的人民英雄们永垂不朽！

由此上溯到一千八百四十年，从那时起，为了反对内外敌人，争取民族独立和人民自由幸福，在历次斗争中牺牲的人民英雄们永垂不朽！"[1]

1949 年 10 月 1 日，是中华民族伟大复兴史上值得永远纪念的日子。这一天下午三时，在北京天安门广场隆重举行中华人民共和国中央人民政府成立典礼。毛泽东主席在这里代表中国人民向世界庄严宣告了中华人民共和国的成立，中国人民从此站起来了。

中华人民共和国的成立，标志着中国新民主主义革命已经取得伟大胜利，标志着中国人民受奴役受压迫的半殖民地半封建时代已经过去。这一伟大事件，彻底改变了近代以后 100 多年中国积贫积弱、受人欺凌的悲惨命运，中华民族走上了实现伟大复兴的壮阔道路。

为了这一天的到来，中国人民和中华民族奋斗了整整 109 年，在漫漫长夜中求索。一切力量都尽力了，一切方案都尝试过了，一切主义都用过了。只有中国共产党才能带领中国人民进入当家作主的新时代，只有社会主义才能为中华民族伟大复兴指明正确方向，只有马克思主义才能彻底改变中国人民的历史命运。

---

[1] 《毛泽东文集》第 5 卷，人民出版社 1996 年版，第 350 页。

第 五 章

现代化的曲折探索

如果说，辛亥革命推翻了长达上千年的封建帝制，打开了通向中华民族伟大复兴的历史闸门；那么，中华人民共和国的成立，完成了中华民族伟大复兴的第一步，建立起人民当家作主的新中国。从此，在中国共产党领导下，中国人民和中华民族把人民幸福、民族复兴的历史命运，牢牢地掌握在了自己手上。这在中华民族历史上，是从来没有过的事情。

在毛泽东代表中国共产党和新中国宣布"中国人民从此站起来了"的时候，他深知只有推翻帝国主义、封建主义、官僚资本主义三座大山，而不实现从农业国向工业国的转变，中国人还不可能真正站立起来。

毛泽东同样清楚地知道，这个转变只有靠把命运始终掌握在自己手上的中国人才能实现，任何别的国家都不可能给中国恩赐一个现代化。"我们中华民族有同自己的敌人血战到底的气概，有在自力更生的基础上光复旧物的决心，有自立于世界民族之林的能力。"[①] "中国人民将会看见，中国的命运一经操在人民自己的手里，中国就将如太阳升起在东方那样，以自己的辉煌的光焰普照大地，迅速地荡涤反动

---

① 《毛泽东选集》第 1 卷，人民出版社 1991 年版，第 161 页。

政府留下来的污泥浊水，治好战争的创伤，建设起一个崭新的强盛的名副其实的人民共和国。"①

正因为如此，从1949年10月至1952年底，新中国只用了三年多一点时间，就完成了以下这些大事，从而叩响了通向社会主义工业化、现代化之门。

第一件：初步完成祖国大陆的统一，告别了战乱不已的旧中国，实现了国家安宁。

第二件：平抑物价、取缔投机资本，初步统一国家财政经济，为进行大规模国家工业化建设准备了基本前提。

第三件：没收官僚资本，彻底铲除旧中国的经济基础，初步形成社会主义公有制经济对国民经济的主导地位。

第四件：彻底完成土地制度改革，告别存在上千年的封建土地制度，使3亿多无地或少地的农民分得土地，为国家工业化铺平了道路。

第五件：镇压反革命，清除匪患，实行其他民主改革，彻底铲除旧中国为害百姓的社会公害，实现了人民生活安宁。

第六件：抗美援朝、保家卫国，建立起巩固强大的国防，使帝国主义敢于侵略中国、欺侮中国的时代一去不复返了。

第七件：初步实现包括各民主党派、各界民主人士在内的中国人民的大团结，包括国内各少数民族在内的中华民族大团结，建立了空前巩固、空前壮大的爱国民主统一战线。

第八件：没收帝国主义在华侵略性资产，彻底废除一切不平等条约，打破美国为首的西方国家对华封锁遏制，重新在平等互利、互相

---

① 《毛泽东选集》第4卷，人民出版社1991年版，第1467页。

尊重国家主权和领土完整基础上建立新的外交关系，初步形成独立自主的新中国外交格局。

◇ 国家工业化建设的起步

1953 年，是新中国历史上值得大书特书的时刻。从这一年起，在中国共产党领导下，开始了有计划的国家大规模工业化建设。

说它是有计划的，是因为从这一年开始，新中国每隔五年实施一个五年计划，分阶段、有步骤地全面推进国家工业化和现代化。直到半个多世纪后的今天，已经持续实施了十三个五年计划（规划），第十四个五年规划业已开始。这样持续不断地有计划的现代化，在整个世界工业化、现代化史上，也堪称奇观。

说它是大规模的，是因为这一建设以经济建设为重点，以工业化为先导，前所未有地涉及社会生活的方方面面，既包括采矿、冶金、工业制造、交通、运输等基础设施建设，也包括农业、水利、农田基本建设、医疗、健康、教育、住房等关系民生福祉的各项事业，还包括国防、科研、电子、医学、社会科学等关系国家富强、社会繁荣的各项建设。如此规模巨大、影响深刻的工业化、现代化进程，在世界上也是罕见的。

只有具有持续不断的 5000 多年文明史的中华民族，才能迸发出如此持久、如此巨大的现代化动能。只有以人民幸福、民族复兴为己任的中国共产党，才能激发起、调动起中国人民、中华民族如此深厚、如此磅礴的现代化力量。

新中国的第一个五年计划，从 1953 年起步，到 1957 年提前超额完成。在苏联的巨大帮助下，在中国共产党的精心领导组织实施下，第一个五年计划进展得十分顺利。

第一个五年计划起步的基础，主要是旧中国特别是民国时期的工业基础。受当时半殖民地半封建社会经济的影响和制约，工业结构和工业布局十分不合理。从结构来说，主要是加工业和以农产品为原料的纺织业等。从布局来说，集中在东南沿海一线以及武汉、广州、重庆、天津、北京等少数大城市。因此，第一个五年计划要解决的重点问题，一是初步建立工业基础，二是初步改善工业布局。

为此，第一个五年计划从中国国情出发，着力发展工业，优先发展重工业，并为当时正在进行的社会主义改造奠定物质基础。

发展工业，是新中国的迫切要求。1952年，中国现代工业在工农业总产值中的比重，已经从1949年的17%上升为26.7%。[1] 这个比例，不仅远低于西方发达国家，也大大落后于苏联和东欧国家。这便是第一个五年计划发展的起点。中国共产党人深切地体会到："没有工业，便没有巩固的国防，便没有人民的福利，便没有国家的富强。一八四〇年鸦片战争以来的一百零五年的历史，特别是国民党当政以来的十八年的历史，清楚地把这个要点告诉了中国人民。"[2]

工业化发展程度，不仅是由工农业比重决定的，也是由工业内部生产资料和消费资料的比重决定的。1952年，生产资料和消费资料的生产在工业总产值中所占的比重，分别是39.7%和60.3%，而1949年为29%和71%。[3] 对此，毛泽东说："现在我们能造什么？能

---

[1] 《建国以来重要文献选编》第6册，中央文献出版社1993年版，第406页。

[2] 毛泽东：《论联合政府》（1945年4月24日），《毛泽东选集》第3卷，人民出版社1991年版，第1080页。

[3] 《建国以来重要文献选编》第6册，中央文献出版社1993年版，第406页。

造桌子椅子，能造茶碗茶壶，能种粮食，还能磨成面粉，还能造纸，但是，一辆汽车、一架飞机、一辆坦克、一辆拖拉机都不能造。"①

新中国成立后，存在着五种经济成分，即社会主义性质的国营经济，社会主义或半社会主义性质的合作社经济，带有若干社会主义性质的国家资本主义经济，以及农民个体经济和手工业者的个体经济，私人资本主义经济。这五种经济成分，既有矛盾又有联系，其发展方向是在社会主义国营经济领导下，经过国家资本主义和合作社经济，稳步地完成对资本主义工商业、农业、手工业的社会主义改造。同时，社会主义工业化的展开，进一步壮大国营经济力量，也从根本上将社会主义发展方向确定下来。

就这样，在1953年，随着第一个五年计划的开始，在古老的中华大地上同时出现了两大向好的趋向。一是国家工业化，一是社会主义化。工业化要以社会主义化为前提，社会主义化又建立在工业化基础上。正如毛泽东所说："在一个半殖民地的、半封建的、分裂的中国里，要想发展工业，建设国防，福利人民，求得国家的富强，多少年来多少人做过这种梦，但是一概幻灭了。许多好心的教育家、科学家和学生们，他们埋头于自己的工作或学习，不问政治，自以为可以所学为国家服务，结果也化成了梦，一概幻灭了。这是好消息，这种幼稚的梦的幻灭，正是中国富强的起点。"② 历史就是这样，把工业化与社会主义化紧紧地绑在了一起。

从中国基本国情出发，第一个五年计划明确了以下方针："集中主要力量进行以苏联帮助我国设计的一五六个建设单位为中心的、由

---

① 《毛泽东文集》第6卷，人民出版社1999年版，第329页。
② 毛泽东：《论联合政府》（1945年4月24日），《毛泽东选集》第3卷，人民出版社1991年版，第1080页。

限额以上的六九四个建设单位组成的工业建设，建立我国的社会主义工业化的初步基础；发展部分集体所有制的农业生产合作社，并发展手工业生产合作社，建立对于农业和手工业的社会主义改造的初步基础；基本上把资本主义工商业分别地纳入各种形式的国家资本主义的轨道，建立对于私营工商业的社会主义改造的基础。"[1]

第一个五年计划的实施，改善了国家工业布局。在旧中国，中国工业约有70%在沿海，30%在内地。为了改善这种不合理的布局，一方面，充分发挥东北和沿海工业基地的作用，使之成为支援全国其他地区建设的基地；另一方面，重点加强华北、中南、西北和西南地区新工业基地的建设。在具体安排上，老基地的建设以在原基础上改建扩建为主，新基地以新建为主。整个第一个五年计划期间，国家基本建设投资总额的一半放在了内地，限额以上工业建设单位中有53%分布在内地。

在重工业建设上，苏联援建的大型综合性钢铁基地——武汉钢铁公司的兴建，是这一时期的代表作。1952年开始选址论证。1954年初，确定武昌青山地区为钢铁厂厂址。1955年破土动工。1958年9月13日，一号高炉炼出第一炉铁水。1959年，一号平炉出钢。1960年，初轧厂1150轧机试轧成功，第一期工程提前完成。一座新的钢城矗立在长江中游，成为中国第二大钢铁基地。同时兴建的，还有包头钢铁公司，1954年开始建设，1959年投产。这些新建工程，与鞍山钢铁公司，以及安徽马鞍山、四川重庆、山西太原原有钢铁企业改扩建工程一起，推动新中国钢铁工业上了一个大台阶。

从学习西方的"船坚炮利"之时起，中国人一直梦想成为钢铁强

---

[1] 《建国以来重要文献选编》第6册，中央文献出版社1993年版，第410—411页。

国。但是，从1890年张之洞创办汉阳铁厂起，到1948年国民党政权覆亡前夕，半个多世纪只生产了760万吨钢。在饱经战争创伤后，1949年的钢产量只有15.8万吨。而到1952年，已恢复到134.9万吨[①]。到1957年第一个五年计划完成时，年产量达到535万吨。[②]

第一个五年计划期间，重工业建设的又一个重点是机械工业，新建的骨干项目星罗棋布。在东北，有黑龙江的富拉尔基重型机器厂，齐齐哈尔机床厂，沈阳风动工具厂，哈尔滨电机厂、汽轮机厂和锅炉厂，长春第一汽车制造厂。在北方，有山西太原重型机器厂，洛阳矿山机械厂、拖拉机厂，北京机床厂。在南方，有武汉的机床厂、南昌的拖拉机厂，等等。同时，为开发西部资源，着手修建和新建包兰线、兰新线、宝成线。

在第一个五年计划打下的工业化基础中，苏联援建的156项建设项目是新中国工业化的骨干工程。这一时期，苏联派来我国的技术专家有3000多人。我国派往苏联的留学生达7000多人，实习生5000人。同时，德意志民主共和国、捷克斯洛伐克、波兰、匈牙利、罗马尼亚、保加利亚6国也援助建设工业项目68项。

据薄一波回忆说："这'156项工程'，实际进行施工的为150项，其中在'一五'期间施工的有146项。""这150项施工项目的构成是：军事工业企业44个，其中航空工业12个、电子工业10个、兵器工业16个、航天工业2个、船舶工业4个；冶金工业企业20个，其中钢铁工业7个、有色金属工业13个；化学工业企业7个；机械

[①] 参见中共中央党史研究室《中国共产党历史》第2卷（1949—1978）上册，中共党史出版社2011年版，第177页。

[②] 苏星：《新中国经济史》（修订本），中共中央党校出版社2007年版，第164页。

加工企业 24 个；能源工业企业 52 个，其中煤炭工业和电力工业各 25 个、石油工业 2 个；轻工业和医药工业 3 个。不难看出，苏联援建的这些项目，主要是帮助我国建立比较完整的基础工业体系和国防工业体系的骨架，起到了奠定我国工业化初步基础的重大作用。"①

在新中国的建设史上，乃至近代中国建设史上，第一个五年计划期间涌现出了许多第一。

——长春第一汽车制造厂，是中国第一家现代化汽车制造厂。1956 年 7 月 13 日，从总装配线上开出第一批解放牌汽车，从此结束了中国不能大规模制造汽车的历史。

——第一拖拉机制造厂经过四年建设，于 1959 年 11 月 1 日在河南洛阳建成投产，结束了我国不能生产拖拉机的历史。

——1954 年，我国最大的医药联合企业华北制药厂开始施工，1958 年建成投产后，基本满足了国内对青霉素的需要，从根本上改变了过去青霉素主要依靠进口的状况。

——佳木斯造纸厂于 1954 年 8 月开工建设，1957 年 11 月建成投产，产品填补了我国造纸工业的空白。

——1956 年是中国航空工业发展的重要一年。中国第一架仿制米格－17 型歼击机的歼－5 型飞机试飞成功，中国成为当时少数几个能够制造喷气式飞机的国家之一。

——中国电子工业从 1952 年结束收音机依赖外国电子管的历史到 1958 年研制成功我国第一台电子管计算机，仅用了 6 年时间。

——中国兵器工业在 1956 年 9 月生产出国产 B2－34 中型坦克发动机，结束了不能制造坦克发动机的历史。

---

① 薄一波：《若干重大决策与事件的回顾》（修订本）上卷，人民出版社 1997 年版，第 306 页。

——铀是发展核工业的最基本原料。在技术设备和原材料严重缺乏的情况下,"土法"冶炼的重铀酸铵150余吨,为中国第一颗原子弹的研制赢得了时间。

这一系列的第一,标志着中国人民在中国共产党领导下,正在向社会主义工业化和现代化的目标大踏步前进;标志着新中国正在以旧中国不可比拟的发展速度,向着跻身于世界民族之林的行列进军。更重要的是,这一切建设成果,都是在以独立自主、自力更生为主,依靠外援为辅的基点上取得的。这些成就表明,中国人真正挺直腰板、扬眉吐气地站起来的时代已经到来了。

中国共产党和人民政府在加速发展工业的同时,也没有忘记民生和人文关怀。

就教育来说:在开展大规模全民扫盲识字运动的基础上,中小学教育和高等教育也在大踏步发展。1957年,小学在校学生428.3万人,比1952年增长25.8%;普通中学在校学生628.1万人,比1952年增长1.5倍;中等专业学校在校学生77.8万人,比1952年增长22.3%。1957年,普通高等学校发展到229所,比1952年增长14%;在校学生44.1万人,比1952年增长1.3倍;整个"一五"计划期间,全国高等院校毕业生达27万人,超过1912年至1947年36年间21万毕业生总和的28.5%。

就医疗来说:1957年,全国县县有医院,乡乡有诊所,共有病床位29.5万张,比1952年增长84%。全国有中西医生共计54.7万人,医疗水平有所提高。全国城乡的环境卫生和个人卫生状况都有显著改善。

就消费水平来说:1957年全国居民的平均消费水平达到108元,按可比价格计算,比1952年提高24.5%,其中城镇居民为222元,比1952年提高31.7%，农民为82元，比1952年提高16.8%。

经过第一个五年计划的实施，最大的变化是工业和重工业的比重有了根本性的提升，一批对形成完整的工业体系具有基础性、决定性意义的企业或在兴建，或已正式投产。

从1953年到1957年，全国基本建设投资总额完成550亿元，其中经济和文教领域的基本建设投资达到493亿元。投资比重，工业部门占56%，运输邮电部门占18.7%，农林水利部门占8.2%。在工业部门的投资比重中，重工业占85%，轻工业占15%。这样的投资结构，对于一个处于正常发展的经济体来说，当然是不适宜的。但由于当时新中国的工业基础十分薄弱，对于这样一个传统的农业大国在工业化的起步过程中，不仅是必要的，而且是急切之需。

在1953年到1957年的短短五年间，限额以上的工矿建设单位总数为921个，全部投产的单位有428个，部分投产的109个，占总数的58.3%。在苏联援建的156个项目中，135个已施工建设，占总数的86.5%；其中68个已全部建成或部分建成，占施工总数的50.3%。

可以说，第一个五年计划时期工业化速度和成效，超过了旧中国的100年。

第一个五年计划时期，也是民生和社会保障发生巨大变化的时期。到1957年底，我国职工总数为3101万人，比1952年增长93.4%。1957年全民所有制职工的年平均工资达到637元，比1952年实际增长30.3%。五年内，国家投资新建职工住宅9454万平方米，拿出103亿元的资金用于职工的劳动保险、医药费、福利费等。"吃公家饭"，成了当时最让人羡慕、最令青年人向往的社会职业。五年中全国农民的收入增加30%。1957年城乡居民的储蓄存款比1952年增长 3.1 倍。

第一个五年计划时期带来的，不仅是经济的根本变化，民生的巨大变化，还有生产关系的根本变化。工人和农民开始感觉自己是国家和社会的主人，开始在为自己、为自己的国家劳动了。这一根本性变化，极大地调动了工人阶级和农民阶级的主动性和创造性。全国第一代劳动模范孟泰、王崇伦、马六孩、郝建秀、时传祥、吕顺达等，就是劳动人民在当家做主人的新中国勤奋劳动、创造奇迹的代表者。

新中国的巨大变化和工业化蓝图，也扣动着每一个热爱祖国的知识分子的心弦。以钱学森、华罗庚等为代表的一批在海外的科学家，冲破各种阻力，回国参加工业化建设。至 1953 年，约有 2000 名欧美留学生陆续回国。全国高等学校 1952、1953 两届理工科学生提前一年毕业，主要配备到新建、改建和扩建的厂矿及交通、水利等部门，从事勘测、设计及设备安装等工作。

第一个五年计划的胜利实施，不仅极大地推动着社会主义工业化建设，也在深刻地改变着新中国的社会风气和精神面貌。中国共产党的威望空前提高。

◇ 探索独立自主的建设道路

在第一个五年计划即将完成的 1956 年 9 月，召开了中国共产党执政后第一个全国代表大会——中国共产党第八次全国代表大会。这次大会，在社会主义改造基本完成、中国进入了社会主义社会的条件下，正确地宣布："我国的无产阶级同资产阶级之间的矛盾已经基本上解决，几千年来的阶级剥削制度的历史已经基本上结束，社会主义的社会制度在我国已经基本上建立起来了。"① "我们国内的主要矛盾，已经是人民对于建立先进的工业国的要求同落后的农业国的现实之间的矛盾，已经是人民对于经济文化迅速发展的需要同当前经济文化不能满足人民需要的状况之间的矛盾。"② "党和全国人民的当前的主要任务，就是要集中力量来解决这个矛盾，把我国尽快地从落后的农业国变为先进的工业国。"③

这就是通常所说的中共八大对国内主要矛盾的正确分析，以及在此基础上提出的中共八大路线。如果按照中共八大确定的路线坚定不移地走下去，本来是可以避免出现"文化大革命"那样的内乱的。

大会还提出关于第二个五年计划的建议。在这个建议中，提出这样的设想："以既积极又稳妥可靠的步骤，推进社会主义的建设和完成社会主义的改造，保证我国有可能大约经过三个五年计划的时间，基本上建成一个完整的工业体系，使我国能够由落后的农业国变为先进的社会主义工业国。"④

这个建议贯彻毛泽东1956年4月《论十大关系》的精神，根据第一个五年计划的经验，提出1958年至1962年的五年间，继续确保五方面的建设重点。一是继续进行以重工业为中心的工业建设；二是继续完成社会主义改造；三是进一步地发展工业、农业和手工业的生产，相应地发展运输业和商业；四是努力培养建设人才，加强科学研究工作；五是增强国防力量，提高人民的物质生活和文化生活的

---

① 《建国以来重要文献选编》第9册，中央文献出版社1994年版，第341页。
② 《建国以来重要文献选编》第9册，中央文献出版社1994年版，第341页。
③ 《建国以来重要文献选编》第9册，中央文献出版社1994年版，第341—342页。
④ 《建国以来重要文献选编》第9册，中央文献出版社1994年版，第357页。

水平。

在这五个重点中,此时,私营工商业和手工业的社会主义改造到 1956 年底已经基本完成;农业社会主义改造进入高级社的普及阶段,到 1957 年 12 月全部完成,加入高级社的农户占全国总农户的 96% 以上。[①]

农业的发展规划,从 1955 年底到 1956 年 1 月,在毛泽东主持下,形成《一九五六年到一九六七年全国农业发展纲要(草案)》。后经多次讨论修改,修正草案于 1957 年 10 月作为中央文件下发。这在中国的历史上,是破天荒第一次。其重点是通过中长期规划,发挥农业在国民经济中的重要地位以及对工业的基础作用。

科学研究的远景规划,也在着手进行。1956 年 3 月,国务院成立科学规划委员会,汇集 600 多位科学家,并邀请近百名苏联专家,历时数月反复论证,编制了《一九五六——一九六七年科学技术发展远景规划纲要(修正草案)》,提出 13 个方面[②]、57 项国家重要的科学技术任务,并确定 12 个带有关键意义的重点项目或课题[③]。

第二个五年计划的建议,还规定了若干重要比例关系。在工农业

[①] 参见《当代中国的农业》,当代中国出版社 1992 年版,第 110 页。

[②] 这 13 个方面是:(1)自然条件及自然资源;(2)矿冶;(3)燃料和动力;(4)机械制造;(5)化学工业;(6)建筑;(7)运输和通讯;(8)新技术;(9)国防;(10)农、林、牧;(11)医药卫生;(12)仪器、计量和国家标准;(13)若干基本理论问题和科学情报。

[③] 这 12 个重点项目或课题是:(1)原子能的和平利用;(2)无线电电子学中的新技术;(3)喷气技术;(4)生产过程自动化和精密仪器;(5)石油及其他特别缺乏的资源的勘探,矿物原料基地的探寻和确定;(6)结合我国资源情况建立合金系统并寻求新的冶金过程;(7)综合利用燃料,发展重有机合成;(8)新型动力机械和大型机械;(9)黄河、长江综合开发的重大科学技术问题;(10)农业的化学化、机械化、电气化的重大科学问题;(11)危害我国人民健康最大的几种主要疾病的防治和消灭;(12)自然科学中若干重要的基本理论问题。

总产值上，建议提出：1962年的工农业总产值，比1957年计划增长75%左右，其中，工业产值比1957年计划增长1倍左右，农业产值比1957年计划增长35%左右。[①]

在工业生产中，建议提出的生产资料的生产同消费资料生产的比例，与第一个五年计划相比有所降低，要求1962年生产资料工业和消费资料工业各占50%左右。[②] 这是吸取了1956年冒进造成各方面物资全面紧张的教训。

第二个五年计划的建议，还做了两个重要的调整。一是提出尽可能地缩减国防费用和行政费用的支出，而增加经济建设和文化建设的支出。用于经济和文化建设的支出，要从第一个五年计划的56%左右，提高到60%—70%；用于国防和行政费用的支出，要从第一个五年计划的32%左右，下降为20%左右。[③]

二是提出确保工业和农业的迅速发展。在国家的基本建设投资总额中，工业投资的比重，要从第一个五年计划的58.2%，提高到60%左右；农业、林业、水利投资的比重，要从第一个五年计划的7.6%，提高到10%左右。[④]

按照以上这些建议来安排第二个五年计划，可以想见，在我国工业化建设史上一定能出现一个继第一个五年计划之后的新高潮。

在贯彻落实中共八大精神、制定第二个五年计划的过程中，在探索社会主义建设道路上，也取得了重要进展。提出要进行所有制结构

[①] 参见《建国以来重要文献选编》第9册，中央文献出版社1994年版，第358页。
[②] 《建国以来重要文献选编》第9册，中央文献出版社1994年版，第359页。
[③] 《建国以来重要文献选编》第9册，中央文献出版社1994年版，第359页。
[④] 《建国以来重要文献选编》第9册，中央文献出版社1994年版，第360页。

的适当调整，形成"三个主体、三个补充"①的新格局。提出要改进国家行政体制的设想，形成国务院《关于改进国家行政体制的决议（草案）》，按照"统一领导、分级管理、因地制宜、因事制宜"的原则，适当地扩大地方的行政管理职权，充分发挥地方的积极性，同时使中央机关能够更好地集中注意力于主要工作方面，以达到调动一切积极因素，加速进行社会主义建设的目的。在此文件指导和推动下，又形成了国务院《关于改进工业管理体制的规定》《关于改进商业管理体制的规定》《关于改进财政体制的规定》。

对上述这些新的探索，著名经济学家苏星有过中肯的评价："这是我国经济体制改革的最早的设想，如果当时能付诸实施，并在实践中开拓前进，可望早日踏上建设有中国特色的社会主义的道路。可惜的是，这些设想绝大部分被'大跃进'所冲销了。"②

就在刚刚站立起来的中国人充满信心地规划着、憧憬着更加美好的未来时，意想不到的曲折发生了。

第一个曲折的起点，是从反右派斗争严重扩大化开始的。

1957年上半年开始，中国共产党根据八届三中全会提出的要求，以毛泽东1957年2月《关于正确处理人民内部矛盾的问题》的讲话和同年3月《在中国共产党全国宣传工作会议上的讲话》为指导，进行全党范围的整风。这次整风的主题，是正确处理人民内部矛盾，重点是反对官僚主义、宗派主义、主观主义，方法是"开门整风"。这

---

① "三个主体、三个补充"，即在工商业经营方面，国家经济和集体经济是主体，一定数量的个体经营为补充；在生产计划方面，计划生产是工农业生产的主体，按照市场变化而在国家计划许可范围内的自由生产为补充；在市场方面，国家市场是主体，一定范围内国家领导的自由市场为补充。

② 苏星：《新中国经济史（修订本）》，中共中央党校出版社2007年版，第296页。

种方法非常独特,希望通过请民主党派、民主人士和广大群众帮助共产党整风的方式,探索党外监督、群众监督的有效途径。

在开门整风中,极少数对共产党和社会主义心怀不满的人借机向共产党发难。在1957年5月中下旬到6月初,形成了一股否定中国共产党领导、否定社会主义制度的歪风。

面对这场右派进攻,中国共产党决定反击。6月8日,通过《人民日报》社论《这是为什么?》,从右派分子的一封匿名恐吓信说起,公开发出反击右派进攻的信号。同日,毛泽东起草《中共中央关于组织力量准备反击右派分子进攻的指示》。这篇社论的发表和这个党内指示的下达,标志着反右派斗争正式开始。

本来,这种情况对具有丰富政治斗争经验的中国共产党来说,并不陌生。然而,在社会主义改造与建设取得巨大成就的情况下,在中国共产党在全国人民中享有崇高威望的情况下,竟会出现这种情形,这是包括毛泽东在内的中国共产党人没有想到的。再加上1956年,在苏共二十大赫鲁晓夫秘密报告的负面影响下,波兰和匈牙利先后发生动乱。特别是在匈牙利,出现了公开杀害共产党人的严重事件。在这一国际背景下,很容易把国内的右派进攻同国际上的波匈事件联系在一起,而做出强烈反应。

6月19日,毛泽东同年2月27日在最高国务会议第十一次扩大会议上的讲话《关于正确处理人民内部矛盾的问题》,在《人民日报》发表。这篇文章的发表,正值反右派斗争发动初期,如果按照这篇讲话精神严格制定政策,是有可能防止反右派斗争严重扩大化的。

然而,这场反右派斗争从一开始就是展开猛烈的大批判。揭发出来的种种情况,又统统被看作是两个阶级、两条道路的斗争。其结果,就是这场政治运动被不断升级,在1958年夏季结束时,致使55

万多人被划为右派分子。其中,绝大多数属于错划的。

反右派斗争严重扩大化,是新中国成立以来最早出现的一次严重失误。这一错误发生的根源,恰恰是"对当时的阶级斗争形势估计得过于严重,把大量的人民内部矛盾当作了敌我矛盾"① 的结果。这一错误,在中共十一届三中全会后,由中国共产党主动纠正了。据1980年6月中共中央批转中央统战部《关于爱国人士的右派复查问题的请示报告》中说:"属于改正的人大体上有三种情况:(1)一部分人出于善意,提出的许多批评意见,现在看来是有利于改进工作的。把他们划为右派,是完全搞错了,当然必须改正。(2)一部分人在涉及党的领导和社会主义制度等重大问题上,发表了一些错误言论,但不是在根本立场上反党反社会主义,把他们划为右派也是错误的,也应该改正。(3)还有一些人确有反党反社会主义的言行,但是考虑到他们同向党猖狂进攻的右派分子在程度上和情节上有所不同,也考虑到他们后来确有转变,在这次复查中,也给他们改正过来。"② 以上这三种情形,占55万多被划右派分子的98%以上③。

反右派斗争严重扩大化的最大后果,是这场突发事件改变了中共八大对国内主要矛盾的正确判断。在1958年5月中共八大二次会议上,正式做出"在社会主义社会建成以前,无产阶级同资产阶级的斗争,社会主义道路同资本主义道路的斗争,始终是我国内部的主要矛盾"④ 的错误判断。这一错误判断,成为20世纪60年代背离以经济

---

① 《三中全会以来重要文献选编》(上),中央文献出版社2011年版,第431页。
② 《三中全会以来重要文献选编》(上),中央文献出版社2011年版,第430页。
③ 中共中央党史研究室:《中国共产党历史》第2卷(1949—1978)上册,中共党史出版社2011年版,第457页注2。
④ 《建国以来重要文献选编》第11册,中央文献出版社1995年版,第288页。

建设为中心的正确轨道，阶级斗争严重扩大化的左倾指导思想迅速发展，最终导致"文化大革命"的源头。所幸在 1958 年中共八大二次会议做出这个判断时，全党的主要注意力仍然在领导经济建设上，而使这一错误判断在当时的影响受到一定限制。

◇◇ "大跃进"的深刻教训

另一个曲折的开始，发生在 1958 年上半年。

如果说，前一个曲折集中在政治领域，其影响需要长时间才能显现；这一个曲折则集中在经济领域，其影响是非常直接的，而且最终也影响到政治领域。

事情还要从 1957 年说起。

随着第一个五年计划全面超额完成，中国共产党内产生了希望以更快的发展速度加速推进社会主义工业化建设的情绪。这个愿望，对于饱尝"落后就会挨打"之苦的中国人来说，是情理之中的。更何况，经过第二次世界大战后冷战格局的生成和演变，到这时基本上形成了东西方阵营势均力敌的局面，抗美援朝战争的胜利、解决越南问题的日内瓦国际会议的召开、中国同周边国家陆续签订在"和平共处五项原则"基础上的友好协定，新中国的国际环境开始改善，战争威胁明显减弱，出现了和平建设的难得机遇。这对饱经内外战争沧桑的中国人来说，也是梦寐以求的大喜事。

随着社会主义改造的完成，毛泽东逐渐把关注的重点从政治领域向经济建设领域转移。1957 年上半年，他的注意力一度被整风运动和反右派斗争所吸引，但很快又转移到经济建设上来。他希望社会主义建设能比第一个五年计划更快的速度向前发展。

在这一思想支配下，1957年9月20日至10月9日召开的中共八届三中全会，对1956年的"反冒进"错误地提出批评。

本来，1956年的"反冒进"，是针对当年基本建设投资增长过快，大大超出财政收入的资金供应能力，也大大超过钢材、木材等基建物资供应能力提出来的。经过周恩来主持下的种种努力，将基建规模压缩到147亿元，才基本遏制了这一年的急躁冒进势头。其出发点和实际效果，无疑是正确的。

在八届三中全会上，毛泽东站在希望出现多快好省建设社会主义的跃进局面的角度，批评1956年的"反冒进""扫掉了多、快、好、省"，还提出："它①的性质究竟是促进委员会，还是促退委员会？应当是促进委员会。""我们总的方针，总是要促进的。"②

就社会主义建设的方法而论，毛泽东与周恩来、陈云等的不同点，主要在以下两点上。第一，综合平衡的实现，是长线平衡还是短线平衡。毛泽东主张长线平衡，即不平衡是绝对的，平衡是暂时的，相对平衡是在不平衡的波动中实现的；周恩来、陈云等认为，要以年度发展为单位来掌握综合平衡，即求得短线平衡。第二，搞建设主要靠群众运动，还是靠那些从苏联学来的规章制度。

中共八届三中全会后，《人民日报》接连发表社论，贯彻这次全会精神。在1957年11月13日《发动全民，讨论四十条纲要，掀起农业生产的新高潮》的社论中，提出"跃进式发展"概念，提出

---

① 指中国共产党中央委员会。
② 《建国以来重要文献选编》第10册，中央文献出版社1994年版，第605、606页。

"我们就有条件也有必要在生产战线上来一个大的跃进"①。同年12月12日《必须坚持多快好省的建设方针》的社论里,进一步阐发了"又多、又快、又好、又省的发展国民经济的方针"②。

1957年11月,毛泽东第二次访问苏联。这一年,适逢十月革命胜利40周年。毛泽东此行的目的,一是为了参加十月革命40周年庆典,二是为了参加在莫斯科举行的世界各国共产党和工人党代表会议,以及社会主义国家共产党和工人党代表会议。毛泽东在讲话中提出15年后中国在钢产量上赶上或超过英国的目标③,还提出"我们要争取十五年和平"④。这次出访结束后,毛泽东出席12月2日中国工会第八次全国代表大会,刘少奇代表中共中央在大会上致辞,正式宣布了这一目标:"在十五年后,苏联的工农业在最重要的产品的产量方面可能赶上或者超过美国,我们应当争取在同一期间,在钢铁和其他重要工业产品的产量方面赶上或者超过英国。"⑤

这在当时,是最振奋人心的口号。当年,英国就是凭借工业革命形成的"船坚炮利"优势,在1840年后通过侵略战争一步步打开中国的国门。如今,中国人要凭借独立自主、自力更生搞工业化,在钢产量上超过英国。尽管这一目标,由于"大跃进"和"文化大革命"影响,未能如期达到,但从改革开放之初的1978年起(即20年后),便在钢产量上把英国远远甩在了后面。

经过一段时间的酝酿和发动,1958年5月召开的中共八大二次会

---

① 《人民日报》1957年11月13日第1版。
② 《人民日报》1957年12月12日第1版。
③ 《毛泽东文集》第7卷,人民出版社1999年版,第325—326页。
④ 《毛泽东文集》第7卷,人民出版社1999年版,第326页。
⑤ 《人民日报》1957年12月3日第1版。

议上，完整地提出了"鼓足干劲、力争上游、多快好省地建设社会主义的总路线"①。

当时提出这条总路线的逻辑关系是："社会生产力的发展要求社会主义革命，要求人们精神的解放；社会主义革命的胜利和人们精神的解放，又推动社会生产力的跃进；这种生产力的跃进，又继续刺激社会主义生产关系的改进和人们思想的前进。人们在不断地改造自然界的斗争中，不断地改造社会和改造人们自己。"②

当时对这条总路线基本点阐发是："调动一切积极因素，正确处理人民内部矛盾；巩固和发展社会主义的全民所有制和集体所有制，巩固无产阶级专政和无产阶级的国际团结；在继续完成经济战线、政治战线和思想战线上的社会主义革命的同时，逐步实现技术革命和文化革命；在重工业优先发展的条件下，工业和农业同时并举；在集中领导、全面规划、分工协作的条件下，中央工业和地方工业同时并举，大型企业和中小型企业同时并举，通过这些，尽快地把我国建成为一个具有现代工业、现代农业和现代科学文化的伟大的社会主义国家。"③

就一般而论，这条总路线本身并没有错，问题主要错在对这条总路线的实施与指导上。但这种实施与指导的错误，又不是具体执行层面上出现的问题。如果仅仅是这样，不会造成"大跃进"那样大的损失，纠正起来也容易得多。实际上，这种实施与指导的偏差，又是同

---

① 《建国以来重要文献选编》第 11 册，中央文献出版社 1995 年版，第 296—297 页。

② 《建国以来重要文献选编》第 11 册，中央文献出版社 1995 年版，第 296 页。

③ 《建国以来重要文献选编》第 11 册，中央文献出版社 1995 年版，第 303—304 页。

当时包括毛泽东在内的党和国家领导人对于社会主义的认识，对于社会主义建设规律的认识，存在着的严重偏差有直接的关系。换句话说，在总路线的指导与实施中，暴露出当时对社会主义认识、社会主义建设规律认识存在着诸多问题。而这些问题，也只有到了中共十一届三中全会后才得到根本的解决。

所以，邓小平主持起草的第二个历史决议指出："一九五八年，党的八大二次会议通过的社会主义建设总路线及其基本点，其正确的一面是反映了广大人民群众迫切要求改变我国经济文化落后状况的普遍愿望，其缺点是忽视了客观的经济规律。在这次会议前后，全党同志和全国各族人民在生产建设中发挥了高度的社会主义积极性和创造精神，并取得了一定的成果。但是，由于对社会主义建设经验不足，对经济发展规律和中国经济基本情况认识不足，更由于毛泽东同志、中央和地方不少领导同志在胜利面前滋长了骄傲自满情绪，急于求成，夸大了主观意志和主观努力的作用，没有经过认真的调查研究和试点，就在总路线提出后轻率地发动了'大跃进'运动和农村人民公社化运动，使得以高指标、瞎指挥、浮夸风和'共产风'为主要标志的'左'倾错误严重地泛滥开来。"[①]

"大跃进"和人民公社化运动中出现高指标、瞎指挥、浮夸风、"共产风"是现象，现象背后的深层次问题，是对什么是社会主义、什么是社会主义建设规律没有搞清楚。

问题之一，是社会主义建设要不要综合平衡。这个问题，要辩证地看。资本主义国家工业化的起步，是处于"唯我独大"的阶段。社会主义工业化，则是在西方列强"丛林效应"的夹缝中艰难起步的。

---

① 《三中全会以来重要文献选编》下册，中央文献出版社2011年版，第139页。

社会主义国家的工业化建设，面临基础落后、人才缺乏、建设资金和各类物资短缺等困难，又在西方资本主义发达国家的包围封锁遏制下进行，所以发展慢了不行。慢了会丧失许多机遇，引发许多其他问题。但是，单有"快"，没有"稳"也不行。从"快"的一面看，长线平衡有其一定的道理，因为要发挥社会主义制度集中力量办大事的优势，就必须打破常规，在不平衡中求平衡，把不可能转化为可能。从"稳"的一面看，短线平衡也是客观规律。尽管从哲学意义上说，不平衡是绝对的，但从经济学的意义上说，不断求得综合平衡也是刚性需求，打破常规的最终结果也是在新的更高水平上求得新的平衡，而不是永远不平衡下去。立足于社会主义建设的特殊规律，就要把长线平衡与短线平衡辩证地结合起来，不断在不平衡中追求综合平衡、动态平衡。

"事非经过不知难。"要达到这些认识，是非付出相应的代价不可的。当时的认识，受反"反冒进"的错误影响，把长线平衡看作是马克思主义的积极平衡论，把短线平衡错误地看作是消极平衡论。思想的片面性，势必导致实践上的严重偏差。一方面是各项建设指标，一路偏高，唯恐指标提低了被人称作"保守主义"。另一方面是钢铁元帅升帐，一马当先，严重破坏了综合平衡。

以钢铁生产指标为例。本来，1956年9月中共八大通过的第二个五年计划的建议指标，是比较符合实际的。1958年5月召开的中共八大二次会议，对这些指标作了大幅度调整。工业指标，大都提高了1倍左右。钢产量指标，从1962年预计达到1050万—1200万吨[1]，提

---

[1] 《建国以来重要文献选编》第9册，中央文献出版社1994年版，第361页。

高到 2500 万—3000 万吨①，指标翻了一番多。对于 1958 年的钢产量指标，在 1958 年 2 月全国人大一届五次会议通过的《关于一九五八年度国民经济计划（草案）的报告》中提出，钢产量拟定为 624.8 万吨，相比 1957 年增幅为 19.2%②。同年 5 月 6 日，中共中央批转的《国家经委党组对一九五八年第二本帐的报告》提出，钢由 700 万吨提高到 711 万吨③。5 月下旬，召开中央政治局扩大会议，又将这一指标提高到 800 万—850 万吨。6 月中旬，国家计委向中央提出新的《第二个五年计划要点》，认为 1958 年钢产量可能达到 850 万吨到 900 万吨，1959 年钢产量超过 2000 万吨，争取达到 2500 万吨，超过日本，超过英国。同年 8 月在北戴河召开的中共中央政治局扩大会议，在会议公报上将 1958 年钢产量要达到 1070 万吨的高指标公开发表④，并确定 1959 年的钢产量指标为 2700 万—3000 万吨。⑤ 这个指标，远远超出了实际生产能力。1958 年实际达到的钢产量，只有 800 万吨，比 1957 年的 535 万吨增长了 49.5%。1959 年的实际钢产量，也只有 1122 万吨，比 1958 年增长 40.3%。1960 年继续增长，达到 1351 万吨，但增长幅度开始下降，为 20.4%。这种在违背综合平衡规律下达到的钢产量，显然难以维持很久。此后一路下降，直到 1969 年以后才恢复这个水平，并继续发展。

高指标的结果，势必带来浮夸风，造成国民经济的严重比例失调，导致正常经济运行秩序的破坏。1958 年的最后三个月里，现代

---

① 中共中央党史研究室：《中国共产党历史》第 2 卷（1949—1978）上册，中共党史出版社 2011 年版，第 481 页。
② 《建国以来重要文献选编》第 11 册，中央文献出版社 1995 年版，第 118 页。
③ 《建国以来重要文献选编》第 11 册，中央文献出版社 1995 年版，第 329 页。
④ 《建国以来重要文献选编》第 11 册，中央文献出版社 1995 年版，第 466 页。
⑤ 《建国以来重要文献选编》第 11 册，中央文献出版社 1995 年版，第 426 页。

化高炉炼出来的好铁，充其量只能满足钢产量翻番的四分之一，大部分炼钢用的生铁只能用土法生产。到9月份，全国已有小高炉和土高炉60万座，有5000多万人投入其间。10月以后，投入炼钢炼铁的人数更多，田野、街道处处冒烟，都摆开了炼铁和炼钢的战场。这一年，农业生产形势本来很好，由于农村劳力、畜力、运力用于大炼钢铁、大办工业和其他事业，大批粮食、棉花扔在地里无人收割，丰产不能丰收。大炼钢铁，得不偿失，在经济上造成极大损失。

浮夸风在农村也盛行开来。以下是《人民日报》从1958年6月起的一些报道：6月8日，（河南省遂平县卫星农业社）"卫星社坐上了卫星五亩小麦亩产2105斤，在过去亩产一百多斤的低产区创造了丰产新纪录"[1]；6月9日，"跃进行中争先进，丰产榜上出将军，襄阳专区小麦大面积丰产 亩产1500—2000斤成为普遍现象"[2]；6月12日，"卫星农业社发出第二颗'卫星'，二亩九分小麦亩产3530斤，湖北幸福社十一亩亩产3215斤"[3]；6月15日，"丰收凯歌震天响，亿万人民笑开颜，河南小麦产量跃增一倍多，在飞跃的速度面前，'观潮派''算账派'应该及时猛省了"[4]；6月30日，（河北省安国县南娄底乡卓头村农业社）"卓头村社小麦丰产创更新奇迹，亩产破五千大关"[5]；8月13日，"麻城建国一社出现天下第一田，早稻亩产三万六千九百多斤，福建海星社创花生亩产一万零五百多斤纪录"[6]。这些情况，被证明都是浮夸风在作怪。

---

[1] 《人民日报》1958年6月8日第1版。
[2] 《人民日报》1958年6月9日第1版。
[3] 《人民日报》1958年6月12日第1版。
[4] 《人民日报》1958年6月15日第1版。
[5] 《人民日报》1958年6月30日第1版。
[6] 《人民日报》1958年8月13日第1版。

对这些问题，毛泽东发现后开始认真纠正。1959年4月29日，他在党内的通信中，特别强调："包产能包多少，就讲能包多少，不讲经过努力实在做不到而又勉强讲做得到的假话。收获多少，就讲多少，不可以讲不合实际情况的假话。对各项增产措施，对实行八字宪法①，每项都不可讲假话。老实人，敢讲真话的人，归根到底，于人民事业有利，于自己也不吃亏。爱讲假话的人，一害人民，二害自己，总是吃亏。应当说，有许多假话是上面压出来的。上面'一吹二压三许愿'，使下面很难办。因此，干劲一定要有，假话一定不可讲。"② 他后来还承认："大跃进的重要教训之一、主要缺点是没有搞平衡。说了两条腿走路、并举，实际上还是没有兼顾。在整个经济中，平衡是个根本问题，有了综合平衡，才能有群众路线。"③

问题之二，是社会主义发展要不要遵循阶段论。经过曲折发展的教训，我们认识到，社会主义发展不仅是分阶段的，而且对于像我国这种经济文化十分落后的国家，在社会主义改造完成后，还要经历一个长期的社会主义初级阶段，来实现社会主义的现代化。这是付出了沉重代价后换来的科学认识。在当时，不可能有这样的认识。

按照中共八大的认识，进入社会主义社会后，我国国内主要矛盾是人民对于经济文化迅速发展的需要同当前经济文化不能满足人民需要的状况之间的矛盾。解决这个矛盾的途径，就是把我国尽快地从落后的农业国变为先进的工业国。因而提出要在三个五年计划或者再多

---

① 八字宪法，即土、肥、水、种（推广良种）、密（合理密植）、保（植物保护，防治病虫害）、管（田间管理）、工（工具改革），是毛泽东1958年提出的农作物增产的八项措施。

② 《毛泽东文集》第8卷，人民出版社1999年版，第50页。

③ 《毛泽东文集》第8卷，人民出版社1999年版，第80页。

一点的时间内，建成一个基本上完整的工业体系。尽管中共八大不可能提出和解决社会主义发展阶段问题，但就社会主义建设的指导思想上，还是立足于需要一个较长时间段来实现建成先进的工业国这样一个艰巨任务的。

前面说到，这一指导思想在1958年5月中共八大二次会议上，有了重要变化。在建成先进的工业国问题上，指导思想的急于求成，必然导致一系列的高指标。这种指导思想上的急于求成，在人民公社化的指导上，则表现为急于向全民所有制甚至急于向共产主义过渡。1958年8月在北戴河召开的扩大会议上，做出的《中共中央关于在农村建立人民公社问题的决议》，就是这一思想和情绪的集中体现。

《中共中央关于在农村建立人民公社问题的决议》提出："在目前形势下，建立农林牧副渔全面发展、工农商学兵互相结合的人民公社，是指导农民加速社会主义建设，提前建成社会主义并逐步过渡到共产主义所必须采取的基本方针。"[1] 尽管这个决定要求各地"不要忙于改集体所有制为全民所有制"[2]，"也不必忙于改变原有的分配制度"，"分配制度无论工资制或者按劳动日计酬，也还都是'按劳取酬'，并不是'各取所需'"[3]，但也把"全民所有制""工资制""以县为单位组成联社"[4] 作为发展方向肯定下来。特别是这个决定的最后，向全党提出："看来，共产主义在我国的实现，已经不是什么遥远将来的事情了，我们应该积极地运用人民公社的形式，摸索出一条

---

[1] 《建国以来重要文献选编》第11册，中央文献出版社1995年版，第447页。
[2] 《建国以来重要文献选编》第11册，中央文献出版社1995年版，第449页。
[3] 《建国以来重要文献选编》第11册，中央文献出版社1995年版，第450页。
[4] 《建国以来重要文献选编》第11册，中央文献出版社1995年版，第447页。

过渡到共产主义的具体途径。"① 这样一种估计，使得正在迅速扩展的急于过渡的情绪有了充分的根据。北戴河会议后"一平、二调、三收款"的"共产风"，在人民公社化运动中泛滥开来，严重地损害了农民群众的利益。

  对这个问题，毛泽东从1958年11月第一次郑州会议开始察觉，并认真加以纠正。他在第一次郑州会议讲话中指出："现在，我们有些人大有要消灭商品生产之势。他们向往共产主义，一提商品生产就发愁，觉得这是资本主义的东西，没有分清社会主义商品生产和资本主义商品生产的区别，不懂得在社会主义条件下利用商品生产的作用的重要性。这是不承认客观法则的表现，是不认识五亿农民的问题。在社会主义时期，应当利用商品生产来团结几亿农民。我以为有了人民公社以后，商品生产、商品交换更要发展，要有计划地大大发展社会主义的商品生产，例如畜产品、大豆、黄麻、肠衣、果木、皮毛。现在有人倾向不要商业了，至少有几十万人不要商业了。这个观点是错误的，这是违背客观法则的。把陕西的核桃拿来吃了，一个钱不给，陕西的农民肯干吗？把七里营的棉花无代价地调出来，会马上打破脑袋。这是不认识五亿农民，不懂得无产阶级对农民应该采取什么态度。"②

  这个问题，经过了很长一段时间的调研和反复调整。直到1962年9月中共八届十中全会通过《农村人民公社工作条例（修正草案）》，才把人民公社的性质和"三级所有、队为基础"的所有制结构和分配结构确定下来。这个工作条例规定："它在一个很长的历史时期内，是社会主义的互助、互利的集体经济组织，实行各尽所能、

---

① 《建国以来重要文献选编》第11册，中央文献出版社1995年版，第450页。
② 《毛泽东文集》第7卷，人民出版社1999年版，第437—438页。

按劳分配、多劳多得、不劳动者不得食的原则。"[1] "生产队是人民公社中的基本核算单位。它实行独立核算,自负盈亏,直接组织生产,组织收益的分配。这种制度定下来以后,至少三十年不变。"[2] "生产队对生产的经营管理和收益的分配,有自主权。"[3]

经过"大跃进"和人民公社化运动的反复,又经过三年困难时期的痛定思过,毛泽东在1961年6月的一次讲话中表示:"经过三月广州会议、这次北京会议,今年的形势跟过去大不相同。现在同志们解放思想了,对于社会主义的认识,对于怎样建设社会主义的认识,大为深入了。为什么有这个变化呢?一个客观原因,就是一九五九年、一九六〇年这两年碰了钉子。有人说'碰得头破血流',我看大家的头也没有流血,这无非是个比喻,吃了苦头就是了。"[4]

毛泽东在1959年12月至1960年2月读苏联《政治经济学教科书》社会主义部分时,也对社会主义发展阶段的认识有过反思,提出:"社会主义这个阶段,又可能分为两个阶段,第一个阶段是不发达的社会主义,第二个阶段是比较发达的社会主义。后一阶段可能比前一阶段需要更长的时间。经过后一阶段,到了物质产品、精神财富都极为丰富和人们的共产主义觉悟极大提高的时候,就可以进入共产主义社会了。"他还强调:"建设社会主义,原来要求是工业现代化,农业现代化,科学文化现代化,现在要加上国防现代化。在我们这样的国家,完成社会主义建设是一个艰巨任务,建成社会主义不要讲得

---

[1] 《建国以来重要文献选编》第15册,中央文献出版社1997年版,第615页。
[2] 《建国以来重要文献选编》第15册,中央文献出版社1997年版,第625页。
[3] 《建国以来重要文献选编》第15册,中央文献出版社1997年版,第626页。
[4] 《毛泽东文集》第8卷,人民出版社1999年版,第277页。

过早了。"①

　　后来，毛泽东又提出："在我国，要建设起强大的社会主义经济，我估计要花一百多年。"② 他在 1962 年 1 月中共中央召开的"七千人大会"上，再次重申了这个看法，还说："乾隆时代，中国已经有了一些资本主义生产关系的萌芽，但是还是封建社会。这就是出现大观园里那一群小说人物的社会背景。在那个时候以前，在十七世纪，欧洲的一些国家已经在发展资本主义了，经过三百多年，资本主义的生产力有了现在这个样子。社会主义和资本主义比较，有许多优越性，我们国家经济的发展，会比资本主义国家快得多。可是，中国的人口多、底子薄，经济落后，要使生产力很大地发展起来，要赶上和超过世界上最先进的资本主义国家，没有一百多年的时间，我看是不行的。也许只要几十年，例如有些人所设想的五十年，就能做到。果然这样，谢天谢地，岂不甚好。但是我劝同志们宁肯把困难想得多一点，因而把时间设想得长一点。三百几十年建设了强大的资本主义经济，在我国，五十年内外到一百年内外，建设起强大的社会主义经济，那又有什么不好呢？"③

　　很多时候，人的正确认识是要经过实践的反复才能得来，对社会主义的认识更是如此。到了 20 世纪 60 年代，毛泽东和中国共产党对社会主义的认识，特别是对社会主义现代化建设长期性的认识，已经向前发展了。但是，就像毛泽东所说，"在社会主义建设上，我们还有很大的盲目性。社会主义经济，对于我们来说，还有许多未被认识

---

　　① 《毛泽东文集》第 8 卷，人民出版社 1999 年版，第 116 页。
　　② 《毛泽东文集》第 8 卷，人民出版社 1999 年版，第 301 页。
　　③ 《毛泽东文集》第 8 卷，人民出版社 1999 年版，第 301—302 页。

的必然王国"①。特别是在取得这些认识的时候,毛泽东的主要注意力已经从经济建设向以"反修防修"为中心的阶级斗争转移,这就不可避免地在犯了并初步纠正了违背经济规律的错误之后,又要沿着"阶级斗争为纲"的错误轨道发展。

这样一来,继续沿着这一正确思想轨道发展,并取得突破性进展的历史重任,便不能不落在了改革开放新时期以后,以邓小平同志为代表的中国共产党人肩上。

问题之三,是社会主义建设要不要规章制度。应该看到,当时提出破除迷信,打破束缚生产积极性的规章制度,有一定的合理性。毛泽东敏锐地看到,中国社会主义工业化建设,需要形成自己的一套制度,不能照搬苏联经验、苏联模式。从这个意义上,提出破除迷信,是工业化建设上的一次思想解放。但是,当时提出破除迷信,带有很大的盲目性,又缺乏足够的实践经验做基础,因而把一些行之有效的规章制度,包括许多虽然有这样那样的缺陷和不足,但可以在实践中不断完善的规章制度,通通作为"管卡压"被错误地破除掉了,因而在很大程度上导致了生产管理和生产秩序的严重混乱。

1958年3月在成都中共中央召开的有部分中央领导人、部分地方负责人、中央有关部委负责人参加的会议上,毛泽东提出,规章制度从苏联搬来了一大批,害人不浅。"那些规章制度束缚生产力,制造浪费,制造官僚主义。这也是拿钱买经验。建国之初,没有办法,搬苏联的,这有一部分真理,但也不是全部真理,不能认为非搬不可,没有其他办法。"他认为,规章制度是繁文缛节,基本思想是用规章制度管人。"农业上见物也见人,工业上只见物不见人。"他援引党的

---

① 《毛泽东文集》第8卷,人民出版社1999年版,第302页。

历史上教条主义错误，告诫大家要破除迷信。"苏联的经验只能择其善者而从之，其不善者不从之。把苏联的经验孤立起来，不看中国实际，就不是择其善者而从之。"①

毛泽东的这些话，就主要方面是好的，是要破除对苏联经验的迷信。强调企业管理、行业管理既要见物也要见人，无疑也是正确的。但在对规章制度的看法上，存在一定的片面性。这些思想贯彻下去，在当时"大跃进"的不正常氛围下，改革不合理的规章制度，在不少企业里变成了不要规章制度。很多合理的规章制度被废除了，或者被贬为"清规戒律"，其结果实际上造成了生产无计划、产品无标准、质量无检验、消耗无定额、操作无规程、经济无核算和安全无保证的混乱局面。

在三年困难时期，中共中央确定了"调整、巩固、充实、提高"八字方针，重新恢复了行之有效的规章制度和正常生产秩序，还制定了以"农村公社六十条"和"工业企业七十条"为代表的一批工作条例。对此，毛泽东给予高度评价，说："有了总路线还不够，还必须在总路线指导之下，在工、农、商、学、兵、政、党各个方面，有一整套适合情况的具体的方针、政策和办法。"②他认为，这些条例的制定，就是对过去经验的很好总结，就是这样的一整套具体方针、政策和办法的体现。还希望："工、农、商、学、兵、政、党这七个方面的工作，都应当好好地总结经验，制定一整套的方针、政策和办法，使它们在正确的轨道上前进。"③

---

① 以上内容和引文，均见《毛泽东文集》第 7 卷，人民出版社 1999 年版，第 365—366 页。

② 《毛泽东文集》第 8 卷，人民出版社 1999 年版，第 304 页。

③ 《毛泽东文集》第 8 卷，人民出版社 1999 年版，第 304 页。

1960年3月中旬，毛泽东还看到了《鞍山市委关于工业战线上的技术革新和技术革命运动开展情况的报告》。报告是同年3月11日报送的，其中讲到鞍山地区特别是鞍钢开展技术革新的经验。毛泽东看了这个报告极为兴奋，亲自为中共中央批转这个报告写了指示，将这套经验为"两参一改三结合"①，称之为"鞍钢宪法"，认为：这一经验"不是马钢宪法②那一套，而是创造了一个鞍钢宪法。鞍钢宪法在远东，在中国出现了"③。这一经验，在1961年9月发布试行的《国营工业企业工作条例（草案）》得到充分体现。

问题之四，是社会主义建设如何保护农民的生产积极性。工农联盟，是社会主义建设的根本性问题。社会主义改造能够顺利进行，第一个五年计划得以顺利实施，很重要的保证就是工农联盟在新的物质基础和社会基础上的巩固与扩大。但在"大跃进"和人民公社化运动中，一度出现侵犯农民群众切身利益的"共产风"。

在大办人民公社期间，"一大""二公""三化"④，曾得到毛泽东和中共中央的高度肯定。但随着人民公社化运动的普遍开展，其弊端日益暴露出来，引起毛泽东和中共中央的高度关注。

一是规模大造成了"一拉平"。小社并大社，确实有进行大规模农田水利基本建设和其他综合性生产建设的客观需要。但由于原高级

---

① "两参一改三结合"，是一种企业管理制度，核心内容是实行民主管理，实行干部参加劳动，工人参加管理，改革不合理的规章制度，工人群众、领导干部和技术员三结合。

② 马钢宪法，指在苏联马格尼托哥尔斯克冶金联合工厂经验基础上形成的企业一长制管理制度。这套制度在20世纪50年代一度被引入中国，作为国营企业管理模式。

③ 《建国以来重要文献选编》第13册，中央文献出版社1996年版，第110页。

④ "一大"，即规模大；"二公"，即公有化程度高；"三化"，即组织军事化、行动战斗化和生活集体化。

社的集体生产，依然建立在手工劳作为主的基础上，生产水平受自然条件制约很大。即使在同一个区域内，各个农业社之间的差别较大，客观上存在富社和穷社。小社并大社后，特别是在人民公社化运动期间，由于重点是反对"本位主义"，所以在1958年8月北戴河会议做出的《中共中央关于在农村建立人民公社问题的决议》中规定："由于各个农业社的基础不同，若干社合并成一个大社，他们的公共财产，社内和社外的债务等等，不会是完全相同的，在并社过程中，应该以共产主义的精神去教育干部和群众，承认这种差别，不要采取算细账、找平补齐的办法，不要去斤斤计较小事。"[①] 这样做的结果，造成了富社与穷社"一拉平"，导致社与社之间严重的平均主义，挫伤了原富社社员的生产积极性。

二是严重混淆集体所有制与全民所有制的区别，导致了"共产风"。在大办人民公社中，许多地方取消了社员自留地，甚至把社员私养的畜禽也集中归社饲养。有些地方片面强调"生活集体化"，把社员的生活资料也收归公社所有。上级政府和人民公社还大量无偿地征用生产队的土地，调用物资和劳动力，甚至直接调用社员的房屋、农具和家具。再加上前面说到的富社与穷社"一拉平"，形成了一股势头很大的"共产风"，即集体共了社员的产，穷社共了富社的产。此外，为了大炼钢铁和其他各种"大办"，在大办人民公社中，实行最为普遍的是"吃饭不要钱"的粮食供给制和伙食供给制，这一度被看作是人民公社化的优越性之一。既可以把广大社员特别是妇女从家务劳动中解放出来，又可以提高生活水平。但很多公共食堂很快就变得质量下降、难以为继。实践证明，在生产劳动率没有大的提高、社

---

① 《建国以来重要文献选编》第11册，中央文献出版社1995年版，第449页。

队没有雄厚的集体经济基础的情况下，这种大办公共食堂的做法，是难以持久下去的。

1959年2月，毛泽东在第二次郑州会议上指出："目前我们跟农民的关系在一些事情上存在着一种相当紧张的状态，突出的现象是在一九五八年农业大丰收以后，粮食、棉花、油料等等农产品的收购至今还有一部分没有完成任务。再则全国，除少数灾区外，几乎普遍地发生瞒产私分，大闹粮食、油料、猪肉、蔬菜'不足'的风潮，其规模之大，较之一九五三年和一九五五年那两次粮食风潮都有过之无不及。同志们，请你们想一想，这究竟是什么一回事呢？我认为，我们应当透过这种现象看出问题的本质即主要矛盾在什么地方。这里面有几方面的原因，但是我以为主要地应当从我们对农村人民公社所有制的认识和我们所采取的政策方面去寻找答案。"①

他对"共产风"提出了批评："公社在一九五八年秋季成立之后，刮起了一阵'共产风'。主要内容有三条：一是穷富拉平。二是积累太多，义务劳动太多。三是'共'各种'产'。所谓'共'各种'产'，其中有各种不同情况。有些是应当归社的，如大部分自留地。有些是不得不借用的，如公社公共事业所需要的部分房屋、桌椅板凳和食堂所需要的刀锅碗筷等。有些是不应当归社而归了社的，如鸡鸭和部分的猪归社而未作价。这样一来，'共产风'就刮起来了。即是说，在某种范围内，实际上造成了一部分无偿占有别人劳动成果的情况。"②

这实际上触及了"一大""二公"问题。他接着指出："现在有许多人还不认识公社所有制必须有一个发展过程，在公社内，由队的

---

① 《毛泽东文集》第8卷，人民出版社1999年版，第9—10页。
② 《毛泽东文集》第8卷，人民出版社1999年版，第12页。

小集体所有制到社的大集体所有制，需要一个过程，这个过程要有几年时间才能完成。他们误认人民公社一成立，各生产队的生产资料、人力、产品，就都可以由公社领导机关直接支配。他们误认社会主义为共产主义，误认按劳分配为按需分配，误认集体所有制为全民所有制。他们在许多地方否认价值法则，否认等价交换。因此，他们在公社范围内，实行贫富拉平，平均分配，对生产队的某些财产无代价地上调，银行方面也把许多农村中的贷款一律收回。一平、二调、三收款，引起广大农民的很大恐慌。这就是我们目前同农民关系中的一个最根本的问题。"①

这次会议，提出了整顿人民公社的方针："统一领导，队为基础；分级管理，权力下放；三级核算，各计盈亏；分配计划，由社决定；适当积累，合理调剂；物资劳动，等价交换；按劳分配，承认差别。"②

对于纠正"共产风"造成的"旧账"要不要赔偿？一个月后，毛泽东又有了新的认识，提出："旧账一般不算这句话，是写到了郑州讲话③里面去了的，不对，应改为旧账一般要算。算账才能实行那个客观存在的价值法则。这个法则是一个伟大的学校，只有利用它，才有可能教会我们的几千万干部和几万万人民，才有可能建设我们的社会主义和共产主义。否则一切都不可能。"④

"共产风"的问题，到了1960年11月发出《中共中央关于农村

---

① 《毛泽东文集》第8卷，人民出版社1999年版，第10页。
② 《毛泽东文集》第8卷，人民出版社1999年版，第14页。
③ 指毛泽东1959年2月27日在郑州召开的中共中央政治局扩大会议上的讲话，当时作为党内文件印发。
④ 《毛泽东文集》第8卷，人民出版社1999年版，第34页。

人民公社当前政策问题的紧急指示信》后，才得到比较彻底的纠正。公共食堂被叫停，社员经营少量的自留地和小规模的家庭副业也被恢复，体现"按劳分配"原则的工分制成为分配的主要方式。

"共产风"和损害农民切身利益的情况，在"大跃进"和人民公社化运动中产生，蔓延得如此广泛，是有深刻的社会历史背景的。除了在理论上没有搞清楚什么是社会主义之外，很重要的一个原因，就是中国是一个小私有者的汪洋大海。在这个汪洋大海里面，既有向往和追求"大同社会"的深厚基础，也有平均主义的肥沃土壤。关键在如何引导，如何教育。正如毛泽东在1929年12月古田会议决议中所说："绝对平均主义的来源，和政治上的极端民主化一样，是手工业和小农经济的产物，不过一则见之于政治生活方面，一则见之于物质生活方面罢了。""绝对平均主义不但在资本主义没有消灭的时期，只是农民小资产者的一种幻想；就是在社会主义时期，物质的分配也要按照'各尽所能按劳取酬'的原则和工作的需要，决无所谓绝对的平均。"[①] 他在中华人民共和国成立前夕，也意识到"严重的问题是教育农民。农民的经济是分散的，根据苏联的经验，需要很长的时间和细心的工作，才能做到农业社会化。没有农业社会化，就没有全部的巩固的社会主义"[②]。

在正确教育农民和引导农民问题上，中国共产党富有领导经验。但在经济建设指导思想上出现急于求成、急于过渡之后，情况就发生了变化。指导思想上对社会主义的错误认识，各级领导干部中的强迫命令、简单化一刀切，同广大农民中的平均主义情绪，在实际工作中交织在一起，形成了"共产风"一时兴起、又难以彻底纠正的复杂

---

① 《毛泽东选集》第1卷，人民出版社1991年版，第91页。
② 《毛泽东选集》第4卷，人民出版社1991年版，第1477页。

局面。

所幸的是，通过"大跃进"和人民公社化运动后期的纠"左"，特别是三年困难时期贯彻"调整、巩固、充实、提高"八字方针，以高指标、瞎指挥、浮夸风和"共产风"为主要标志的"左"倾错误得到了有效的纠正。

不幸的是，在纠正经济上的"左"倾错误指导思想过程中，出现了党内高层意见分歧。其结果，使得"以阶级斗争为纲"的错误指导思想进一步发展。

◇◇ "多事之秋"与共渡难关

转折发生在1959年7月至8月江西庐山召开的中共中央政治局扩大会议和中共八届八中全会。

首先召开的，是中共中央政治局会议。按照毛泽东的设想，是开个"神仙会"，即希望在轻松的气氛中，巩固第一次郑州会议以来的纠"左"成果，统一全党思想，继续调整不切实际的指标，为1959年继续"跃进"打下基础。但出乎毛泽东预料的是，急于求成的"左"的思想和问题并没有彻底解决，党内思想认识也远没有统一，这就为会议后来发生的转变埋下了伏笔。

这次会议从7月2日召开，会期原定是半个月。会议快要结束时，彭德怀于7月14日写了一封3600多字的信给毛泽东，坦率地谈了他对"大跃进"和人民公社化运动的看法和估计。因为这封信，使得会议延续开到8月1日。随后，又在毛泽东的建议下，于8月2日至16日召开了中共八届八中全会。

彭德怀的信,今天看,无疑是清醒的,也是正确的。信中有几处不同寻常的提法,在会上引起激烈的争论,也引起毛泽东的强烈反响。一是信中说"大跃进的成绩是肯定无疑的",同时指出全民大炼钢铁"也是有失有得的"①。二是信中说"一九五八年大跃进中所出现的一些缺点错误,有一些是难以避免的",同时指出"这种情况的发展已影响到工农之间、城市各阶层之间和农民各阶层之间的关系,因此也是具有政治性的"②。三是信中谈到1958年第一次郑州会议以来纠"左"的成绩时,既认为"经过去年冬郑州会议以后一系列措施,一些左的现象基本上纠正过来了,这是一个伟大的胜利",又指出"严重的是相当长的一段时间,不容易得到真实情况,直到武昌会议和今年一月省市委书记会议时,仍然没有全部弄清形势真象"③。四是信中在分析错误根源时,认为"小资产阶级的狂热性,使我们容易犯左的错误","一些左的倾向有了相当程度的发展,总想一步跨进共产主义,抢先思想一度占了上风,把党长期以来所形成的群众路线和实事求是作风置诸脑后了"④。

上述内容,同毛泽东在此之前的讲话有明显的不同。比如,毛泽东讲的是"十个指头中九个指头和一个指头的关系"⑤,或者说"有伟大的成绩,有不少的问题,前途是光明的"⑥,彭德怀信中说的是

---

① 《建国以来重要文献选编》第12册,中央文献出版社1996年版,第441、443页。
② 《建国以来重要文献选编》第12册,中央文献出版社1996年版,第443页。
③ 《建国以来重要文献选编》第12册,中央文献出版社1996年版,第446、445页。
④ 《建国以来重要文献选编》第12册,中央文献出版社1996年版,第445页。
⑤ 《建国以来重要文献选编》第12册,中央文献出版社1996年版,第125页。
⑥ 《毛泽东文集》第8卷,中央文献出版社1999年版,第76页。

"有失有得";毛泽东讲的是工作中的失误,"带有一些盲目性"①,"不懂得经济发展规律"②,彭德怀信中说的是"小资产阶级的狂热性"。

本来,这些都属于党内正常的意见分歧。在党的历史上,每逢国内国际形势发生重要变化时,产生这些分歧一点也不奇怪。在党内民主生活处于正常状态时,完全可以通过充分讨论来达到统一思想的目的。这正是中国共产党长期坚持的民主集中制的优势所在,也是毛泽东的优势所在。

但此刻,党内民主政治生活已经开始遭到破坏,正常意见分歧很容易被无限地"上纲上线",甚至脱离了提意见者的本意。据中共中央党史研究室所著《中国共产党历史》记载:"在小组讨论中,也有一些人发言对彭德怀的信进行指责,说信中的总体估计是错误的,缺点讲得太多,成绩讲得太少;这封信的问题不是个别词句和分寸问题,而是看问题的思想立场有问题;不是鼓劲,而是泄气,不利于统一全党思想,不利于党的工作。还有人说彭德怀的信中有很多刺,是影射毛主席的;既然是'小资产阶级狂热性',就是路线性质的问题,路线错了,就必须改换领导。"③

1959年7月23日,毛泽东在中共中央政治局扩大会议上讲话,为彭德怀的这封信定了性。他认为,现在党内党外夹攻我们。这封信是"资产阶级的动摇性","自己把自己抛到右派边缘去了"。

毛泽东这次讲话,是一个转折,庐山会议的主题,从纠"左"转

---

① 《毛泽东文集》第8卷,中央文献出版社1999年版,第77页。
② 《毛泽东文集》第8卷,中央文献出版社1999年版,第75页。
③ 中共中央党史研究室:《中国共产党历史》第2卷(1949—1978)下册,中共党史出版社2011年版,第546页。

到反右。

黄克诚后来回忆说:"主席的讲话对我们是当头一棒,大家都十分震惊。彭德怀会后还曾向主席说,他的信是供主席参考,不应印发。但事已至此,彭的解释还能有什么用?我对主席的讲话,思想不通,心情沉重;彭德怀负担更重,我们两人都吃不下晚饭;虽然住在同一栋房子里,但却避免交谈。我不明白主席为什么忽然来一个大转弯,把纠'左'的会议,变成了反'右';反复思索,不得其解。"①

1959年8月2日至16日,在庐山召开了中共八届八中全会。全会通过《为保卫党的总路线、反对右倾机会主义而斗争》《关于以彭德怀同志为首的反党集团的错误的决议》等文件,认定彭德怀等是"右倾机会主义反党集团"。

通过这次庐山会议,毛泽东得出两个重要结论。一个是"党内斗争,反映了社会上的阶级斗争"②;另一个是"资产阶级残余的思想政治活动既然存在,就一定会在共产党内找到他们的代表人物"③。这两个结论,到了1962年9月中共八届十中全会"重提阶级斗争"时,又有进一步发展,对"以阶级斗争为纲""左"倾错误指导思想的形成起了重要的铺垫作用。

对于庐山会议错误批判彭德怀造成的严重后果,第二个历史决议做出了公正的评价:"庐山会议后期,毛泽东同志错误地发动了对彭德怀同志的批判,进而在全党错误地开展了'反右倾'斗争。八届八中全会关于所谓'彭德怀、黄克诚、张闻天、周小舟反党集团'的决议是完全错误的。这场斗争在政治上使党内从中央到基层的民主生活

---

① 《黄克诚自述》,人民出版社2004年版,第305—306页。
② 《建国以来重要文献选编》第12册,中央文献出版社1996年版,第525页。
③ 《建国以来重要文献选编》第12册,中央文献出版社1996年版,第510页。

遭到严重损害,在经济上打断了纠正'左'倾错误的进程,使错误延续了更长时间。"①

这是一个历史的遗憾。

1959年到1961年,突如其来的三年困难降临中国大地。这里面,既有天灾造成的自然灾害,也有"大跃进"和人民公社化运动造成破坏的持续后果,更有苏联单方面撤走专家造成的建设困难。蒋介石国民党集团也在台湾叫嚣"反攻大陆"。然而,这些都阻挡不住中国共产党领导中国人民独立自主、自力更生建设新中国的坚强意志和坚定步伐,反而促使中国共产党内达到了新的团结。

1961年,毛泽东向全党发出"大兴调查研究之风"的号召。毛泽东、刘少奇、周恩来、朱德、陈云、邓小平等党和国家领导人纷纷外出深入一线调研。中共中央及时确定了"调整、巩固、充实、提高"的八字方针。政策调整和经济恢复,首先从农村取得突破,接着是各条战线都艰难地走出了谷底,开始出现复苏的景象。

1962年1月至2月,中共中央破天荒地召开了有县级以上领导干部和国有企业负责人等参加的扩大的中央工作会议,因为与会者达到7000余人,史称"七千人大会"。这次会上,重新强调遭到破坏的民主集中制,要求大家充分发扬民主,达到了统一全党思想认识的初衷。会后,在刘少奇、周恩来、陈云等的主持下,中共中央和国务院采取一系列果断措施,推动国民经济迅速朝着好转的方向发展。

到了1964年底1965年初召开的第三届全国人大一次会议上,周恩来代表中共中央和国务院宣布,调整国民经济的任务已经基本完成,整个国民经济已经全面好转,我国国民经济开始步入正常发展的

---

① 《三中全会以来重要文献选编》下册,中央文献出版社2011年版,第139页。

轨道。并庄严宣布一个中华民族翘首以盼的历史任务："今后发展国民经济的主要任务，总的说来，就是要在不太长的历史时期内，把我国建设成为一个具有现代农业、现代工业、现代国防和现代科学技术的社会主义强国，赶上和超过世界先进水平。"①

这是一个凝聚了近代中国所有仁人志士，特别是中国共产党人心血和愿望的伟大任务。它的提出，表明国家社会主义工业化发展到了新阶段。

然而，随着国民经济形势的逐步好转，"以阶级斗争为纲"的"左"倾指导思想逐渐取得支配地位，最终导致了"文化大革命"的发生，使国民经济发展的大好形势再次遭遇严重挫折。

1962年9月24日至27日，在北京召开中共八届十中全会。全会发表的公报里，有两段引人注目的话："八届十中全会指出，在无产阶级革命和无产阶级专政的整个历史时期，在由资本主义过渡到共产主义的整个历史时期（这个时期需要几十年，甚至更多的时间）存在着无产阶级和资产阶级之间的阶级斗争，存在着社会主义和资本主义这两条道路的斗争。"② "这种阶级斗争，不可避免地要反映到党内来。国外帝国主义的压力和国内资产阶级影响的存在，是党内产生修正主义思想的社会根源。在对国内外阶级敌人进行斗争的同时，我们必须及时警惕和坚决反对党内各种机会主义的思想倾向。"③

这两段话释放了一个重要政治信号，"重提阶级斗争"。它集中代表了毛泽东经过反复思考得出的重要结论，集中反映了中共中央在指导思想上的重大变化。

---

① 《周恩来选集》下卷，人民出版社1984年版，第439页。
② 《建国以来重要文献选编》第15册，中央文献出版社1997年版，第653页。
③ 《建国以来重要文献选编》第15册，中央文献出版社1997年版，第654页。

在指导思想上"重提阶级斗争",并非心血来潮。从远因来说,是1957年反右派斗争严重扩大化后得出的政治结论。从近因来说,则是1962年"七千人大会"后,在一些重要问题上党内产生的意见分歧。这些意见分歧,在1962年8月召开的北戴河中共中央工作会议上,被毛泽东分别称为"黑暗风""单干风""翻案风"。历史已经证明,这些指责,实际上是从"以阶级斗争为纲"的指导思想出发,对当时国内政治局势和党内不同意见分歧做出的错误判断。

所谓"黑暗风",是指刘少奇、陈云等人在1962年2月21日至23日召开的"西楼会议"上,对国内经济形势做出了比"七千人大会"更加严重的估计。刘少奇在"西楼会议"上指出:"中央工作会议(即'七千人大会')对困难情况透底不够,有问题不愿揭,怕说漆黑一团!还它个本来面目,怕什么?"① 在当时刘少奇讲这番话,是要鼓起相当大的勇气的。而在毛泽东看来,当前的经济困难已经到了"谷底",很快就要上升。1962年8月6日,他在北戴河会议上的讲话中批评说:"现在有一部分人,一部分同志,又似乎看成是一片黑暗了,没有什么好多光明了。""引得一些同志思想混乱,丧失前途,丧失信心。"② 在8月9日的讲话里还说:"过去讲一片光明,现在又说是一片黑暗。一片光明,现在没人讲了。从一九六〇年下半年以来,大家只说黑暗,不讲光明,已经有两年了。现在有两种人,一种是只讲黑暗,一种是讲大部黑暗,略有光明。任务是从分析形势提出来的。既然是一片黑暗,就证明社会主义不行,因而就要全部单干。认为大部是黑暗,略有光明,采取的办法就是大部单干,小部集

---

① 《刘少奇年谱》下卷,中央文献出版社1996年版,第549页。
② 逄先知、冯蕙主编:《毛泽东年谱(1949—1976)》第5卷,中央文献出版社2013年版,第128页。

体。然后又必然反映到方针、措施和世界观上。"① 在这种情况下，刘少奇不能不在北戴河会议上作了自我批评。

所谓"单干风"，是指从 20 世纪 60 年代初开始，党内部分领导人主张在部分困难的农村实行"包产到户"的措施。这实际上是部分农民和基层干部在克服困难中提出的，得到刘少奇、陈云、邓小平、邓子恢等人的赞同。毛泽东把"包产到户"上升到"究竟是搞社会主义，还是搞资本主义"的高度来认识，而且把"单干风"和"黑暗风"相联系，批评说：既然是一片黑暗，就证明社会主义不行，因而就全部或者大部分单干②。他还说："如果那样搞，党内势必分裂。"③

所谓"翻案风"，是从对反右倾斗争中的错案进行甄别平反引起的。这项工作由邓小平主持。在甄别平反过程中，彭德怀在 1962 年 6 月 16 日致信中共中央和毛泽东，对里通外国和组织反党小集团等问题提出申诉。毛泽东读了这封长信，明确表示不能给彭德怀平反。④他说：近来刮平反之风不对，1959 年反右倾不能一风吹。⑤ 在北戴河会议上，毛泽东再次批评此事。联系到三年后毛泽东对新编历史剧

---

① 逄先知、金冲及主编：《毛泽东传》第 5 册，中央文献出版社 2011 年版，第 2207—2208 页。
② 中共中央文献研究室编：《关于建国以来党的若干历史问题的决议注释本》（修订），人民出版社 1985 年版，第 361 页。
③ 逄先知、金冲及主编：《毛泽东传》第 5 册，中央文献出版社 2011 年版，第 2204 页。
④ 逄先知、金冲及主编：《毛泽东传》第 5 册，中央文献出版社 2011 年版，第 2203 页。
⑤ 中共中央文献研究室编：《关于建国以来党的若干历史问题的决议注释本》（修订），人民出版社 1985 年版，第 362 页。

《海瑞罢官》的指责①，这个批评的严重性就一目了然。

在做出重提阶级斗争决策过程中，苏联的因素起了不容忽视的作用。其远因，是赫鲁晓夫在苏共二十大期间所作"秘密报告"，全盘否定斯大林，在国际共产主义运动中造成极大的思想混乱，也使如何对待斯大林时期苏联党和国家历史，成为苏联后来发展中一道迈不过去的"槛"。这以后，防止党内出现"赫鲁晓夫式的人物"，也成为毛泽东高度关注的事情。其近因，则是自1958年以来中苏两党在对美战略和国内建设问题上积累的意见分歧，到这时开始显露出来，促使毛泽东得出苏联"变修"的结论。1963年开始的中苏论战，更使关于"反修防修"的理论系统化。国内的"防修"与国际上的"反修"（中苏论战）相互影响，这就使"以阶级斗争为纲"的指导思想显得更加有理有据。

正是在这种思想的支配下，中共中央和毛泽东从1963年起，发动了全国规模的城乡社会主义教育运动。在指导这场运动过程中，"以阶级斗争为纲"的指导思想进一步发展，提出了要防止"走资本主义道路当权派"和"中央出修正主义"的错误判断。

到了1965年，毛泽东感觉城乡社会主义教育运动也不能解决自下而上地揭露党内阴暗面的问题。他要找到一种方式，能够通过大规模群众运动，来防止党和国家改变颜色，防止苏联悲剧在中国的重演。这种方式，就是"文化大革命"。

---

① 1965年12月21日，毛泽东在杭州同陈伯达等人的谈话中提出：《海瑞罢官》"要害是'罢官'。嘉靖皇帝罢了海瑞的官，五九年我们罢了彭德怀的官，彭德怀也是'海瑞'"。参见逄先知、冯蕙主编《毛泽东年谱（1949—1976）》第5卷，中央文献出版社2013年版，第547—548页。

◇ "文化大革命"的发动与结束

以1966年5月中共中央政治局扩大会议和同年8月召开的中共八届十一中全会为标志,历时10年之久的"文化大革命"正式发动起来。中央政治局扩大会议通过的"五一六通知",提出了后来被概括为"无产阶级专政下继续革命"的错误理论的要点,成为"文化大革命"的指导理论。中共八届十一中全会通过的《关于无产阶级文化大革命的决定》,对"文化大革命"的目的、重点、依靠力量、方法、相关政策等做了原则规定。这次运动的主要目的,就是要通过自下而上的群众运动,运用"大鸣、大放、大字报、大辩论"的方法,把"混进党里、政府里、军队里和文化领域的各界里的资产阶级代表人物"清除出去,夺取在这些领域中的领导权。

前面谈到,毛泽东的出发点,是要通过"反修防修"防止党和国家改变颜色。这个初衷是好的。但是,当时认定党内有个"资产阶级司令部",很多领导岗位被"走资本主义道路当权派"所篡夺,以此作为"文化大革命"的斗争对象。而后来大量的事实证明,党内根本不存在所谓以刘少奇、邓小平为首的"资产阶级司令部"。在运动中被当作"走资本主义道路当权派"打倒的,恰恰是社会主义事业的骨干力量。这就在革命对象问题上,颠倒了是非、混淆了敌我。

"文化大革命"寄希望于群众运动。这本来是中国共产党在领导中国革命和建设中的看家本领。但是,中国共产党领导群众斗争的理论经验表明,群众运动必须在各级党组织坚强有力的领导下,有领导、有步骤、有政策地进行,才能确保其健康发展。而"文化大革命"初期的群众运动，恰恰是在"踢开党委闹革命"的极"左"口号下进行的。这就给林彪、江青两个阴谋集团以可乘之机，扶植和收罗了一批靠着"打、砸、抢"和政治投机上来的帮派分子，通过煽动无政府主义和"怀疑一切""打倒一切"，达到乱中夺权的目的。最终，这一脱离了党的正确领导的群众运动，走向了自己的反面。毛泽东和中共中央不得不在1967年下半年以后采取人民解放军"支左""支工""支农"和"军管""军训"等措施，逐步恢复党和国家的正常秩序。特别是在"文化大革命"中，出现了林彪、江青两个阴谋集团，一直发展到置毛泽东和中共中央的多次劝告于不顾，妄图篡夺党和国家最高权力。所幸的是，毛泽东虽然一时对他们委以重任，但在觉察到他们的阴谋之后，便采取断然措施，领导全党和全国人民同他们进行坚决斗争，始终没有让他们的阴谋得逞。在这一斗争中，党内健康力量、人民正义力量得到发展和集聚，为最终结束"文化大革命"准备了条件。

"文化大革命"的发展，经过了一个复杂的过程。从"文化大革命"发动，到1969年中共九大召开前，是毛泽东所说的"天下大乱"。

"文化大革命"发动起来，完全不是毛泽东想象的那样。各种红卫兵组织走上街头，走向社会，通过全国性大串连，对党政机关、事业单位、科研院所、大中学校、文艺团体、民主党派等形成空前广泛的冲击。一大批领导干部被揪斗，一大批知识分子被打入"牛棚"，许多文物古迹遭到破坏。

到了1967年上海发生夺权的"一月风暴"后，整个运动达到一个新的高潮。围绕夺权和反夺权，形成了势不两立的造反派组织，有些地方还出现了武斗。按照毛泽东后来的话说，当时"怀疑一切"

"打倒一切"之风席卷了全国,国家正常运转被打乱。为了恢复正常的生产生活秩序,毛泽东提出实现"工人阶级的大联合",建立"三结合"的革命委员会,并派出人民解放军"三支两军"。随后,又停止全国大串连,中小学实现"复课闹革命",号召城市中的知识青年上山下乡。到1968年10月中共八届十二中全会前夕,全国局势逐步趋于稳定。

1969年4月中共九大召开后,按照毛泽东的设想,"文化大革命"已经取得了决定性的胜利,再经过"斗、批、改",这个运动就基本上可以结束了。然而,毛泽东的希望落了空。他没有料到,党面临的是一场惊心动魄的粉碎武装政变的斗争,为首的正是身居党内第二位的"接班人"林彪。

在1971年9月粉碎了林彪反革命集团之后,毛泽东开始反思"文化大革命"中的错误,积极支持周恩来主持中央日常工作,落实干部政策,开始在一定限度内对极"左"思潮展开批判,使各方面工作有了转机。

1973年8月召开的中共十大,继续延续"文化大革命"的错误,并使靠"文革"发迹的江青集团骨干分子进入中央。同时,在落实干部政策中,包括邓小平、谭震林等一批老干部也被选进中央委员会。

在周恩来重病的情况下,毛泽东多次提议请邓小平担负重要工作。1975年1月,中共十届二中全会选举邓小平为中央副主席、政治局常委。不久,邓小平又担任中央军委副主席兼总参谋长。邓小平主持中共中央和国务院工作后,在毛泽东的支持下,对各条战线开始进行整顿,矛头直指江青集团倚重和支持的各级各地帮派体系。

对1975年整顿,邓小平曾经说过:"其实,拨乱反正在一九七五年就开始了。那时我主持中央党政工作,提出了一系列整顿措施,每整顿一项就立即见效,非常见效。这些整顿实际上是同'文化大革命'唱反调,触怒了'四人帮'。他们又一次把我轰下了台。"①

在1975年整顿中,邓小平同江青集团坚决斗争,还迫使江青向毛泽东和中央政治局交出了书面检讨②。这件破天荒的稀罕事,极大地打击了极左思潮的气焰。在此之前,在筹备召开第四届全国人大过程中,毛泽东还积极支持周恩来、邓小平,挫败过江青的"组阁"阴谋。

历史发展到1975年,已经形成了这样一种局面:不根本否定"文化大革命",就无法结束"文化大革命"。然而,毛泽东依然希望在肯定"文化大革命"的理论和实践的前提下,结束"文化大革命"。

出于这样的考虑,1975年11月20日,毛泽东提议要邓小平主持中共中央政治局会议,做出一个肯定"文化大革命"的决议,总的评价是"七分成绩,三分错误"。邓小平婉言拒绝了这个提议,表示:"由我主持写这个决议不合适,我是桃花源中人,不知有汉,无论魏晋。"③

1975年底,正当整顿逐步发展成为对"文化大革命"错误的系统纠正之时,形势急转直下。毛泽东提出:"有两种态度:一是对文化大革命不满意。二是要算账,算文化大革命的账。"④ 他还对整顿的纲领提出尖锐批评,说:"什么'三项指示为纲',安定团结不是

---

① 《邓小平文选》第3卷,人民出版社1993年版,第81页。
② 《周恩来传》(四),中央文献出版社1998年版,第2135页。
③ 中共中央文献研究室、中央电视台:《大型电视文献纪录片〈邓小平〉》,中央文献出版社1997年版,第116页。
④ 《中国共产党历史大事记(1915.5—1990.12)》,人民出版社1991年版,第317页。

不要阶级斗争，阶级斗争是纲，其余都是目。"① 并且再次重申对"文化大革命"要"三七开"的评价，即"七分成绩，三分错误"。②

这年年底，毛泽东批准发动"批邓、反击右倾翻案风"，全国再度陷入混乱之中。

1976年伊始，周恩来总理病逝。接着，众望所归的邓小平，在主持了周恩来的追悼会以后，被再次打倒。随之而来的，是一浪高过一浪的"批邓、反击右倾翻案风"的大批判浪潮。2月2日，中共中央根据毛泽东的提议，决定由华国锋担任国务院代总理。

在关键时刻，毛泽东始终没有让江青集团染指党和国家的重要权力。在他心中，尽管放不下"文化大革命"这个心结，却始终把党和人民的最高利益放在至高无上的地位。

从1976年1月到4月，人民悼念周总理的各种活动有增无减。4月5日清明节前后，一场声势浩大的悼念周总理、声讨"四人帮"的群众运动席卷全国。

"四五运动"的发生，绝非偶然。它是林彪事件以来，人民群众对极左思潮多年观察反省的结果。这场运动，集中地表现出人民对极左思潮的代表者——江青集团的痛恨，表现出人民群众对党内健康力量的代表者——周恩来、邓小平等人的怀念和呼唤。为了表达拥护以邓小平同志为代表的党的正确领导的意志，许多人甘冒受批判、被关押的风险。

"四五运动"虽然被镇压了，但是，结束"文化大革命"的愿望并没有消失。它使中共中央领导层的相当一批人看清了人民的意志。并为后来粉碎"四人帮"奠定了坚实的群众基础。

---

① 《人民日报》1976年2月29日。
② 胡绳主编：《中国共产党的七十年》，中共党史出版社1991年版，第458页。

1976 年 9 月 9 日，毛泽东逝世。

毛泽东去世后不久，一场党内健康力量同极左思潮的最后堡垒——江青集团的总决战，终于不可避免地到来了。这场较量，实际上是邓小平在全面整顿中同江青集团斗争的继续。斗争的结果，中共中央政治局执行党和人民的意志，一举粉碎了江青集团，"文化大革命"终于以人民的胜利宣告结束。

"文化大革命"是一场严重的动乱，其错误理论与实践必须从根本上否定。但整个"文化大革命"十年，并非历史空白。

这一时期，社会主义现代化建设受到极大干扰，但还在继续发展。工农业总产值，1966 年为 2534 亿元，1976 年达到 4536 亿元[①]。粮食产量，1965 年为 19453 万吨，1976 年为 28631 万吨[②]。钢产量，1965 年为 1223 万吨，1976 年为 2046 万吨[③]。原油产量，1965 年为 1131 万吨，1976 年为 8716 万吨[④]。原煤产量，1965 年为 2.32 亿吨，1976 年为 4.83 亿吨[⑤]。但与此同时，也存在着经济效益全面下降和人民生活水平下降的问题。工业每百元资金实现的利润税金，由 1966 年的 34.5 元，降到 1976 年的 19.3 元。全民所有制职工工资，长期没有调整。从 1966 年到 1976 年，平均工资不仅没有增加，反而降低了 4.9%。广大农民收入，10 年间也没有增加。[⑥]

国防科技和航天科技继续取得重要成就。继 1964 年 10 月 16 日

[①] 《中国统计年鉴（1985 年）》，中国统计出版社 1985 年版，第 24 页。
[②] 《中国统计年鉴（1985 年）》，中国统计出版社 1985 年版，第 255 页。
[③] 《中国统计年鉴（1985 年）》，中国统计出版社 1985 年版，第 337 页。
[④] 《中国统计年鉴（1985 年）》，中国统计出版社 1985 年版，第 337 页。
[⑤] 《中国统计年鉴（1985 年）》，中国统计出版社 1985 年版，第 337 页。
[⑥] 苏星：《新中国经济史（修订本）》，中共中央党校出版社 2007 年版，第 474 页。

我国成功爆炸第一颗原子弹后，1966年10月第一次成功地进行了发射导弹核武器的试验，1967年6月成功地爆炸了第一颗氢弹，1969年9月首次成功地进行了地下核试验，1970年4月成功发射第一颗人造地球卫星，1971年9月第一艘核潜艇建成并试航成功，1971年9月洲际火箭首次飞行试验基本成功，1975年11月第一颗返回式遥感人造地球卫星发射成功。

环境保护工作第一次列入国家重要工作日程。1973年8月，国务院召开首次全国环境保护会议。会议研究了有关环境保护的方针、政策，设立了国务院环境保护领导小组办公室，制定了新中国第一部环境保护的综合性法规——《关于保护和改善环境的若干规定（试行草案）》。

新中国的外交工作也取得了新的重大进展。1971年10月25日，第26届联合国大会通过恢复中华人民共和国在联合国的一切合法权利的提案，成为新中国外交的重大突破。以1972年2月在毛泽东直接决策和推动下打开中美关系正常化大门为契机，形成了西方国家同新中国建交热。毛泽东还提出"三个世界划分"理论，郑重宣告中国永远属于第三世界，中国永远不称霸。

对这一时期取得的成就，第二个历史决议给予公正的评价："正是由于全党和广大工人、农民、解放军指战员、知识分子、知识青年和干部的共同斗争，使'文化大革命'的破坏受到了一定程度的限制。我国国民经济虽然遭到巨大损失，仍然取得了进展。粮食生产保持了比较稳定的增长。工业交通、基本建设和科学技术方面取得了一批重要成就，其中包括一些新铁路和南京长江大桥的建成，一些技术先进的大型企业的投产，氢弹试验和人造卫星发射回收的成功，籼型杂交水稻的育成和推广，等等。在国家动乱的情况下，人民解放军仍然英勇地保卫着祖国的安全。对外工作也打开了新的局面。当然，这一切决不是'文化大革命'的成果，如果没有'文化大革命'，我们的事业会取得大得多的成就。"①

"文化大革命"是中华民族在攀登高峰中遭受的一次严重挫折。其历史教训，是非常深刻的。

——进入社会主义之后，社会主要矛盾不再是阶级斗争，必须坚持以经济建设为中心不动摇。

——社会主义的主要任务是集中力量解放和发展社会生产力，实现社会主义现代化，绝不能再搞所谓"一个阶级推翻一个阶级"的政治大革命。

——社会主义必须有民主与法制。各项工作都必须在社会主义民主与法制的轨道上进行，而不能随意践踏社会主义民主与法制。要使各级人民代表大会及其常设机构成为有权威的人民权力机关。

——自下而上的群众监督必须在中国共产党领导下有序推进，而不能采取"大鸣、大放、大字报、大辩论"的方式来进行，更不能脱离或破坏党的领导。

——一定要树立党必须由在群众斗争中产生的德才兼备的领袖们实行集体领导的马克思主义观点，禁止任何形式的个人崇拜。

牢记这些历史教训，并不会成为继续前进的"包袱"，恰恰相反，会转化为宝贵的财富，激励中国共产党更好地带领中国人民为继续实现民族复兴的使命而继续探索。

"文化大革命"已经结束。历史和人民期待着一个新时期的到来。

---

① 《三中全会以来重要文献选编》（下），中央文献出版社 2011 年版，第 148 页。

第 六 章

改革开放的伟大觉醒

1978年12月18日至22日在北京京西宾馆召开的中共十一届三中全会,是一次解放思想、实事求是、团结一致向前看的划时代历史性会议。以这次全会为标志,实现了中华人民共和国成立以来党的历史上具有深远意义的伟大转折,开启了改革开放和社会主义现代化建设的新时期,开启了中华民族伟大复兴具有决定意义的新长征。

全会公报庄严宣告:"全党工作的着重点应该从一九七九年转移到社会主义现代化建设上来。""实现四个现代化,要求大幅度地提高生产力,也就必然要求多方面地改变同生产力发展不适应的生产关系和上层建筑,改变一切不适应的管理方式、活动方式和思想方式,因而是一场广泛、深刻的革命。"①

推动这次全会实现这一伟大历史性转折的灵魂,是邓小平。全会公报的主要内容,正是根据他在为这次全会做准备的中共中央工作会议上的重要讲话形成的。邓小平这篇讲话题为《解放思想,实事求是,团结一致向前看》。

"没有毛泽东思想,就没有今天的中国共产党,这也丝毫不是什么夸张。毛泽东思想永远是我们全党、全军、全国各族人民的最宝贵

---

① 《三中全会以来重要文献选编》(上),中央文献出版社2011年版,第1、4页。

的精神财富。我们要完整地准确地理解和掌握毛泽东思想的科学原理，并在新的历史条件下加以发展。"

"一个党，一个国家，一个民族，如果一切从本本出发，思想僵化，迷信盛行，那它就不能前进，它的生机就停止了，就要亡党亡国。"

"当前最迫切的是扩大厂矿企业和生产队的自主权，使每一个工厂和生产队能够千方百计地发挥主动创造精神。"

"为了保障人民民主，必须加强法制。必须使民主制度化、法律化，使这种制度和法律不因领导人的改变而改变，不因领导人的看法和注意力的改变而改变。"

"实现四个现代化是一场深刻的伟大的革命。在这场伟大的革命中，我们是在不断地解决新的矛盾中前进的。因此，全党同志一定要善于学习，善于重新学习。"

正是邓小平这些振聋发聩的话，开启了一个新的历史时期。

◈ 路向何方的深邃思考

这个和新中国成立同样载入中华民族追梦历程的历史时刻，是怎样到来的呢？回答这个问题，我们的目光，就要回到结束"文化大革命"的 1976 年 10 月。

举国上下在经历了粉碎"四人帮"的喜悦后，开始面对一个严肃的问题：新中国向何处去。面对这个问题，当时有不同的主张。

一种是历史的惯性，继续沿着"以阶级斗争为纲"的指导思想走下去。当时的领导者提出"抓纲治国"口号，还提出"两个凡是"①方针。但实际上，"文化大革命"的结束，已经宣告了这条路走不通。

另一种是历史的插曲。极少部分人将"文化大革命"的失败当成社会主义的失败，错误地认为中国不能再走社会主义道路，需要"全盘西化"。实际上，这种"全盘西化"的主张，走资本主义道路的可能，早已被中国近代以来的历史证明：此路在中国行不通。

还有一种主张，中国需要在坚持社会主义道路的前提下，按照社会主义现代化要求实行改革开放，大胆闯出一条建设社会主义的新路。当时，尽管对什么是改革开放、怎样搞改革开放还不可能形成系统的思路和方案，但是从中共八大以来的经验积累中，"大跃进""文化大革命"的沉痛教训中，已经可以看到大致的方向与轮廓。当时的严重性，正如邓小平指出："如果现在再不实行改革，我们的现代化事业和社会主义事业就会被葬送。"

第二种主张，由于根本背离了中国的基本国情，成不了气候，但在改革开放进程中，也时不时出来扰乱人们的思想。

当时的思想交锋，主要是在走老路还是走新路的主张之间展开。这一交锋尽管涉及政治方向的大是大非，有时还很激烈，但基本上属于认识上的问题。由于有过去的教训，没有采取"上纲上线"的方式来简单处理，最终达到了明辨是非、统一思想、团结一致向前看的目的。这成为成功处理党内不同意见分歧与争论的一个范例。

在最初的思想交锋中，人们强烈地感受到，要冲破"两个凡是"的思想束缚，必须有一个具有丰富政治经验和阅历的灵魂式的人物。

---

① "两个凡是"，是在1977年2月7日《人民日报》、《解放军报》、《红旗》杂志社论《学好文件抓住纲》中提出的。即"凡是毛主席作出的决策，我们都坚决维护，凡是毛主席的指示，我们都始终不渝地遵循。"

这个人就是邓小平。

邓小平在得知"四人帮"被粉碎的消息后，曾于1976年10月10日致信汪东兴转华国锋并中共中央，表示："我同全国人民一样，对这个伟大斗争的胜利，由衷地感到万分的喜悦。"[1]

与此同时，邓小平敏锐地察觉到"两个凡是"是一个危险而错误的方针。就在1977年2月"两个凡是"提出不久，他对前来看望的王震明确表示，这不是马克思主义，不是毛泽东思想。[2]

这时，要求为"天安门事件"平反、邓小平复出的呼声日益高涨。在1977年3月14日中央工作会议的讲话中，华国锋也表示，要在适当时候让邓小平出来工作。[3]

1977年5月24日上午，邓小平同王震、邓力群谈话中，明确表示：按照"两个凡是"，就说不通为我平反的问题，也说不通肯定1976年广大群众在天安门广场的活动"合乎情理"的问题。把毛泽东同志在这个问题上讲的移到另外的问题上，在这个地点讲的移到另外的地点，在这个时间讲的移到另外的时间，在这个条件下讲的移到另外的条件下，这样做，不行嘛！毛泽东同志自己多次说过，他有些话讲错了。他说，一个人只要做工作，没有不犯错误的。又说，马恩列斯都犯过错误，如果不犯错误，为什么他们的手稿常常改了又改呢？改了又改就是因为原来有些观点不完全正确，不那么完备、准确嘛。毛泽东同志说，他自己也犯过错误。一个人讲的每句话都对，一

---

[1] 冷溶、汪作玲主编：《邓小平年谱（1975—1997）》（上），中央文献出版社2004年版，第152页。

[2] 冷溶、汪作玲主编：《邓小平年谱（1975—1997）》（上），中央文献出版社2004年版，第155页。

[3] 冷溶、汪作玲主编：《邓小平年谱（1975—1997）》（上），中央文献出版社2004年版，第156页。

个人绝对正确，没有这回事情。他说：一个人能够"三七开"就很好了，很不错了，我死了，如果后人能够给我以"三七开"的估计，我就很高兴、很满意了。这是个重要的理论问题，是个是否坚持历史唯物主义的问题。彻底的唯物主义者，应该像毛泽东同志说的那样对待这个问题。马克思、恩格斯没有说过"凡是"，列宁、斯大林没有说过"凡是"，毛泽东同志自己也没有说过"凡是"。①

同年7月16日至21日召开的中共十届三中全会，通过《关于恢复邓小平同志职务的决议》，决定恢复邓小平中共中央委员，中央政治局委员、常委，中央副主席，中央军委副主席，国务院副总理，中国人民解放军总参谋长的职务。

邓小平在最后一天的会议上讲话，重申"对我们党的现状来说，我个人觉得，群众路线和实事求是特别重要"。强调："我们要创造这样一种政治局面，在党中央领导下，全党、全军和全国人民团结起来，既有统一意志，又有个人心情舒畅，生动活泼，什么问题都可以摆到桌面上来，对领导人有意见，也可以批评。"②

他还特别表达了这样一种意愿：作为一名老的共产党员，还能在不多的余年里为党为国家为人民做一点力所能及的事情，在我个人来说是高兴的。出来工作，可以有两种态度，一个是做官，一个是做点工作。我想，谁叫你当共产党人呢，既然当了，就不能够做官，不能够有私心杂念，不能够有别的选择，应该老老实实地履行党员的责任，听从党的安排。③

---

① 参见《邓小平文选》第2卷，人民出版社1994年版，第38—39页。
② 参见《邓小平文选》第2卷，人民出版社1994年版，第45、46页。
③ 冷溶、汪作玲主编：《邓小平年谱（1975—1997）》（上），中央文献出版社2004年版，第162页。

这次全会还做出一个重要决定,提前召开中国共产党第十一次全国代表大会。中共十大,是在 1973 年 8 月召开的。按照党章规定,中共十一大应当在五年后即 1978 年举行。全会根据当时情况,决定提前一年,即在 1977 年 8 月召开中共十一大。

1977 年 8 月 12 日至 18 日,召开了中共十一大。在 19 日召开的十一届一中全会上,邓小平当选为中共中央副主席、中央军委副主席。

邓小平重新回到党和国家重要领导岗位后,以其特有的干脆利落、敢说敢干、大刀阔斧的工作风格,为呼唤实事求是、解放思想的党风政风做出了重要贡献。

——在这年 8 月召开的科学和教育工作座谈会上,邓小平当场采纳意见,决定"高等院校今年就要下决心恢复从高中毕业生中直接招考学生,不要再搞群众推荐"[1]。从此,重新恢复阔别了 12 年的高考,为培养改革开放和社会主义现代化人才敞开了大门。

——在 1978 年 3 月召开的全国科学大会上,邓小平响亮地提出:"科学技术是生产力。""现代科学技术正在经历着一场伟大的革命。""没有科学技术的高速度发展,也就不可能有国民经济的高速度发展。"[2] 从此,开启了奋力攻克科学堡垒、勇攀科学高峰的伟大竞赛,为以科学技术优先发展带动中国经济腾飞打开了通道。

——在 1978 年 6 月召开的全军政治工作会议上,邓小平支持正在开展的真理标准问题大讨论,他尖锐指出:"我们也有一些同志天天讲毛泽东思想,却往往忘记、抛弃甚至反对毛泽东同志的实事求

---

[1] 冷溶、汪作玲主编:《邓小平年谱(1975—1997)》(上),中央文献出版社 2004 年版,第 179 页。

[2] 《邓小平文选》第 2 卷,人民出版社 1994 年版,第 87、86 页。

是、一切从实际出发、理论与实践相结合的这样一个马克思主义的根本观点，根本方法。不但如此，有的人还认为谁要是坚持实事求是，从实际出发，理论和实践相结合，谁就是犯了弥天大罪。""实事求是，是毛泽东思想的出发点、根本点。这是唯物主义。不然，我们开会就只能讲空话，不能解决任何问题。"强调："拨乱反正，打破精神枷锁，使我们的思想来个大解放，这确实是一个十分严重的任务。"①在邓小平坚定有力的支持下，通过真理标准问题大讨论，为成功召开中共十一届三中全会创造了思想条件。

——1978年9月，邓小平访问朝鲜后，在东北地区视察工作期间，率先提出揭批"四人帮"运动总有个底，要适时转到四个现代化建设上来。随后，在同年10月9日中国工会第九次全国代表大会的致词中，他代表中共中央提出："这个斗争在全国广大范围内已经取得决定性的胜利，我们已经能够在这一胜利的基础上开始新的战斗任务。"② 这个讲话，成为中共十一届三中全会实现全党工作重心转移的先导。

——1978年9月东北视察期间，邓小平提出若干涉及什么是社会主义、怎样建设社会主义的重要思想。他指出：我们关起门来不行，不动脑筋永远陷于落后不行。现在在世界上我们算贫困的国家，就是在第三世界，我们也属于比较不发达的那部分。我们是社会主义国家，社会主义制度优越性的根本表现，就是能够允许社会生产力以旧社会所没有的速度迅速发展，使人民不断增长的物质文化生活需要能够逐步得到满足。我们一定要根据现在的有利条件加速发展生产力，使人民的物质生活好一些，使人民的文化生活、精神面貌好一些。还

---

① 《邓小平文选》第2卷，人民出版社1994年版，第114、119页。
② 《邓小平文选》第2卷，人民出版社1994年版，第135页。

指出：我们要以世界先进的科学技术成果作为我们发展的起点。我们要有这个雄心壮志。引进先进技术设备后，一定要按照国际先进的管理方法、先进的经营方法、先进的定额来管理，也就是按照经济规律管理经济。一句话，就是要革命，不要改良，不要修修补补。"现在我们的上层建筑非改不行。"① 这些在当时是石破天惊、振聋发聩的话，在神州大地吹响了改革开放的时代号角。

——在中美建交谈判的关键时刻，亲自主持谈判，中美两国政府于1978年12月16日发表《关于建立外交关系的联合公报》，为自1972年2月中美上海公报发表后开启的中美关系正常化进程画上了句号，开启了中美关系新的一页。这为中共十一届三中全会后推进改革开放、加速进行社会主义现代化建设，创造了良好外部环境。

◇ 实现历史性转折

就是在以邓小平同志为代表的老一辈革命家的振臂高呼中，在全党和全国人民对尽快清除极"左"思想严重束缚、尽快革除长期积累的体制机制弊端、尽快赶上世界科学技术发展大潮、早日实现社会主义现代化的强烈愿望和呼声中，召开中共十一届三中全会、实现新中国成立以来的历史性转折的时机与条件成熟了。

同时，邓小平作为全党和全国人民瞩目与拥护的中央领导核心，作为真正能够领导实现这一伟大历史转折的思想灵魂，也在实践中确立起来。这一实践，不仅包括他在中共十届三中全会后重新走上中央

---

① 《邓小平文选》第2卷，人民出版社1994年版，第128、129—130、131页。

领导岗位后的所作所为，更包括他在"文化大革命"后期大刀阔斧主持 1975 年治理整顿，治理大大小小帮派体系，特别是同"四人帮"做针锋相对、毫不妥协的斗争，因而得到全党和全国人民的衷心拥戴。

事实表明，如同当年的遵义会议一样，有这样一个核心与灵魂，是中共十一届三中全会取得成功的关键。

1978 年 12 月 18 日至 22 日，中共十一届三中全会在北京召开。在这次全会召开前，先举行了为期一个多月（同年 11 月 10 日至 12 月 15 日）的中央工作会议，为全会的顺利举行准备了条件。

这一次中央工作会议，可以说是中共十一届三中全会的前奏。在中央工作会议期间，邓小平在陈云等老一辈革命家的支持下，做了几件扭转乾坤的大事，为中共十一届三中全会的成功召开指明了方向，创造了条件。

一是扭转了会议的主题。中央工作会议原定议题有三项。一是讨论农业问题；二是商定 1979 年、1980 年两年国民经济计划的安排；三是讨论李先念在国务院经济工作务虚会上的讲话。会前，根据邓小平的提议，中央政治局常委会议、中央政治局会议决定，会议先用两三天的时间讨论从 1979 年起把全党工作重点转移到社会主义现代化建设上来的问题。这实际上成为中共十一届三中全会和中央工作会议的总基调，为结束"抓纲治国"创造了条件。

二是将集中解决历史遗留问题提上中共中央重大议事日程。针对"对于那些在揭批'四人帮'遗留的问题，应由有关机关进行细致的工作，妥善解决"的意见，陈云在东北组的发言中指出："对有些遗留的问题，影响大或者涉及面很广的问题，是需要由中央考虑和作出决定的。"① 邓小平对陈云等的意见全力支持，并多次强调：我们处理这些问题就是要把过去的问题了结一下，使全国人民向前看。所有错案、冤案，人民和干部不满意的事，一起解决。了结了这些问题，大家心情就舒畅了，一心一意向前看，搞四个现代化。②

三是邓小平在 1978 年 12 月 13 日发表《解放思想，实事求是，团结一致向前看》，对中央工作会议讨论的重大议题做了高屋建瓴的总结，成为中共十一届三中全会的主题报告。这个报告，为中共十一届三中全会起了一锤定音的作用，全会发表的公报，许多重要段落和文字，就直接出自这个报告。

1978 年 12 月 22 日通过并发表的《中国共产党第十一届中央委员会第三次全体会议公报》（以下简称《公报》），共有五个部分，以及前言和结束语。

在前言中，《公报》首先宣布："鉴于中央在二中全会以来的工作进展顺利，全国范围的大规模的揭批林彪、'四人帮'的群众运动已经基本上胜利完成，全党工作的着重点应该从一九七九年转移到社会主义现代化建设上来。"这一宣布，顺党心、合民意，宣告了新中国一个新的历史时期的开始。

前言中还宣布："为了适应社会主义现代化建设的需要，全会决定在党的生活和国家政治生活中加强民主，明确党的思想路线，加强党的领导机构和成立中央纪律检查委员会。"

《公报》第一部分，回顾了中共十一大以来的工作成绩，指明了实行工作重点转移的重大意义，并指出："实现四个现代化，要求大

---

① 《陈云文选》第 3 卷，第 232 页。
② 冷溶、汪作玲主编：《邓小平年谱（1975—1997）》（上），中央文献出版社 2004 年版，第 437 页。

幅度地提高生产力，也就必然要求多方面地改变同生产力发展不适应的生产关系和上层建筑，改变一切不适应的管理方式、活动方式和思想方式，因而是一场广泛、深刻的革命。"

《公报》第二部分，着重回顾了新中国成立后经济建设的经验教训，鲜明指出："现在我国经济管理体制的一个严重缺点是权力过于集中。"要求从四个方面着手①，"充分发挥中央部门、地方、企业和劳动者个人四个方面的主动性、积极性、创造性，使社会主义经济的各个部门各个环节普遍地蓬蓬勃勃地发展起来"。还以集中主要精力把农业尽快搞上去为基本出发点，提出了当前发展农业生产的一系列政策措施和经济措施。②

《公报》第三部分，主要涉及"文化大革命"中发生的一些重大政治事件，以及"文化大革命"前遗留下来的某些历史问题。《公

---

① 这四个方面是："应该有领导地大胆下放，让地方和工农业企业在国家统一计划的指导下有更多的经营管理自主权；应该着手大力精简各级经济行政机构，把它们的大部分职权转交给企业性的专业公司或联合公司；应该坚决实行按经济规律办事，重视价值规律的作用，注意把思想政治工作和经济手段结合起来，充分调动干部和劳动者的生产积极性；应该在党的一元化领导之下，认真解决党政企不分、以党代政、以政代企的现象，实行分级分工分人负责，加强管理机构和管理人员的权限和责任，减少会议公文，提高工作效率，认真实行考核、奖惩、升降等制度。"

② 这方面的措施主要有："人民公社、生产大队和生产队的所有权和自主权必须受到国家法律的切实保护；不允许无偿调用和占有生产队的劳力、资金、产品和物资；公社各级经济组织必须认真执行按劳分配的社会主义原则，按照劳动的数量和质量计算报酬，克服平均主义；社员自留地、家庭副业和集市贸易是社会主义经济的必要补充部分，任何人不得乱加干涉；人民公社要坚决实行三级所有、队为基础的制度，稳定不变；人民公社各级组织都要坚决实行民主管理、干部选举、账目公开。"还宣布：全国粮食征购指标继续稳定在1971年到1975年"一定五年"的基础上不变；粮食统购价格从1979年夏粮上市的时候起提高20%，超购部分在这个基础上再加价50%；农用工业品的出厂价格和销售价格，在降低成本的基础上，在1979年和1980年降低10%—15%，把降低成本的好处基本上给农民。

报》宣布：全会决定撤销中央发出的有关"反击右倾翻案风"运动和"天安门事件"的错误文件；会议审查和纠正了过去对彭德怀、陶铸、薄一波、杨尚昆等同志所做的错误结论，肯定了他们对党和人民的贡献；过去那种脱离党和群众的监督，设立专案机构审查干部的方式，弊病极大，必须永远废止。《公报》特别强调加强社会主义民主和社会主义法制，指出："为了保障人民民主，必须加强社会主义法制，使民主制度化、法律化，使这种制度和法律具有稳定性、连续性和极大的权威，做到有法可依，有法必依，执法必严，违法必究。从现在起，应当把立法工作摆到全国人民代表大会及其常务委员会的重要议程上来。检察机关和司法机关要保持应有的独立性；要忠实于法律和制度，忠实于人民利益，忠实于事实真相；要保证人民在自己的法律面前人人平等，不允许任何人有超于法律之上的特权。"

《公报》第四部分，高度评价关于实践是检验真理的唯一标准问题的讨论，认为这对于促进全党同志和全国人民解放思想，端正思想路线，具有深远的历史意义。一个党，一个国家，一个民族，如果一切从本本出发，思想僵化，那它就不能前进，它的生机就停止了，就要亡党亡国。党中央在理论战线上的崇高任务，就是领导、教育全党和全国人民历史地、科学地认识毛泽东同志的伟大功绩，完整地、准确地掌握毛泽东思想的科学体系。

《公报》第五部分强调，根据党的历史的经验教训，全会决定健全党的民主集中制，健全党规党法，严肃党纪。"全会选举产生了以陈云同志为首的由一百人组成的中央纪律检查委员会。这是保障党的政治路线的贯彻执行的一个重要措施。纪律检查委员会的根本任务，就是维护党规党法，切实搞好党风。"《公报》

强调:"党的各级领导干部必须带头严守党纪。对于违犯党纪的,不管是什么人,都要执行纪律,做到功过分明,赏罚分明,伸张正气,打击邪气。"①

这次全会,标注了历史新起点。

它标志着中国共产党有了新觉醒,重新确立马克思主义的思想路线、政治路线、组织路线,重新调正载着初心和使命的伟大航船,带领中国人民开始了新的长征。

它标志着中国社会主义建设有了新起点,沿着这一新起点,开辟了中国特色社会主义道路,创立了中国特色社会主义理论体系,建立了中国特色社会主义制度,发展了中国特色社会主义文化,不断为马克思主义发展、科学社会主义发展注入新活力、提升新境界。

它标志着中华民族伟大复兴中国梦有了新方向,这就是以经济建设为中心,始终坚持四项基本原则这个立国之本,始终坚持改革开放这个强国之路,紧密团结在中国共产党周围,为使中华民族在站起来的基础上,进一步富起来、强起来。

在中华人民共和国历史上,一个新的历史时期,改革开放和社会主义现代化建设新时期,以中共十一届三中全会为标志,就这样开始了。

此刻,改革开放的大方向、大政策已经明确。但是,改革开放具体应该怎样搞?应该从何处下手,又向何处推进?一时还难以拿出一个完整的顶层设计。这需要时间和实践。

但是,由于有了"文化大革命"刻骨铭心的教训,有了"大跃

---

① 以上有关中共十一届三中全会公报的引文,参见《三中全会以来重要文献选编》(上),中央文献出版社2011年版,第1—13页。

进"违背客观经济规律的深刻教训，又有了对高度集中的计划经济体制弊端的深刻反思，便容易在探索中逐渐形成规律性认识，通过正常的内部讨论与争论逐步形成共识。而不断探索、形成共识的核心人物，始终是邓小平。正是在集中全党智慧和人民创造性经验的基础上，邓小平成为当之无愧的中国改革开放的总设计师。

历史中常有这样的现象，新的时期已经开始，但还需要付出很大精力来清理历史"旧账"。不过，换个角度看问题，清理"旧账"，也恰恰是为开创新局铺平道路。

中共十一届三中全会后，彻底告别"文化大革命"的影响，彻底完成拨乱反正的任务，还很繁重。而推动改革开放起步的任务，又刻不容缓。庆幸的是，在邓小平的主导下，这双重历史使命，在1978年12月中共十一届三中全会召开后，到1982年9月中共十二大之前，这短短的三年半多一点的时间里，就顺利实现了。这为后来中国的高速发展，赢得了宝贵的时间。

◇ 在立与破中开启改革开放

在很多的历史记载中，都习惯按照不同的领域来分别叙事。这样的好处是，按照知识结构体系来梳理繁杂的历史内容和历史关系，易于读者接受。但也容易带来一个印象，好像历史与历史的推动者，就是这样分门别类地有序推进。实际上，大量的历史事件是在纵横交错中发生作用，逐渐完成的。尤其是重大历史转折时期，尤为如此。

这里，我们就尝试着用历史编年的叙事方式，来展现一下这段历史，让读者感受到当年这些历史的推动者和决策者，是多么地不容易。

当时的中国人，是怀着喜悦的心情进入 1979 年的。这一年，已经有一些新气象、新变化、新开端，正在酝酿着重大调整与变化。

争取祖国和平统一的新开端。元旦这一天，《中华人民共和国全国人民代表大会常务委员会告台湾同胞书》发表，郑重宣告："中国政府已经命令人民解放军从今天起停止对金门等岛屿的炮击。"从 1958 年起实行了 20 年的对金门等岛屿的炮击，戛然而止。更重要的，是提出了实现两岸通商通邮通航，争取实现祖国和平统一的大政方针。祖国统一的新的历史时期，由此到来。

同一天，邓小平在全国政协举行的座谈会上讲话，表示："这是个不平凡的日子。说它不平凡，不同于过去的元旦，有三个特点：第一，是我们全国工作的着重点转移到四个现代化建设上来了；第二，中美关系实现了正常化；第三，把台湾归回祖国、完成祖国统一的大业提到具体的日程上来了。"①

对外开放的起步。1 月 17 日，邓小平同胡厥文、胡子昂、荣毅仁等工商界领导人谈话。他表示，一直在考虑怎样做到既要搞得快点，又要不重犯 1958 年"大跃进"的错误。进而提出："现在搞建设，门路要多一点，可以利用外国的资金和技术，华侨、华裔也可以回来办工厂。吸收外资可以采取补偿贸易的方法，也可以搞合营，先选择资金周转快的行业做起。"② 同月，中共中央和国务院做出决策，在广东蛇口设立工业区，成为全国第一个按照对外开放模式运行的工业区。

4 月，中央工作会议期间，广东省委向中央提出，希望允许在深圳、珠海、汕头举办出口加工区。福建省委也提出类似的想法。邓小平明确表态："中央没有钱，可以给些政策，你们自己去搞，杀出一

---

① 《邓小平文选》第 2 卷，人民出版社 1994 年版，第 154 页。
② 《邓小平文选》第 2 卷，人民出版社 1994 年版，第 156 页。

条血路来。"① 7月15日，中共中央、国务院批转了广东省委、福建省委的报告。

国民经济调整的起步。 1月6日，邓小平同余秋里、方毅、谷牧、康世恩谈经济建设方针问题。针对当时的"大干快上"指出：现在国内外都担心我们借外债的偿还能力问题，这个问题不能不考虑。因此，我们对经济建设的方针、规划要进行一些调整，先搞那些容易搞、见效快、能赚钱、创外汇多的，宁肯减少一些钢铁厂和一些大项目。还说：对今明两年的计划，陈云同志提了意见，这个意见很重要。请计委再作考虑。有些指标要压缩一下，不然不踏实、不可靠。② 4月5日至28日召开的中央工作会议上，正式通过对国民经济实行"调整、改革、整顿、提高"方针。这次国民经济调整工作，到1981年12月宣告完成，为中共十二大开始全面开创社会主义现代化建设的新局面打下了很好的基础。

提出"四项基本原则"。 3月30日，邓小平在理论务虚会上受中共中央委托发表讲话，针对否定中国共产党领导、否定社会主义道路、否定毛泽东思想的错误思潮，指出："中央认为，我们要在中国实现四个现代化，必须在思想政治上坚持四项基本原则。这是实现四个现代化的根本前提。这四项是：第一，必须坚持社会主义道路；第二，必须坚持无产阶级专政；第三，必须坚持共产党的领导；第四，必须坚持马列主义、毛泽东思想。"③

---

① 中共中央党史研究室：《中国共产党的九十年》（改革开放和社会主义现代化建设新时期），中共党史出版社、党建读物出版社2016年版，第702页。

② 参见冷溶、汪作玲主编《邓小平年谱（1975—1997）》（上），中央文献出版社2004年版，第465、466页。

③ 《邓小平文选》第2卷，人民出版社1994年版，第165页。

社会主义民主与法制开始加强。6月18日至7月1日召开的五届全国人大二次会议，通过了包括《地方各级人民代表大会和地方各级人民政府组织法》《中外合资经营企业法》在内的7部法律。会议期间，邓小平对外宾表示："这次会议以后，要接着制定一系列的法律。我们的民法还没有，要制定；经济方面的很多法律，比如工厂法等等，也要制定。我们的法律是太少了，成百个法律总要有的，这方面有很多工作要做，现在只是开端。"①

部分地区农民在农村改革中先走一步。据1978年统计，全国还有2.5亿人口没有解决温饱问题。② 这部分人口，大多数集中在农村。9月25日至28日召开的中共十一届四中全会，做出《中共中央关于加快农业发展若干问题的决定》。在此之前，安徽省凤阳县小岗村农民创造了"包干到户"的做法，其他一些省份也先后采取类似做法，拉开了农村改革的序幕。这个决定尽管还有"除某些副业生产的特殊需要和边远山区、交通不便的单家独户外，也不要包产到户"的规定，但总的精神是强调："我们的一切政策是否符合发展生产力的需要，就是要看这种政策能否调动劳动者的生产积极性。""除有法律规定者外，不得用行政命令的方法强制社、队执行，应该允许他们在国家统一计划的指导下因时因地制宜，保障他们在这方面的自主权，发挥他们的主动性。"③ 这为发挥亿万农民的创造精神敞开了大门。

提出"建设高度的社会主义精神文明"。10月30日，邓小平在

---

① 《邓小平文选》第2卷，人民出版社1994年版，第189页。
② 中共中央党史研究室：《中国共产党的九十年》（改革开放和社会主义现代化建设新时期），中共党史出版社、党建读物出版社2016年版，第688页。
③ 《三中全会以来重要文献选编》（上），中央文献出版社2011年版，第162、161、176页。

中国文学艺术工作者第四次代表大会上发表祝词,首次提出"两个文明"的思想,指出:"我们要在建设高度物质文明的同时,提高全民族的科学文化水平,发展高尚的丰富多彩的文化生活,建设高度的社会主义精神文明。"①

提出建设小康社会的奋斗目标。鉴于在社会主义现代化建设上,存在目标过高、要求过急的问题,邓小平提出要实现"中国式的现代化",强调"中国式的现代化,必须从中国的特点出发"②。12月6日,邓小平在会见日本首相大平正芳时,提出:"我们的四个现代化的概念,不是像你们那样的现代化的概念,而是'小康之家'。到本世纪末,中国的四个现代化即使达到了某种目标,我们的国民生产总值人均水平也还是很低的。"③ 不久,他还谈道:"既要有雄心壮志,也要脚踏实地。也许目标放低一点好,可以超过它。"④ 这标志着,在对社会主义现代化建设宏伟蓝图的顶层设计和指导思想上,开始酝酿重大调整。

1980年6月30日至7月23日,邓小平还到陕西、四川、湖北、河南等地调研。他说:"这次出来到几个省看看,最感兴趣的是两个问题,一个是如何实现农村奔小康,达到人均一千美元,一个是选拔青年干部。对如何实现小康,我作了一些调查,让江苏、广东、山东、湖北、东北三省等省份,一个省一个省算账。我对这件事最感兴

---

① 《邓小平文选》第2卷,人民出版社1994年版,第208页。
② 《邓小平文选》第2卷,人民出版社1994年版,第164页。
③ 《邓小平文选》第2卷,人民出版社1994年版,第237页。
④ 冷溶、汪作玲主编:《邓小平年谱(1975—1997)》(上),中央文献出版社2004年版,第586页。

趣。八亿人口能够达到小康水平，这就是一件很了不起的事情。"①由此可见实现"小康"，在邓小平心中的地位。

此外，在这一年里，还在全国政协五届二次会议上明确了新时期统一战线和政协工作的基本方针，通过纪念新中国成立30周年对新中国成立后的经验教训做了初步总结。

1980年，是以拨乱反正迈出决定性步伐载入史册的。

明确提出三项战略任务。1月16日，邓小平在中共中央召集的干部会议上发表《目前的形势和任务》的讲话，明确提出80年代要做的三件大事。第一件事，是在国际事务中反对霸权主义，维护世界和平。第二件事，是台湾归回祖国，实现祖国统一。第三件事，要加紧经济建设，就是加紧四个现代化建设。他特别强调："三件事的核心是现代化建设。这是我们解决国际问题、国内问题的最主要的条件。一切决定于我们自己的事情干得好不好。我们在国际事务中起的作用的大小，要看我们自己经济建设成就的大小。"② 这三件大事，从提出之日起，一直延续至今，成为实现中华民族伟大复兴中国梦的三件大事。③

干部年轻化、专业化提上日程。1月1日，邓小平在参加全国政协举行的新年茶话会上的讲话里，就把"要建立一支坚持社会主义道路的、有专业知识的干部队伍"④ 作为80年代四件大事之一。同月，

---

① 冷溶、汪作玲主编：《邓小平年谱（1975—1997）》（上），中央文献出版社2004年版，第659页。

② 《邓小平文选》第2卷，人民出版社1994年版，第240页。

③ 2017年10月18日，习近平总书记在中共十九大上所作政治报告《决胜全面建成小康社会 夺取新时代中国特色社会主义伟大胜利》的结束语中，依然强调："为实现推进现代化建设、完成祖国统一、维护世界和平与促进共同发展三大历史任务"而奋斗。变化的只是提法与先后次序。

④ 冷溶、汪作玲主编：《邓小平年谱（1975—1997）》（上），中央文献出版社2004年版，第588页。

在中央政治局会议讨论《关于党内政治生活的若干准则》时，他提出，要加这么一条：要有一支具有专业知识的干部队伍。[①] 在正式通过的文件里，这一内容写入了第十二条。

2月26日，邓小平在中央政治局常委会上，详细谈了他对党中央逐步实现年轻化的总体设想。他说："对于中央政治局常委中岁数大的同志，我总的倾向是，包括我在内，慢慢脱钩，以后逐步增加比较年轻的、身体好的、年轻力壮的人。这是一个总的决策。全国人大[②]以后，陈云同志、先念同志和我都不兼副总理了，逐步地、慢慢地推一些年轻的、身体好的同志在第一线。建立书记处的目的也是这个意思，书记处作为第一线。中央政治局成员，我倾向在相当一个时期内岁数大一点、人数稍微多一点也可以，因为有书记处了。老同志可以在政治局里发挥作用。以后的人事安排要慢慢年轻化。我们这些人是安排后事的问题，不再放到第一线了。当然，这也要根据实际情况和实际可能。我自己定了个奋斗目标，时间定在1985年，就是要办一件事，精心地选拔身体比较好的，比较年轻的同志上来搞事情。这次全会[③]开始注意这件事，但没有做完，还要继续做。"

邓小平规划的这项工作，到1985年9月18日至23日召开的中共

---

① 冷溶、汪作玲主编：《邓小平年谱（1975—1997）》（上），中央文献出版社2004年版，第596页。

② 指1980年8月30日至9月10日召开的五届全国人大三次会议。会议通过决议，接受华国锋辞去国务院总理职务，邓小平、李先念、陈云、徐向前、王震、王任重辞去国务院副总理职务的请求。

③ 指1980年2月23日至29日举行的中共十一届五中全会。这次全会决定重新设立中央书记处，选举胡耀邦为中央委员会总书记，选举万里、王任重、方毅、谷牧、宋任穷、余秋里、杨得志、胡乔木、胡耀邦、姚依林、彭冲为中央书记处书记。

全国代表会议，圆满告一阶段。一批老同志不再担任中央委员会委员①、中央顾问委员会委员②、中央纪律检查委员会委员③；会议以无记名投票方式，增选中央委员56人，候补委员35人；还以同样方式增选了中央顾问委员会委员和中央纪律检查委员会委员。用陈云在会上的讲话说："经过反复考察，一批优秀的中青年同志，被选进了中央和地方的各级领导班子。""这是近几年来，我们党反复强调的一项重要工作。"④

彻底纠正冤假错案，重建党内政治纪律和政治规矩。2月23日至29日召开的中共十一届五中全会，作了两个非常重要的决定，一是通过《关于党内政治生活的若干准则》，二是通过《关于为刘少奇同志平反的决议》。前者，总结新中国成立以来党内政治生活方面的成功经验与教训，把被"文化大革命"严重破坏的党内制度规矩重新确

---

① 不再担任中央委员、候补中央委员的64位老同志是：叶剑英、邓颖超、徐向前、聂荣臻、乌兰夫、王震、韦国清、李德生、宋任穷、张廷发、于桑、马文瑞、王谦、王六生、王金山、王恩茂、王鹤寿、白栋材、朱穆之、任仲夷、刘震、刘华清、刘志坚、刘明辉、刘复之、许家屯、孙大光、孙国治、李锐、李化民、李启明、杨易辰、肖全夫、汪东兴、张震、张爱萍、张铚秀、陈伟达、陈国栋、林乎加、周子健、郑三生、赵守一、赵苍璧、胡立教、洪学智、袁宝华、钱学森、铁瑛、高厚良、黄华、黄新廷、康克清、梁必业、梁灵光、蒋南翔、韩先楚、覃应机、鲁大东、谢振华、廖汉生、谭友林、谭启龙、谭善和。

② 不再担任中顾委委员的36位老同志是：李井泉、肖劲光、何长工、傅钟、万毅、王必成、王尚荣、区梦觉、方志纯、帅孟奇、冯铉、刘晓、李达、李贞、李卓然、李楚离、杨尚奎、杨献珍、张苏、张令彬、张启龙、张维桢、范式人、林铁、周扬、周里、奎璧、钟汉华、钟期光、袁任远、夏衍、钱之光、郭化若、黄欧东、詹才芳、魏文伯。

③ 不再担任中央纪委委员的31位老同志是：黄克诚、王从吾、李昌、马国瑞、蔡顺礼、王凌、王尧山、王鹤峰、毛铎、朱绍清、刘英、刘汉生、严克伦、李耀、吴信泉、张海峰、陈坦、林一心、金昭典、段云、饶正锡、徐深吉、郭建、唐延杰、黄民伟、曹广化、曹幼民、彭儒、谭申平、塞先任、戚元靖。

④ 《陈云文选》第3卷，人民出版社1995年版，第349页。

立起来，并根据新的形势加以发展完善，对于当时恢复和健全党内民主、维护党的集中统一、严肃党的纪律、促进党的团结，实现政治上、思想上、组织上、作风上的拨乱反正，实现全党工作中心的转移，发挥了极其重要的作用。后者，为"文化大革命"中最大的冤假错案平反，恢复刘少奇作为伟大的马克思主义者和无产阶级革命家、党和国家的主要领导人之一的名誉，并为受到牵连的近3万人平反昭雪，极大地推动全国平反冤假错案工作进程。到1982年底，这项工作基本结束，共纠正300多万干部的冤假错案，为47万多党员恢复了党籍。与此同时，被错划为右派的54万多人得到改正，并恢复了政治名誉。①

正式启动第二个历史决议起草工作。3月19日，邓小平同胡耀邦、胡乔木、邓力群谈话，对起草第二个历史决议提出三点要求。第一，确立毛泽东同志的历史地位，坚持和发展毛泽东思想。这是最核心的一条。第二，对中华人民共和国成立三十年以来历史上的大事，哪些是正确的，哪些是错误的，要进行实事求是的分析，包括一些负责同志的功过是非，要做出公正的评价。第三，通过这个决议对过去的事情做个基本的总结。还是过去的话，这个总结宜粗不宜细。总结过去是为了引导大家团结一致向前看。争取在决议通过以后，党内、人民中间思想得到明确，认识得到一致，历史上重大问题的议论到此基本结束。② 这个意见，对起草第二个历史决议，起了一锤定乾坤的作用。

农村改革迅速推开。5月31日，邓小平同胡乔木、邓力群谈话，

---

① 中共中央党史研究室：《中国共产党的九十年》（改革开放和社会主义现代化建设新时期），中共党史出版社、党建读物出版社2016年版，第669页。

② 《邓小平文选》第2卷，人民出版社1994年版，第291、292页。

充分肯定安徽省肥西县、凤阳县等地农村实行包产到户的做法。指出："农村政策放宽以后,一些适宜搞包产到户的地方搞了包产到户,效果很好,变化很快。安徽肥西县绝大多数生产队搞了包产到户,增产幅度很大。'凤阳花鼓'中唱的那个凤阳县,绝大多数生产队搞了大包干,也是一年翻身,改变面貌。有的同志担心,这样搞会不会影响集体经济。我看这种担心是不必要的。我们总的方向是发展集体经济。实行包产到户的地方,经济的主体现在也还是生产队。这些地方将来会怎么样呢?可以肯定,只要生产发展了,农村的社会分工和商品经济发展了,低水平的集体化就会发展到高水平的集体化,集体经济不巩固的也会巩固起来。关键是发展生产力,要在这方面为集体化的进一步发展创造条件。"他特别强调,要为农村发展创造四个条件:机械化水平提高;管理水平提高;多种经营发展;集体收入增加。他还指出:"总的说来,现在农村工作中的主要问题还是思想不够解放。"[1]

根据邓小平的意见,9月14日至22日召开的各省市自治区党委第一书记座谈会形成《关于进一步加强和完善农业生产责任制的几个问题》,指出:"在党的三中全会精神鼓舞下,两年来,各地干部和社员群众从实际出发,解放思想,大胆探索,建立了多种形式的生产责任制,总起来可分为两类:一类是小段包工,定额计酬;一类是包工包产,联产计酬。实行结果,多数增产,并且摸索到一些新的经验。特别是出现了专业承包联产计酬责任制,更为社员所欢迎。这是一个很好的开端。"[2] 9月27日,中共中央转发这个文件,要求各地及时组织传达讨论,澄清思想,统一认识,结合当地具体情况贯彻执行。

---

[1] 《邓小平文选》第2卷,人民出版社1994年版,第315、316页。
[2] 《三中全会以来重要文献选编》(上),中央文献出版社2011年版,第472页。

农村改革，是亿万农民的伟大创造，同时又极大地推动了农业生产发展，为改革向城市拓展并实现全方位展开铺平了道路。

郑重提出党和国家领导体制改革问题。8月18日，邓小平在中共中央政治局扩大会议上，发表《党和国家领导制度的改革》讲话。8月30日，中央政治局会议讨论通过这篇讲话。9月11日，中共中央将这篇讲话正式印发。邓小平指出：党和国家现行的一些具体制度中，还存在不少的弊端，妨碍甚至严重妨碍社会主义优越性的发挥。从党和国家的领导制度、干部制度方面来说，主要的弊端就是官僚主义现象，权力过分集中的现象，家长制现象，干部领导职务终身制现象和形形色色的特权现象。我们过去发生的各种错误，固然与某些领导人的思想、作风有关，但是组织制度、工作制度方面的问题更重要。这些方面的制度好可以使坏人无法任意横行，制度不好可以使好人无法充分做好事，甚至会走向反面。他特别强调："领导制度、组织制度问题更带有根本性、全局性、稳定性和长期性。这种制度问题，关系到党和国家是否改变颜色，必须引起全党的高度重视。"[1]改革党和国家领导制度及其他制度，是为了充分发挥社会主义制度的优越性，加速现代化建设事业的发展。我们进行社会主义现代化建设，是要在经济上赶上发达的资本主义国家，在政治上创造比资本主义国家的民主更高更切实的民主，并且造就比这些国家更多更优秀的人才。党和国家的各种制度究竟好不好，完善不完善，必须用是否有利于实现这三条来检验。

邓小平在讲话中，还提出了当前推进党和国家领导制度改革的重大改革措施。一是十一届五中全会决定成立书记处，中共中央已经迈

---

[1] 《邓小平文选》第2卷，人民出版社1994年版，第333页。

出第一步。二是这次国务院领导成员的变动，是改善政府领导制度的第一步。① 准备继续推进的，还有6项重大改革：第一，中央将向五届人大三次会议提出修改宪法的建议。第二，中央正在考虑再设立一个顾问委员会。第三，真正建立从国务院到地方各级政府从上到下的强有力的工作系统。第四，有准备有步骤地改变党委领导下的厂长负责制、经理负责制，经过试点，逐步推广、分别实行工厂管理委员会、公司董事会、经济联合体的联合委员会领导和监督下的厂长负责制、经理负责制。还有党委领导下的校长、院长、所长负责制等，也考虑有准备有步骤地加以改革。第五，各企业事业单位普遍成立职工代表大会或职工代表会议。第六，各级党委要真正实行集体领导和个人分工负责相结合的制度。②

他特别强调："改革党和国家的领导制度，不是要削弱党的领导，涣散党的纪律，而正是为了坚持和加强党的领导，坚持和加强党的纪律。""问题是党要善于领导；要不断地改善领导，才能加强领导。"③

他还表示："毛泽东同志和其他已经去世的老一辈革命家，没有能够完成这个任务。这个担子已经落在我们的肩上。""这个任务，我们这一代人也许不能全部完成，但是，至少我们有责任为它的完成奠定巩固的基础，确立正确的方向。我相信，这一点是一定可以做到的。"④

提出扩大企业自主权。高度集中的计划经济体制的突出弊端，是企业经营缺乏必要的自主权。邓小平多次提出，要按照经济规律管理

---

① 《邓小平文选》第2卷，人民出版社1994年版，第321页。
② 参见《邓小平文选》第2卷，人民出版社1994年版，第339—341页。
③ 参见《邓小平文选》第2卷，人民出版社1994年版，第341、342页。
④ 参见《邓小平文选》第2卷，人民出版社1994年版，第342—343页。

经济，并要求多向日本企业学习管理经验。7月17日至20日，他在同胡耀邦等谈制定"六五"计划和长远规划的一些基本设想时提出要搞公司制，"公司完全按照经济办法搞，要有独立经营权、用人权。要用经济的办法管理经济，不然就是吃大锅饭"。"不能什么都靠上级推动，而应当运用经济杠杆。"①

9月2日，国务院批转国家经委《关于扩大企业自主权试点工作情况和今后意见的报告》，决定从1981年起把扩大企业自主权的工作，在国营工业企业中全面推开，使企业在人财物、产供销等方面，拥有更大的自主权。在此之前，扩大企业自主权试点工作已进行了一年，各省、市、自治区试点企业有6600多个。②与此同时，自1979年6月18日至7月1日五届全国人大二次会议以来，国务院有关部门已经和正在起草的经济法规达到70多个。③

在关键时刻科学评价毛泽东和毛泽东思想的历史地位和历史贡献。8月21日和23日，邓小平应邀接受了意大利记者奥琳埃娜·法拉奇采访。在回答"天安门上的毛主席像，是否要永远保留下去？"时，邓小平斩钉截铁地说："尽管毛主席过去有段时间也犯了错误，但他终究是中国共产党、中华人民共和国的主要缔造者。拿他的功和过来说，错误毕竟是第二位的。他为中国人民做的事情是不能抹杀的。从我们中国人民的感情来说，我们永远把他作为我们党和国家的缔造者来纪念。"④他还明确表示："我们不会像赫鲁晓夫对待斯大林

---

① 冷溶、汪作玲主编：《邓小平年谱（1975—1997）》（上），中央文献出版社2004年版，第656、657页。
② 《人民日报》1980年9月7日第1版。
③ 《人民日报》1980年9月3日第1版。
④ 《邓小平文选》第2卷，人民出版社1994年版，第344页。

那样对待毛主席。"① 他还指出，很多问题是由制度造成的。"我们这个国家有几千年封建社会的历史，缺乏社会主义的民主和社会主义的法制。现在我们要认真建立社会主义的民主制度和社会主义法制。只有这样，才能解决问题。"② 这就表明：第一，中国共产党决不会全盘否定毛泽东、全盘否定毛泽东思想、全盘否定新中国成立以来党和国家的历史；第二，中国共产党决不会就史论史、就事论事，而要以史为鉴，把成功经验和失误教训转化为推动社会主义改革的宝贵财富和强大动力。这篇讲话，为正在起草讨论之中的第二个历史决议指明了正确方向。

公开审判林彪、江青反革命集团案主犯。1980年11月20日至1981年1月25日，最高人民法院特别法庭开庭公审林彪、江青反革命集团案主犯。

1981年，对于处于关键时刻的全面拨乱反正和推进改革开放来说，都是至关重要的。最突出的两大成果，一是系统总结新中国成立以来党的历史，对新中国成立以来的重大历史问题做出结论，二是比较系统地提出改革开放的指导方针。这两件大事，都是由第二个历史决议的通过完成的。这本身就体现了邓小平的主张：总结历史，是为了团结一致向前看。

第二个历史决议，是在中共中央政治局、中央书记处领导下，由邓小平、胡耀邦主持进行的。起草小组主要由胡乔木负责。③ 邓小平在其中起了关键性作用。

中共中央对起草第二个历史决议，采取了非常慎重的态度。起草

---

① 《邓小平文选》第2卷，人民出版社1994年版，第347页。
② 《邓小平文选》第2卷，人民出版社1994年版，第348页。
③ 参见《邓小平文选》第2卷，人民出版社1994年版，第291页题解。

组根据邓小平的意见反复修改后，1980年10月中旬至11月下旬，根据中央政治局决定，将修改后的讨论稿在党内4000人范围内展开讨论。随后，又经过反复修改，直到1981年3月18日，邓小平在同《历史决议》起草小组负责同志的谈话中明确表示："决议稿的轮廓可以定下来了。"[1] 这以后，起草工作转入进一步征求意见和完善阶段。1981年3月至4月，先后提交中央政治局、中央书记处和老干部40多人讨论。同年5月，又提交中央政治局扩大会议讨论。随后，提交中共十一届六中全会预备会议讨论。经过充分讨论修改后，6月27日至29日召开的中共十一届六中全会，通过了《关于建国以来党的若干历史问题的决议》（即"第二个历史决议"）。全会发表的公报说："这次会议将以在党的指导思想上完成拨乱反正的历史任务而载入史册。"[2] 这一点，早已被历史所证明。

具体来说，第二个历史决议有三个最重要的历史贡献。

第一，既全面纠正了新中国成立以来所犯的错误，又充分肯定了新中国历史的主流和本质。第二个历史决议，坚持马克思主义的历史唯物主义和唯物辩证法，充分体现实事求是优良传统，从根本上否定了"文化大革命"和"无产阶级专政下继续革命"的错误理论，对一些重大历史事件和重要历史人物做出了实事求是的评价，科学总结了新中国成立以来社会主义革命和社会主义建设的历史经验。强调中国共产党在新中国成立以后的历史，总的来说是在马克思列宁主义、毛泽东思想指导下，领导全国各族人民进行社会主义革命和社会主义建设并取得巨大成就的历史。"我们的成就和成功经验是党和人民创造性地运用马克思列宁主义的结果，是社会主义制度优越性的表现，

---

[1] 《邓小平文选》第2卷，人民出版社1994年版，第302页。
[2] 《人民日报》1981年6月30日第1版。

是全党和全国各族人民继续前进的基础。'坚持真理，修正错误'，这是我们党必须采取的辩证唯物主义的根本立场。"①

第二，既勇敢地纠正了毛泽东的晚年错误，特别是"无产阶级专政下继续革命"的错误理论与实践，又实事求是地科学评价毛泽东同志的卓越历史贡献和毛泽东思想指导地位。第二个历史决议指出："毛泽东同志是伟大的马克思主义者，是伟大的无产阶级革命家、战略家和理论家。他虽然在'文化大革命'中犯了严重错误，但是就他的一生来看，他对中国革命的功绩远远大于他的过失。他的功绩是第一位的，错误是第二位的。他为我们党和中国人民解放军的创立和发展，为中国各族人民解放事业的胜利，为中华人民共和国的缔造和我国社会主义事业的发展，建立了永远不可磨灭的功勋。他为世界被压迫民族的解放和人类进步事业作出了重大的贡献。"还郑重指出："毛泽东思想是马克思列宁主义在中国的运用和发展，是被实践证明了的关于中国革命的正确的理论原则和经验总结，是中国共产党集体智慧的结晶。"特别强调："我们必须珍视半个多世纪以来在中国革命和建设过程中把马克思列宁主义普遍原理和中国实际相结合的一切积极成果，在新的实践中运用和发展这些成果，以符合实际的新原理和新结论丰富和发展我们党的理论，保证我们的事业沿着马克思列宁主义、毛泽东思想的科学轨道继续前进。"②

第三，深刻总结新中国成立以来的全部历史经验，将沉痛教训转化为宝贵财富，形成中国特色社会主义的雏形。第二个历史决议指出："三中全会以来，我们党已经逐步确立了一条适合我国情况的社

---

① 《三中全会以来重要文献选编》（下），中央文献出版社2011年版，第132页。
② 《三中全会以来重要文献选编》（下），中央文献出版社2011年版，第155—156、166页。

会主义现代化建设的正确道路。这条道路还将在实践中不断充实和发展，但是它的主要点，已经可以从建国以来正反两方面的经验、特别是'文化大革命'的教训中得到基本的总结。"①（一）在社会主义改造基本完成以后，我国所要解决的主要矛盾，是人民日益增长的物质文化需要同落后的社会生产之间的矛盾。（二）社会主义经济建设必须从我国国情出发，量力而行，积极奋斗，有步骤分阶段地实现现代化的目标。（三）社会主义生产关系的变革和完善必须适应于生产力的状况，有利于生产的发展。其中特别强调："社会主义生产关系的发展并不存在一套固定的模式，我们的任务是要根据我国生产力发展的要求，在每一个阶段上创造出与之相适应和便于继续前进的生产关系的具体形式。"② 这里提出了改革理论的雏形。（四）在剥削阶级作为阶级消灭以后，阶级斗争已经不是主要矛盾。由于国内的因素和国际的影响，阶级斗争还将在一定范围内长期存在，在某种条件下还有可能激化。（五）逐步建设高度民主的社会主义政治制度，是社会主义革命的根本任务之一。（六）社会主义必须有高度的精神文明。（七）改善和发展社会主义的民族关系，加强民族团结，这对于我们这个多民族国家具有重大意义。（八）在战争危险依然存在的国际条件下，必须加强现代化的国防建设。国防建设要同国家的经济建设相适应。（九）在对外关系上，必须继续坚持反对帝国主义、霸权主义、殖民主义和种族主义，维护世界和平。（十）根据"文化大革命"的教训和党的现状，必须把我们党建设成为具有健全的民主集中制的党。这十条总结，实际上形成了邓小平理论的雏形，同时也是中国特色社会主义理论体系的雏形。由此，再次彰显了总结历史与开辟未来

---

① 《三中全会以来重要文献选编》（下），中央文献出版社2011年版，第168页。
② 《三中全会以来重要文献选编》（下），中央文献出版社2011年版，第169页。

的内在逻辑，彰显了坚持真理与理论创新的内在联系。正因为如此，决议中充满自信地指出："我们党对社会主义革命和建设的认识程度，显然超过了建国以来任何一个时期的水平。"[1] 决议还初步提出社会主义初级阶段理论[2]。

第二个历史决议，实际上起到了从"文化大革命"历史迷雾和历史误区中重现改革开放蓬勃生机的作用，在总结历史、结束历史与找到新路、开辟未来之间搭起了一座从胜利走向新的胜利的桥梁，为1982年9月胜利召开中共十二大准备了各方面的条件。

在中共十二大召开之前，还发生了几件对后来影响深远的事情。

一是1981年2月28日，中共中央宣传部、教育部、文化部、卫生部、公安部联合发出《关于开展文明礼貌活动的通知》。《通知》肯定全国总工会、共青团中央、全国妇联等9个单位发出的倡议，开展以讲文明、讲礼貌、讲卫生、讲秩序、讲道德和心灵美、语言美、行为美、环境美为主要内容的"五讲四美"文明礼貌活动。认为"这是我国社会主义精神文明建设的一项重要工作和具体形式"[3]。由此开了社会主义精神文明创建活动的先河。

二是1981年7月31日，国务院批准《关于在湖北省沙市市进行经济体制改革综合试点的报告》。沙市市成为第一个经济体制改革综合试点城市。展示了经济体制改革向城市延伸的动向。

三是1981年9月17日至19日，邓小平在华北某地观看中国人民解放军北京军区和空军部队举行的合成军军事演习，并在检阅参加演

---

[1] 《三中全会以来重要文献选编》（下），中央文献出版社2011年版，第173页。

[2] 参见《三中全会以来重要文献选编》（下），中央文献出版社2011年版，第167页。

[3] 《三中全会以来重要文献选编》（下），中央文献出版社2011年版，第65页。

习部队时讲话，提出"把我军建设成为一支强大的现代化、正规化的革命军队"的目标①。拉开了精兵强军的国防和军队现代化改革帷幕。

四是1982年1月11日，邓小平在会见美国华人协会主席李耀滋时，首次完整提出"一个国家两种制度"的概念②。出现了用"一国两制"实现祖国统一的新构想。

五是1982年1月13日，邓小平在中共中央政治局会议讨论精简机构时，发表重要讲话，完整提出"实现干部队伍的革命化、年轻化、知识化、专业化"的要求。他强调："所有老干部都要认识，实现干部队伍的革命化、年轻化、知识化、专业化，是革命和建设的战略需要，也是我们老干部的最光荣最神圣的职责；是我们对党的最后一次历史性贡献，也是对我们每个人党性的一次严重考验。所以，这件事情必须解决，而且早就应该解决。"③

◇ 从十二大到十三大

1982年9月1日至11日，对改革开放产生深远影响的中国共产党第十二次全国代表大会隆重举行。

同1978年12月中共十一届三中全会实行伟大历史转折之时相比，此刻的国内外形势都发生了重大变化。

就国内来说，拨乱反正的繁重任务已经完成，党和国家完全可以

---

① 《邓小平文选》第2卷，人民出版社1994年版，第395页。

② 冷溶、汪作玲主编：《邓小平年谱（1975—1997）》（下），中央文献出版社2004年版，第797页。

③ 《邓小平文选》第2卷，人民出版社1994年版，第396页。

集中精力面向未来。作为国民经济与民生基础的农业，出现了前所未有的繁荣景象。通过恢复和扩大农村社队的自主权，恢复自留地、家庭副业、集体副业和集市贸易，逐步实行各种形式联产计酬的生产责任制，提高粮食和其他部分农产品的收购价格，随后又解决了多种经营的方针问题，从而使农业面貌很快发生显著变化，由原来的停滞不前变得欣欣向荣。

中国是个人口大国，"无粮不稳"，"手中有粮，心中不慌"的特点格外鲜明。农业稳了，民生稳民心也稳，政治才能安定。农业改革的成功，为进一步改革发展奠定了坚实基础。

就国际形势来说，尽管中苏关系还没有出现缓和，但中美建交、中日关系迅速发展，中国同西欧发达国家关系发展，国内改革发展创造了极为有利的国际环境。

没有了历史包袱，农业打牢了稳定的基础，国际环境又十分有利，这些都使得中共十二大能够集中精力解决国内改革发展的重大问题。在这方面，中共十二大为后来的改革发展做出了三大历史性贡献。

第一，为改革发展提出了"建设有中国特色的社会主义"这个鲜明的时代主题。这是由邓小平在1982年9月1日大会开幕词中提出的。他指出："把马克思主义的普遍真理同我国的具体实际结合起来，走自己的道路，建设有中国特色的社会主义，这就是我们总结长期历史经验得出的基本结论。"① 他特别强调三个立足点。一是独立自主、自力更生。"任何外国不要指望中国做他们的附庸，不要指望中国会吞下损害我国利益的苦果。"二是"坚定不移地实行对外开放政策，

---

① 《邓小平文选》第3卷，人民出版社1993年版，第3页。

在平等互利的基础上积极扩大对外交流"。三是"坚决抵制外来腐朽思想的侵蚀,决不允许资产阶级生活方式在我国泛滥"。①

第二,提出了到20世纪末20年发展目标和两步走战略部署。在不断提高经济效益的前提下,力争使全国工农业的年总产值翻两番,即由1980年的7100亿元增加到2000年的2.8万亿元左右②。到那时,我国国民收入总额和主要工农业产品的产量将居于世界前列,城乡人民的收入将成倍增长,人民的物质文化生活可以达到小康水平,经济实力和国防实力将大为增强。还提出,为了实现二十年的奋斗目标,在战略部署上要分两步走:前十年主要是打好基础,积蓄力量,创造条件,后十年要进入一个新的经济振兴时期。③

同时,确定了社会主义现代化的以下重大方针:一是"我们在建设高度物质文明的同时,一定要努力建设高度的社会主义精神文明"。二是"建设高度的社会主义民主,是我们的根本目标和根本任务之一"。三是"把党建设成为领导社会主义现代化事业的坚强核心"。④以上这些方针,为改革开放和社会主义现代化建设始终沿着正确方向进行,提供了根本保证。

第三,制定了新的党章。原有的党章,受到"文化大革命"错误理论和实践的影响。中共十二大通过的《中国共产党章程》清除了"左"的错误,继承和发展党的七大和八大党章的优点,成为现行党章的基础。后来,中国共产党历次全国代表大会通过的党章修正案,

---

① 《邓小平文选》第3卷,人民出版社1993年版,第3页。
② 这个指标是按照当时的指标体系,即以工农业总产值来衡量的。后来,国民经济指标体系发生变化,改由国内生产总值取代了工农业总产值指标。按照国内生产总值衡量,1980年国内生产总值为4587.6亿元人民币,2000年达到100280.1亿元人民币。
③ 《十二大以来重要文献选编》(上),人民出版社1986年版,第14、16页。
④ 《十二大以来重要文献选编》(上),人民出版社1986年版,第25、33、47页。

都是以中共十二大通过的这部党章为基础的。

中共十二大后，完成的又一件为改革开放和社会主义现代化建设打下长远发展基础的事情，就是制定了1982年宪法。

这项工作，在1981年9月9日邓小平同外宾的谈话中就已经提出。他表示：过去我们有一个比较完备的宪法，就是1954年通过的宪法。我们现在就是以它作为基础来修改。设国家主席问题是这次修改宪法的一个重要内容，同时还有其他一些重要内容，但都比较好处理。因为我们从1978年12月党的十一届三中全会以来，一系列的方针、政策已经确立下来，而且已经见效了。两年多的时间证明，我们的路线、方针、政策符合中国的国情，是行之有效的，当然可以反映到宪法中去。中国要搞社会主义，坚持社会主义，宪法中要肯定这一点。要建设一个高度民主、高度文明的现代化的社会主义国家。四个现代化，特别是高度民主、高度文明，过去没有反映到宪法里，这次要反映进去。[①]

1982年12月4日，五届全国人大五次会议[②]通过了《中华人民共和国宪法》（通称1982年宪法）。

这部宪法，全面反映中共十一届三中全会后彻底清理"文化大革命"错误，深入总结新中国成立以来的历史经验，实行改革开放一系列重大方针和政策，使国家的政治生活、经济生活和文化生活发生巨

[①] 冷溶、汪作玲主编：《邓小平年谱（1975—1997）》（下），中央文献出版社2004年版，第768—769页。

[②] 这次会议于1982年11月26日至12月10日召开。会议还根据1982年宪法通过全国人民代表大会组织法、国务院组织法、关于修改地方各级人民代表大会和地方各级人民政府组织法的若干规定的决议、关于修改全国人民代表大会和地方各级人民代表大会选举法的若干规定的决议，审议批准《中华人民共和国国民经济和社会发展第六个五年计划》。

大变化的最新成果。同时，又继承和发展了1954年宪法的基本原则，使之成为一部有中国特色的、适应改革开放和社会主义现代化建设新时期需要的、长期稳定的新宪法。在当时，被称为"新时期治国安邦的总章程"。后来的历次修改，都是在这部现行宪法基础上进行的。

在邓小平的决策下，在邓小平等老一辈革命家的主持下，1982年相继问世的一部党章、一部宪法，一个新时期党的建设的总章程，一个新时期治国安邦的总章程，奠定了中国特色社会主义与改革发展的千秋大业。

中共十二大后，改革开放和社会主义现代化建设逐渐走上了健康发展、持续发展、稳定发展的快车道。

改革开放，成为这一时期的主题词。

它使人民实践冲破了僵化的经济体制，使经济活跃起来。社会主义商品经济以不可阻挡之势蓬勃发展，生产力获得了新的解放。

它使民族精神冲破传统社会主义观念的严重束缚，获得了新的解放，崇尚变革，勇于开拓，讲求实效，开始形成潮流。

它使当时拥有10亿人口的中国开始走上小康之路。部分地区开始向小康生活前进。还有部分地区，温饱问题尚未完全解决，但也有了改善。在农村改革成功的基础上，农村中乡镇企业异军突起，给农村带来新的希望。市场供应大为改观，初步告别过去那种消费品长期严重匮乏的局面。

在新的基础上，1987年10月25日至11月1日，中共十三大成功举行。这次大会，距离中共十一届三中全会实现伟大历史性转折已近9年，中共十二大之后又有5年，完全有条件对改革开放和社会主义现代化建设新时期形成的新道路和新理论作比较系统的总结。

从改革开放历史长周期的眼光看，中共十三大有以下历史性贡献。第一，首次系统阐述社会主义初级阶段理论，确立中国共产党在社会主义初级阶段的基本路线。第二，明确提出"我国经济建设的战略部署大体分三步走"的发展战略。第三，为坚定不移实行改革开放基本国策提出了一整套重大方针原则。

报告还从马克思主义同中国实践相结合的历史，提出了两次飞跃的重要论点，指出："马克思主义与我国实践的结合，经历了六十多年。在这个过程中，有两次历史性飞跃。第一次飞跃，发生在新民主主义革命时期，中国共产党人经过反复探索，在总结成功和失败经验的基础上，找到了有中国特色的革命道路，把革命引向胜利。第二次飞跃，发生在十一届三中全会以后，中国共产党人在总结建国三十多年来正反两方面经验的基础上，在研究国际经验和世界形势的基础上，开始找到一条建设有中国特色的社会主义的道路，开辟了社会主义建设的新阶段。"[1]

以上这些重要贡献，为改革开放提供了最为基本的理论、路线、方针依据，集中体现了中共十一届三中全会以来改革开放带来的思想解放和理论自觉的阶段性成果。

就是这样，从中共十一届三中全会后，在以邓小平同志为核心的中共中央领导集体领导和决策下，在短短的十年间，中国经历了从农村改革到城市改革，从经济体制的改革到各方面体制的改革，从对内搞活到对外开放，社会主义物质文明和精神文明建设一起抓的伟大历史进程，社会生产力得到突飞猛进的发展，人民生活得到很大的提高，国家面貌发生深刻变化。

中华民族伟大复兴，在改革开放伟大觉醒的强有力推动下，终于

---

[1] 《十三大以来重要文献选编》（上），中央文献出版社2011年版，第56页。

走上了中国特色社会主义康庄大道。

当时，包括邓小平在内，对改革开放的未来并没有十分清晰的答案，但是从切肤之痛中，特别是从对"文化大革命"的深切感受中，至少人们十分清楚地知道，什么样的事情不能再继续搞下去了。对于未来，可能还在众说纷纭；对当下，人们却能异口同声。

> 贫穷不是社会主义。
> 平均主义大锅饭，不是社会主义。
> 社会主义不能没有民主，不能没有法制。
> 社会主义要允许一部分人、一部分地区先富起来。
> 社会主义可以搞"包干制""包产到户"。

就是在这些看似最普通的认识中，在高度集中的计划经济体制中为改革开放打开了一道道缺口，在僵化的传统社会主义认识中为解放思想打开了一个个思想闸门。

这些涓涓溪水，最后汇为改革开放的海洋，归结为四个字："开放""搞活"。

第 七 章

大踏步赶上时代

经过中共十一届三中全会到中共十三大的九年发展，改革开放的大思路逐步明晰，成效也日益显著。改革开放已成为新时期最为显著的时代特征和主题词。

在社会主义各国方兴未艾的改革浪潮中，中国起步并不算早。早在20世纪50年代中期，苏联已经开始了经济体制改革。进入20世纪70至80年代，苏联和东欧各国的改革逐渐进入了关键时刻。

历史表明，社会主义国家的改革，往往会遇到两道难题。一个难题是计划（政府）与市场，一个难题是改革与稳定。计划与市场的关键，是党和政府对经济的主导权问题。改革与稳定的关键，则是党对国家和社会的领导地位问题。这两者，任何一个出了问题，都会导致灾难性后果。

中国改革的特点，虽然是由易到难，却抓住了经济体制改革的关键，即计划（政府）与市场问题，采取了循序渐进的方式。

◇ 搞活城乡经济

为巩固农村改革成果，从1982年到1984年，中央连续发出3个

"一号文件"①。到 1987 年，全国有 1.8 亿农户实行了家庭联产承包责任制，占全国农户总数的 98%。人民公社体制普遍存在的平均主义"大锅饭"弊端得以克服。人民公社体制的另一个弊端"政社合一"，在 1982 年 12 月五届全国人大五次会议通过的《中华人民共和国宪法（1982 年）》中，规定设立乡政府作为基层政权，成立村民委员会作为群众性自治组织。这为解决"政社合一"的体制问题指明了方向。1983 年 10 月 12 日，中共中央、国务院发出《关于实行政社分开建立乡政府的通知》。年底，全国各地基本完成了政社分设，建立起 9.1 万个乡（镇）政府，92.7 万个村民委员会。到 1985 年春，撤社建乡（镇）工作完成。实行了近 27 年的人民公社制度，完成了自己的历史使命。

农村改革后的又一个突破口，是从放开城乡市场开始的。它的前提条件，便是农村改革首获成功，长期短缺的农副产品有了较大的丰富，使得在保持统购统销政策基本稳定的情况下，可以逐步放开城乡集市贸易。

从 1979 年起，除粮、棉、油等重要农产品外，其他农副产品可以自由上市。1980 年又进一步放宽农副产品的购销政策，允许除棉花以外的农副产品，在完成征购、派购、计划收购任务后，可以自由运销。同时对城市商品流通体制也进行同向改革，减少工业品计划管理的品种，发展多种经济形式，采用多种购销方式，开辟多条流通渠道。通过这些改革，使得原先被计划经济体制分割的城乡市场，得以打通，开始形成城乡互相开放的商品市场流通体制。在此基础上，

---

① 这三个中央一号文件分别是：1982 年 1 月 1 日中共中央批转《全国农村工作会议纪要》；1983 年 1 月 2 日中共中央关于印发《当前农村经济政策的若干问题》的通知；1984 年 1 月 1 日《中共中央关于一九八四年农村工作的通知》。

1985年1月1日，中共中央、国务院发出《关于进一步活跃农村经济的十项政策》，即第四个"一号文件"。其中，第一项政策，便是取消了30年来农副产品统购派购的制度，郑重宣布："从今年起，除个别品种外，国家不再向农民下达农产品统购派购任务，按照不同情况，分别实行合同定购和市场收购。"[1]

在放开、搞活的政策氛围下，一个困扰政府和社会多年的老大难问题，也有了破解的渠道。这就是在"文化大革命"结束后陆续返城的上千万下乡知识青年就业问题。在原有体制下，这种就业问题，是由各级政府分配给国营企业和集体企业招工指标来完成的。但如此数量巨大的就业人员，单靠国营企业和集体企业，不可能接纳。

从1979年起，中共中央、国务院为广开劳动就业渠道、搞活经济，明确了支持城镇集体经济和个体经济发展的方针。1980年8月，中共中央召开全国劳动就业工作会议。会议提出，在解决劳动就业问题上，实行在国家统筹规划和指导下，劳动部门介绍就业、自愿组织起来就业和自谋职业相结合的方针，鼓励和扶持个体经济适当发展。8月17日，中央转发了会议形成的《进一步做好城镇劳动就业工作》文件。到1980年底，通过兴办各种类型的集体经济，包括街道办集体企业和民办集体企业，吸收全国城镇651万人就业。就业压力有所缓解。

1981年10月17日，中共中央、国务院发出《关于广开门路，搞活经济，解决城镇就业问题的若干决定》（以下简称《决定》）。通过总结前一段的实践认识到，"发展与人民生活关系密切的商业、服务性行业和消费品生产行业的前景是广阔的，解决城镇劳动就业的潜力

---

[1] 《十二大以来重要文献选编》（中），中央文献出版社2011年版，第611页。

是很大的"。一方面，要"逐步形成一套有利于发展国民经济和改善人民生活的劳动就业制度"；另一方面，要"坚决地迅速地改变那些歧视、限制、打击、并吞集体经济和个体经济的政策措施，代之以引导、鼓励、促进、扶持的政策措施"。这样，就把扩大城镇劳动就业同搞活经济结合起来。为此，《决定》强调："在社会主义公有制经济占优势的根本前提下，实行多种经济形式和多种经营方式长期并存，是我党的一项战略决策，决不是一种权宜之计。只有这样，才能搞活整个经济，较快较好地发展各项建设事业，扩大城镇劳动就业。"这实际上提出了建立与社会主义初级阶段相适应的社会主义所有制结构和基本经济制度问题。

就这样，一个逐步放开城乡集市贸易，一个扩大就业渠道、搞活经济，继农村改革成功之后，成为改革从农村向城市迅速拓展的强大助推器。

◇ 积极对外开放

对外开放，是支撑改革的另外一极，这方面也有迅速拓展。对外开放，之所以成为基本国策，一方面是因为中国需要向西方发达国家引进先进技术、先进设备、先进管理经验，引进现代化所需要的外国投资；另一方面也是由于出现了于我有利的国际环境，使我们可以抓住西方经济结构调整、经济全球化加快发展的有利时机，借鉴新加坡等国家的成功经验，运用国际通行的做法，积极拓展对外开放的方式和渠道。

在通过各种方式引进外资方面，1979 年 10 月，中国国际信托投资公司成立，其主要任务是引导、吸收和运用外国的资金，引进先进技术，进口先进设备，对我国进行建设投资。该公司于1982年1月在日本成功发行100亿日元私募债券，实现中国国内机构在境外发行外币债券的新突破。中国在国际货币基金组织和世界银行的代表权，也得以恢复。中国是国际货币基金组织和世界银行的创始国之一。1980年4月17日，国际货币基金组织正式恢复中国的代表权。同年5月15日，世界银行执行董事会决定恢复中国在世界银行、国际开发协会和国际金融公司的代表权。到1982年底，全国实际使用外资总额126亿多美元。

创办经济特区，是实行对外开放的关键之举。1980年5月16日，中共中央、国务院发出《关于广东、福建两省会议纪要》的批示，充分肯定广东、福建两省"在对外经济活动中，实行特殊政策和灵活措施"所取得的显著成效。《会议纪要》指出："深圳、珠海两个经济特区正在积极筹建，深圳的蛇口工业区已开始施工，进度较快。两省对外经济活动开始出现一个蓬勃发展的新局面。实践表明，中央的决策是完全正确的。"同年8月举行的五届全国人大常委会第十五次会议通过批准国务院提出的《广东省经济特区条例》，标志着经济特区的创办走上了健康发展的轨道。

1981年7月19日，中共中央、国务院发出批转《广东、福建两省和经济特区工作会议纪要》的通知。经中央批准的这次会议，对两省经济体制改革提出六点要求，对一定要把特区办好制定了10项政策措施。同年11月26日，五届全国人大常委会第二十一次会议通过决议，授权广东省、福建省人民代表大会及其常务委员会，根据有关的法律、法令、政策规定的原则，按照各该省经济特区的具体情况和实际需要，制定经济特区的各项单行经济法规，并报全国人民代表大会常务委员会和国务院备案。

经济特区的成功创办，在改革开放史上，具有特别重大的意义。经济特区的创办及其发展，不仅使中国对外开放有了直接的窗口，而且成为中国深入推进改革的先行地和试验区。

◇ 经济改革的第一个顶层设计

改革是自上而下的自主行为，离不开顶层设计，但这种顶层设计又不能是主观臆想，必须来自基层实践创造，顺应发展要求和人民期盼。

正是在"摸着石头过河"的改革开放实践探索中，形成了经济改革的第一个顶层设计。这就是1984年10月20日中共十二届三中全会通过的《关于经济体制改革的决定》（下文简称《决定》）。

这个决定对推动改革开放向纵深发展，做出以下重要贡献。

第一，进一步明确了改革的性质、基本要求、根本目的、衡量标准。

关于改革的性质和基本要求，《决定》指出："这种改革，是在党和政府的领导下有计划、有步骤、有秩序地进行的，是社会主义制度的自我完善和发展。改革的进行，只应该促进而绝不能损害社会的安定、生产的发展、人民生活的改善和国家财力的增强。"

关于改革的根本任务，《决定》指出："按照党历来要求的把马克思主义基本原理同中国实际相结合的原则，按照正确对待外国经验的原则，进一步解放思想，走自己的路，建立起具有中国特色的、充满生机和活力的社会主义经济体制，促进社会生产力的发展，这就是我们这次改革的基本任务。"

关于衡量改革成效的主要标准，《决定》指出："全党同志在进行改革的过程中，应该紧紧把握住马克思主义的这个基本观点[①]，把是否有利于发展社会生产力作为检验一切改革得失成败的最主要标准。"[②]

第二，明确"增强企业活力是经济体制改革的中心环节"。

这是根据当时改革从农村向城市深化发展、亟须冲破高度集中的计划经济体制和政企不分、责权利不明的经济管理体制障碍，提出的重大判断。

《决定》提出："围绕这个中心环节，主要应该解决好两个方面的关系问题，即确立国家和全民所有制企业之间的正确关系，扩大企业自主权；确立职工和企业之间的正确关系，保证劳动者在企业中的主人翁地位。"

《决定》着重对第一个关系做了部署。一是提出了改革目标，"要使企业真正成为相对独立的经济实体，成为自主经营、自负盈亏的社会主义商品生产者和经营者，具有自我改造和自我发展的能力，成为具有一定权利和义务的法人"；二是提出改革举措，主要是"六个有权"："在服从国家计划和管理的前提下，企业有权选择灵活多样的经营方式，有权安排自己的产供销活动，有权拥有和支配自留资金，有权依照规定自行任免、聘用和选举本企业的工作人员，有权自行决定用工办法和工资奖励方式，有权在国家允许的范围内确定本企

[①] 主要指社会主义社会的基本矛盾仍然是生产关系和生产力、上层建筑和经济基础之间的矛盾。

[②] 以上参见《十二大以来重要文献选编》（中），人民出版社1986年版，第563、564页。

业产品的价格，等等。"①

第三，明确"建立自觉运用价值规律的计划体制，发展社会主义商品经济"的经济体制改革目标。

由于这个问题既涉及冲破传统社会主义观念束缚，又涉及打破传统计划经济体制障碍，《决定》从理念与体制这两个角度作了阐述。

在理念观念上，《决定》第一次概括提出"在公有制基础上的有计划的商品经济"，指出："改革计划体制，首先要突破把计划经济同商品经济对立起来的传统观念，明确认识社会主义计划经济必须自觉依据和运用价值规律，是在公有制基础上的有计划的商品经济。商品经济的充分发展，是社会经济发展的不可逾越的阶段，是实现我国经济现代化的必要条件。""在商品经济和价值规律问题上，社会主义经济同资本主义经济的区别不在于商品经济是否存在和价值规律是否发挥作用，而在于所有制不同，在于剥削阶级是否存在，在于劳动人民是否当家做主，在于为什么样的生产目的服务，在于能否在全社会的规模上自觉地运用价值规律，还在于商品关系的范围不同。"

在体制机制上，《决定》立足于基本国情，在原有高度集中的计划经济体制上找到了突破口："必须实事求是地认识到，在很长的历史时期内，我们的国民经济计划就总体来说只能是粗线条的和有弹性的，只能是通过计划的综合平衡和经济手段的调节，做到大的方面管住管好、小的方面放开放活，保证重大比例关系比较适当，国民经济大体按比例地协调发展。"

在此基础上，《决定》对"在公有制基础上的有计划的商品经

---

① 以上参见《十二大以来重要文献选编》（中），人民出版社1986年版，第565—566、565页。

济"的基本框架作了规定："根据历史的经验和十一届三中全会以来的实践，应该对我国计划体制的基本点进一步作出如下的概括：第一，就总体说，我国实行的是计划经济，即有计划的商品经济，而不是那种完全由市场调节的市场经济；第二，完全由市场调节的生产和交换，主要是部分农副产品、日用小商品和服务修理行业的劳务活动，它们在国民经济中起辅助的但不可缺少的作用；第三，实行计划经济不等于指令性计划为主，指令性计划和指导性计划都是计划经济的具体形式；第四，指导性计划主要依靠运用经济杠杆的作用来实现，指令性计划则是必须执行的，但也必须运用价值规律。"《决定》还提出："按照以上要点改革现行的计划体制，就要有步骤地适当缩小指令性计划的范围，适当扩大指导性计划的范围。对关系国计民生的重要产品中需要由国家调拨分配的部分，对关系全局的重大经济活动，实行指令性计划；对其他大量产品和经济活动，根据不同情况，分别实行指导性计划或完全由市场调节。计划工作的重点要转到中期和长期计划上来，适当简化年度计划，并相应改革计划方法，充分重视经济信息和预测，提高计划的科学性。"[①]

《决定》没有更多地纠缠于计划经济与市场经济的理论争论，而是从国情和实际出发，通过调整计划经济的管控强度与范围，即"适当缩小指令性计划的范围，适当扩大指导性计划的范围"，使现实中的计划经济与将要大力发展的基于市场的商品经济，在国家政策指导的宏观层面直至企业经营的微观层面高度统一协调起来。

这实际上勾画出从高度集中的计划经济体制，稳步向社会主义市场经济体制转变的蓝图与现实路径。而此刻，美国经济学家正在向南

[①] 以上参见《十二大以来重要文献选编》（中），人民出版社1986年版，第568、569、569—570页。

美国家推销所谓"休克疗法"。中共十二届三中全会的决定，为中国日后发展避免了一次灾难。

第四，提出建立同在公有制基础上的有计划的商品经济相适应的多种经济形式。

《决定》依据"在公有制基础上有计划的商品经济"这个经济体制改革的大框架，对全民所有制经济、集体经济、个体经济的地位作用，作了新的定位，指出："全民所有制经济是我国社会主义经济的主导力量，对于保证社会主义方向和整个经济的稳定发展起着决定性的作用，但是全民所有制经济的巩固和发展决不应以限制和排斥其他经济形式和经营方式的发展为条件。""集体经济是社会主义经济的重要组成部分，许多领域的生产建设事业都可以放手依靠集体来兴办。""我国现在的个体经济是和社会主义公有制相联系的，不同于和资本主义私有制相联系的个体经济，它对于发展社会生产、方便人民生活、扩大劳动就业具有不可代替的作用，是社会主义经济必要的有益的补充，是从属于社会主义经济的。"

《决定》还指出，当前的侧重点，是为城市和乡镇集体经济和个体经济的发展扫除障碍，创造条件，并给予法律保护。特别是在以劳务为主和适宜分散经营的经济活动中，个体经济应该大力发展。同时，要在自愿互利的基础上广泛发展全民、集体、个体经济相互之间灵活多样的合作经营和经济联合，有些小型全民所有制企业还可以租给或包给集体或劳动者个人经营。

《决定》强调："坚持多种经济形式和经营方式的共同发展，是我们长期的方针，是社会主义前进的需要，决不是退回到建国初期那种社会主义公有制尚未在城乡占绝对优势的新民主主义经济，决不会动摇而只会有利于巩固和发展我国的社会主义经济制度。"①

此外,《决定》还对建立合理的价格体系,充分重视经济杠杆的作用;实行政企职责分开,正确发挥政府机构管理经济的职能;建立多种形式的经济责任制,认真贯彻按劳分配原则;进一步扩大对外的和国内的经济技术交流;起用一代新人,造就一支社会主义经济管理干部的宏大队伍;加强党的领导,保证改革的顺利进行等,提出要求,做出部署。

邓小平对中共十二届三中全会决定十分满意,称之为是"一个政治经济学的初稿","是马克思主义基本原理和中国社会主义实践相结合的政治经济学"②。

以中共十二届三中全会决定为标志,改革开放结束了在实践中探索的第一阶段,实际上开始进入逐步向社会主义市场经济转变的新阶段。

这一时期的改革开放成果,尽管是初步的,但是十分显著,与原先高度集中的计划经济体制相比,使中国特色社会主义充满了生机与活力。其深刻变化,主要体现在两个方面。一是所有制结构的变化;二是指令性计划与市场调节比重的变化。

在所有制结构上,同改革前的1978年相比,1987年在全国工业总产值中,全民所有制企业产值所占的比重由77.6%下降到59.79%,集体经济由22.40%上升到34.6%,个体经济、私营经济、"三资"企业和其他非公有制经济成分则由几乎为零上升到5.7%。全国城镇个体工商等各行业从业人员由1978年的15万人增加到1987

---

① 以上参见《十二大以来重要文献选编》(中),人民出版社1986年版,第579—580、580页。

② 《邓小平文选》第3卷,人民出版社1993年版,第83页。

年的569万人。①

指令性计划与市场调节比重上，与改革前相比，1987年由国家计委管理的指令性计划的工业产品从120种减少到60种，其产值占工业总产值的比重由40%下降到17%；国家统配物资由259种减少到26种；国家计划管理的商品由188种减少到23种。② 在价格体系中，除国家定价（平价）及国家指导价（浮动价）外，由市场调节、价格完全放开（议价）的商品及服务越来越多，出现了价格上的"双轨制"现象。

与此同时，股份制改革试点也已开始。到1986年底，全国共有股份制企业6000余家③。

科学技术体制改革、教育体制改革相继启动。1985年3月13日，中共中央做出《关于科学技术体制改革的决定》。同年5月27日，做出《关于教育体制改革的决定》。

进入20世纪80年代，科学技术呈现迅猛发展势头。美国等西方发达国家，纷纷把发展高技术列为国家发展战略的重要组成部分，聚集顶尖人才，投入巨资，加以重要保障。在这一背景下，1986年3月3日，王大珩、王淦昌、杨嘉墀、陈芳允给邓小平、胡耀邦写信，提出要全面追踪世界高技术的发展，制订中国高科技的发展计划。两天后，3月5日，邓小平迅即做出批示，要求找些专家和有关负责同志

---

① 中共中央党史研究室：《中国共产党的九十年》（改革开放和社会主义现代化建设新时期），中共党史出版社、党建读物出版社2016年版，第721—722页。

② 中共中央党史研究室：《中国共产党的九十年》（改革开放和社会主义现代化建设新时期），中共党史出版社、党建读物出版社2016年版，第722页。

③ 中共中央党史研究室：《中国共产党的九十年》（改革开放和社会主义现代化建设新时期），中共党史出版社、党建读物出版社2016年版，第721页。

讨论，提出意见，以凭决策。特别强调："此事宜速作决断，不可拖延。"① 同年11月，中共中央、国务院批准《高技术研究发展计划纲要》，明确从对中国未来经济和社会发展有重大影响的生物技术、航天技术、信息技术、先进防御技术、自动化技术、能源技术和新材料技术7个领域，确立了15个主题项目作为突破重点。"863"计划的实施，是科技体制改革的重大成果，体现了"科学技术是第一生产力"，为中国在世界高科技领域占有一席之地奠定了更加坚实的基础。

◇ 在严峻考验中坚持改革开放

改革开放是前无古人的事业，既不可能十全十美，更不可能一帆风顺。在改革开放过程中，大力发展商品经济后出现的市场逐利性对价值观念、道德观念的负面影响，强调加速发展经济后出现的物质文明建设与精神文明建设"一手硬、一手软"现象，为纠正长期存在的党政不分而实行"党政分开"改革措施后出现的党的领导在一定程度被弱化的现象，都在很大程度上造成了党内外和社会上的思想混乱，思想政治教育的优良传统受到严重冲击，社会主义观念和集体主义意识被削弱，个人主义、拜金主义抬头。再加上西方错误思潮乘机兴风作浪，致使资产阶级自由化思潮滋长蔓延。

在改革、发展、稳定中，稳定始终是第一位的。"中国的问题，压倒一切的是需要稳定。没有稳定的环境，什么都搞不成，已经取得的成果也会失掉。""中国一定要坚持改革开放，这是解决中国问题的

---

① 冷溶、汪作玲主编：《邓小平年谱（1975—1997）》（下），中央文献出版社2004年版，第1107页。

希望。但是要改革，就一定要有稳定的政治环境。""凡是妨碍稳定的就要对付，不能让步，不能迁就。不要怕外国人议论，管他们说什么。"①

邓小平始终牢记一个历史教训，就是党和国家的工作重心和主要注意力不被突发事变所转移。因此，他反复强调一点："要坚定不移地执行党的十一届三中全会以来制定的一系列路线、方针、政策，要认真总结经验，对的要继续坚持，失误的要纠正，不足的要加点劲。"②

具体来说，哪些是要继续坚持的？哪些是要纠正的？哪些是要加点劲的？邓小平向新一届中央领导集体嘱咐说：

第一，经济不能滑坡。当时，由于价格上采取"双轨制"，一些人借机在紧俏物资上倒买倒卖，赚取非法高额利润，既扰乱了经济秩序，加重了企业负担，又成为腐败的温床。因此，邓小平强调："这次解决经济滑坡的问题，要清理一下急需解决哪些问题。应该解决的问题要加快解决，要用快刀斩乱麻的办法解决，不能拖。"同时，"看准了的，积极方面的，有利于发展事业的，抓着就可以干。要在今后的十一年半中争取一个比较满意的经济发展速度。如果再翻一番，没有水分的翻一番，那时候人民就会看到我们的国家、我们的社会主义事业是兴旺发达的。"他还强调："党中央、国务院应当是有权威的，有能力的。没有权威不行啊。""我建议组织一个班子，研究下一个世纪前五十年的发展战略和规划，主要是制定一个基础工业和交通运输的发展规划。要采取有力的步骤，使我们的发展能够持续、有

---

① 《邓小平文选》第 3 卷，人民出版社 1993 年版，第 284、286 页。
② 《邓小平文选》第 3 卷，人民出版社 1993 年版，第 308 页。

后劲。"[1]

第二,做几件使人民满意的事情。主要是两个方面,一个是更大胆地改革开放,另一个是抓紧惩治腐败。在改革开放方面,邓小平强调:"现在国际上担心我们会收,我们就要做几件事情,表明我们改革开放的政策不变,而且要进一步地改革开放。"他还提到,外资合作经营要搞,各地的开发区可以搞,为外资服务的行业可以搞一些。消除机构臃肿,加强法制,这些都是改革。

在惩治腐败方面,邓小平指出:"在这次事件中,没有反对改革开放的口号,口号比较集中的是反对腐败。当然,这个口号在某些人来说是一个陪衬,其目的是用反腐败来蛊惑人心。但对我们来说,要整好我们的党,实现我们的战略目标,不惩治腐败,特别是党内的高层的腐败现象,确实有失败的危险。"他强调:"惩治腐败,至少抓一二十件大案,透明度要高,处理不能迟。"他还指出:"对惩治腐败,过去说了不少的话,但没有认真贯彻,趁此机会把自己的队伍纯洁一下也有好处。"[2]

邓小平看到了惩治腐败斗争的长期性,指出:"我们一手抓改革开放,一手抓惩治腐败,这两件事结合起来,对照起来,就可以使我们的政策更加明朗,更能获得人心。"[3]

第三,平息暴乱抓到底。邓小平指出:"这是个好机会,一下子就把全国的非法组织取缔了,这实在是好事情。""对于罪大恶极的不

---

[1] 以上引文参见《邓小平文选》第3卷,人民出版社1993年版,第312页。

[2] 冷溶、汪作玲主编:《邓小平年谱(1975—1997)》(下),中央文献出版社2004年版,第1275页。

[3] 以上引文(除注明出处者)参见《邓小平文选》第3卷,人民出版社1993年版,第313—314页。

能手软。当然还是要分别是非轻重，要以事实为根据，以法律为准绳。"①

这三件事，邓小平最后归结到一点，语重心长地嘱托说："常委会的同志要聚精会神地抓党的建设，这个党该抓了，不抓不行了。"②

1989年6月23日至24日召开的中共十三届四中全会，选举产生以江泽民同志为核心的新的中共中央领导集体。江泽民当选为中共中央总书记。

江泽民在全会上讲话，指出："我们党已经制定和形成了一条建设有中国特色社会主义的路线和一系列基本政策。概括地说，就是小平同志多次指出、最近再次强调的，以经济建设为中心，坚持四项基本原则，坚持改革开放。这是我们有信心做好工作的根本的、坚实的基础。"对此，他表示："在这个最基本的问题上，我要十分明确地讲两句话：一句是坚定不移，毫不动摇；一句是全面执行，一以贯之。"③

他还特别指出："几年来，物质生活水平提高了，但是'一切向钱看'，追求高消费，追求眼前实惠而放弃远大理想，计较个人私利而不顾国家、民族整体利益，鄙薄自己的祖国和人民而崇洋媚外等思想倾向滋长了，甚至腐化、堕落的不良风气发生了，建国初期就早已绝迹的种种丑恶现象再度出现了。面对这个严峻的现实，我们必须认真思考小平同志所指出的坚持四项基本原则缺乏一贯性、十年最大的失误是教育的问题，并从中引出深刻的教训。"④

---

① 《邓小平文选》第3卷，人民出版社1993年版，第314页。
② 《邓小平文选》第3卷，人民出版社1993年版，第314页。
③ 《十三大以来重要文献选编》（中），中央文献出版社1991年版，第547页。
④ 《十三大以来重要文献选编》（中），中央文献出版社1991年版，第551页。

他还强调惩治腐败的重要性:"这次动乱中所以有那么多人被阴谋分子煽动起来,一个重要原因,是一些党员干部、特别是极少数领导干部中存在严重腐败现象。全国各族人民的眼睛盯着我们,看我们能不能拿出惩治腐败的实际行动来。必须在近期办几件使党心民心为之振奋的事情。再经过一定时间的努力,制定防止和惩治腐败的制度,使党风有根本好转,恢复和加强党和群众的密切联系。"[1]

以江泽民同志为核心的新的中共中央领导集体,受命于危难之际,不负历史重托,采取一系列切实有效的措施,迅速地稳定了国内改革开放大局。

——7月28日,中共中央、国务院做出《关于近期做几件群众关心的事的决定》。提出在惩治腐败和带头廉洁奉公、艰苦奋斗方面要做的7件事:进一步清理整顿公司;坚决制止高干子女经商;取消对领导同志少量食品的"特供";严格按规定配车,禁止进口小轿车;严格禁止请客送礼;严格控制领导干部出国;严肃认真地查处贪污、受贿、投机倒把等犯罪案件,特别要抓紧查处大案要案。还要求"涉及对领导干部的要求,首先从党中央和国务院的领导同志做起"[2]。

——8月17日,中共中央、国务院做出《关于进一步清理整顿公司的决定》。为制止党政机关和事业单位办公司的乱象,规定:"各级党的机关、国家权力机关、行政机关、审判机关、检察机关和群众组织、社会团体,一律不得用行政经费、事业费、专项拨款、预算外资金、银行贷款、自有资金和以任何方式集资开办公司,也不得向公司投资入股。""凡仍在公司兼职的党和国家机关干部(含已不担任

---

[1] 《十三大以来重要文献选编》(中),中央文献出版社1991年版,第553页。
[2] 《十三大以来重要文献选编》(中),中央文献出版社1991年版,第555—557页。

现职、尚未办理离休退休手续的干部），应严格按照中央有关规定办完辞去一头职务的手续。"①

——8月28日，中共中央政治局会议通过《关于加强党的建设的通知》。针对党内思想混乱、组织涣散、纪律松弛，腐败现象的滋生，党群关系受到损害，党的战斗力被削弱等问题，提出包括认真做好清查和清理工作、加强领导班子建设、加强党的思想教育、克服消极腐败现象、切实加强党的基层组织建设、加强党建理论的学习宣传和研究在内的10项重要措施。

——11月6日至9日召开的中共十三届五中全会做出《关于进一步治理整顿和深化改革的决定》。针对一个时期出现的经济过热、货币发行过多、国民收入超额分配等现象，提出采取一系列措施，用三年或者更长一些时间基本完成治理整顿任务。

——12月21日，中共中央发出《关于加强和改善党对工会、共青团、妇联工作领导的通知》。

——12月30日，中共中央发出《关于坚持和完善中国共产党领导的多党合作和政治协商制度的意见》。

——1990年1月14日，中共中央、国务院发出《关于组织党政机关干部下基层的通知》。

——3月9日至12日召开的中共十三届六中全会做出《关于加强党同人民群众联系的决定》。

——4月2日，中共中央发出《关于维护社会稳定加强政法工作的通知》。

——7月14日，中共中央发出《关于加强统一战线工作的

---

① 《十三大以来重要文献选编》（中），中央文献出版社1991年版，第560页。

通知》。

——8月14日,中共中央发出《关于进一步加强和改进知识分子工作的通知》。

在短短一年间,如此密集地发出一系列文件,出台一系列重大政策,对于坚持和稳定改革开放大政方针、弥补和纠正工作与政策上的不足、稳定凝聚人心,起到十分重要的作用。

当时,影响国内改革开放大局的最重要的外部因素,是以美国为首的西方国家对华实行"经济制裁"。

1989年国内政治风波后,以美国为首的西方国家掀起一股反华浪潮。同年6月,美国政府和国会发表声明,对中国宣布一系列"制裁"措施,对中国内政横加干涉。7月,西方七国首脑和欧洲共同体会议宣布,对华采取中止高层政治接触、延缓世界银行贷款等"制裁"措施。

面对美国等西方国家的"制裁",中国政府不为所动,积极开展全方位外交。1990年至1992年,中国同印度尼西亚恢复外交关系,中越关系实现正常化,中印关系有了改善,中国还同沙特阿拉伯、新加坡、以色列、韩国以及苏联解体后新建立的国家等23个国家建立了外交关系。1990年9月22日至10月7日,在北京成功举办第十一届亚洲运动会。中国还成功争取到联合国第四次世界妇女大会1995年在北京召开,这是中华人民共和国成立以来中国承办的规模最大的一次国际会议。

事实上,类似于"制裁"一类冷战思维下的产物,在一个开放的世界里,只能是一把"双刃剑"。西方国家也逐渐认识到,"制裁"对自身利益也有不小的损害。在中国政府的积极推动下,日本率先于1990年取消对华"制裁"。到1991年底,中国同大多数西方国家的关系基本上回到正常轨道。

在这一背景下，美国克林顿政府借首次亚太经济合作组织领导人非正式会议于1993年11月在美国西雅图举行之机，向中国国家主席江泽民发出邀请，实现了两国最高领导人的正式会晤。中美建交以来，两国关系最艰难的时期宣告结束。

这一轮西方国家对华"制裁"，不但未能缩小中国的对外开放和外交空间，反而促使中国沿着全方位外交的轨道大踏步前进。

这一时期，对中国影响更大的事件，是苏联解体与东欧剧变。这对中国来说，既有有利的一面，也有不利的一面。有利的一面，是第二次世界大战结束后长达半个世纪的冷战格局结束，迎来了经济全球化加速发展的有利局面；不利的一面，是世界社会主义运动跌入低谷，美国等西方国家为和平演变策略的胜利冲昏头脑，进一步宣称20世纪将是"共产主义终结"的世纪，中国等社会主义国家面临前所未有的巨大压力和内外考验。

自改革开放以来，中国从未遇到这样复杂的国际环境急剧变化，也没有完全做好应对的准备。在关键时刻，又是邓小平果断提出应对的基本方针。他指出：第一位的是保持国内稳定，继续坚持改革开放不动摇。对国际局势，要坚持冷静观察、稳住阵脚、沉着应付、韬光养晦、善于守拙、决不当头、有所作为。邓小平提出的一系列指导方针，使中国有效地避免陷入冷战思维的漩涡，同时又加快国内改革开放步伐，抓住冷战结束后稍纵即逝有利时机，借助经济全球化浪潮发展壮大自己。

邓小平凭借丰富的政治阅历与经验指出："中国能不能顶住霸权主义、强权政治的压力，坚持我们的社会主义制度，关键就看能不能争得较快的增长速度,实现我们的发展战略。"①

与此同时,在邓小平"一个国家,两种制度"构想指导下,中国政府还分别同英国政府、葡萄牙政府妥善解决了香港、澳门主权回归中国的历史遗留问题,祖国统一大业又向前推进了一步。

"事非经过不知难。"对于改革开放带来的巨大变化、政治风波造成的严重后果,都有切身感受的江泽民,后来总结出一个深刻的规律,一定要把握和处理好改革、发展、稳定三者的关系。1994年3月11日,他在参加八届全国人大二次会议上海代表团审议时的讲话中指出:"要实现党和国家的工作大局,关键是要正确处理改革、发展、稳定的关系。既要努力深化改革、扩大开放、促进发展,又要注意保持稳定的社会政治环境,努力做到在稳定中推进改革和发展,以改革和发展确保社会的长期稳定。"还说:"改革、发展、稳定,好比是我国现代化建设棋盘上的三着紧密关联的战略性棋子,每一着棋都下好了,相互促进,就会全局皆活;如果有一着下不好,其他两着也会陷入困境,就可能全局受挫。所以把握好改革、发展、稳定的关系,是现代化建设的一项重要领导艺术。"②

从邓小平提出"稳定压倒一切",到江泽民总结提出把握好改革、发展、稳定的关系,这一规律性认识对于降低改革和体制转型带来的社会阵痛、使中国在不断深化改革中保持长期稳定发展,具有极为重要而深远的意义。

---

① 《邓小平文选》第3卷,人民出版社1993年版,第356页。
② 《人民日报》1994年3月11日第1版。

◇ 邓小平发表"南方谈话"

就在应对冷战格局结束后新的国际格局变动的过程中,中国的改革开放也进入了一个前所未有的关键期。政府与市场的关系问题,再次提上改革议程。

其实,这个问题酝酿已久。但因为党内意见不尽一致,又涉及价格体系改革等敏感问题,因而暂时被放下。特别是在刚刚平息了1989年政治风波后,邓小平在同年6月16日的谈话中,就曾明确表示:"如果在这个时候开展一个什么理论问题的讨论,比如对市场、计划等问题的讨论,提出这类问题,不但不利于稳定,还会误事。"①

时过境迁。到了1990年,不但着手解决这个问题的条件日渐成熟,而且这个问题日益成为改革必须跨越的重大现实课题。12月24日,邓小平在同江泽民、李鹏、杨尚昆的谈话中提出:"我们必须从理论上搞懂,资本主义与社会主义的区分不在于是计划还是市场这样的问题。社会主义也有市场经济,资本主义也有计划控制。资本主义就没有控制,就那么自由?最惠国待遇也是控制嘛!不要以为搞点市场经济就是资本主义道路,没有那么回事。计划和市场都得要。不搞市场,连世界上的信息都不知道,是自甘落后。"②

经过一段时间的观察和思考,邓小平在1992年1月至2月发表著名的南方谈话,对改革开放和社会主义现代化建设中遇到的若干重大理论和现实问题,做出提纲挈领的阐述,冲破了在这些问题上的思

---

① 《邓小平文选》第3卷,人民出版社1993年版,第312页。
② 《邓小平文选》第3卷,人民出版社1993年版,第364页。

想迷雾和思想禁锢，引发了在什么是社会主义、怎样建设社会主义上的又一次思想解放。

关于社会主义本质，邓小平指出："社会主义的本质，是解放生产力，发展生产力，消灭剥削，消除两极分化，最终达到共同富裕。"①

关于计划与市场，邓小平指出："计划多一点还是市场多一点，不是社会主义与资本主义的本质区别。计划经济不等于社会主义，资本主义也有计划；市场经济不等于资本主义，社会主义也有市场。计划和市场都是经济手段。"②

关于改革的地位作用，邓小平强调："革命是解放生产力，改革也是解放生产力。""社会主义基本制度确立以后，还要从根本上改变束缚生产力发展的经济体制，建立起充满生机和活力的社会主义经济体制，促进生产力的发展，这是改革，所以改革也是解放生产力。"③

关于衡量改革开放成效的标准，邓小平强调："判断的标准，应该主要看是否有利于发展社会主义社会的生产力，是否有利于增强社会主义国家的综合国力，是否有利于提高人民的生活水平。"④

关于发展战略，邓小平指出："我国的经济发展，总要力争隔几年上一个台阶。""抓住时机，发展自己，关键是发展经济。""能发展就不要阻挡，有条件的地方要尽可能搞快点，只要是讲效益，讲质量，搞外向型经济，就没有什么可以担心的。低速度就等于停步，甚

---

① 《邓小平文选》第 3 卷，人民出版社 1993 年版，第 373 页。
② 《邓小平文选》第 3 卷，人民出版社 1993 年版，第 373 页。
③ 《邓小平文选》第 3 卷，人民出版社 1993 年版，第 370 页。
④ 《邓小平文选》第 3 卷，人民出版社 1993 年版，第 372 页。

至等于后退。要抓住机会，现在就是好机会。我就担心丧失机会。"①

关于共同富裕，邓小平指出："走社会主义道路，就是要逐步实现共同富裕。共同富裕的构想是这样提出的：一部分地区有条件先发展起来，一部分地区发展慢点，先发展起来的地区带动后发展的地区，最终达到共同富裕。如果富的愈来愈富，穷的愈来愈穷，两极分化就会产生，而社会主义制度就应该而且能够避免两极分化。"他还指出："可以设想，在本世纪末达到小康水平的时候，就要突出地提出和解决这个问题。到那个时候，发达地区要继续发展，并通过多交利税和技术转让等方式大力支持不发达地区。不发达地区又大都是拥有丰富资源的地区，发展潜力是很大的。总之，就全国范围来说，我们一定能够逐步顺利解决沿海同内地贫富差距的问题。"②

对邓小平南方谈话的意义，江泽民作过这样的评价：这篇谈话"科学地总结了十一届三中全会以来党的基本实践和基本经验，从理论上深刻地回答了长期困扰和束缚人们思想的许多重大认识问题，不仅对开好党的第十四次全国代表大会具有重要指导作用，而且对整个社会主义现代化建设事业具有深远意义。以邓小平同志南方谈话和十四大为标志，中国社会主义改革开放和现代化建设进入新阶段"③。

1992年10月12日至18日召开的中国共产党第十四次全国代表大会，明确提出我国经济体制改革的目标，是建立社会主义市场经济体制。这是前无古人的伟大创举，是中共十一届三中全会开启的改革开放事业的最重要的理论与制度成果，是中国共产党人对马克思主义的重大发展，也是社会主义发展史上的重大突破。

---

① 《邓小平文选》第3卷，人民出版社1993年版，第375页。
② 《邓小平文选》第3卷，人民出版社1993年版，第373、374页。
③ 《十四大以来重要文献选编》（下），中央文献出版社2011年版，第370页。

历史表明，能否正确处理政府与市场关系，顺利通过从计划经济向社会主义市场经济的转变，把社会主义制度同市场经济有机结合起来，这对所有社会主义国家的改革来说，都是一个严峻的考验。苏联和东欧一些国家的改革，就是在这个问题上误入所谓"休克疗法"的歧途，再加上在政治体制改革中削弱以致放弃共产党领导，搞所谓的"公开性"或"多党制"，最终产生了灾难性后果。

中国能够在平稳度过国内政治风波、国际上苏联解体与东欧剧变考验的同时，顺利渡过向社会主义市场经济转变这一关，邓小平和以江泽民为核心的中共中央领导集体的正确决策，起了关键性作用。这也证明了一个规律，如邓小平所说，"中国问题的关键在于共产党要有一个好的政治局，特别是好的政治局常委会。只要这个环节不发生问题，中国就稳如泰山"[①]。

◇ 对五大历史性课题的破解

南方谈话，无疑是邓小平理论发展的一个高峰，继社会主义初级阶段理论之后，为中国特色社会主义理论大厦奠定了坚实基础。

南方谈话，既是对苏联解体、东欧剧变后，中国将如何发展、怎样发展的积极因应，也是对党的十一届三中全会以来改革开放成功实践的科学总结。

回顾十一届三中全会后的理论路程与实践历程，就会发现，邓小平带领中国共产党和全国人民顺利地渡过了一道道关口，在不做无谓

[①] 《邓小平文选》第 3 卷，人民出版社 1993 年版，第 365 页。

的争论中，破解了五大历史性课题。这些课题，既是中国的，也是包括苏联在内的世界社会主义运动史上曾经遇到的重大课题。

这五大历史性课题，一是社会主义向何处去；二是如何使中国人民整体摆脱贫困；三是如何认识和把握正在变化着的国际局势；四是如何应对西化分化等资产阶级自由化图谋；五是如何使党的领导在改革中得到加强。

下面，我们依次来看，邓小平理论是如何破解这五大历史性课题的。

第一，概括提出"什么是社会主义、怎样建设社会主义"的探索课题，确立"建设有中国特色的社会主义"的时代主题。

任何一种理论，都有自身的逻辑起点。科学理论的逻辑起点，来源于实践自身。改革开放的逻辑起点，开创中国特色社会主义的逻辑起点，创立邓小平理论的逻辑起点，都是从传统社会主义的思想束缚中彻底解放出来，对"什么是社会主义、怎样建设社会主义"这个基本问题来一个重新认识。正如邓小平后来所说："现在我们搞经济改革，仍然要坚持社会主义道路，坚持共产主义的远大理想，年轻一代尤其要懂得这一点。但问题是什么是社会主义，如何建设社会主义。我们的经验教训有许多条，最重要的一条，就是要搞清楚这个问题。"[1]

邓小平在党的十一届三中全会前夕发表的开辟改革开放和社会主义现代化建设新时期宣言书，以"解放思想，实事求是，团结一致向前看"命名，将解放思想、实事求是放在首位，饱含着深意，充满着深刻的政治逻辑。因为，不确立解放思想、实事求是的思想路线，就

---

[1] 《邓小平文选》第3卷，人民出版社1993年版，第116页。

不可能冲破传统社会主义观念的严重束缚。

正是由此出发，邓小平讲出了一段流芳千古的名言："一个党，一个国家，一个民族，如果一切从本本出发，思想僵化，迷信盛行，那它就不能前进，它的生机就停止了，就要亡党亡国。这是毛泽东同志在整风运动中反复讲过的。"他接着指出："只有解放思想，坚持实事求是，一切从实际出发，理论联系实际，我们的社会主义现代化建设才能顺利进行，我们党的马列主义、毛泽东思想的理论也才能顺利发展。从这个意义上说，关于真理标准问题的争论，的确是个思想路线问题，是个政治问题，是个关系到党和国家的前途和命运的问题。"①

改革开放初期，在搞清楚"什么是社会主义、怎样建设社会主义"问题上迈出的又一个关键步骤，就是由邓小平亲自主持起草并在党的十一届六中全会上一致通过的中共中央《关于建国以来党的若干历史问题的决议》（以下简称"第二个历史决议"）。

第二个历史决议在系统总结党在新中国成立以后的历史基础上，对毛泽东思想科学体系及其活的灵魂作了完整系统的阐述，高度评价了毛泽东思想的现实指导地位和宝贵思想价值，实际上也就科学地回答了在探索"什么是社会主义、怎样建设社会主义"过程中，在改革开放过程中，毛泽东思想还有没有现实指导作用的问题。

第二个历史决议并没有就此止步，而是本着总结历史是为了更好地"团结一致向前看"的精神，在最后一部分"团结起来，为建设社会主义现代化强国而奋斗"里，（一）明确提出"我们党在新的历史时期的奋斗目标，就是要把我们的国家，逐步建设成为具有现代农

---

① 《邓小平文选》第 2 卷，人民出版社 1994 年版，第 143 页。

业、现代工业、现代国防和现代科学技术的,具有高度民主和高度文明的社会主义强国"。(二)初步形成关于社会主义初级阶段的理论。指出,"只有社会主义才能救中国。这是中国各族人民从一百多年来的切身体验中得出的不可动摇的结论,也是建国三十二年来最基本的历史经验。尽管我们的社会主义制度还是处于初级的阶段,但是毫无疑问,我国已经建立了社会主义制度,进入了社会主义社会,任何否认这个基本事实的观点都是错误的"。(三)进一步明确了改革的任务。指出,"我们的社会主义制度由比较不完善到比较完善,必然要经历一个长久的过程。这就要求我们在坚持社会主义基本制度的前提下,努力改革那些不适应生产力发展需要和人民利益的具体制度,并且坚决地同一切破坏社会主义的活动作斗争。随着我们事业的发展,社会主义的巨大优越性必将越来越充分地显示出来。"这些都是在"什么是社会主义、怎样建设社会主义"问题上取得的重大成果。尽管这些探索还是初步的,但是基本方向和基本思路已经十分明确。

不仅如此,第二个历史决议还郑重宣告:"三中全会以来,我们党已经逐步确立了一条适合我国情况的社会主义现代化建设的正确道路。这条道路还将在实践中不断充实和发展,但是它的主要点,已经可以从建国以来正反两方面的经验、特别是'文化大革命'的教训中得到基本的总结。"

这条适合我国情况的社会主义现代化建设的正确道路,正是毛泽东等老一辈革命家孜孜探索、梦寐以求的,如今在邓小平领导下初见雏形。对于这条道路,第二个历史决议一共总结概括了10条。其要点如下:

(一)在社会主义改造基本完成以后,我国所要解决的主要矛盾,是人民日益增长的物质文化需要同落后的社会生产之间的矛盾。党和国家工作的重点必须转移到以经济建设为中心的社会主义现代化建设上来，大大发展社会生产力，并在这个基础上逐步改善人民的物质文化生活。（二）社会主义经济建设必须从我国国情出发，量力而行，积极奋斗，有步骤分阶段地实现现代化的目标。我们必须看到我国经济文化还比较落后这个基本事实，同时又必须看到我国经济建设已经取得的成就和积累的经验以及国际经济技术交流的扩大等国内国际的有利条件，并充分利用这些有利条件。既反对急于求成，也反对消极情绪。（三）社会主义生产关系的变革和完善必须适应于生产力的状况，有利于生产的发展。国营经济和集体经济是我国基本的经济形式，一定范围的劳动者个体经济是公有制经济的必要补充。必须实行适合于各种经济成分的具体管理制度和分配制度。必须在公有制基础上实行计划经济，同时发挥市场调节的辅助作用。要大力发展社会主义的商品生产和商品交换。社会主义生产关系的发展并不存在一套固定的模式，我们的任务是要根据我国生产力发展的要求，在每一个阶段上创造出与之相适应和便于继续前进的生产关系的具体形式。（四）在剥削阶级作为阶级消灭以后，阶级斗争已经不是主要矛盾。由于国内的因素和国际的影响，阶级斗争还将在一定范围内长期存在，在某种条件下还有可能激化。既要反对把阶级斗争扩大化的观点，又要反对认为阶级斗争已经熄灭的观点。（五）逐步建设高度民主的社会主义政治制度，是社会主义革命的根本任务之一。决不能让类似"文化大革命"的混乱局面在任何范围内重演。（六）社会主义必须有高度的精神文明。（七）改善和发展社会主义的民族关系，加强民族团结。（八）在战争危险依然存在的国际条件下，必须加强现代化的国防建设。国防建设要同国家的经济建设相适应。（九）在对外关系上，必须继续坚持反对帝国主义、霸权主义、殖民主义和种族主义，维护世界和平。（十）根据"文化大革命"的教训和党的现状，必须把我们党建设成为具有健全的民主集中制的党。

正是在党的十一届三中全会以后提供的丰厚的实践创新和理论创新的基础上，1982年9月1日，邓小平在中国共产党第十二次全国代表大会开幕词里，郑重提出："我们的现代化建设，必须从中国的实际出发。无论是革命还是建设，都要注意学习和借鉴外国经验。但是，照抄照搬别国经验、别国模式，从来不能得到成功。这方面我们有过不少教训。把马克思主义的普遍真理同我国的具体实际结合起来，走自己的道路，建设有中国特色的社会主义，这就是我们总结长期历史经验得出的基本结论。"①

在此之前，1979年11月，邓小平曾经讲过："当然我们不要资本主义，但是我们也不要贫穷的社会主义，我们要发达的、生产力发展的、使国家富强的社会主义。我们相信社会主义比资本主义的制度优越。它的优越性应该表现在比资本主义有更好的条件发展社会生产力。"② 经过一段时间的思考，他认定"有中国特色的社会主义"就是这样的社会主义。

"建设有中国特色的社会主义"命题的提出，标志着我们党已经找到了中国特色社会主义道路，在创立中国特色社会主义理论体系、确立中国特色社会主义制度方面进入了高度自觉的发展阶段。

第二，概括提出"贫穷不是社会主义"，确立社会主义现代化"三步走"战略。

当时的中国，尽管已经解决了工业化起步时期工业体系和国民经济体系从无到有的问题，但还远没有摆脱贫困。再加上国门大开，生

---

① 《邓小平文选》第3卷，人民出版社1993年版，第2—3页。
② 《邓小平文选》第2卷，人民出版社1994年版，第231页。

活水平上同西方发达国家的巨大差距形成了强大的冲击和反差。因此，迅速摆脱贫困、迅速富裕起来，成为人民群众的迫切期盼。

在这个问题上打开突破口，同样需要首先从思想解放开始。邓小平指出："从一九五八年到一九七八年这二十年的经验告诉我们：贫穷不是社会主义，社会主义要消灭贫穷。不发展生产力，不提高人民的生活水平，不能说是符合社会主义要求的。"[1]

怎样使社会主义真正摆脱贫困，实现社会主义现代化？在这个问题上，邓小平坚持了改革开放的辩证法和"两点论"。一方面，既要坚持以社会主义公有制经济为主体，又要"有计划地利用外资，发展一部分个体经济，都是服从于发展社会主义经济这个总要求的"[2]。另一方面，既要坚持共同富裕，又要"鼓励一部分地区、一部分人先富裕起来，也正是为了带动越来越多的人富裕起来，达到共同富裕的目的"[3]。

接下来的问题，就是实现什么样的现代化。1979年12月，邓小平在会见日本首相大平正芳时，谈了他对"中国式的现代化"的构想："我们要实现的四个现代化，是中国式的四个现代化。我们的四个现代化的概念，不是像你们那样的现代化的概念，而是'小康之家'。到本世纪末，中国的四个现代化即使达到了某种目标，我们的国民生产总值人均水平也还是很低的。要达到第三世界中比较富裕一点的国家的水平，比如国民生产总值人均一千美元，也还得付出很大的努力。就算达到那样的水平，同西方来比，也还是落后的。所以，我只能说，中国到那时也还是一个小康的状态。当然，比现在毕竟要

---

[1] 《邓小平文选》第3卷，人民出版社1993年版，第116页。
[2] 《邓小平文选》第3卷，人民出版社1993年版，第142页。
[3] 《邓小平文选》第3卷，人民出版社1993年版，第142页。

好得多了。到了那个时候,我们有可能对第三世界的贫穷国家提供更多一点的帮助。那个时候,中国国内市场比较大了,相应的,与国外的经济交往,包括发展贸易,前景就更加宽广了。"① 这就是著名的关于建设小康社会的战略构想,可以说是社会主义现代化"三步走"战略的雏形。

到了1982年9月党的十二大,首先提出了到20世纪末的社会主义现代化建设构想,即:"从一九八一年到本世纪末的二十年,我国经济建设总的奋斗目标是,在不断提高经济效益的前提下,力争使全国工农业的年总产值翻两番,即由一九八〇年的七千一百亿元增加到二〇〇〇年的二万八千亿元左右。""实现了这个目标,我国国民收入总额和主要工农业产品的产量将居于世界前列,整个国民经济的现代化过程将取得重大进展,城乡人民的收入将成倍增长,人民的物质文化生活可以达到小康水平。到那个时候,我国按人口平均的国民收入还比较低,但同现在相比,经济实力和国防实力将大为增强。"这一战略被称为"翻两番"战略,是继建设"小康社会"战略构想之后,"三步走"战略的又一个雏形。

5年之后召开的党的十三大上,正式确立了社会主义现代化建设的"三步走"战略。即:"在社会主义初级阶段,发展社会生产力所要解决的历史课题,是实现工业化和生产的商品化、社会化、现代化。我国的经济建设,肩负着既要着重推进传统产业革命,又要迎头赶上世界新技术革命的双重任务。完成这个任务,必须经过长期的有步骤分阶段的努力奋斗。""党的十一届三中全会以后,我国经济建设的战略部署大体分三步走。第一步,实现国民生产总值比一九八〇年

---

① 《邓小平文选》第2卷,人民出版社1994年版,第237—238页。

翻一番，解决人民的温饱问题。这个任务已经基本实现。第二步，到本世纪末，使国民生产总值再增长一倍，人民生活达到小康水平。第三步，到下个世纪中叶，人均国民生产总值达到中等发达国家水平，人民生活比较富裕，基本实现现代化。然后，在这个基础上继续前进。"

"三步走"战略的形成和实施，标志着我们党在深刻认识"什么是社会主义、怎样建设社会主义"基础上，为了人民彻底摆脱贫困、进而逐步走上富起来的康庄大道又迈出了关键性的一大步。他后来曾经说过："我们奋斗了几十年，就是为了消灭贫困。第一步，本世纪末，达到小康水平，就是不穷不富，日子比较好过的水平。第二步，再用三五十年的时间，在经济上接近发达国家的水平，使人民生活比较富裕。这是大局。"[①]

第三，概括提出当今世界存在着和平与发展两大问题，确立中国和平发展战略和独立自主的全方位和平外交。

进入20世纪80年代，世界格局发生重大变化。一是中美建立外交关系，彻底打破了美国等西方国家敌视遏制中国的坚冰；二是第二次世界大战后的民族独立浪潮，已发展为维护经济权益的斗争；三是美苏两强控制世界的能力在下降，相继进入全球战略的调整期；四是在美苏两极格局之下，世界多极化浪潮涌动，已成为势不可当的大趋势。种种迹象表明，继续坚持原来关于世界格局的论断，已经难以适应变化着的世界形势，必须做出新的判断。

做出一个有关国际问题的负责任的重大判断，往往要经过一个比较长久的酝酿时期。邓小平的心中很清楚，世界形势如何发展，直接

---

① 《邓小平文选》第3卷，人民出版社1993年版，第109页。

关系着国内现代化建设。在这个时间段里，最重要的与其说是如何表达和阐述这一论断，毋宁说是这一论断能否经受住长期实践的经验，因此需要反复思考、反复权衡、反复观察。直到1984年5月，邓小平提出：现在世界上问题很多，有两个比较突出。一是和平问题。二是南北问题。南北问题在目前十分突出。发达国家应该清楚地看到，第三世界国家经济不发展，发达国家的经济也不可能得到较大的发展。① 此后，他多次同外宾谈论这个问题。

到了1985年3月，邓小平在同外宾的一次谈话中，正式使用了和平和发展是当代世界的两大问题的提法。他说："再从经济角度来说。现在世界上真正大的问题，带全球性的战略问题，一个是和平问题，一个是经济问题或者说发展问题。和平问题是东西问题，发展问题是南北问题。概括起来，就是东西南北四个字。南北问题是核心问题。欧美国家和日本是发达国家，继续发展下去，面临的是什么问题？你们的资本要找出路，贸易要找出路，市场要找出路，不解决这个问题，你们的发展总是要受到限制的。……很难说这十一二亿人口的继续发展能够建筑在三十多亿人口的继续贫困的基础上。""总之，南方得不到适当的发展，北方的资本和商品出路就有限得很，如果南方继续贫困下去，北方就可能没有出路。"②

到了1985年6月召开的中央军委扩大会议上，邓小平明确地阐述了中国国际战略和外交政策正在实行的两大转变。他说："粉碎'四人帮'以后，特别是党的十一届三中全会以后，我们对国际形势的判断有变化，对外政策也有变化，这是两个重要的转变。"③ "第一

---

① 见《邓小平文选》第3卷，人民出版社1993年版，第56页。
② 《邓小平文选》第3卷，人民出版社1993年版，第105—106页。
③ 《邓小平文选》第3卷，人民出版社1993年版，第126页。

个转变，是对战争与和平问题的认识。过去我们的观点一直是战争不可避免，而且迫在眉睫。我们好多的决策，包括一、二、三线的建设布局，'山、散、洞'的方针在内，都是从这个观点出发的。这几年我们仔细地观察了形势，认为就打世界大战来说，……世界战争的危险还是存在的，但是世界和平力量的增长超过战争力量的增长。……世界很大，复杂得很，但一分析，真正支持战争的没有多少，人民是要求和平、反对战争的。还要看到，世界新科技革命蓬勃发展，经济、科技在世界竞争中的地位日益突出，这种形势，无论美国、苏联、其他发达国家和发展中国家都不能不认真对待。由此得出结论，在较长时间内不发生大规模的世界战争是有可能的，维护世界和平是有希望的。根据对世界大势的这些分析，以及对我们周围环境的分析，我们改变了原来认为战争的危险很迫近的看法。"① "第二个转变，是我们的对外政策。过去有一段时间，针对苏联霸权主义的威胁，我们搞了'一条线'的战略，就是从日本到欧洲一直到美国这样的'一条线'。现在我们改变了这个战略，这是一个重大的转变。……我们奉行独立自主的正确的外交路线和对外政策，高举反对霸权主义、维护世界和平的旗帜，坚定地站在和平力量一边，谁搞霸权就反对谁，谁搞战争就反对谁。……根据独立自主的对外政策，我们改善了同美国的关系，也改善了同苏联的关系。我们中国不打别人的牌，也不允许任何人打中国牌，这个我们说到做到。这就增强了中国在国际上的地位，增强了中国在国际问题上的发言权。"② "总之，一个是对国际形势的判断，一个是根据这个判断相应地调整对外政策，这是我们的两个大变化。现在看来，这两个变化是正确的，对我

---

① 《邓小平文选》第 3 卷，人民出版社 1993 年版，第 126—127 页。
② 《邓小平文选》第 3 卷，人民出版社 1993 年版，第 127—128 页。

们是有益的，我们要坚持下去。只要坚持这样的判断和这样的政策，我们就能放胆地一心一意地好好地搞我们的四个现代化建设。我们的立足点还是自力更生，但是我们搞开放政策，利用国际和平环境更多地吸收对我们有用的东西，这对加速我们的发展比较有利。"①

这两个重大转变，即在国际战略上确认和平与发展是当今世界的两大问题，而且发展问题更为突出，从而确认世界和平力量的增长超过战争力量的增长；在外交政策上确认奉行同时谋求同美国、苏联改善关系的独立自主的对外政策，不允许任何人打中国牌，对于确保改革开放的成功，确保在变动中的国际格局中维护好中国和平发展的根本利益，确保中国始终走和平发展道路，具有跨世纪的深远的战略意义。

第四，确立"四项基本原则"，旗帜鲜明地抵制各种错误思潮，旗帜鲜明地提出要从根本上扭转社会风气和党风。

以党的十一届三中全会为标志，党和国家工作重心转移到了以经济建设为中心的正确轨道上来。与此同时，拨乱反正的步伐明显加快。为了更好地在拨乱反正中统一全党思想，以便更好地集中精力团结一致向前看，党中央决定在适当的时候起草一个包括"文化大革命"问题在内的有关新中国成立以后党的若干历史问题的决议。然而，"树欲静而风不止"。这时，出现了极少数别有用心的人从根本上否定毛泽东思想、毛泽东同志历史地位，进而根本上否定中国共产党领导、社会主义道路的错误思潮。如不及时对这一思潮给予必要的回应，就会干扰前进方向。

1979年3月30日，邓小平在理论工作务虚会上发表题为《坚持

---

① 《邓小平文选》第3卷，人民出版社1993年版，第128页。

四项基本原则》的讲话，在关键时刻为未来中国发展指明了航向。

邓小平明确指出了坚持四项基本原则的出发点："过去搞民主革命，要适合中国情况，走毛泽东同志开辟的农村包围城市的道路。现在搞建设，也要适合中国情况，走出一条中国式的现代化道路。"①

接着，他明确提出一个重要论断，就是"实现四个现代化必须坚持四项基本原则"。他说："中央认为，我们要在中国实现四个现代化，必须在思想政治上坚持四项基本原则。这是实现四个现代化的根本前提。这四项是：第一，必须坚持社会主义道路；第二，必须坚持无产阶级专政；第三，必须坚持共产党的领导；第四，必须坚持马列主义、毛泽东思想。大家知道，这四项基本原则并不是新的东西，是我们党长期以来所一贯坚持的。粉碎'四人帮'以至三中全会以来，党中央实行的一系列方针政策，一直是坚持这四项基本原则的。"②后来，这四项基本原则发展成为"一个中心、两个基本点"的中国共产党在社会主义初级阶段的基本路线，奠定了中国特色社会主义大厦的政治基石。

邓小平后来在1993年9月的一次谈话中回顾说："我们在改革开放初期就提出'四个坚持'。没有这'四个坚持'，特别是党的领导，什么事情也搞不好，会出问题。出问题就不是小问题。社会主义市场经济优越性在哪里？就在四个坚持。""四个坚持是'成套设备'。在改革开放的同时，搞好四个坚持，我是打下个基础，这个话不是空的。"③

邓小平在改革开放之初就看到的这两个问题，即社会主义江山的

---

① 《邓小平文选》第2卷，人民出版社1994年版，第163页。
② 《邓小平文选》第2卷，人民出版社1994年版，第164—165页。
③ 《邓小平年谱（1975—1997）》（下），中央文献出版社2004年版，第1363—1364页。

政治基石问题、党风和社会风气以及精神文明建设问题，都是带有根本性的问题。正如习近平总书记所指出的那样："巩固党的群众基础和执政基础，不能说只要群众物质生活好就可以了，这个认识是不全面的。党的群众基础和执政基础包括物质和精神两方面。精神上丧失群众基础，最后也要出问题。只有物质文明建设和精神文明建设都搞好，国家物质力量和精神力量都增强，全国各族人民物质生活和精神生活都改善，中国特色社会主义事业才能顺利向前推进。"这个真理性的认识，已经被改革开放 40 多年的历史所一再证明。

第五，概括提出"加强和改善党的领导"，确立党的政治领导原则和新时期党内政治生活准则。

由中国共产党在国家政权的核心领导地位所决定，由中国共产党在整个社会主义建设事业中的领导核心地位所决定，加强和改善党的领导永远在路上，一刻也不能松懈。然而，在"文化大革命"中受到最大破坏的，正是党的领导。在整个改革开放过程中不断受到西方敌对势力和国内极少数人质疑的，也正是党的领导。当然，这是来自两个不同方向的冲击。前者是极左势力，将党的领导推向极端，实际上是以党代政、"包办一切"，其结果恰恰是极大地削弱而不是加强党的领导。后者是西化、分化的图谋，企图彻底摆脱党的领导，使中国陷入群龙无首的境地。无论是极左还是极右，其结果给党和国家、民族带来的灾害都是难以估量的。

"加强和改善党的领导"是一个永恒课题。但是，从哪一方面着手，则需要因时而异、适时而动。邓小平着手破解这个课题的时候，适值"文化大革命"刚刚结束、改革开放将起之时，加强党的领导的任务固然十分艰巨，但是彻底扭转极左时期在党的领导方面的种种误区、使党的建设重归正确轨道，这一艰巨任务更加迫在眉睫。

1980年8月18日,邓小平发表《党和国家领导制度的改革》,成为中国共产党在改革开放时期关于坚持什么样的党的领导、怎样坚持党的领导的一篇纲领性文献。

首先,坚持和改善党的领导必须要有科学的标准。邓小平开宗明义,明确指出:"我们进行社会主义现代化建设,是要在经济上赶上发达的资本主义国家,在政治上创造比资本主义国家的民主更高更切实的民主,并且造就比这些国家更多更优秀的人才。达到上述三个要求,时间有的可以短些,有的要长些,但是作为一个社会主义大国,我们能够也必须达到。所以,党和国家的各种制度究竟好不好,完善不完善,必须用是否有利于实现这三条来检验。"①

其次,从这一标准出发,来反思党和国家现行具体制度中的弊端,从而找到党和国家领导制度改革的突破口。邓小平指出:"党和国家现行的一些具体制度中,还存在不少的弊端,妨碍甚至严重妨碍社会主义优越性的发挥。如不认真改革,就很难适应现代化建设的迫切需要,我们就要严重地脱离广大群众。""从党和国家的领导制度、干部制度方面来说,主要的弊端就是官僚主义现象,权力过分集中的现象,家长制现象,干部领导职务终身制现象和形形色色的特权现象。"② 随后,他逐一分析了这些现象,鞭辟入里,很多分析至今读来仍有振聋发聩、引人深思的感觉。

接下来,邓小平谈到了制度建设的极端重要性,一些话至今仍是经典名句。他深刻指出:"我们过去发生的各种错误,固然与某些领导人的思想、作风有关,但是组织制度、工作制度方面的问题更重要。这些方面的制度好可以使坏人无法任意横行,制度不好可以使好

---

① 《邓小平文选》第2卷,人民出版社1994年版,第322页。
② 《邓小平文选》第2卷,人民出版社1994年版,第327页。

人无法充分做好事，甚至会走向反面。"① 他还回忆起当年毛泽东的谈话，说："斯大林严重破坏社会主义法制，毛泽东同志就说过，这样的事件在英、法、美这样的西方国家不可能发生。他虽然认识到这一点，但是由于没有在实际上解决领导制度问题以及其他一些原因，仍然导致了'文化大革命'的十年浩劫。这个教训是极其深刻的。"② 他由此得出结论："不是说个人没有责任，而是说领导制度、组织制度问题更带有根本性、全局性、稳定性和长期性。这种制度问题，关系到党和国家是否改变颜色，必须引起全党的高度重视。"③ "如果不坚决改革现行制度中的弊端，过去出现过的一些严重问题今后就有可能重新出现。只有对这些弊端进行有计划、有步骤而又坚决彻底的改革，人民才会信任我们的领导，才会信任党和社会主义，我们的事业才有无限的希望。"④ 这些话斩钉截铁，显示出邓小平已经痛下决心，无论遇到什么样的障碍，也一定要在制度问题上为中国共产党的长期执政、长治久安，为国家治理和民族复兴奠定更为长久的基业。

在邓小平的心目中，改革并完善党和国家各方面的制度，是一篇大文章。改革并完善党和国家的领导制度，是这一系列改革中的关键一环。党的十一届三中全会以来的种种努力，使"我们有了一个很好的前进阵地"⑤；"现在提出改革并完善党和国家领导制度的任务，以适应现代化建设的需要，时机和条件都已成熟"⑥。对这一系列改革的长期性、艰巨性、反复性，邓小平有清醒的认识。他在这篇讲话的结

---

① 《邓小平文选》第 2 卷，人民出版社 1994 年版，第 333 页。
② 《邓小平文选》第 2 卷，人民出版社 1994 年版，第 333 页。
③ 《邓小平文选》第 2 卷，人民出版社 1994 年版，第 333 页。
④ 《邓小平文选》第 2 卷，人民出版社 1994 年版，第 333 页。
⑤ 《邓小平文选》第 2 卷，人民出版社 1994 年版，第 342 页。
⑥ 《邓小平文选》第 2 卷，人民出版社 1994 年版，第 342—343 页。

尾，语重心长地表示："这个任务，我们这一代人也许不能全部完成，但是，至少我们有责任为它的完成奠定巩固的基础，确立正确的方向。我相信，这一点是一定可以做到的。"①

历史已经证明，这五个历史性课题的成功破解，对于使中国通过改革开放大踏步赶上时代，具有决定性意义。由此也奠定了邓小平作为社会主义改革开放和现代化建设总设计师的历史地位。

---

① 《邓小平文选》第 2 卷，人民出版社 1994 年版，第 343 页。

第八章

以新姿态跨入 21 世纪

从中共十四大到十六大,改革开放在两个方面取得突破性进展。一是建立和完善了社会主义市场经济体制,实现了科学社会主义在理论与实践上的重大创新;二是通过加入世界贸易组织,全方位对外开放格局进一步完善。与此同时,跨世纪发展战略的成功实施,确保"三步走"战略部署的前两步提前实现,开启了人民生活从总体小康向全面小康迈进的新征程。

中共十六大后到十八大前,全面建设小康社会稳步推进,中国特色社会主义总体布局进一步完善,战胜了突如其来的"非典"疫情和严重自然灾害,果断应对国际金融危机,成功举办第 29 届奥运会,推动党和国家工作取得新的重大成就,经济平稳较快发展,人民生活水平显著提高,民主法制建设迈出新步伐,文化建设迈上新台阶,社会主义和谐社会建设取得突破性进展。

◇ 社会主义市场经济的创举

中共十四大确立的,是建立社会主义市场经济的大原则和大框架，还需要进一步的顶层设计。一年之后，1993年11月11日至14日召开中共十四届三中全会，做出《关于建立社会主义市场经济体制若干问题的决定》（下文简称《决定》），为建立和完善社会主义市场经济体制提供了总体规划。

《决定》重申中共十四大报告提出的总目标和总方针："社会主义市场经济体制是同社会主义基本制度结合在一起的。建立社会主义市场经济体制，就是要使市场在国家宏观调控下对资源配置起基础性作用。"以此为指导，提出下一步改革要在以下体制机制上取得突破：

一是坚持以公有制为主体、多种经济成分共同发展的方针，进一步转换国有企业经营机制，建立适应市场经济要求，产权清晰、权责明确、政企分开、管理科学的现代企业制度；

二是建立全国统一开放的市场体系，实现城乡市场紧密结合，国内市场与国际市场相互衔接，促进资源的优化配置；

三是转变政府管理经济的职能，建立以间接手段为主的完善的宏观调控体系，保证国民经济的健康运行；

四是建立以按劳分配为主体，效率优先、兼顾公平的收入分配制度，鼓励一部分地区一部分人先富起来，走共同富裕的道路；

五是建立多层次的社会保障制度，为城乡居民提供同我国国情相适应的社会保障，促进经济发展和社会稳定。

《决定》把以上这五点，称为"社会主义市场经济体制的基本框架"。要求"围绕这些主要环节，建立相应的法律体系，采取切实措施，积极而有步骤地全面推进改革，促进社会生产力的发展"。[①]

社会主义市场经济体制改革，涉及经济社会发展各个领域，国计

---

① 《十四大以来重要文献选编》（上），中央文献出版社2011年版，第453页。

民生方方面面，特别是要从长期形成的主要由政府对资源配置起主导作用的计划经济体制，转变到市场对资源配置起基础性作用的社会主义市场经济体制，这实际上是涉及经济体制改革、政治体制改革、社会保障体系改革等的一场前所未有的深刻社会革命，同时也是思想观念与工作方式上的一次革命性变革。对此，以江泽民同志为核心的中共中央领导集体作了周密的顶层设计和部署，出台了一系列带有根本性的政策措施。主要有：

——1993年12月15日，国务院做出《关于实行分税制财政管理体制的决定》。

——12月25日，国务院做出《关于金融体制改革的决定》。

——1994年1月11日，国务院做出《关于进一步深化对外贸易体制改革的决定》。

——3月25日，国务院第十六次常务会议审议通过实施《九十年代国家产业政策纲要》。

——4月15日，国务院印发并实施《国家八七扶贫攻坚计划》。

——6月14日至17日，中共中央、国务院召开改革开放以来的第二次全国教育工作会议，要求从我国社会主义现代化建设的全局和国家、民族前途命运的高度，进一步确立教育优先发展的战略地位，认真落实《中国教育改革和发展纲要》。

——7月5日，第八届全国人民代表大会常务委员会第八次会议通过《中华人民共和国劳动法》，并于1995年1月1日起施行。

——同日，国务院做出《关于进一步加强知识产权保护工作的决定》。

——7月18日，国务院做出《关于深化城镇住房制度改革的决定》。

——10月25日，国务院下发《关于在若干城市试行国有企业破产有关问题的通知》。

——1995年2月27日，中共中央、国务院做出《关于深化供销合作社改革的决定》。

——3月1日，国务院发出《关于深化企业职工养老保险制度改革的通知》。

与此同时，还提出抓紧时机努力做好社会主义市场经济立法工作，努力建立社会主义市场经济法律体系。

这一系列围绕建立和完善社会主义市场经济体制的改革举措，标志着中共十一届三中全会开启的改革开放，进入了一个新的发展阶段。

这一系列改革实践，也深化了对改革开放和社会主义现代化建设规律的认识。在1994年9月25日至28日召开的中共十四届五中全会上，江泽民在讲话中系统阐述社会主义现代化建设中的12个若干重大关系。包括：改革、发展、稳定的关系；速度和效益的关系；经济建设和人口、资源、环境的关系；第一、第二、第三产业的关系；东部地区和中西部地区的关系；市场机制和宏观调控的关系；公有制经济和其他经济成分的关系；收入分配中国家、企业和个人的关系；扩大对外开放和坚持自力更生的关系；中央和地方的关系；国防建设和经济建设的关系；物质文明建设和精神文明建设的关系。[1]

中共十四大以后，改革开放和社会主义现代化建设，有了社会主义市场经济这个制度平台，走上了国内持续快速发展与国际加快全方位开放"双轮驱动"的快车道。邓小平"隔几年上一个台阶"的愿

---

[1] 见《江泽民文选》第1卷，人民出版社2006年版，第460—475页。

望成为现实。

当时，经济全球化浪潮迅猛发展。能否实现国内快速发展与对外全方位开放"双轮驱动"，在很大程度上取决于中国能否在加入世界贸易组织的谈判中获得双赢。

早在1986年7月，中国政府做出申请恢复中国关贸总协定缔约国地位的决定。随后开始长达15年的"复关"谈判。1994年4月15日，关贸总协定乌拉圭回合部长会议，决定成立更具全球性的世界贸易组织，以取代成立于1947年的关贸总协定。1995年1月1日，世界贸易组织成立，一年后取代关贸总协定。中国政府的"复关"谈判，从此变为加入世界贸易组织的谈判。1999年11月15日，中美双方达成双边协议。2001年11月10日，在卡塔尔首都多哈举行的世界贸易组织第四届部长级会议，通过了中国加入世界贸易组织的决定。12月11日，中国正式成为世贸组织的第143个成员。加入世界贸易组织，使中国经济在全球化进程中获得参与制定规则和竞争的有利位置，从而得到更为广阔的发展空间，对经济体制改革和现代化建设产生深刻影响，标志着我国对外开放进入了一个新的阶段。

◇ 跨世纪发展的战略擘画

1997年2月19日，邓小平去世。邓小平开启了改革开放和社会主义现代化建设新时期，开创了中国特色社会主义，确定了中国共产党在社会主义初级阶段的基本路线。邓小平逝世后，中国举什么旗、走什么路的问题，再次成为举世关注的问题。

1997年9月12日至18日召开的中国共产党第十五次全国代表大

会，以鲜明的大会主题，即"高举邓小平理论伟大旗帜，把建设有中国特色社会主义事业全面推向二十一世纪"，回应了国内外的普遍关切。

这次大会在理论上的一大贡献，是以社会主义初级阶段理论和基本路线为指导，系统提出了中国共产党在社会主义初级阶段的经济、政治、文化纲领，深入阐述我国社会主义基本经济制度和基本分配制度，阐明了中国特色社会主义经济、政治、文化的基本特征和基本要求。这些理论概括，标志着改革开放以来各个领域、各方面工作的方针政策，已经进入围绕社会主义市场经济发展要求，进一步系统化、整体化的阶段，对改革的整体性、协调性提出了更高的要求。

这次大会的又一个重要贡献，是确立了依法治国基本方略。大会强调："依法治国，是党领导人民治理国家的基本方略，是发展社会主义市场经济的客观需要，是社会文明进步的重要标志，是国家长治久安的重要保障。""依法治国把坚持党的领导、发扬人民民主和严格依法办事统一起来，从制度和法律上保证党的基本路线和基本方针的贯彻实施，保证党始终发挥总揽全局、协调各方的领导核心作用。"[①]

这次大会还有一个重要贡献，是从邓小平所确立的社会主义现代化建设"三步走"战略中的第二步目标即将实现的情况出发，对到21世纪中叶的第三步发展战略作了进一步的规划。报告提出："展望下世纪，我们的目标是，第一个十年实现国民生产总值比二〇〇〇年翻一番，使人民的小康生活更加宽裕，形成比较完善的社会主义市场经济体制；再经过十年的努力，到建党一百年时，使国民经济更加发展，各项制度更加完善；到世纪中叶建国一百年时，基本实现现代

---

① 《十五大以来重要文献选编》（上），中央文献出版社2011年版，第26—27页。

化，建成富强民主文明的社会主义国家。"①

按照这一奋斗目标，中共十五大前后，相继提出和确立若干重大发展战略，包括实施科教兴国战略、可持续发展战略、西部大开发战略、"走出去"战略等，以确保跨世纪发展的速度和后劲。

在世纪之交，还先后发生了亚洲金融危机、1998年特大洪涝灾害，进行了反对"法轮功"邪教组织的重大政治斗争，抗议美国悍然轰炸中国驻南斯拉夫使馆的重大外交斗争等。中共中央和国务院依靠党政军民各界、全国各族人民团结一致的力量，依靠中国特色社会主义制度优势，成功地取得了这一系列斗争的胜利，展现了改革开放激发起来的国家综合国力与软实力。

2000年，是难得的"千禧年"，也是中华民族复兴史上值得浓墨重彩地记录的一年。

"九五"计划的完成，使我国实现了现代化建设第二步战略目标，人民生活总体上达到小康水平。这是改革开放和社会主义现代化建设事业的丰硕成果，在中华民族发展史上矗立起新的里程碑。

到2000年，我国主要工农业产品产量位居世界前列，商品短缺状况基本结束。

国家综合实力显著提高。经过从1953年开始的国民经济九个五年计划持续不断的工业化和现代化建设，到2000年，国内生产总值达到99776亿元人民币，国家财政收入达13395亿元，人均国民生产总值比1980年翻两番的目标在1997年提前3年完成。

人民生活持续改善。2000年，城乡居民收入大幅度增加，农村居民家庭人均纯收入达到2253元，城镇居民家庭人均可支配收入达

---

① 《十五大以来重要文献选编》（上），中央文献出版社2011年版，第4页。

到6280元,"九五"时期平均每年实际增长4.7%和5.7%。

全方位对外开放格局基本形成。2000年进出口总额达4743亿美元,其中出口2492亿美元,分别比1995年增长69%和67%。国家外汇储备2000年底达到1656亿美元,比1995年底增加920亿美元。

到2000年,我国成功实现了由计划经济体制向社会主义市场经济体制的转变,社会主义市场经济体制基本框架初步建立。至1996年,钢铁、煤炭等重要生产资料价格"双轨制"基本结束。2000年,市场调节价在社会商品零售总额、农副产品收购总额和生产资料销售总额中所占比例分别达到95.8%、92.5%和87.4%。

◇◇ 实施跨世纪发展战略

进入20世纪90年代,世界科技革命出现新的高潮,科学技术对经济社会发展的推动作用日益明显,成为决定国家综合国力和国际地位的重要因素。与此同时,增强发展中的可持续后劲,增强区域发展中的协调平衡,加快对外开放中的双向互动,也成为迫切需要解决的重要课题。党中央及时提出并实施科教兴国、可持续发展、西部大开发、对外开放"走出去"等发展战略,对中国特色社会主义事业的跨世纪发展起到了强有力的推动作用。

经济社会快速发展,离不开科学技术和教育的强有力支撑。

面对新一轮科技革命的机遇和挑战,1992年3月国务院颁布《国家中长期科学技术发展纲领》,对面向新世纪的科技发展做出规划。1993年7月,八届全国人大常委会第二次会议通过《中华人民共和国科学技术进步法》,成为新中国成立以来第一部关于科学技术的法律。

1995 年 5 月 6 日，党中央、国务院进一步做出《关于加速科学技术进步的决定》（下文简称《决定》），正式提出科教兴国战略。这是我国实施科教兴国战略的纲领性文件。《决定》明确提出了我国科技工作的基本方针，即坚持科学技术是第一生产力的思想，经济建设必须依靠科学技术，科学技术工作必须面向经济发展，努力攀登科学技术高峰；同时，明确指出了实施科教兴国战略的十项基本内容与基本要求。

1995 年 5 月 26 日至 30 日，中共中央、国务院在北京举行全国科学技术大会，江泽民发表重要讲话，明确提出"实施科教兴国的战略，关键是人才"的重大战略判断，强调科学技术人员应该大力弘扬爱国主义精神、求实创新精神、拼搏奉献精神、团结协作精神。这四种精神，是我国数代科技工作者崇高品质的结晶，也是科技事业繁荣的重要保证。

为推进科教兴国战略，1997 年 6 月，国家科技领导小组第三次会议决定，制定和实施《国家重点基础研究发展规划》，加强国家战略目标导向的基础研究工作。在继续实施"863"计划的同时，由科技部组织实施了国家重点基础研究发展计划（"973"计划）。从 1998 年起，国家逐年加大了对科技事业的投入，中央财政 5 年内投入 25 亿元用于国家重点基础研究。国务院先后对 10 个国家局所属 242 个应用型科研机构实行了企业化转制。这些举措有力地推动了科技成果的产业化，促进了科技与经济的紧密结合。

科技创新，离不开教育的发展与提高。1993 年 2 月，党中央、国务院颁布《中国教育改革和发展纲要》，提出到 20 世纪末我国教育发展的总目标是："全民受教育水平有明显提高；城乡劳动者的职前、职后教育有较大发展；各类专门人才的拥有量基本满足现代化建设的需要；形成具有中国特色的、面向 21 世纪的社会主义教育体系的基本框架。再经过几十年的努力，建立起比较成熟和完善的社会主义教育体系，实现教育的现代化。"[1] 1995 年 3 月 18 日，八届全国人大三次会议通过《中华人民共和国教育法》，极大地提升了教育的基础地位。

以科教兴国战略为导向，国家实施了加强重点高校建设的"211 工程"，旨在面向 21 世纪重点建设 100 所左右的高等学校和一批重点学科，推动高等教育改革和多种形式联合办学，促使高校布局和结构趋于合理，提高办学规模效益和教育质量。还通过深化教育体制改革，逐步改变了高等教育长期存在的条块分割、重复建设状况，教育资源配置更加合理；基础教育和职业技术教育逐步形成了政府为主与社会参与相结合的办学新体制。

随着经济快速发展、经济规模迅速扩大，资源、环境和人口等多种因素的制约日益凸显，可持续发展问题日益引起党和国家的高度重视。

1992 年联合国环境与发展大会后，中共中央、国务院批准并转发《关于出席联合国环境与发展大会的情况及有关对策的报告》，明确提出将实施可持续发展战略。

1994 年，我国发表《中国 21 世纪议程——中国 21 世纪人口、环境与发展白皮书》，提出可持续发展的总体战略、对策和行动方案。

1996 年 3 月，八届全国人大四次会议的政府工作报告明确提出：实施科教兴国战略和可持续发展战略，对于今后 15 年的发展乃至整

---

[1] 《中国教育改革和发展纲要》（1993 年 2 月 13 日），载中共中央文献研究室编《十四大以来重要文献选编》（上），中央文献出版社 2011 年版，第 54—55 页。

个现代化的实现，具有重要意义。会议批准的《中华人民共和国国民经济和社会发展"九五"计划和2010年远景目标纲要》，对实施这两大战略作了具体规划。

我国提出与实施可持续发展战略，既是对1992年6月联合国环境与发展大会通过的《里约环境与发展宣言》《21世纪议程》等人类社会可持续发展新思想与国际共识的积极回应，也是适应国内经济社会发展新要求、实现全面协调可持续发展的战略选择。

在中共中央、国务院的积极推动下，我国持续推动与实施可持续发展战略，在一些领域取得了重大进展。1996年8月，国务院发布《关于环境保护若干问题决定》，要求坚决贯彻执行《中华人民共和国水污染防治法》《中华人民共和国大气污染防治法》《中华人民共和国固体废物污染环境防治法》等，全面开展"33211"环境治理工程，即"三河"（淮河、海河、辽河）、"三湖"（太湖、滇池、巢湖）水污染防治，"两控区"（酸雨污染和二氧化硫污染控制区）大气污染防治，"一市"（北京市）、"一海"（渤海）的污染防治，大力推进"一控双达标"（控制主要污染物排放总量、工业污染源达标和重点城市的环境质量按功能区达标）工作。

西部大开发战略，是中共中央总揽全局、协调东西沿海地区与西部地区发展"两个大局"战略思想、面向新世纪做出的一项重大战略决策。

改革开放初期，具有各方面有利条件的沿海地区，率先发展起来。经过十多年发展，到1998年，东部地区国内生产总值为48114.90亿元，占全国总量的58.12%。同年西部10个省区市国内生产总值为1.155万亿元，只占全国的14.7%。世纪之交，我国综合国力显著增强，国家支持西部地区加快发展的条件基本具备，时机已经成熟。

1999年9月，党的十五届四中全会明确提出国家要实施西部大开发战略，通过优先安排基础设施建设、增加财政转移支付等措施，支持中西部地区和少数民族地区加快发展。

2000年10月，十五届五中全会进一步强调：实施西部大开发战略，加快中西部地区发展，是实现现代化建设第三步战略目标的重大举措，是一项艰巨的历史任务。既要有紧迫感，又要有长期奋斗的思想准备。

会后，国务院就西部大开发中的资金投入、投资环境、对外对内开放、吸引人才和发展科技教育等制定了若干具体政策措施，明确规定当前和今后一个时期的重点任务和目标：力争用五到十年时间，使西部地区基础设施和生态环境建设取得突破性进展，西部开发有一个良好开局；到21世纪中叶，要建成一个经济繁荣、社会进步、生活安定、民族团结、山川秀美的新西部。西部大开发战略由此全面启动。

2000年，西部地区十大重点工程全部开工。2001年，又一批重点工程相继开工。基础设施建设加快，有力地推动了西部地区的经济发展和社会进步。

全方位对外开放，有力地推动了国内改革发展。国内改革发展的顺利推进，又对对外开放提出新的要求，增添新的内容。

1998年2月，江泽民在十五届二中全会上提出，在积极扩大出口的同时，要有领导有步骤地组织和支持一批有实力有优势的国有企业走出去，到国外主要是到非洲、中亚、中东、东欧、南美等地投资办厂。既要"引进来"，又要"走出去"，这是我们对外开放基本国策两个紧密联系、相互促进的方面，缺一不可[①]。

此后，"走出去"战略逐渐成为一项既定国策。2000年10月，中共十五届五中全会通过《中共中央关于制定国民经济和社会发展第十个五年计划的建议》，提出："实施'走出去'战略，努力在利用国内国外两种资源、两个市场方面有新的突破。"

"走出去"战略的实施，进一步丰富和发展了对外开放基本国策，推动我国的对外开放从过去的侧重引进为主发展为"引进来"和"走出去"相结合，我国国内企业的国际竞争力明显加强。2001年新签订涉及电力、交通、建筑、石化等行业的大型工程项目15个。到2001年底，我国累计参与境外资源合作项目195个，总投资46亿美元；累计设立各种境外企业6610家，其中中方投资84亿美元；境外项目平均投资达252万美元，比上年提高近30%。

"引进来"和"走出去"相结合的开放战略促进了开放型经济的发展，使全方位、多层次、宽领域的对外开放格局更加清晰。中国经济进一步融入经济全球化进程，获得了更广阔的发展空间。这是中共中央在跨世纪发展道路上做出的又一项富有远见的决策。

◇ 香港澳门回归祖国

实现祖国统一大业，是中国共产党的三大历史任务之一。根据邓小平提出的"一国两制"构想成功实现香港、澳门回归，是20世纪90年代令中华民族备感自豪的两件大事。

---

① 江泽民：《做好经济工作，增强承受和抵御风险的能力》（1998年2月2日），《江泽民文选》第2卷，人民出版社2006年版，第105页。

"千禧年"到来之前,香港、澳门相继回归祖国怀抱,祖国统一大业收获一份厚礼。1997年6月30日午夜至7月1日凌晨,在香港会议展览中心大会堂隆重举行了中英两国政府香港政权交接仪式。中华人民共和国主席江泽民庄严宣告:"中国对香港恢复行使主权。中华人民共和国香港特别行政区正式成立。这是中华民族的盛事,也是世界和平与正义事业的胜利。""经历了百年沧桑的香港回归祖国,标志着香港同胞从此成为祖国这块土地上的真正主人,香港的发展从此进入一个崭新的时代。"[1]

香港位于中国南部、珠江口以东,西与澳门隔海相望,北与深圳市相邻,陆地总面积1106.66平方公里,海域面积1648.69平方公里,自古以来就是中国的领土。

香港与祖国一样,在近代以来饱受殖民侵略的耻辱。第一次鸦片战争中,英国强占香港岛。1842年,英国强迫清政府签订《南京条约》,永久割让香港岛。在第二次鸦片战争中,1860年英国迫使清政府签订《北京条约》,永久割让九龙半岛尖端。1898年英国又乘列强在中国划分势力范围之机,逼迫清政府签订《展拓香港界址专条》,强行租借九龙半岛界限街以北的大片土地以及附近二百多个岛屿(后统称新界)。

新中国成立后,中国政府对香港的一贯立场:香港是中国的领土,中国不承认帝国主义强加的三个不平等条约,并主张在适当时机通过谈判解决这一问题。改革开放以后,邓小平提出按照"一个国家、两种制度"方案解决台湾和香港问题的构想。随着1997年的日益临近,解决香港问题的时机已经成熟。

---

[1] 《江泽民文选》第1卷,人民出版社2006年版,第651页。

从 1982 年至 1984 年，中英两国就落实香港前途问题进行谈判。1984 年 12 月 19 日，中英两国政府首脑在北京正式签署了《中华人民共和国政府和大不列颠及北爱尔兰联合王国政府关于香港问题的联合声明》，明确 1997 年 7 月 1 日中华人民共和国对香港恢复行使主权。1990 年 4 月 4 日，第七届全国人民代表大会第三次会议通过了《中华人民共和国香港特别行政区基本法》，自 1997 年 7 月 1 日起施行。

香港回归祖国，开启了繁荣稳定发展的新篇章。澳门回归祖国，也随之提上日程。

两年以后，1999 年 12 月 19 日午夜至 20 日凌晨，中葡两国政府举行澳门政权交接仪式。葡萄牙国旗和澳门市政厅旗降下，中华人民共和国国旗和中华人民共和国澳门特别行政区区旗冉冉升起。中华民族的百年心愿，终于在改革开放的新时期得以实现。

邓小平在为解决香港回归问题提出"一国两制"构想时，曾经指出："中国政府为解决香港问题所采取的立场、方针、政策是坚定不移的。我们多次讲过，我国政府在一九九七年恢复行使对香港的主权后，香港现行的社会、经济制度不变，法律基本不变，生活方式不变，香港自由港的地位和国际贸易、金融中心的地位也不变，香港可以继续同其他国家和地区保持和发展经济关系。我们还多次讲过，北京除了派军队以外，不向香港特区政府派出干部，这也是不会改变的。我们派军队是为了维护国家的安全，而不是去干预香港的内部事务。"

他提出："港人治港有个界线和标准，就是必须由以爱国者为主体的港人来治理香港。未来香港特区政府的主要成分是爱国者，当然也要容纳别的人，还可以聘请外国人当顾问。什么叫爱国者？爱国者的标准是，尊重自己民族，诚心诚意拥护祖国恢复行使对香港的主权,不损害香港的繁荣和稳定。"

他还指出:"不能笼统地担心干预,有些干预是必要的。要看这些干预是有利于香港人的利益,有利于香港的繁荣和稳定,还是损害香港人的利益,损害香港的繁荣和稳定。现在看起来,香港从现在到一九九七年会有秩序地度过十三年,十三年之后,会有秩序地度过五十年。这我是有信心的。但切不要以为没有破坏力量。这种破坏力量可能来自这个方面,也可能来自那个方面。如果发生动乱,中央政府就要加以干预。"[1]

邓小平的这些预见,已经为后来的发展所证明。

在香港、澳门回归的同时,海峡两岸关系也在发展。继1987年10月台湾当局有限制地开放探亲后,一个重要进展就是海峡两岸实现了"汪辜会谈"。

1992年3月,海峡两岸关系协会(简称海协会)与台湾海峡交流基金会(简称台湾海基会)开始进行事务性商谈。同年11月,双方达成各自以口头方式表述"海峡两岸均坚持一个中国原则"的共识("九二共识")。

在此基础上,1993年4月27日至29日,海峡两岸关系协会会长汪道涵与台湾海峡交流基金会董事长辜振甫,在新加坡举行"汪辜会谈"。这是海峡两岸高层人士在长期隔绝之后的首度正式接触。双方签署《汪辜会谈共同协议》《两岸公证书使用查证协议》《两岸挂号函件查询、补偿事宜协议》《两会联系与会谈制度协议》等四项协议,由此突破了以往台湾当局规定的同大陆"不接触、不谈判、不妥协"的"三不"政策。

---

[1] 《邓小平文选》第3卷,人民出版社1993年版,第58、61、73—74页。

1994年3月5日八届全国人大常委会第六次会议通过《中华人民共和国台湾同胞投资保护法》，为台商在祖国大陆投资提供法律保障，创造更为有利和方便的条件。

1995年春节前夕，江泽民发表《为促进祖国统一大业的完成而继续奋斗》讲话，继1979年1月全国人民代表大会常务委员会发表《告台湾同胞书》后，再次系统阐述对台大政方针。讲话提出现阶段发展两岸关系、推动祖国和平统一进程的八项主张。

八项主张是：（一）坚持一个中国的原则，是实现和平统一的基础和前提；（二）对于台湾同外国发展民间性经济文化关系，我们不持异议；（三）进行海峡两岸和平统一谈判，是我们的一贯主张；（四）努力实现和平统一，中国人不打中国人；（五）面向二十一世纪世界经济的发展，要大力发展两岸经济交流与合作，以利于两岸经济共同繁荣，造福整个中华民族；（六）中华各族儿女共同创造的五千年灿烂文化，始终是维系全体中国人的精神纽带，也是实现和平统一的一个重要基础；（七）两千一百万台湾同胞，不论是台湾省籍还是其他省籍，都是中国人，都是骨肉同胞、手足兄弟；（八）我们欢迎台湾当局的领导人以适当身份前来访问；我们也愿意接受台湾方面的邀请，前往台湾。①

这个讲话，既体现了中国政府完成祖国统一大业的坚定决心，又充分考虑到2100万台湾同胞的愿望和台湾的实际情况，表达了"坚持统一，反对分裂"的原则立场，为发展两岸关系、推动祖国统一开辟了新的前景。

---

① 《江泽民文选》第1卷，人民出版社2006年版，第421—423页。

◇ 党的建设新的伟大工程

1992年10月召开的中共十四大,确立了建立社会主义市场经济体制的改革目标。这为在新的历史条件下加强党的建设提出了新情况新要求。这就需要进一步明确党的建设的总目标总任务,科学回答建设一个什么样的党、怎样建设党的基本问题。

十四大报告指出,党所处的环境和所肩负的任务有了很大变化,党的建设面临许多新情况新问题,"一定要结合新的实际,遵循党的基本路线,坚持党要管党和从严治党,加强和改进党的建设,努力提高党的执政水平和领导水平,使我们这个久经考验的马克思主义的党,在建设有中国特色社会主义的伟大事业中更好地发挥领导核心作用"[①]。

为贯彻落实中共十四大精神,1994年9月,党的十四届四中全会做出《关于加强党的建设几个重大问题的决定》,把党的建设作为"新的伟大工程",明确了党的建设的总目标和总任务,指出:"在当代世界风云变幻的条件下,在当代中国改革开放和现代化建设的伟大变革中,把党建设成为用建设有中国特色社会主义理论武装起来、全心全意为人民服务、思想上政治上组织上完全巩固、能够经受住各种风险、始终走在时代前列的马克思主义政党。"[②]

[①] 江泽民:《加快改革开放和现代化建设步伐,夺取有中国特色社会主义事业的更大胜利》(1992年10月12日),《江泽民文选》第1卷,人民出版社2006年版,第245页。

[②] 《中共中央关于加强党的建设几个重大问题的决定》(1994年9月28日),载中共中央文献研究室编《十四大以来重要文献选编》(中),中央文献出版社2011年版,第4页。

正式提出新时期党的建设新的伟大工程，是1997年10月召开的中共十五大一个历史性决策。

十五大报告对党的建设的总目标和总任务做出新概括，强调"要把党建设成为用邓小平理论武装起来、全心全意为人民服务、思想上政治上组织上完全巩固、能够经受住各种风险、始终走在时代前列、领导全国人民建设有中国特色社会主义的马克思主义政党"。要求全党"按照新的伟大工程的总目标，从思想上、组织上、作风上全面加强党的建设，不断提高领导水平和执政水平，不断增强拒腐防变的能力，以新的面貌和更强大的战斗力，带领人民完成新的历史任务"。

不断提高领导水平和执政水平，不断增强拒腐防变的能力，是党的建设的重大理论命题和实践任务。2000年1月14日，江泽民在十五届中央纪委第四次全会上，完整地提出了"提高领导水平和执政水平、增强拒腐防变和抵御风险的能力"这两大历史性课题。这些党的建设理论的发展创新，适应了发展社会主义市场经济对党的建设的新要求，为新的历史条件下加强和改进党的建设指明了方向。

1998年11月，中共中央印发《关于在县级以上党政领导班子、领导干部中深入开展以"讲学习、讲政治、讲正气"为主要内容的党性党风教育的意见》。"三讲"教育采取自上而下的办法，分级分批进行。从1998年11月到2000年底，共有70万县（处）级以上领导干部参加"三讲"教育活动，其中省部级领导班子成员达2100多人。党内外干部群众对"三讲"教育十分关注，表现出很高的参与热情，仅直接听动员报告、参加民主测评和帮助整改的就有500万人以上。通过"三讲"教育，广大干部普遍受到一次深刻的马克思主义教育，经受了一次党内政治生活的锻炼，贯彻党的基本路线和民主集中制原则的自觉性得到提高。

1998年7月，中共中央做出决定：军队、武警部队和政法机关一律不再从事经商活动。这是加强党的建设、政权建设和军队建设，从源头上预防和治理腐败的一项重大决策。当年底，军队、武警部队和各级政法机关与所办经营性企业彻底脱钩。到2000年3月，这项工作基本结束。

为进一步推进党风廉政建设，2001年9月，党的十五届六中全会通过《关于加强和改进党的作风建设的决定》，对加强作风建设做出全面部署，提出"八个坚持、八个反对"的要求。即：坚持解放思想、实事求是，反对因循守旧、不思进取；坚持理论联系实际，反对照抄照搬、本本主义；坚持密切联系群众，反对形式主义、官僚主义；坚持民主集中制原则，反对独断专行、软弱涣散；坚持党的纪律，反对自由主义；坚持清正廉洁，反对以权谋私；坚持艰苦奋斗，反对享乐主义；坚持任人唯贤，反对用人上的不正之风。

这一时期，先后制定或修订了《中国共产党章程》《中国共产党纪律检查机关控告申诉工作条例》《中国共产党地方组织选举工作条例》《中国共产党纪律检查机关案件检查工作条例》《中国共产党党员权利保障条例（试行）》《中国共产党地方委员会工作条例（试行）》《中国共产党纪律处分条例（试行）》《中国共产党党员领导干部廉洁从政若干准则（试行）》《中国共产党党和国家机关基层组织工作条例》等近10部党内基本法规，为加强党的建设、从严治党、坚持与加强党的领导奠定了必要的法规制度保障。

◇ 开启全面建设小康社会新征程

2002年11月召开的中共十六大，开启了全面建设小康社会的新征程。

这次大会庄严宣告:"经过全党和全国各族人民的共同努力,我们胜利实现了现代化建设'三步走'战略的第一步、第二步目标,人民生活总体上达到小康水平。这是社会主义制度的伟大胜利,是中华民族发展史上一个新的里程碑。"

大会根据历史方位将全面建设小康社会确立为21世纪头20年的奋斗目标,指出:"综观全局,二十一世纪头二十年,对我国来说,是一个必须紧紧抓住并且可以大有作为的重要战略机遇期。""我们要在本世纪头二十年,集中力量,全面建设惠及十几亿人口的更高水平的小康社会,使经济更加发展、民主更加健全、科教更加进步、文化更加繁荣、社会更加和谐、人民生活更加殷实。这是实现现代化建设第三步战略目标必经的承上启下的发展阶段,也是完善社会主义市场经济体制和扩大对外开放的关键阶段。"同时强调,"必须毫不放松地加强和改善党的领导,全面推进党的建设新的伟大工程"。[①]

回望历史,从中共十一届三中全会开启改革开放新时期算起,在过去的24年间,中国已经大踏步赶上时代,并且成为经济全球化的重要推动力量。

展望未来,继中共十二大提出"翻两番"的奋斗目标,中共十三大提出"三步走"战略之后,中共十六大确立了"全面建设小康社会"奋斗目标,并且要在中国共产党建党100周年之际加以实现。

这在中华民族伟大复兴的追梦历程中,又开启了一个新征程。在这个新征程中,中华民族不仅要彻底告别贫困,实现从站起来到富起来的历史飞跃,而且还要朝着强起来的目标继续前进。

[①]《十六大以来重要文献选编》(上),中央文献出版社2011年版,第14、14—15、38页。

在前面的 24 年间，中国奇迹靠的是改革开放。

在未来的新世纪新征程中，中国更离不开改革开放。

改革开放铸就的伟大改革开放精神，极大丰富了民族精神内涵，成为当代中国人民最鲜明的精神标识，成为实现中华民族伟大复兴中国梦的强大精神力量。

此时，经过二十多年经济高速增长后，中国经济社会发生了深刻变化，改革开放面临的情况与中共十一届三中全会后已有很大不同。历史方位变化与形势变化，对中国共产党的执政能力和领导方式、工作方式提出更高要求，对改革开放和社会主义现代化建设也提出更高要求。

这种深刻变化和阶段性特征，概括起来说，一方面是改革开放取得的巨大成就和历史性变化，另一方面是历史积累和遗留下来的新老问题亟待继续深化改革开放求得根本解决。对此，以胡锦涛为总书记的中共中央领导集体有比较清醒的认识，对"进入新世纪新阶段，我国发展呈现一系列新的阶段性特征"作了系统分析，提出八个显著特征。

一是在经济增长方式上，经济实力显著增强，同时生产力水平总体上还不高，自主创新能力还不强，长期形成的结构性矛盾和粗放型增长方式尚未根本改变；

二是在体制改革上，社会主义市场经济体制初步建立，同时影响发展的体制机制障碍依然存在，改革攻坚面临深层次矛盾和问题；

三是在民生上，人民生活总体上达到小康水平，同时收入分配差距拉大趋势还未根本扭转，城乡贫困人口和低收入人口还有相当数量，统筹兼顾各方面利益难度加大；

四是在城乡与区域发展上，协调发展取得显著成绩，同时农业基础薄弱、农村发展滞后的局面尚未改变，缩小城乡、区域发展差距和促进经济社会协调发展任务艰巨；

五是在民主政治建设上，社会主义民主政治不断发展、依法治国基本方略扎实贯彻，同时民主法制建设与扩大人民民主和经济社会发展的要求还不完全适应，政治体制改革需要继续深化；

六是在文化建设上，社会主义文化更加繁荣，同时人民精神文化需求日趋旺盛，人们思想活动的独立性、选择性、多变性、差异性明显增强，对发展社会主义先进文化提出了更高要求；

七是在社会建设上，社会活力显著增强，同时社会结构、社会组织形式、社会利益格局发生深刻变化，社会建设和管理面临诸多新课题；

八是在对外开放上，对外开放日益扩大，同时面临的国际竞争日趋激烈，发达国家在经济科技上占优势的压力长期存在，可以预见和难以预见的风险增多，统筹国内发展和对外开放要求更高。

这就需要在新的形势下，进一步解决好实现什么样的发展、怎样发展的问题。

◇ 促进统筹发展与科学发展

2003年，中国人均国内生产总值突破1000美元，跨上了一个重要台阶。一些国家和地区的发展历程表明，在人均国内生产总值突破1000美元之后，经济社会就进入一个关键的发展阶段。从国际上看，在这个阶段，既有举措得当，促进经济快速发展和社会平稳进步的成功经验；也有应对失误，导致经济徘徊不前和社会长期动荡的失败教训。能不能抓住新机遇、解决新问题、实现新发展，是对中国共产党治国理政能力的重大考验。

不同时期，不同阶段，各有不同的问题。以上这些特征表明，发展起来以后产生的新问题，以及在发展起来以后继续存在但又有新变化的老问题，正在成为影响改革发展稳定的突出问题。正如邓小平所说："过去我们讲先发展起来。现在看，发展起来以后的问题不比不发展时少。"①

清醒认识国情，是采取正确行动的开始。中共十六大后所采取的重大举措，正是从解决突出矛盾和问题入手的。

按照中共十六大的部署，改革发展的重点，是要"使经济总量、综合国力和人民生活水平再上一个大台阶"。为此确定：大力实施科教兴国战略和可持续发展战略，走新型工业化道路；统筹城乡经济社会发展，全面繁荣农村经济，加快城镇化进程；积极推进西部大开发等区域发展战略，促进区域经济协调发展；继续调整国有经济的布局和结构，改革国有资产管理体制；理顺分配关系，深化分配制度改革，健全社会保障体系；健全民主制度，丰富民主形式，扩大基层民主，扩大公民有序的政治参与；始终把社会效益放在首位，积极发展文化事业和文化产业，继续深化文化体制改革。

就在各条战线按照部署展开工作之时，一场突如其来的公共卫生事件从天而降。2003年2月中下旬，"非典"疫情在广东局部地区流行。由于"非典"有较强的传染性，又没有特别有效的预防治疗办法，加上我国人口多、流动性大，一些地方和部门在应对突发公共卫生事件上准备不足，疫情很快蔓延到我国大部分省区市，广东、北京等地的疫情尤为严重，呈暴发状态。

---

① 冷溶、汪作玲主编：《邓小平年谱（1975—1997）》（下），中央文献出版社2004年版，第1364页。

中共中央、国务院迅速成立统一指挥和协调全国防治工作的指挥部，中央明确提出了沉着应对、措施果断，依靠科学、有效防治，加强合作、完善机制的总要求，确定了早发现、早报告、早隔离、早治疗的措施，制定了就地预防、就地观察、就地治疗的原则，提出提高治愈率、降低病死率的要求。还严格疫情监测报告制度，派出督察组赴各地检查指导工作，建立省市县三级政府防治工作领导机制，加强重点部位和重点环节的防控工作。同时，坚持一手抓防治"非典"这件大事不放松、一手抓经济建设这个中心不动摇的重大战略决策，形成万众一心抗非典、迎难而上促发展的良性互动局面。

2003年6月24日，世界卫生组织宣布解除对北京的旅行警告。至此，我国抗击"非典"取得阶段性重大胜利。

"非典"的发生和蔓延，暴露出一些短板。主要是：经济发展和社会发展、城市发展和农村发展不够协调；公共卫生事业发展滞后，公共卫生体系存在缺陷；突发事件应急机制不健全，处理和管理危机能力不强；一些地方和部门缺乏应对突发事件的准备和能力，极少数党员干部作风不实，在紧急情况下工作不力、举措失当。实事求是地正视这些短板，扎扎实实地采取有效措施克服这些短板，恰恰可以使党和国家的领导水平、执政方式、工作理念、工作方式更好适应新世纪新形势提出的要求。

在这一背景下，时任中共中央总书记、国家主席胡锦涛在同年7月28日召开的全国防治非典工作会议上讲话，提出要做好进一步加强经济社会协调发展、统筹城乡经济社会发展、公共卫生建设、社会管理体制的建设和创新、关心群众生产生活等工作。并明确提出：

"要更好地坚持全面发展、协调发展、可持续发展的发展观。"① 随后又进一步形成并创立了科学发展观，完成了发展规律、发展理念上的一次跃升。

8月28日至9月1日在江西考察期间，胡锦涛提出："要牢固树立协调发展、全面发展、可持续发展的科学发展观，积极探索符合实际的发展新路子，进一步完善社会主义市场经济体制，把加大结构调整力度同培育新的经济增长点结合起来，把推进城市发展和推进农村发展结合起来，把发挥科学技术的作用和发挥人力资源的优势结合起来，把发展经济和保护资源环境结合起来，把对外开放和对内开放结合起来，努力走出一条生产发展、生活富裕、生态良好的文明发展道路。"②

2003年10月11日至14日召开的中共十六届三中全会通过《关于完善社会主义市场经济体制若干问题的决定》，第一次正式提出科学发展观，要求"坚持以人为本，树立全面、协调、可持续的发展观"，按照"五个统筹"③的要求，完善社会主义市场经济体制。

10月14日，胡锦涛在中共十六届三中全会第二次全体会议上讲话，指出：科学发展观"是二十多年改革开放实践的经验总结，是战胜非典疫情给我们的重要启示，也是推进全面建设小康社会的迫切要求"。强调："树立和落实科学发展观，十分重要的一环就是要正确处理增长数量和质量、速度和效益的关系。"④

---

① 《十六大以来重要文献选编》（上），中央文献出版社2011年版，第396页。
② 胡锦涛：《胡锦涛在江西考察工作对强调继承发扬党的优良革命传统加快全面建设小康社会步伐》，《人民日报》（海外版）2003年9月3日第1版。
③ "五个统筹"，即统筹城乡发展、区域发展、经济社会发展、人与自然和谐发展、国内发展和对外开放。
④ 《胡锦涛文选》第2卷，人民出版社2016年版，第104、105页。

中共十六届三中全会通过《关于完善社会主义市场经济体制若干问题的决定》（以下简称《决定》），是在科学发展观指导下形成的。因此，它在规定完善社会主义市场经济体制的主要任务时，重点放在有效解决经济结构不合理、分配关系尚未理顺、农民收入增长缓慢、就业矛盾突出、资源环境压力加大、经济整体竞争力不强等问题上。针对这些问题，《决定》提出：完善社会主义市场经济体制的主要任务是："完善公有制为主体、多种所有制经济共同发展的基本经济制度；建立有利于逐步改变城乡二元经济结构的体制；形成促进区域经济协调发展的机制；建设统一开放竞争有序的现代市场体系；完善宏观调控体系、行政管理体制和经济法律制度；健全就业、收入分配和社会保障制度；建立促进经济社会可持续发展的机制。"[①]

下大力气统筹城乡发展。城乡二元结构，一直是制约新中国经济社会发展的瓶颈性障碍。消除城乡二元结构，是从农业大国向工业化国家转变的重要历史任务。科学发展观提出后，将统筹城乡发展作为"五个统筹"的重要一环，下大力气加以解决。

2003年12月31日，中共中央、国务院印发《关于促进农民增加收入若干政策的意见》，强调按照统筹城乡经济社会发展的要求，坚持"多予、少取、放活"的方针。提出以下措施：集中力量支持粮食主产区发展粮食产业，促进种粮农民增加收入；继续推进农业结构调整，挖掘农业内部增收潜力；发展农村二、三产业，拓宽农民增收渠道；改善农民进城就业环境，增加外出务工收入；发挥市场机制作用，搞活农产品流通；加强农村基础设施建设，为农民增收创造条件；深化农村改革，为农民增收减负提供体制保障。此后，中共中

[①] 《十六大以来重要文献选编》（上），中央文献出版社2011年版，第465页。

央、国务院每年下发一号文件，为统筹城乡发展提供方针指导和政策保障。

——2004年12月31日，印发《关于进一步加强农村工作提高农业综合生产能力若干政策的意见》。

——2005年12月31日，印发《中共中央国务院关于推进社会主义新农村建设的若干意见》。

——2006年12月31日，印发《关于积极发展现代农业扎实推进社会主义新农村建设的若干意见》。

——2007年12月31日，印发《关于切实加强农业基础建设进一步促进农业发展农民增收的若干意见》。

——2008年12月31日，印发《关于2009年促进农业稳定发展农民持续增收的若干意见》。

——2009年12月31日，印发《关于加大统筹城乡发展力度进一步夯实农业农村发展基础的若干意见》。

——2010年12月31日，印发《中共中央国务院关于加快水利改革发展的决定》。

——2011年12月31日，印发《关于加快推进农业科技创新持续增强农产品供给保障能力的若干意见》。

上述9个关于解决"三农"问题的一号文件，涉及新农村建设、农村产业结构调整、农民创收增收、科技支农兴农等重要领域，再加上2005年12月29日十届全国人大常委会第十九次会议决定废止《中华人民共和国农业税条例》，2008年10月9日至12日召开的中共十七届三中全会专题研究并做出《关于推进农村改革发展若干重大问题的决定》，使新中国成立以来对解决"三农"问题的重视程度和政策力度，达到了前所未有的程度。

在增加农民收入、减轻农民负担的同时，国家按照广覆盖、保基本、多层次、可持续的原则，将社会保障制度向农村覆盖。以农村最低生活保障、新型农村合作医疗、新型农村社会养老保险、农村五保供养等为主要内容的农村社会保障体系逐步形成，被征地农民社会保障、农民工工伤和医疗等社会保险逐步健全。

中共中央、国务院之所以下决心切实解决城乡二元结构问题，同在21世纪得出的一个重要判断有直接关系，这就是"我国总体上已到了以工促农、以城带乡的发展阶段"[1]。2004年9月19日，胡锦涛在中共十六届四中全会上的讲话中指出："综观一些工业化国家发展的历程，在工业化初始阶段，农业支持工业、为工业提供积累是带有普遍性的趋向；但在工业化达到相当程度以后，工业反哺农业、城市支持农村，实现工业与农业、城市与农村协调发展，也是带有普遍性的趋向。"[2] 做出建设社会主义新农村的目的，就是要自觉顺应这一趋势，实行工业反哺农业、城市支持农村的方针，进一步调整国民收入分配格局，加大各级财政对农业和农村的支持力度，充分发挥工业对农业的支持和反哺作用、城市对农村的辐射和带动作用，建立以工补农、城乡互动、协调发展的新型城乡关系。

下大力气补齐社会建设和民生短板。改革开放后，尽管民生也有显著的改善，但与经济高速发展相比，仍然相对滞后。同时，高收入与低收入的差距明显过大，区域之间不平衡现象比较突出，影响了共同富裕原则的实现。对此，中共中央下决心着力解决经济社会发展"一条腿长、一条腿短"的问题，在发展经济的同时，大力加强社会建设，切实保障和改善民生。

---

[1] 《十六大以来重要文献选编》（中），中央文献出版社2011年版，第1092页。

[2] 《十六大以来重要文献选编》（中），中央文献出版社2011年版，第311页。

2006年10月8日至11日召开的中共十六届六中全会通过《关于构建社会主义和谐社会若干重大问题的决定》（以下简称《决定》），成为新中国历史上第一个有关社会建设的中央全会文件。该《决定》把社会建设作为中国特色社会主义总体布局之一，并把构建社会主义和谐社会明确为现代化建设奋斗目标之一。在这个《决定》中，提出到2020年基本建立覆盖城乡居民的社会保障体系。

新中国成立后，一直高度重视社会保障工作。在计划经济时期，主要是依靠劳动者的工作单位进行。作为政府通过立法实施的国民收入再分配形式的社会保障，是在改革开放后，从20世纪90年代起逐步推广进行的。中共十六大后，这方面步伐明显加快。2008年末，养老保险参保人数达到21891万人，比1989年增加16181万人；医疗保险参保人数达到31822万人，比1994年增加31422万人；失业保险达到12400万人，比1994年增加4432万人；工伤保险13787万人，比1994年增加11965万人；生育保险达到9254万人，比1994年增加8338万人。[1]

2010年10月，全国人大常委会颁布《中华人民共和国社会保险法》，自2011年7月1日起施行，进一步推动社会保障向覆盖城乡发展。2011年末，全国城镇职工基本养老、城镇基本医疗、失业、工伤、生育保险参保人数分别达到2.84亿人、4.73亿人、1.43亿人、1.77亿人、1.39亿人，全国列入新型农村社会养老保险试点地区的参保人数达到3.26亿人。全民医疗保障体系初步形成，覆盖人数超过13亿。最低生活保障制度实现全覆盖。2011年末，2277万城市居民得到政府最低生活保障，5306万农村居民得到政府最低生活保障，

---

[1] 中国政府网：《人力资源社会保障部公布2008年全国社会保险情况》，http://www.gov.cn/gzdt/2009－06/12/concent_1338252.html，2009年6月12日。

分别比 2002 年增加 212 万人和 4898 万人。①

  这一时期加大了扶贫工作力度，农村贫困人口不断下降。以低收入标准测算，农村贫困人口从 2002 年末的 8645 万人下降到 2010 年末的 2688 万人。② 2011 年，中央决定将农民年人均纯收入 2300 元（2010 年不变价）作为新的国家扶贫标准，这一标准比 2009 年提高了 92%，更多低收入人口将被纳入扶贫范围。扶贫标准的提高，一方面是全面建设小康社会的客观需要，另一方面也反映出农村基本生活水平的逐步提高。

  2008 年，实现城乡义务教育全部免费，惠及 1.6 亿学生。③ 15 岁及以上人口的受教育年限由 2000 年的 7.9 年提高到 2010 年的 9 年以上。

  千方百计保持社会就业稳定。2011 年末，我国城乡就业人数达到 7.6 亿人，比 2002 年增加 2825 万人。农民工数量不断扩大，2011 年总量达到 2.53 亿人。④

  多措并举增加城乡居民收入。2011 年，城镇居民人均可支配收入 2.2 万元，比 2002 年增长 1.8 倍，扣除价格因素，年均实际增长 9.2%。农村居民人均纯收入 6977 元，比 2002 年增长 1.8 倍，扣除价格因素，年均实际增长 8.1%。2010 年、2011 年农村居民收入增速，

---

  ① 《2011 年度人力资源和社会保障事业发展统计公报》，http：//www. mohrss. gov. cn/SYrlzyhshbzb/szrs/tjgb/201206/t20120605_69908. htm.

  ② 国家统计局综合司：《新世纪实现新跨越　新征程谱写新篇章——以十六大到十八大经济社会发展成就系列报告之一》，http：//www. stats. gov. cn/ztjc/ztfx/kxfzcjhn/201208/t20120815_72837. html，2018 年 8 月 15 日。

  ③ 《义务教育为教育强国奠基》，《人民日报》2011 年 4 月 2 日第 7 版。

  ④ 《2011 年度人力资源和社会保障事业发展统计公报》，http：//www. mohrss. gov. cn/SYrlzyhshbzb/szrs/tjgb/201206/t20120605_69908. htm.

连续两年快于城镇。据有关调查，有近70%的城乡居民认为生活水平比五年前有所上升，有近60%的城乡居民认为未来五年的生活状况还将继续改善。①

社会工作得到重视和加强。中共十六届六中全会提出建设宏大社会工作人才队伍的决策部署。截至2011年底，专业社会工作人才达20余万人，心理疏导、心理抚慰、人文关怀等服务需求得到较大满足。公共安全体系逐步健全，"一案三制"（应急预案和体制、机制、法制）不断完善，形成了基本覆盖各行业、各领域的较为完善的应急预案体系，应急管理体制机制进一步建立健全。

着力推动区域协调发展。本着重点先行、适当超前方针稳步推进西部大开发战略，重点展开了青藏铁路、西电东送、西气东输等标志性工程建设，西部基础设施建设取得重要进展。2003年10月，中共十六届三中全会提出要振兴东北地区等老工业基地。同月，中共中央、国务院印发《关于实施东北地区等老工业基地振兴战略的若干意见》。

2004年9月16日至19日召开的中共十六届四中全会，明确提出促进中部地区崛起。2006年4月，中共中央、国务院印发《关于促进中部地区崛起的若干意见》，加大了促进中部地区发展的支持力度。武汉城市圈、中原城市群、长（沙）株（洲）（湘）潭城市群、皖江城市带、鄱阳湖生态经济区、太原城市圈等重点经济区加快发展，成为带动中部地区发展的重要增长极。

为改革开放做出重要贡献的东部地区继续率先发展。2006年5月，国务院批准天津滨海新区为全国综合配套改革试验区。2008年9

---

① 中共中央党史研究室：《中国共产党的九十年》（改革开放和社会主义现代化建设新时期），中共党史出版社、党建读物出版社2016年版，第948页。

月，发出《关于进一步推进长江三角洲地区改革开放和经济社会发展的指导意见》。2009年5月，国务院发布《关于支持福建省加快建设海峡西岸经济区的若干意见》。

2007年10月15日至21日，中国共产党第十七次全国代表大会召开。大会对改革开放以来的历史进程和历史经验作了系统回顾和总结，对中国特色社会主义理论体系作了完整阐发，对科学发展观的科学内涵和精神实质作了全面阐发，对全面建设小康社会提出更高要求，并做出全面部署。大会还将科学发展观写入党章，提出促进国民经济又好又快发展、建设创新型国家、加快转变经济发展方式、全面落实依法治国基本方略、提高国家文化软实力等，对以改革创新精神全面推进党的建设新的伟大工程提出明确要求。

◇ 应对重大灾害和考验

中共十七大后，改革发展稳定面临的国际国内形势进一步发生变化，既提供了有利的发展机遇，也提出了新的考验与挑战。

2008年5月12日14时28分，四川省汶川发生里氏8.0级特大地震，造成69227名同胞遇难、17923名同胞失踪、374644名同胞受伤。这是新中国成立以来破坏性最强、波及范围最广、救灾难度最大的一次地震。涉及四川、甘肃、陕西、重庆等10个省区市417个县（市、区）、4667个乡（镇）、48810个村庄。灾区总面积约50万平方公里，受灾群众4625万多人。[①]

[①] 胡锦涛：《在全国抗震救灾总结表彰大会上的讲话》，《人民日报》2008年10月9日第2版。

在党中央、国务院和中央军委坚强领导下,四川等受灾省份各级党委、政府和中央各有关部门紧急行动、全力以赴,奋力抗震救灾,抢险救援、医疗卫生、群众生活安置、基础设施抢修、资金物资保障、信息发布等各项工作有力有序有效进行。14.6万名人民解放军指战员和武警部队官兵,7.5万名民兵预备役人员,公安民警以最快速度奔赴抗震救灾第一线,发挥了主力军和突击队的重大作用。全国各地区各部门和社会各界大力发扬"一方有难、八方支援"的精神。在汶川抗震救灾中,培育和弘扬了万众一心、众志成城,不畏艰险、百折不挠,以人为本、尊重科学的伟大抗震救灾精神。84017名群众被从废墟中抢救出来,149万名被困群众得到解救,1510万名紧急转移安置受灾群众基本生活得到妥善安排,881万名灾区困难群众得到救助。430多万名伤病员得到及时救治,其中1万多名重伤员被快速转送全国20个省区市375家医院。中小学校在新学期开始前全面复课开学,采取有效措施确保大灾之后无大疫,切切实实做到了让灾区人民有饭吃、有衣穿、有干净水喝、有住处、有病能及时得到医治。到2010年9月底,三年重建任务在两年内基本完成。[①]

为强化全民减灾防灾意识,国家自2009年起,将每年5月12日确定为全国防灾减灾日。

2008年,还遇到国际金融危机的巨大压力。这次国际金融危机从2007年美国次贷危机开始,到2008年发展为国际性的金融危机,由金融领域迅速扩散到实体经济领域,使经济全球化发展面临严重挑战。其来势之猛、扩散之快、影响之深,远超过20世纪20年代至30年代世界经济危机。

---

① 胡锦涛:《在全国抗震救灾总结表彰大会上的讲话》,《人民日报》2008年10月9日第2版。

受国际金融危机强烈冲击，2008年第四季度，我国经济增速急剧下滑，大批企业出现停产、半停产甚至倒闭，就业压力迅速加大，经济社会发展面临很大困难。

中共中央、国务院迅即制定应对措施。同年10月9日至12日召开的中共十七届三中全会，从稳定经济基本面入手，强调要采取灵活审慎的宏观经济政策，着力扩大国内需求特别是消费需求，保持经济稳定、金融稳定、资本市场稳定。11月初，国务院研究提出进一步扩大内需、促进经济平稳较快增长的十项措施。11月6日，中央政治局常委会议决定把促进经济平稳较快增长作为经济工作的首要任务，实施积极的财政政策和适度宽松的货币政策，大规模增加政府投资。2009年初，中央又出台一系列政策措施，形成了应对国际金融危机、促进经济平稳较快增长的一揽子计划。主要包括：大规模增加政府投资，实行结构性减税，大范围实施汽车、钢铁等十个重点产业调整振兴规划，大力推进科技进步和自主创新，大幅度提高社会保障水平等。

从2009年第二季度起，我国经济止跌回升，全年经济增长9.2%。我国在世界上率先实现经济回升向好。

国际金融危机对国内外深化改革、扩大开放，形成巨大压力，但在中共中央、国务院的正确决策下，使这些压力转化成为深化改革、扩大开放的倒逼机制。

在新型工业化道路推进中，电子信息产业发展引人瞩目。到2011年，我国已成为世界第一电子信息制造大国，计算机、移动电话、电视机等电子产品产量居世界第一，建成了全球最大的宽带通信网络，互联网网民数量居世界第一位。但在关键技术上依赖发达国家的情况，还没有根本改变。

在财税体制改革方面，从 2009 年 1 月 1 日起，在全国范围内推行由生产型增值税改为消费型增值税的改革。在金融体制改革方面，2009 年 1 月 15 日，中国农业银行股份有限公司成立，并于 2010 年 7 月成功上市。至此，我国大型商业银行股份制改革基本完成。2009 年 4 月，国务院决定在上海等地开展跨境贸易人民币结算试点。2011 年 8 月，又将跨境贸易人民币结算地区扩大至全国。2009 年 10 月，创业板市场正式推出，促进了资本资源与技术创新的有机融合。

对外开放不但没有因国际金融危机减缓，反而有进一步发展。2002 年至 2011 年中国加入世界贸易组织的 10 年间，出口和进口分别以年均 21.7% 和 21.8% 的速度增长，远高于同期世界 11.5% 和 11.1% 的年平均增长速度。中国货物贸易额的全球排名由第六位上升到第二位，累计外商直接投资居发展中国家首位；对外直接投资 2010 年居世界第五位。

中国还顶住国际金融危机造成的经济发展下滑压力，继续保持高速增长的奇迹。我国经济总量 2005 年超过法国，居世界第五；2006 年超过英国，居第四；2007 年超过德国，居第三；2010 年超过日本，居第二。此后，稳定地成为世界第二大经济体。这是改革开放长期深入发展的结果。

2008 年，既有重大灾害，也有国际金融危机冲击，还有成功举办 2008 年北京奥运会的喜悦。

2008 年 8 月 8 日至 24 日，第 29 届夏季奥运会在北京举行。这次奥运会，以"同一个世界、同一个梦想"为口号，共有参赛国家及地区 204 个，参赛运动员 11438 人，设 28 个大项、302 小项，共有 6 万多名运动员、教练员和官员参加。北京奥运会期间，整个中国沉浸在节日的喜庆气氛中。中国体育代表团不负众望，取得了 51 枚金牌、

21枚银牌、28枚铜牌的优异成绩，位居金牌榜第一位，创造了中国体育代表团参加奥运会以来的最好成绩，实现了中华民族的百年期盼。

1908年，《天津青年》发表的一篇文章里，提出了三个奥运会中国之问：中国何时才能派一位选手参加奥运会？中国人何时才能在奥运会上夺得金牌？中国何时才能举办奥运会？时光荏苒。1984年7月，美国洛杉矶第23届奥运会召开，中国不但派出大型体育代表团参加这次盛会，而且中国选手许海峰在男子手枪慢射比赛中，获得了中国首枚奥运会金牌，圆了第二个梦想。如今，2008年中国北京第29届奥运会的成功举办，使100年前提出的奥运会中国之问终于有了圆满的答案。

这之后，上海还于2010年5月1日至10月31日成功举办世界博览会。在184天的时间里，有246个国家和国际组织参展，7308万人次参观展览，刷新了世博会历史纪录。

2010年10月15日至18日召开的中共十七届五中全会，通过了《关于制定国民经济和社会发展第十二个五年规划的建议》。2011年3月5日至14日召开的十一届全国人大四次会议，审议批准了《国民经济和社会发展第十二个五年规划纲要》。

第十一个五年规划的胜利完成，第十二个五年计划开始实施，标志着我国在全面建设小康社会征途上，又迈上了一个新台阶。

从2006年至2010年的"十一五"时期，国内生产总值年均增长11.2%，2010年国内生产总值达到413030.3亿元。财政收入从2005年的3.16万亿元增加到8.31万亿元，货物进出口总额从1.42万亿美元增加到2.97万亿美元。城镇居民人均可支配收入年均增长9.7%，农村居民人均纯收入年均增长8.9%。[①]

创新型国家战略取得重要进展，载人航天、探月工程、超级计算机有重大突破。继2003年"神舟五号"飞船成功实现载人航天飞行之后，2008年9月27日，"神舟七号"飞船航天员成功进行中国人的第一次太空漫步。"十一五"期间，2007年10月24日，我国成功发射首颗绕月探测卫星"嫦娥一号"。2010年10月1日，成功发射月球探测卫星"嫦娥二号"。中国人古老的奔月梦想，成为现实。

[①] 《2011年政府工作报告》，《人民日报》2011年3月16日第1版。

第九章

开创新时代

时代的发展有一个从量变到质变的过程。经过长期努力，中共十八大后，中国特色社会主义进入新时代，这为中华民族伟大复兴标注了新的历史方位。这意味着近代以来久经磨难的中华民族迎来了从站起来、富起来到强起来的伟大飞跃，迎来了实现中华民族伟大复兴的光明前景；意味着科学社会主义在21世纪的中国焕发出强大生机活力，在世界上高高举起了中国特色社会主义伟大旗帜；意味着中国特色社会主义道路、理论、制度、文化不断发展，拓展了发展中国家走向现代化的途径，给世界上那些既希望加快发展又希望保持自身独立性的国家和民族提供了全新选择，为解决人类问题贡献了中国智慧和中国方案。

◇ 开启民族复兴新航程

转眼间全面建成小康社会征程就要进入第二个10年。在这关键时刻，2012年11月8日至14日，中国共产党第十八次全国代表大会隆重举行。大会根据经济社会发展实际，提出到2020年实现全面建成小康社会的宏伟目标。

以中共十八大为起点，以习近平同志为核心的党中央带领全党全军全国各族人民，推动中国特色社会主义进入新时代。

中国特色社会主义新时代，最重要的特征是社会主要矛盾发生深刻变化。

自1956年社会主义改造完成后，中国社会的主要矛盾一直是人民日益增长的物质文化需要同落后的社会生产之间的矛盾。经过新中国长达二十多年的社会主义现代化建设，又经过长达三十多年改革开放带来的高速发展，尽管中国还处于社会主义初级阶段，中华民族伟大复兴的历史任务尚未完成，发展依然是中国共产党面临的主要问题和执政兴国的第一要务，但是社会主要矛盾已经转化为人民日益增长的美好生活需要和不平衡不充分的发展之间的矛盾。从社会总供给看，我国已告别短缺经济，总体实现生活资料与生产资料极大丰富，然而也面临质量不高、高精尖品种不全、满足需求多样化能力不强等问题。从综合国力看，我国已稳定地成为世界第二大经济体，成为世界制造大国和出口大国，主要问题是如何在成为制造强国中实现高质量发展和国内国际双循环相互促进的新发展格局。从人民生活水平看，我国稳定解决了十几亿人的温饱问题，总体上实现小康，正在向全面建成小康社会迈进，主要问题是人均水平不高、分配领域和教育医疗住房的公平公正问题凸显。

如此深刻的社会变化，不可能一蹴而就，而是长期发展积累的结果，有一个从量变积累到部分质变的阶段性提升，再到根本性质变的历史过程。对于社会主要矛盾的这种变化，中共十八大以来，已经强烈地感受到了。2012年11月15日，习近平带领十八届中共中央政治局常委同中外记者见面时的讲话中，在提出"人民对美好生活的向往，就是我们的奋斗目标"时，就指出："我们的人民热爱生活，期盼有更好的教育、更稳定的工作、更满意的收入、更可靠的社会保障、更高水平的医疗卫生服务、更舒适的居住条件、更优美的环境，期盼孩子们能成长得更好、工作得更好、生活得更好。"[①] 这实际上已经昭示着，人民物质文化需要正在发生从衣食住行基本生活需要向对更加美好生活的物质文化精神健康全方位需要的历史性跨越。

中国特色社会主义新时代，另一个重要变化是在发展理念与发展方式上的。种种迹象表明，中国经济发展方式必须告别过去那种长期形成的主要依靠投资、出口加工和增加物质资源消耗粗放型增长方式，逐步走上高质量发展道路，从制造大国向制造强国转变，从人口资源大国向人力资源强国转变，从中国制造向中国创造转变。而经济发展方式的转变，又迫切要求发展理念的深刻变革，要求领导干部政绩观的根本转变，要求国家治理体系和治理能力的重大提升。这表明，无论是改革也好，发展也好，稳定也好，都迫切需要切实加强综合性、系统性、协调性，都迫切需要加强顶层设计与统筹推进。也就是说，经济发展方式的深刻变化，所引起的变化是全方位的，所提出的要求是更高层次、更高标准的，已经远远超越了经济发展与经济改革本身，而覆盖到了国家、政府、社会、家庭各个层面，涉及经济、政治、文化、社会、生态等各个领域。如果说，从前的改革发展需要的是从具体领域突破、先行取得成功，再向其他领域拓展的话；如今的改革发展更需要的则是首先做好顶层设计和系统规划，再向重点层面、重点领域突破，以点带面、点面结合式地向前推进。也正是从这时起，"稳中求进"与"精准"，成为谈及改革发展问题时经常出现

[①] 习近平：《人民对美好生活的向往　就是我们的奋斗目标》，《人民日报》2012年11月16日第4版。

的高频词组。

中国特色社会主义新时代，另一个显著变化是伟大复兴所处历史方位的变化。正如 2012 年 11 月 29 日，习近平总书记和中共中央政治局常委参观《复兴之路》展览时发表的讲话所说："中华民族的昨天，可以说是'雄关漫道真如铁'。""中华民族的今天，正可谓'人间正道是沧桑'。" "中华民族的明天，可以说是'长风破浪会有时'。""经过鸦片战争以来 170 多年的持续奋斗，中华民族伟大复兴展现出光明的前景。现在，我们比历史上任何时期都更接近中华民族伟大复兴的目标，比历史上任何时期都更有信心、有能力实现这个目标。"这种感觉，也只有站在中华民族迎来从站起来、富起来到强起来伟大飞跃的新时代，才能深切地体会到。因此，他提出了一个代表新时代的响亮口号："实现中华民族伟大复兴，就是中华民族近代以来最伟大的梦想。"[①]

中国特色社会主义进入新时代，尽管是一个客观发展过程，但也必须以前所未有的加倍努力，才能通过不懈奋斗得来。中共十八大报告，有一句意义非同寻常的话："发展中国特色社会主义是一项长期的艰巨的历史任务，必须准备进行具有许多新的历史特点的伟大斗争。"习近平总书记多次说过，这是他提出并坚持写进去的。

◇ 打铁还需自身硬

要进行伟大斗争来开创新时代，就必须在当时国内外最为关切的

[①] 习近平：《承前启后　继往开来　继续朝着中华民族伟大复兴目标奋勇前进》，《人民日报》2012 年 11 月 30 日第 1 版。

三个方面取得重大突破。一是全面从严治党，一是全面深化改革，一是全面依法治国。下不好这三着棋，就谈不上全面建成小康社会，更谈不上实现中华民族伟大复兴中国梦。

当时，中国共产党内的状况不容乐观。腐败现象正处在高发多发的风险期，党内不正之风得不到有效遏制，管党治党存在"宽松软"状况。习近平总书记在2012年11月15日同中外记者见面时的讲话中指出："新形势下，我们党面临着许多严峻挑战，党内存在着许多亟待解决的问题。尤其是一些党员干部中发生的贪污腐败、脱离群众、形式主义、官僚主义等问题，必须下大气力解决。全党必须警醒起来。"

他用一句话表达了全面从严治党的坚强决心："打铁还需自身硬。"此后，从中央以上率下、雷厉风行"八项规定"开始，到严惩周永康、薄熙来、郭伯雄、徐才厚、孙政才、令计划等大案要案，坚持反腐败无禁区、全覆盖、零容忍，坚定不移"打虎""拍蝇""猎狐"，始终保持惩治腐败高压态势，持续形成强大威慑，不敢腐的目标初步实现，不能腐的笼子越扎越牢，不想腐的堤坝正在构筑。中共十八大以来，经中共中央批准立案审查的省军级以上党员干部及其他中管干部440人；处分厅局级干部8900余人，县处级干部6.3万人，涉嫌犯罪被移送司法机关处理5.8万人[①]。经过不懈努力，到2017年中共十九大召开前，反腐败斗争压倒性态势已经形成并巩固发展。人民群众对中国共产党的满意度和信任度空前提高。

全面从严治党，强有力地推动了中国共产党制度建设，并将制度建设贯穿于政治建设、思想建设、组织建设、作风建设、纪律建设之

[①] 《十八届中央纪律检查委员会向中国共产党第十九次全国代表大会的工作报告》，《人民日报》2017年10月30日第1版。

中。秉持纪严于法、纪在法前理念，全面加强中国共产党的纪律法规制度建设，实行巡视巡察每届全覆盖，纪检监察全覆盖，建立健全纪检监察制度，突出严肃党内政治生活，推动形成良好党内政治生态。

全面从严治党的目的，是使中国共产党始终成为中国人民的领导核心，切实加强中国共产党对一切工作的全面领导，通过自我革命推动社会革命。改革开放以后，曾经提出解决党政分开问题，目的是解决效率不高、机构臃肿、人浮于事、作风拖拉等问题。在这个问题上，当时的理论认识和实践经验都不够，对如何解决好我们面临的国家治理体系和治理能力问题是探索性的。经过反复实践探索证明，处理好党政关系，首先要坚持党的领导，在这个大前提下才是各有分工，而且无论怎么分工，出发点和落脚点都是坚持和完善党的领导。不能简单讲党政分开或党政合一，而是要适应不同领域特点和基础条件，不断改进和完善党的领导方式和执政方式。正如习近平总书记所指出的："在充分发扬民主的基础上进行集中，坚持党中央权威和集中统一领导，集中全党智慧，体现全党共同意志，是我们党的一大创举，也是中国共产党领导和我国社会主义制度的优势所在。"[①]

◇ 将改革进行到底

全面深化改革，是中共十八大后举世瞩目的大事。当时的情况是，经过三十多年持续不断改革开放，取得了巨大成就，中国特色社

[①] 《在党的十九届三中全会第二次全体会议上的讲话》（2018年2月28日），《习近平关于"不忘初心、牢记使命"论述摘编》，党建读物出版社、中央文献出版社2019年版，第119页。

会主义的优越性日益凸显。同时，一些深层次问题，以及随之而来的各种利益固化的藩篱，亟需破解。用句通俗的话来说，就是好吃的肉基本上都吃完了，剩下的都是难啃的骨头。改革在中共十八大以后，真正进入攻坚期和深水区。是迎难而上，还是维持现状，这对中国共产党领导水平和执政能力是一个严峻考验。

中共十八大刚刚落下帷幕不久，习近平总书记考察的第一站，就选择了改革开放的前沿阵地——深圳和广东。在那里，他深情缅怀邓小平开创改革开放事业的丰功伟绩，全面回顾改革开放走过的艰难历程，发出要将改革进行到底的誓言。

经过一段周密调研和精心谋划，2013年11月9日至12日召开的中共十八届三中全会，通过《中共中央关于全面深化改革若干重大问题的决定》（以下简称《决定》），形成了全面深化改革的纲领性文献。

《决定》继承了中共十一届三中全会后改革的好传统，将全面深化改革的重点继续放在经济体制改革上，聚焦在经济体制改革的核心问题——政府与市场的关系上，并在这一核心问题上取得新突破。

全面深化改革的突破口选在哪里，虽然涉及理论问题，但主要不是由理论所决定的，而是取决于实际发展状况。1992年中共十四大后，经过二十多年实践，社会主义市场经济体制在我国已经初步建立，但仍存在不少问题，主要是市场秩序不规范，以不正当手段谋取经济利益的现象广泛存在；生产要素市场发展滞后，要素闲置和大量有效需求得不到满足并存；市场规则不统一，部门保护主义和地方保护主义大量存在；市场竞争不充分，阻碍优胜劣汰和结构调整；等等。这些问题不解决好，不仅完善的社会主义市场经济体制难以形成，发展方式从高速增长向高质量发展转变也不可能实现。

为什么这样说呢？决定发展方式转变的关键问题，说到底，是推动经济发展的各种资源要素能否有效配置，以及如何有效配置。经济发展就是要提高资源尤其是稀缺资源的配置效率，以尽可能少的资源投入生产尽可能多的产品、获得尽可能大的效益。决定资源配置的力量，主要有两个，一是政府作用，二是市场作用。解决好资源配置问题，就必须抓住政府与市场这个牛鼻子。

从中共十一届三中全会以来，对政府和市场关系，一直在根据对改革的实践拓展和认识深化寻找新的科学定位。

1982年9月召开的中共十二大提出："正确贯彻计划经济为主、市场调节为辅的原则，是经济体制改革中的一个根本性问题。"①

1984年10月召开的中共十二届三中全会，突破把计划经济同商品经济对立起来的传统观念，提出社会主义经济是"在公有制基础上的有计划的商品经济"。②

1987年10月召开的中共十三大，进一步明确"社会主义有计划商品经济的体制，应该是计划与市场内在统一的体制"。"新的经济运行机制，总体上来说应当是'国家调节市场，市场引导企业'的机制。"③

1990年12月召开的中共十三届七中全会提出："按照发展社会主义有计划商品经济的要求，建立计划经济与市场调节相结合的经济运行机制，是深化经济体制改革的基本方向。"④

---

① 《十二大以来重要文献选编》（上），人民出版社1986年版，第23页。
② 《十二大以来重要文献选编》（中），人民出版社1986年版，第568页。
③ 《十三大以来重要文献选编》（上），中央文献出版社2011年版，第26、27页。
④ 《十三大以来重要文献选编》（中），中央文献出版社2011年版，第1404—1405页。

1992年10月召开的中共十四大提出："我国经济体制改革的目标是建立社会主义市场经济体制。""我们要建立的社会主义市场经济体制，就是要使市场在社会主义国家宏观调控下对资源配置起基础性作用。"[1]

1997年10月召开的中共十五大在阐述中国特色社会主义经济纲领时提出："坚持和完善社会主义市场经济体制，使市场在国家宏观调控下对资源配置起基础性作用"。[2]

2002年11月召开的中共十六大提出："在更大程度上发挥市场在资源配置中的基础性作用，健全统一、开放、竞争、有序的现代市场体系。"[3]

2007年10月召开的中共十七大提出："要深化对社会主义市场经济规律的认识，从制度上更好发挥市场在资源配置中的基础性作用，形成有利于科学发展的宏观调控体系。"[4]

2012年11月召开的中共十八大提出："经济体制改革的核心问题是处理好政府和市场的关系，必须更加尊重市场规律，更好发挥政府作用。""要加快完善社会主义市场经济体制，完善公有制为主体、多种所有制经济共同发展的基本经济制度，完善按劳分配为主体、多种分配方式并存的分配制度，更大程度更广范围发挥市场在资源配置中的基础性作用，完善宏观调控体系，完善开放型经济体系，推动经济更有效率、更加公平、更可持续发展。"[5]

---

[1]《十四大以来重要文献选编》（上），中央文献出版社2011年版，第16页。
[2]《十五大以来重要文献选编》（上），中央文献出版社2011年版，第16页。
[3]《十六大以来重要文献选编》（上），中央文献出版社2011年版，第20—21页。
[4]《十七大以来重要文献选编》（上），中央文献出版社2009年版，第17页。
[5]《十八大以来重要文献选编》（上），中央文献出版社2014年版，第16、14—15页。

以上变化可以看出，随着改革实践的深化拓展，对政府和市场关系的认识也在不断深化。

随着中国经济体量与产能的迅速增长，资源能耗的硬约束制约也日益增强。如何更加有效地配置资源，关系到能否顺利实现从高速增长向高质量发展转变。理论和实践都证明，市场配置资源是最有效率的形式。市场决定资源配置是市场经济的一般规律，市场经济本质上就是市场决定资源配置的经济。健全社会主义市场经济体制要遵循这条规律，着力解决市场体系不完善、政府干预过多和监管不到位问题。

中共十八届三中全会《决定》提出："经济体制改革是全面深化改革的重点，核心问题是处理好政府和市场的关系，使市场在资源配置中起决定性作用和更好发挥政府作用。"[①] 做出"使市场在资源配置中起决定性作用"的定位，有利于在全党全社会树立关于政府和市场关系的正确观念，有利于转变经济发展方式，有利于转变政府职能，有利于抑制消极腐败现象。

中共十八届三中全会《决定》的又一个重要贡献，是将完善和发展中国特色社会主义制度，推进国家治理体系和治理能力现代化，作为全面深化改革的总目标。这是改革深化发展的必然要求。

邓小平在 1992 年提出，再有 30 年的时间，我们才会在各方面形成一整套更加成熟更加定型的制度。这既是一种前瞻性战略判断，也体现了一种客观要求。这就是要适时将改革的稳定性成果在制度层面确定下来，在改革的长过程中逐步形成一整套成熟定型的制度。这个时机，在中共十八大后已经到来。

[①]《十八大以来重要文献选编》（上），中央文献出版社 2014 年版，第 513 页。

全面深化改革所面临的问题，很多都是长期积累下来的深层次问题，也是非积累到一定程度才有条件解决的问题。这些问题，往往具有综合性、宽领域、牵一发而动全身的特点，不是像以往那样单靠某个领域或某几个领域的配套改革就可以解决问题。全面深化改革，从根本上说，不是推进一个领域改革，也不是推进几个领域改革，而是推进所有领域改革。这就需要更加注重改革的顶层设计。这个顶层设计，只能是完善和发展中国特色社会主义制度，推进国家治理体系和治理能力现代化。

怎样治理社会主义社会这样全新的社会，在以往的世界社会主义中没有解决得很好。中国共产党在全国执政以后，不断探索这个问题，虽然也发生了严重曲折，但在国家治理体系和治理能力上积累了丰富经验、取得了重大成果，改革开放以来的进展尤为显著。

国家治理体系和治理能力是一个国家制度和制度执行能力的集中体现。国家治理体系是在党领导下管理国家的制度体系，包括经济、政治、文化、社会、生态文明和党的建设等各领域体制机制、法律法规安排，也就是一整套紧密相连、相互协调的国家制度；国家治理能力则是运用国家制度管理社会各方面事务的能力，包括改革发展稳定、内政外交国防、治党治国治军等各个方面。国家治理体系和治理能力是一个有机整体，相辅相成，有了好的国家治理体系才能提高治理能力，提高国家治理能力才能充分发挥国家治理体系的效能。

为了实现这一总目标，中共十八届三中全会《决定》，从中国共产党的自身建设和中国特色社会主义"五位一体"总体布局出发，提出六个"紧紧围绕"。

——紧紧围绕使市场在资源配置中起决定性作用深化经济体制改革，坚持和完善基本经济制度，加快完善现代市场体系、宏观调控体系、开放型经济体系，加快转变经济发展方式，加快建设创新型国家，推动经济更有效率、更加公平、更可持续发展。

——紧紧围绕坚持党的领导、人民当家作主、依法治国有机统一深化政治体制改革，加快推进社会主义民主政治制度化、规范化、程序化，建设社会主义法治国家，发展更加广泛、更加充分、更加健全的人民民主。

——紧紧围绕建设社会主义核心价值体系、社会主义文化强国深化文化体制改革，加快完善文化管理体制和文化生产经营机制，建立健全现代公共文化服务体系、现代文化市场体系，推动社会主义文化大发展大繁荣。

——紧紧围绕更好保障和改善民生、促进社会公平正义深化社会体制改革，改革收入分配制度，促进共同富裕，推进社会领域制度创新，推进基本公共服务均等化，加快形成科学有效的社会治理体制，确保社会既充满活力又和谐有序。

——紧紧围绕建设美丽中国深化生态文明体制改革，加快建立生态文明制度，健全国土空间开发、资源节约利用、生态环境保护的体制机制，推动形成人与自然和谐发展现代化建设新格局。

——紧紧围绕提高科学执政、民主执政、依法执政水平深化党的建设制度改革，加强民主集中制建设，完善党的领导体制和执政方式，保持党的先进性和纯洁性，为改革开放和社会主义现代化建设提供坚强政治保证。

这就使中共十一届三中全会以来不断深化、持续推进的改革伟业，有了前所未有的系统完整配套的顶层设计，真正称得起是新时代全面深化改革的宏伟纲领。

在中共十八届三中全会形成的全面深化改革"四梁八柱"的大格

局下,《决定》共推出 336 项重大改革举措。经过五年多的努力,啃下了不少硬骨头,攻克了不少难关,冲破了不少利益固化的藩篱,解决了许多长期想解决而没有解决的难题,办成了许多过去想办而没有办成的大事。到中共十九大后,重要领域和关键环节改革取得突破性进展,主要领域基础性制度体系基本形成,为推进国家治理体系和治理能力现代化打下了坚实基础。

中共十八届三中全会,在改革开放发展史和中华民族复兴史上,占有极其重要的地位。正如习近平总书记指出:"在改革开放 40 多年历程中,党的十一届三中全会是划时代的,开启了改革开放和社会主义现代化建设历史新时期;党的十八届三中全会也是划时代的,开启了全面深化改革、系统整体设计推进改革的新时代,开创了我国改革开放的新局面。"[1]

❖ 实行依法治国新方略

全面深化改革,既需要良好的制度环境,也需要良好的法治环境。中共十八大后,以习近平同志为核心的党中央全力推进全面依法治国,形成与全面深化改革"两轮驱动"的工作格局。

自中共十五大提出依法治国基本方略后,依法治国取得重大进展。到 2011 年 3 月,中国特色社会主义法律体系基本形成。

与此同时,法治建设还存在许多不适应、不符合的问题,主要表

---

[1] 习近平:《关于〈中共中央关于坚持和完善中国特色社会主义制度 推进国家治理体系和治理能力现代化若干重大问题的决定〉的说明》,《人民日报》2019 年 11 月 6 日第 4 版。

现为：有的法律法规未能全面反映客观规律和人民意愿，针对性、可操作性不强，立法工作中部门化倾向、争权诿责现象较为突出；有法不依、执法不严、违法不究现象比较严重，执法体制权责脱节、多头执法、选择性执法现象仍然存在，执法司法不规范、不严格、不透明、不文明现象较为突出，群众对执法司法不公和腐败问题反映强烈；部分社会成员遵法信法守法用法、依法维权意识不强，一些国家工作人员特别是领导干部依法办事观念不强、能力不足，知法犯法、以言代法、以权压法、逐利违法、徇私枉法现象依然存在。

针对这些情况，2014年10月20日至23日召开的中共十八届四中全会，通过《中共中央关于全面推进依法治国若干重大问题的决定》（以下简称《决定》）。该《决定》提出，为了更好统筹社会力量、平衡社会利益、调节社会关系、规范社会行为，使我国社会在深刻变革中既生机勃勃又井然有序，实现经济发展、政治清明、文化昌盛、社会公正、生态良好，必须全面推进依法治国。

《决定》强调要处理好三个重大关系。一是坚持中国共产党领导和依法治国的关系。强调党和法治的关系是法治建设的核心问题。中国共产党领导是中国特色社会主义最本质的特征，是社会主义法治最根本的保证。中国特色社会主义制度是中国特色社会主义法治体系的根本制度基础，是全面推进依法治国的根本制度保障。中国特色社会主义法治理论是中国特色社会主义法治体系的理论指导和学理支撑，是全面推进依法治国的行动指南。以上这三个方面，实质上是中国特色社会主义法治道路的核心要义，规定和确保了中国特色社会主义法治体系的制度属性和前进方向。

二是科学立法、严格执法、公正司法、全民守法的关系。强调全面推进依法治国，必须从目前法治工作基本格局出发，突出重点任务，扎实有序推进。推进科学立法，关键是完善立法体制，深入推进科学立法、民主立法，抓住提高立法质量这个关键。推进严格执法，重点是以建设法治政府为目标，解决执法不规范、不严格、不透明、不文明以及不作为、乱作为等突出问题。推进公正司法，要以优化司法职权配置为重点，健全司法权力分工负责、相互配合、相互制约的制度安排，构建开放、动态、透明、便民的阳光司法机制，杜绝暗箱操作，坚决遏制司法腐败。推进全民守法，必须着力增强全民法治观念，坚持把全民普法和守法作为依法治国的长期基础性工作，要坚持法治教育从娃娃抓起，把法治教育纳入国民教育体系和精神文明创建内容，使尊法守法成为全体人民共同追求和自觉行动。

三是依法治国和以德治国的关系。强调坚持依法治国和以德治国相结合。治理国家、治理社会必须一手抓法治、一手抓德治，既重视发挥法律的规范作用，又重视发挥道德的教化作用，实现法律和道德相辅相成、法治和德治相得益彰。发挥好法律的规范作用，道德是法律的基础，法律是道德的保障，以法治体现道德理念、强化法律对道德建设的促进作用。把一些基本道德规范转化为法律规范，使法律法规更多体现道德理念和人文关怀，通过法律的强制力来强化道德作用、确保道德底线，推动全社会道德素质提升。发挥好道德的教化作用，以道德滋养法治精神，强化道德对法治文化的支撑作用，为依法治国创造良好人文环境。

《决定》还提出，完善以宪法为核心的中国特色社会主义法律体系，加强宪法实施，并确定将每年12月4日（现行宪法通过的日期）定为国家宪法日。

通过中共十八大、十八届三中全会、四中全会，协调推进全面建成小康社会、全面深化改革、全面依法治国、全面从严治党这"四个全面"战略布局，已经完整形成，成为统筹推进"五位一体"总体布局的战略抓手。

2015年2月2日，习近平总书记在省部级主要领导干部学习贯彻十八届四中全会精神全面推进依法治国专题研讨班的讲话中，阐释了"四个全面"之间的相互关系，指出："党的十八大以来，党中央从坚持和发展中国特色社会主义全局出发，提出并形成了全面建成小康社会、全面深化改革、全面依法治国、全面从严治党的战略布局。这个战略布局，既有战略目标，也有战略举措，每一个'全面'都具有重大战略意义。全面建成小康社会是我们的战略目标，全面深化改革、全面依法治国、全面从严治党是三大战略举措。要把全面依法治国放在'四个全面'的战略布局中来把握，深刻认识全面依法治国同其他3个'全面'的关系，努力做到'四个全面'相辅相成、相互促进、相得益彰。"[①]

中共中央还先后成立中央全面深化改革领导小组（后改为中央全面深化改革委员会）、中央全面依法治国委员会，领导全面深化改革、全面依法治国工作。

◇ 新发展理念推动高质量发展

中共十八大后，国际金融危机持续发展，中国经济发展的下行压力进一步加大。加上我国经济发展方式在发生历史性转变，由高速增长转向高质量发展。在这种情况下，以习近平同志为核心的党中央提

---

① 习近平：《领导干部要做尊法学法守法用法的模范 带动全党全国共同全面推进依法治国》，《人民日报》2015年2月3日第1版。

出我国经济发展进入新常态，提出创新、协调、绿色、开放、共享的新发展理念，坚决实施供给侧结构性改革，推动中国经济继续保持中高速发展，稳步迈向国际产业链的中高端。

正是在这样的背景下，2015年10月26日至29日召开的中共十八届五中全会，审议通过了《中共中央关于制定国民经济和社会发展第十三个五年规划的建议》。习近平总书记在全会上，着重阐明新发展理念，并对贯彻落实新发展理念做出部署。

"十三五"规划与以往的五年计划相比，发展环境有了深刻变化。

最大变化是社会主要矛盾变化，主要矛盾的聚焦点由着力解决不发展、不平衡问题转变为着力解决不充分、不平衡问题。同时，经过改革开放30多年的发展，增长速度进入换挡期，结构调整面临阵痛期，前期刺激政策消化期，"三期叠加"效应日益显现。

另一个重大变化是经济发展方式上的，由着力确保高速增长转变为确保高质量发展，而且由着重经济发展发展为统筹推进五位一体总体布局、协调推进"四个全面"战略布局。

第三个重大变化是我国已经进入经济发展新常态，这既是国际金融危机影响的结果，更是顺应客观发展规律化危为机、主动求变做出的重大决策。新常态下，我国经济发展表现出速度变化、结构优化、动力转换三大特点，增长速度要从高速转向中高速，发展方式要从规模速度型转向质量效率型，经济结构调整要从增量扩能为主转向调整存量、做优增量并举，发展动力要从主要依靠资源和低成本劳动力等要素投入转向创新驱动。这些变化不以人的意志为转移，是我国经济发展阶段性特征的必然要求。

因此，2014年12月9日至11日中央经济工作会议上，习近平总书记系统阐述了经济发展新常态的判断，指出："认识新常态，适应新常态，引领新常态，是当前和今后一个时期我国经济发展的大逻辑。"① 在研究制定"十三五"时期经济社会发展建议时，又提出要按照适应新常态、把握新常态、引领新常态的总要求进行战略谋划。

这就意味着，一定要避免"穿新鞋走老路"，而要首先从发展理念上来一个革命。习近平总书记在这次全会上指出："发展理念是发展行动的先导，是管全局、管根本、管方向、管长远的东西，是发展思路、发展方向、发展着力点的集中体现。发展理念搞对了，目标任务就好定了，政策举措也就跟着好定了。为此，建议稿提出了创新、协调、绿色、开放、共享的发展理念，并以这五大发展理念为主线对建议稿进行谋篇布局。这五大发展理念，是'十三五'乃至更长时期我国发展思路、发展方向、发展着力点的集中体现，也是改革开放30多年来我国发展经验的集中体现，反映出我们党对我国发展规律的新认识。"②

新发展理念，每一个都体现着问题导向，都充满着创新思维和辩证思维。

创新发展注重的是解决发展动力问题。它针对的是创新能力不强，科技发展水平总体不高，科技对经济社会发展的支撑能力不足，科技对经济增长的贡献率远低于发达国家水平的问题。看到的是新一轮科技革命所带来的全球范围更加激烈的科技竞争。要求把创新作为引领发展的第一动力，把人才作为支撑发展的第一资源，把创新摆在国家发展全局的核心位置，不断推进理论创新、制度创新、科技创新、文化创新等各方面创新。

---

① 《人民日报》2014年12月12日第1版。
② 习近平：《关于〈中共中央关于制定国民经济和社会发展第十三个五年规划的建议〉的说明》，《人民日报》2015年11月4日第2版。

协调发展注重的是解决发展不平衡问题。它针对的是发展不协调这一长期存在的问题，突出表现在区域、城乡、经济和社会、物质文明和精神文明、经济建设和国防建设等关系上。看到的是"木桶"效应加深社会矛盾、降低发展整体效能的负面影响。要求牢牢把握中国特色社会主义事业总体布局，正确处理发展中的重大关系，不断增强发展整体性。

绿色发展注重的是解决人与自然和谐问题。它针对的是十分严峻的资源约束趋紧、环境污染严重、生态系统退化问题。看到的是当今时代科技革命和产业变革的方向和最有前途的发展领域，即绿色循环低碳发展。要求坚持节约资源和保护环境的基本国策，坚定走生产发展、生活富裕、生态良好的文明发展道路，加快建设资源节约型、环境友好型社会，推进美丽中国建设。

开放发展注重的是解决发展内外联动问题。它针对的是对外开放水平总体上不够高，用好国际国内两个市场、两种资源的能力不够强，应对国际经贸摩擦、争取国际经济话语权的能力比较弱，运用国际经贸规则的本领不够强。看到的是国际经济合作和竞争局面的深刻变化，全球经济治理体系和规则的重大调整，应对外部经济风险、维护国家经济安全的压力是过去所不能比拟的。要求坚持对外开放的基本国策，奉行互利共赢的开放战略，完善对外开放区域布局、对外贸易布局、投资布局，形成对外开放新体制，发展更高层次的开放型经济，以扩大开放带动创新、推动改革、促进发展。

共享发展注重的是解决社会公平正义问题。它针对的是分配不公问题比较突出，收入差距、城乡区域公共服务水平差距较大的问题。强调的是社会主义的本质要求，中国共产党的根本宗旨与初心使命的重要体现。要求坚持发展为了人民、发展依靠人民、发展成果由人民共享，做出更有效的制度安排，使全体人民朝着共同富裕方向稳步前进。

新发展理念，是关系我国发展全局的一场深刻变革，为新时代解决好社会主要矛盾变化，实现高质量可持续的科学发展指明了方向。这五大发展理念相互贯通、相互促进，是具有内在联系的集合体。

"十三五"规划是全面建成小康社会的收官规划。习近平总书记提出，必须紧紧扭住全面建成小康社会存在的短板，在补齐短板上多用力，着力提高发展的协调性和平衡性。"我们不能一边宣布全面建成了小康社会，另一边还有几千万人口的生活水平处在扶贫标准线以下，这既影响人民群众对全面建成小康社会的满意度，也影响国际社会对我国全面建成小康社会的认可度。"[①]

经过中共十八大后5年的不懈努力，中国特色社会主义经济建设、政治建设、文化建设、社会建设、生态文明建设迈上新的台阶，全面建设小康社会、全面深化改革、全面依法治国、全面从严治党取得重大进展，中国共产党和人民军队得到革命性重塑，国家综合实力显著增强，人民生活水平得到全面提升。

经济保持中高速增长，在世界主要国家中名列前茅，国内生产总值从54万亿元增长到80万亿元，稳居世界第二，对世界经济增长贡献率超过30%。供给侧结构性改革深入推进，高铁、公路、桥梁、港口、机场等基础设施建设快速推进。农业现代化稳步推进，粮食生产能力达到1.2万亿斤。城镇化率年均提高1.2个百分点，8000多万农业转移人口成为城镇居民。创新型国家建设成果丰硕，天宫、蛟龙、天眼、悟空、墨子、大飞机等重大科技成果相继问世。南海岛礁建设

---

① 习近平：《关于〈中共中央关于制定国民经济和社会发展第十三个五年规划的建议〉的说明》，《人民日报》2015年11月4日第2版。

积极推进。开放型经济新体制逐步健全，对外贸易、对外投资、外汇储备稳居世界前列。

教育事业全面发展，中西部和农村教育明显加强。就业状况持续改善，城镇新增就业年均 1300 万人以上。城乡居民收入增速超过经济增速，中等收入群体持续扩大。6000 多万贫困人口稳定脱贫，贫困发生率从 10.2% 下降到 4% 以下。覆盖城乡居民的社会保障体系基本建立，保障性住房建设稳步推进。

◇ 实现指导思想的新飞跃

2017 年 10 月 18 日至 24 日，中国共产党第十九次全国代表大会隆重举行。这是在中国特色社会主义进入新时代后召开的中国共产党全国代表大会。

这次大会是在中华民族伟大复兴战略全局和世界百年未有之大变局都出现重大阶段性变化的重要历史时刻召开的，大会做出中国特色社会主义进入了新时代、我国社会主要矛盾已经转化为人民日益增长的美好生活需要和不平衡不充分的发展之间的矛盾等重大政治论断，深刻阐述了新时代中国共产党的历史使命，要求进行伟大斗争、建设伟大工程、推进伟大事业、实现伟大梦想。

这次大会是在中共十八大以来党和国家事业取得历史性成就、发生历史性变革的重要历史时刻召开的。以习近平同志为核心的党中央以巨大的政治勇气和强烈的责任担当，提出一系列新理念新思想新战略，出台一系列重大方针政策，推出一系列重大举措，推进一系列重大工作，解决了许多长期想解决而没有解决的难题，办成了许多过去想办而没有办成的大事，取得的历史性成就是全方位、开创性的，发生的历史性变革是深层次的、根本性的。大会系统阐述习近平新时代中国特色社会主义思想的时代主题、科学内涵、核心内容，确立习近平新时代中国特色社会主义思想的历史地位，提出了新时代坚持和发展中国特色社会主义的基本方略，把习近平新时代中国特色社会主义思想确立为党必须长期坚持的指导思想并庄严地写入党章，实现了党的指导思想的与时俱进。

这次大会是在全面建成小康社会目标即将实现、即将开启全面建设社会主义现代化强国新征程的"两个一百年"奋斗目标的历史交汇期重要历史时刻召开的。大会确定从现在到2020年，是全面建成小康社会决胜期，要坚决打好防范化解重大风险、精准脱贫、污染防治的攻坚战，使全面建成小康社会得到人民认可、经得起历史检验。从2020年到本世纪中叶可以分两个阶段来安排。第一个阶段，从2020年到2035年，在全面建成小康社会的基础上，再奋斗15年，基本实现社会主义现代化；第二个阶段，从2035年到本世纪中叶，在基本实现现代化的基础上，再奋斗15年，把我国建成富强民主文明和谐美丽的社会主义现代化强国。大会做出的从全面建成小康社会到基本实现现代化、再到全面建成社会主义现代化强国的远景规划，是新时代中国特色社会主义发展的战略安排。

中共十九大后，首先要完成的战略任务，就是决胜全面建成小康社会，实现第一个百年奋斗目标。这在中华民族伟大复兴史上，是一个重要的里程碑。

按照全面建成小康社会"覆盖的领域要全面""覆盖的人口要全面""覆盖的区域要全面"的要求，需要坚决打好防范化解重大风险、精准脱贫、污染防治三大攻坚战。

为打赢防范化解重大风险攻坚战，习近平总书记强调要进行具有许多新的历史特点的伟大斗争，始终做到增强忧患意识、防范风险挑战要一以贯之。

古今中外的历史告诉我们，越是取得成绩的时候，越是要有如履薄冰的谨慎，越是要有居安思危的忧患，绝不能犯战略性、颠覆性错误。中华民族伟大复兴，绝不是轻轻松松、敲锣打鼓就能实现的。面对波谲云诡的国际形势、复杂敏感的周边环境、艰巨繁重的改革发展稳定任务，我们既要有防范风险的先手，也要有应对和化解风险挑战的高招；既要打好防范和抵御风险的有准备之战，也要打好化险为夷、转危为机的战略主动战。要充分做好应对各种复杂局面的准备，随时准备战胜一切艰难险阻，朝着中华民族伟大复兴目标奋勇前进。

当前，涉及党和国家安全和人民根本利益的重大风险，主要来自哪些方面？习近平总书记给予明确回答："要更加自觉地坚持党的领导和我国社会主义制度，坚决反对一切削弱、歪曲、否定党的领导和我国社会主义制度的言行；更加自觉地维护人民利益，坚决反对一切损害人民利益、脱离群众的行为；更加自觉地投身改革创新时代潮流，坚决破除一切顽瘴痼疾；更加自觉地维护我国主权、安全、发展利益，坚决反对一切分裂祖国、破坏民族团结和社会和谐稳定的行为；更加自觉地防范各种风险，坚决战胜一切在政治、经济、文化、社会等领域和自然界出现的困难和挑战。"[①] 也就是说，这些重大风险，既有来自敌对势力的，也有来自国际竞争的，还有来自损害人民利益的腐败现象和"四风"问题的，还有来自经济社会活动和自然灾

---

① 习近平：《决胜全面建成小康社会 夺取新时代中国特色社会主义伟大胜利——在中国共产党第十九次全国代表大会上的报告》，人民出版社2017年版，第15—16页。

害的。

　　这场伟大斗争将伴随实现中华民族伟大复兴的全过程，伴随中华民族实现强起来的历史飞跃的全过程，伴随新时代新征程的全过程。要充分认识这场伟大斗争的长期性、复杂性、艰巨性，发扬斗争精神，提高斗争本领。要团结一切可以团结的力量，调动一切积极因素，在斗争中争取团结，在斗争中谋求合作，在斗争中争取共赢。

　　为打赢精准脱贫攻坚战，一是习近平总书记亲自部署、亲自督战。自2015年以来，习近平总书记就打赢脱贫攻坚战召开了7个专题会议①，部署并督促扶贫攻坚工作。会前还到贫困地区调研，以增强会议的针对性。二是提出一系列重大举措。主要包括"精准扶贫"理念，"两不愁三保障"目标（不愁吃、不愁穿，保障义务教育、基本医疗和住房安全）、"六个精准"要求（扶贫对象精准、项目安排精准、资金使用精准、措施到户精准、因村派人精准、脱贫成效精准），切实做到发展生产脱贫一批，易地搬迁脱贫一批，生态补偿脱贫一批，发展教育脱贫一批，社会兜底保障脱贫一批。并通过层层立下军令状，签订责任书，形成"五级书记抓扶贫"格局。三是选派大批驻村工作队和村党支部第一书记，加强基层带领群众脱贫致富力量。全国共派出25.5万个驻村工作队、累计选派290多万名县级以上党政机关和国有企事业单位干部到贫困村和软弱涣散村担任第一书

---

① 习近平总书记主持召开的这7个扶贫攻坚专题会议是：2015年2月13日在延安召开的革命老区脱贫致富座谈会；2015年6月18日在贵阳召开的部分省区市扶贫攻坚与"十三五"时期经济社会发展座谈会；2016年7月20日在银川召开的东西部扶贫协作座谈会；2017年6月23日在太原召开的深度贫困地区脱贫攻坚座谈会；2018年2月12日在成都召开的打好精准脱贫攻坚战座谈会；2019年4月16日在重庆召开的解决"两不愁三保障"突出问题座谈会；2020年3月6日在北京召开的决战决胜脱贫攻坚座谈会。

记或驻村干部，目前在岗第一书记或驻村干部达91.8万名。①

脱贫攻坚目标任务接近完成。在20世纪80年代开始持续扶贫的基础上，贫困人口从2012年底的9899万人减到2019年底的551万人，贫困发生率由10.2%降至0.6%，连续7年每年减贫1000万人以上。到2020年2月底，全国832个贫困县中已有601个宣布摘帽，179个正在进行退出检查，未摘帽县还有52个，区域性整体贫困基本得到解决。② 全国易地扶贫搬迁960多万贫困人口，中西部地区还同步搬迁500万非贫困人口。截至2020年8月中旬，全国已建成集中安置区约3.5万个，建成安置住房266万多套。"十三五"易地扶贫搬迁住房建设任务和配套设施扫尾工程已全部完成，建档立卡贫困搬迁群众基本实现全部入住。③

2020年3月6日，习近平总书记在决战决胜扶贫攻坚座谈会上又提出："确保剩余建档立卡贫困人口如期脱贫，对52个未摘帽贫困县和1113个贫困村实施挂牌督战。"④ 中华民族向贫困宣战的这场持久战，已经看到全面胜利的曙光。

为打赢污染防治攻坚战，一是加大顶层设计力度。中共中央、国务院相继出台《关于加快推进生态文明建设的意见》（2015年4月25日）、《生态文明体制改革总体方案》（2015年9月），制定了四十多

---

① 习近平：《在决战决胜脱贫攻坚座谈会上的讲话》，《人民日报》2020年3月7日第2版。

② 习近平：《在决战决胜脱贫攻坚座谈会上的讲话》，《人民日报》2020年3月7日第2版。

③ 安蓓、林碧锋、杨洪涛、彭韵佳：《"挪穷窝""奔富路"——易地搬迁 让贫困人口开启安居乐业新生活》，http://www.xinhuanet.com/politics/2020-04/27/c.1125913863.htm。

④ 习近平：《在决战决胜脱贫攻坚座谈会上的讲话》，《人民日报》2020年3月7日第2版。

项涉及生态文明建设的改革方案，从总体目标、基本理念、主要原则、重点任务、制度保障等方面对生态文明建设进行全面系统部署安排。二是强化监督惩治力度。生态文明建设目标评价考核、自然资源资产离任审计、生态环境损害责任追究等制度出台实施，省以下环保机构监测监察执法垂直管理、生态环境监测数据质量管理、排污许可、河（湖）长制、禁止洋垃圾入境等环境治理制度加快推进，还制定和修改环境保护法、环境保护税法以及大气、水污染防治法和核安全法等法律，对环境污染和生态破坏界定入罪标准，加大惩治力度，形成高压态势。

大气、水污染治理初见成效。同2013年相比，2017年全国338个地级及以上城市可吸入颗粒物（PM10）平均浓度下降22.7%，京津冀地区 $PM_{2.5}$ 平均浓度下降39.6%，北京 $PM_{2.5}$ 平均浓度从89.5微克/立方米降至58微克/立方米。地表水国控断面Ⅰ—Ⅲ类水体比例增加到67.9%，劣Ⅴ类水体比例下降到8.3%。森林覆盖率由21世纪初的16.6%提高到22%左右。

◇ 推进机构改革与国家治理

如果说，部署坚决打赢三大攻坚战，是为了确保决胜全面建成小康社会如期圆满收官，深入推进党和国家机构改革、对国家治理体系和治理能力现代化做出全面部署，则是进一步从顶层设计和制度保障上为开启全面建设社会主义现代化强国保驾护航。

2018年2月26日至28日召开的中共十九届三中全会，审议通过《中共中央关于深化党和国家机构改革的决定》和《深化党和国家机构改革方案》，同意把《深化党和国家机构改革方案》的部分内容按照法定程序提交十三届全国人大一次会议审议。

同年3月5日至20日召开的第十三届全国人大一次会议审议通过《中华人民共和国监察法》，决定设立国家监察委员会，并通过对现行宪法作相应修正的修正案；审议通过国务院机构改革方案。

"两会"闭幕两个月后，5月底，改革方案中确定的25个应挂牌的新组建或重新组建的部门就全部亮相。改革力度规模之大、涉及范围之广、触及利益之深、推进速度之快前所未有。

2019年7月5日，深化党和国家机构改革总结会议召开。习近平总书记在讲话中充分肯定了这次机构改革的成就，指出："深化党和国家机构改革，是贯彻落实党的十九大决策部署的一个重要举措，是全面深化改革的一个重大动作，是推进国家治理体系和治理能力现代化的一次集中行动。党的十九届三中全会闭幕后，各地区各部门坚决贯彻党中央决策部署，加大统的力度、明确改的章法、做好人的工作、执行严的纪律，短短一年多时间，十九届三中全会部署的改革任务总体完成，取得一系列重要理论成果、制度成果、实践成果。加强党的全面领导得到有效落实，维护党的集中统一领导的机构职能体系更加健全；党和国家机构履职更加顺畅高效，各类机构设置和职能配置更加适应统筹推进'五位一体'总体布局和协调推进'四个全面'战略布局需要；省市县主要机构设置和职能配置同中央保持基本对应，构建起从中央到地方运行顺畅、充满活力的工作体系；跨军地改革顺利推进；同步推进相关各类机构改革，改革整体效应进一步增强。"

关于这次党和国家机构改革的重大意义，习近平总书记说："深化党和国家机构改革是对党和国家组织结构和管理体制的一次系统性、整体性重构。我们整体性推进中央和地方各级各类机构改革，重构性健全党的领导体系、政府治理体系、武装力量体系、群团工作体系，系统性增强党的领导力、政府执行力、武装力量战斗力、群团组织活力，适应新时代要求的党和国家机构职能体系主体框架初步建立，为完善和发展中国特色社会主义制度、推进国家治理体系和治理能力现代化提供了有力组织保障。"[①]

通过这次党和国家机构改革，中国共产党对一切工作全面领导的制度体系进一步加强和完善，新时代党和国家工作布局进一步彰显，为系统推进国家治理体系和治理能力现代化积累了经验，创造了有利条件。

2019年10月28日至31日召开的中共十九届四中全会，是新中国成立以来首次专题研究国家治理问题的历史性会议。全会审议通过《中共中央关于坚持和完善中国特色社会主义制度　推进国家治理体系和治理能力现代化若干重大问题的决定》（下文简称《决定》）。

这次以国家制度和国家治理作为议题，集中反映了新时代全面深化改革的新特点新要求。

相比过去，新时代改革开放具有许多新的内涵和特点，其中很重要的一点就是制度建设分量更重，改革更多面对的是深层次体制机制问题，对改革顶层设计的要求更高，对改革的系统性、整体性、协同性要求更强，相应地建章立制、构建体系的任务更重。从这个意义上说，将坚持和完善中国特色社会主义制度、推进国家治理体系和治理能力现代化作为全会主题，实际上是全面深化改革的再深化，也是在中共十八届三中全会顶层设计基础上的再深化。

---

① 《习近平谈治国理政》第3卷，外文出版社2020年版，第105—106页。

与此同时，在日趋激烈的国际竞争中，国家治理软实力继科技竞争力、文化软实力之后，成为一个新的制高点。正如习近平总书记指出："当今世界正经历百年未有之大变局，国际形势复杂多变，改革发展稳定、内政外交国防、治党治国治军各方面任务之繁重前所未有，我们面临的风险挑战之严峻前所未有。这些风险挑战，有的来自国内，有的来自国际，有的来自经济社会领域，有的来自自然界。我们要打赢防范化解重大风险攻坚战，必须坚持和完善中国特色社会主义制度、推进国家治理体系和治理能力现代化，运用制度威力应对风险挑战的冲击。"①

全会充分肯定新中国成立以来确立的社会主义根本制度和基本制度，充分肯定中共十一届三中全会以来不断推进体制机制改革取得的丰硕成果和重要经验，充分肯定中国特色社会主义进入新时代后全面深化改革、全面依法治国、全面从严治党取得的历史性成就和历史性变革。指出：中国特色社会主义制度和国家治理体系是以马克思主义为指导、植根中国大地、具有深厚中华文化根基、深得人民拥护的制度和治理体系，是具有强大生命力和巨大优越性的制度和治理体系，是能够持续推动拥有近十四亿人口大国进步和发展、确保拥有五千多年文明史的中华民族实现"两个一百年"奋斗目标进而实现伟大复兴的制度和治理体系。

《决定》的总体考虑是，从党的十九大确立的战略目标和重大任务出发，着眼于坚持和巩固中国特色社会主义制度、确保党长期执政和国家长治久安，着眼于完善和发展中国特色社会主义制度、全面建

---

① 习近平：《关于〈中共中央关于坚持和完善中国特色社会主义制度 推进国家治理体系和治理能力现代化若干重大问题的决定〉的说明》，《人民日报》2019年11月6日第4版。

设社会主义现代化国家，着眼于充分发挥中国特色社会主义制度优越性、推进国家治理体系和治理能力现代化，全面总结党领导人民在我国国家制度建设和国家治理方面取得的成就、积累的经验、形成的原则，重点阐述坚持和完善支撑中国特色社会主义制度的根本制度、基本制度、重要制度，部署需要深化的重大体制机制改革、需要推进的重点工作任务。

《决定》系统总结了我国国家制度和国家治理体系具有的显著优势，强调要坚持和完善以下根本制度和基本制度。包括：坚持和完善党的领导制度体系，提高党科学执政、民主执政、依法执政水平；坚持和完善人民当家作主制度体系，发展社会主义民主政治；坚持和完善中国特色社会主义法治体系，提高党依法治国、依法执政能力；坚持和完善中国特色社会主义行政体制，构建职责明确、依法行政的政府治理体系；坚持和完善社会主义基本经济制度，推动经济高质量发展；坚持和完善繁荣发展社会主义先进文化的制度，巩固全体人民团结奋斗的共同思想基础；坚持和完善统筹城乡的民生保障制度，满足人民日益增长的美好生活需要；坚持和完善共建共治共享的社会治理制度，保持社会稳定、维护国家安全；坚持和完善生态文明制度体系，促进人与自然和谐共生；坚持和完善党对人民军队的绝对领导制度，确保人民军队忠实履行新时代使命任务；坚持和完善"一国两制"制度体系，推进祖国和平统一；坚持和完善独立自主的和平外交政策，推动构建人类命运共同体；坚持和完善党和国家监督体系，强化对权力运行的制约和监督。

《决定》还提出坚持和完善中国特色社会主义制度、推进国家治理体系和治理能力现代化的指导思想和总体目标。要求到中国共产党成立一百年时，在各方面制度更加成熟更加定型上取得明显成效；到

2035 年，各方面制度更加完善，基本实现国家治理体系和治理能力现代化；到新中国成立一百年时，全面实现国家治理体系和治理能力现代化，使中国特色社会主义制度更加巩固、优越性充分展现。

在中国共产党治国理政经验日益丰富，驾驭国内国际两个大局、防范和抵御各种风险能力显著提升中，先后迎来了庆祝改革开放 40 周年和庆祝新中国成立 70 周年。

2018 年 12 月 18 日，庆祝改革开放 40 周年大会在首都北京隆重举行。庆祝大会上，宣读了《中共中央 国务院关于表彰改革开放杰出贡献人员的决定》，授予于敏等 100 名杰出贡献者改革先锋称号，并颁授改革先锋奖章；向阿兰·梅里埃等 10 名国际友人颁授中国改革友谊勋章。

这是 2017 年 7 月中共中央批准实施《国家功勋荣誉表彰条例》《"共和国勋章"和国家荣誉称号授予办法》后的一次重大表彰活动。

习近平总书记在庆祝大会上讲话。他指出："建立中国共产党、成立中华人民共和国、推进改革开放和中国特色社会主义事业，是五四运动以来我国发生的三大历史性事件，是近代以来实现中华民族伟大复兴的三大里程碑。""改革开放是我们党的一次伟大觉醒，正是这个伟大觉醒孕育了我们党从理论到实践的伟大创造。改革开放是中国人民和中华民族发展史上一次伟大革命，正是这个伟大革命推动了中国特色社会主义事业的伟大飞跃！"

他用若干个"从……到……"的句式，回顾和总结了改革开放 40 年经历的沧桑巨变：

——农村改革，"从实行家庭联产承包、乡镇企业异军突起、取消农业税牧业税和特产税到农村承包地'三权'分置、打赢脱贫攻坚战、实施乡村振兴战略"；

——对外开放,"从兴办深圳等经济特区、沿海沿边沿江沿线和内陆中心城市对外开放到加入世界贸易组织、共建'一带一路'、设立自由贸易试验区、谋划中国特色自由贸易港、成功举办首届中国国际进口博览会";

——实体经济改革发展,"从'引进来'到'走出去',从搞好国营大中小企业、发展个体私营经济到深化国资国企改革、发展混合所有制经济";

——所有制结构改革,"从单一公有制到公有制为主体、多种所有制经济共同发展和坚持'两个毫不动摇'";

——经济体制改革,"从传统的计划经济体制到前无古人的社会主义市场经济体制再到使市场在资源配置中起决定性作用和更好发挥政府作用";

——逐步形成全面深化改革,"从以经济体制改革为主到全面深化经济、政治、文化、社会、生态文明体制和党的建设制度改革,党和国家机构改革、行政管理体制改革、依法治国体制改革、司法体制改革、外事体制改革、社会治理体制改革、生态环境督察体制改革、国家安全体制改革、国防和军队改革、党的领导和党的建设制度改革、纪检监察制度改革等一系列重大改革扎实推进,各项便民、惠民、利民举措持续实施,使改革开放成为当代中国最显著的特征、最壮丽的气象"。

习近平总书记号召继续发扬民族的奋斗精神:"40年来取得的成就不是天上掉下来的,更不是别人恩赐施舍的,而是全党全国各族人民用勤劳、智慧、勇气干出来的!我们用几十年时间走完了发达国家几百年走过的工业化历程。在中国人民手中,不可能成为了可能。我们为创造了人间奇迹的中国人民感到无比自豪、无比骄傲！"①

2019年10月1日，迎来了中华人民共和国成立70周年。为隆重庆祝新中国成立70周年，党和国家组织了持续近一年的各类纪念庆祝活动。

利用重大庆典和历史时间节点，适时进行爱国主义教育和革命传统教育，是一个成功经验，也是一个行之有效的优良传统。而新中国成立70周年，适逢全面建成小康社会第一个百年奋斗目标胜利在即，意义格外重大。

10月1日，在北京天安门广场隆重举行庆祝中华人民共和国成立70周年大会，会后举行了气壮山河的盛大阅兵仪式和多姿多彩、喜庆热烈的群众游行。

从新华社报道中，可以了解当时的盛况："雄壮的军乐声中，习近平乘车沿着宽阔的长安街，依次检阅15个徒步方队、32个装备方队。近15000名受阅官兵整齐列阵、英姿勃发，580台受阅装备在阳光下熠熠生辉。这是中国特色社会主义进入新时代的首次国庆阅兵，也是共和国武装力量改革重塑后的首次整体亮相。"

在当天晚上举行的盛大联欢活动上，还打出了"人民万岁"字样的焰火。

习近平总书记在庆祝大会上的讲话中，深情地回顾说："70年前的今天，毛泽东同志在这里向世界庄严宣告了中华人民共和国的成立，中国人民从此站起来了。这一伟大事件，彻底改变了近代以后100多年中国积贫积弱、受人欺凌的悲惨命运，中华民族走上了实现伟大复兴的壮阔道路。"

---

① 习近平：《在庆祝改革开放40周年大会上的讲话》（2018年12月18日），《人民日报》2018年12月19日第2版。

他还庄严宣告:"今天,社会主义中国巍然屹立在世界东方,没有任何力量能够撼动我们伟大祖国的地位,没有任何力量能够阻挡中国人民和中华民族的前进步伐。"①

这铮铮话语,使人联想到正在进行的美国极少数势力对华全面打压的种种逆行,中国人的自豪与自信油然而生。

中华民族在新时代,确实迎来了从站起来、富起来到强起来的历史性飞跃。

2019年6月起,一场猝不及防的"修例风波"严重扰乱了香港的正常秩序。香港反对派与外部势力沆瀣一气,不断制造非法暴力事件,把矛头直指中央政府和香港特区政府,挑战"一国两制"底线,冲击法治基石,危及民众安全,重创经济民生,严重危害国家主权、安全、发展利益。

这件事表面上起因于香港特区政府2019年4月向立法会提交《2019年逃犯及刑事事宜相互法律协助法例(修订)条例草案》,以使香港可与尚无长期司法互助安排的司法管辖区展开个案合作。

这个草案的提出,源于一桩涉台湾的刑事案件。2018年2月,香港居民陈同佳涉嫌在台湾杀害女友后潜逃回港。因港台之间没有签订刑事司法协助安排和移交逃犯协议,陈同佳无法被移交至案发地台湾受审。为维护法治与公义,堵住法律漏洞,香港特区政府提出修订《逃犯条例》和《刑事事宜相互法律协助条例》。

一直在寻机滋事的香港反对派,认为时机已到,便抓住修订《逃犯条例》和《刑事事宜相互法律协助条例》大做文章,造谣惑众,煽动不明真相的民众和青年学生对特区政府的对立情绪。香港特区立

---

① 习近平:《在庆祝中华人民共和国成立70周年大会上的讲话》(2019年10月1日),《人民日报》2019年10月2日第2版。

法会原定于 2019 年 6 月 12 日举行会议，开展《逃犯条例》修订草案审议工作，但因示威人群在立法会附近占据道路、聚众滋事，暴力冲击警察防线，会议被迫取消。香港特区政府于 6 月 15 日宣布，暂缓修订《逃犯条例》的工作，打掉了反对派的口实。

此后，反对派掀起的暴力行动不断升级，其勾结外国敌对势力、图谋"香港独立"的真面目逐渐暴露在世人面前，激起了香港广大爱国同胞的痛恨。

2020 年 5 月 28 日，十三届全国人大三次会议通过《关于建立健全香港特别行政区维护国家安全的法律制度和执行机制的决定》，强调："维护国家主权、统一和领土完整是香港特别行政区的宪制责任。香港特别行政区应当尽早完成香港特别行政区基本法规定的维护国家安全立法。香港特别行政区行政机关、立法机关、司法机关应当依据有关法律规定有效防范、制止和惩治危害国家安全的行为和活动。"并决定："授权全国人民代表大会常务委员会就建立健全香港特别行政区维护国家安全的法律制度和执行机制制定相关法律，切实防范、制止和惩治任何分裂国家、颠覆国家政权、组织实施恐怖活动等严重危害国家安全的行为和活动以及外国和境外势力干预香港特别行政区事务的活动。"[①]

在广泛征求香港各界意见的基础上，6 月 30 日，十三届全国人大常委会第二十次会议通过《中华人民共和国香港特别行政区维护国家安全法》（以下简称《香港国安法》）。同日晚，香港特区政府新闻处发布公告，《香港国安法》30 日在香港特区刊宪公布，即日晚 11 时生效。

---

① 《关于〈全国人民代表大会关于建立健全香港特别行政区维护国家安全的法律制度和执行机制的决定（草案）〉的说明》，《人民日报》2020 年 5 月 29 日第 5 版。

7月2日，依照《香港国安法》有关规定，根据香港特别行政区行政长官林郑月娥提名，国务院发布两个任命：陈国基为香港特别行政区维护国家安全委员会秘书长；区嘉宏为香港特别行政区政府入境事务处处长。

7月3日，香港特区政府发言人宣布，根据《香港国安法》第十二条，香港特别行政区设立维护国家安全委员会。林郑月娥担任主席，成员包括特区政府政务司司长张建宗、财政司司长陈茂波、律政司司长郑若骅、保安局局长李家超、警务处处长邓炳强、警务处副处长（国家安全）刘赐蕙、入境事务处处长区嘉宏、香港海关关长邓以海和行政长官办公室主任陈国基。职责是：分析研判香港特别行政区维护国家安全形势，规划有关工作，制定香港特别行政区维护国家安全政策；推进香港特别行政区维护国家安全的法律制度和执行机制的建设；协调香港特别行政区维护国家安全的重点工作和重大行动。

同日，国务院任命骆惠宁（国务院港澳事务办公室副主任、中央人民政府驻香港特别行政区联络办公室主任）为香港特别行政区维护国家安全委员会国家安全事务顾问。还任命郑雁雄为中央人民政府驻香港特别行政区维护国家安全公署署长；任命李江舟、孙青野为中央人民政府驻香港特别行政区维护国家安全公署副署长。

7月6日，香港特别行政区维护国家安全委员会举行首次会议。

同日，香港特区政府将《中华人民共和国香港特别行政区维护国家安全法第四十三条实施细则》刊宪公布，实施细则于7月7日生效。

7月8日，中央人民政府驻香港特别行政区维护国家安全公署在香港举行揭牌仪式，宣告驻香港国家安全公署正式成立并运行。

这一系列重大决策，标志着"一国两制"方略在新时代又有了新突破新发展，标志着香港繁荣稳定即将进入一个新阶段。中国政府合理合法的举措，遭到美国等西方国家的反对，甚至还以制裁香港特区政府等有关官员相要挟，但已是"无可奈何花落去"。

◇ 创造抗击新冠肺炎疫情的中国奇迹

2019年12月底，正当人们忙着迎接新一年到来时，一种来源不明的病毒正悄然向武汉袭来。12月27日，湖北省中西医结合医院向武汉市江汉区疾控中心报告不明原因肺炎病例。湖北省武汉市疾控中心监测发现不明原因肺炎病例。一场"遭遇战"猝不及防打响。

历史发展到了关键的门槛上，往往会有这样的情况，既有喜事连连，也有突发事件不断。

这场突如其来的新型冠状病毒肺炎疫情（以下简称"新冠肺炎疫情"），是新中国成立以来发生的传播速度最快、感染范围最广、防控难度最大的一次重大突发公共卫生事件，对中国是一次危机，也是一次大考。

2020年1月7日，习近平总书记在主持召开中央政治局常委会会议时，对做好疫情防控工作提出要求。

1月9日，国家卫生健康委专家评估组对外发布武汉不明原因病毒肺炎病原信息，病原体初步判断为新型冠状病毒。

同日，中方将武汉不明原因的病毒性肺炎疫情病原学鉴定取得的初步进展分享给世界卫生组织。世界卫生组织网站发布关于中国武汉聚集性肺炎病例的声明，称其在短时间内初步鉴定出新型冠状病毒是一项显著成就。

1月12日，武汉市卫生健康委在情况通报中首次将"不明原因的病毒性肺炎"更名为"新型冠状病毒感染的肺炎"。①

新冠肺炎疫情是百年来全球发生的最严重的传染病大流行，是新中国成立以来我国遭遇的传播速度最快、感染范围最广、防控难度最大的重大突发公共卫生事件，对党和国家防控治理能力是一次严峻考验。

据当时报道，截至2020年1月20日18时，境内累计报告新型冠状病毒感染的肺炎病例224例，其中确诊病例217例（武汉市198例，北京市5例，广东省14例）；疑似病例7例（四川省2例，云南省1例，上海市2例，广西壮族自治区1例，山东省1例）。

对此，习近平总书记做出重要指示，他指出：湖北武汉市等地近期陆续发生新型冠状病毒感染的肺炎疫情，必须引起高度重视，全力做好防控工作。目前正值春节期间，人员大范围密集流动，做好疫情防控工作十分紧要。各级党委和政府及有关部门要把人民群众生命安全和身体健康放在第一位，制订周密方案，组织各方力量开展防控，采取切实有效措施，坚决遏制疫情蔓延势头。要全力救治患者，尽快查明病毒感染和传播原因，加强病例监测，规范处置流程。要及时发布疫情信息，深化国际合作。要加强舆论引导，加强有关政策措施宣传解读工作，坚决维护社会大局稳定，确保人民群众度过一个安定祥和的新春佳节。②

---

① 中华人民共和国国务院新闻办公室：《抗击新冠肺炎疫情的中国行动》（2020年6月），《人民日报》2020年6月8日第10版。

② 《习近平对新型冠状病毒感染的肺炎疫情作出重要指示强调　要把人民群众生命安全和身体健康放在第一位　坚决遏制疫情蔓延势头》，《人民日报》2020年1月21日第1版。

人类对未知事物总有一个认识过程。在这场前所未有的公共卫生安全遭遇战中，新冠病毒的感染情况逐渐"浮出水面"。

1月18日晚，一支汇聚了中国呼吸病学、流行病学、重症医学、微生物学、疾病预防控制等相关学科"顶级力量"的高级别专家组赶至武汉。钟南山等临危受命，深夜到达武汉，马不停蹄调研、了解情况，第二天又到武汉市金银潭医院、武汉市疾控中心等实地考察。经过考察，确认新冠病毒存在人传人的情况。

这一重大进展，为随后中共中央、国务院的一系列重大决策提供了科学依据。

兵贵神速，分秒必争。鉴于疫情迅速蔓延、防控工作面临严峻挑战，1月22日，习近平总书记做出重要指示，要求立即对湖北省、武汉市人员流动和对外通道实行严格封闭的交通管控。日后的实践证明，这既是一个大胆的决策，也是一个人民生命至上的英明决策。此举为打赢全国抗疫阻击战赢得了宝贵时间，也成为在抗击新冠肺炎疫情斗争中变被动为主动、化危为机的转折点。

1月23日，武汉疫情防控指挥部发布1号通告，10时起机场、火车站离汉通道暂时关闭。交通运输部紧急通知，全国暂停进入武汉道路水路客运班线发班。国家卫生健康委等六部门发布《关于严格预防通过交通工具传播新型冠状病毒感染的肺炎的通知》，要求做好汽车、火车、飞机等交通工具和车站、机场、码头等重点场所卫生管理工作，最大限度防止疫情扩散蔓延。此时，离除夕（1月24日）只差一天。

1月23日至29日，全国各省份陆续启动重大突发公共卫生事件省级一级应急响应。

——1月24日起，从各地和军队调集346支国家医疗队、4.26

万名医务人员和965名公共卫生人员驰援湖北省和武汉市，并迅速开设火神山、雷神山等集中收治医院和方舱医院，优先保障武汉和湖北需要的医用物资，并组织省区市对口帮扶除武汉以外的16个市州。在此前后，54万名湖北省和武汉市医务人员同病毒短兵相接，率先打响了疫情防控遭遇战。

1月25日是农历正月初一。习近平总书记主持召开中共中央政治局常委会会议，专门听取新型冠状病毒感染的肺炎疫情防控工作汇报，对疫情防控特别是患者治疗工作进行再研究、再部署、再动员。会议决定，党中央成立应对疫情工作领导小组，在中央政治局常务委员会领导下开展工作。党中央向湖北等疫情严重地区派出指导组，推动有关地方全面加强防控一线工作。这次会议还确定"集中患者、集中专家、集中资源、集中救治"原则，强调"依法科学有序防控"，重申"早发现、早报告、早隔离、早治疗"。

在以习近平同志为核心的党中央果断决策下，英雄城市、英雄人民闻风而动，一场空前的武汉保卫战、湖北保卫战全面打响。一场新中国成立以来最全面最严格最彻底的全国疫情防控正式展开。中华民族在伟大复兴征程上，再次谱写出一曲感天地、泣鬼神的抗疫壮歌。

——1月26日起，中共中央政治局常委、国务院总理、中央应对新型冠状病毒感染肺炎疫情工作领导小组组长李克强，接连召开中央应对新型冠状病毒感染肺炎疫情工作领导小组会议，全面贯彻落实习近平总书记和党中央决策部署。

——1月27日，受习近平总书记委托，李克强赴武汉考察指导疫情防控工作，代表党中央、国务院慰问疫情防控一线的医务人员。

——1月27日起，中共中央政治局委员、国务院副总理孙春兰率领中央指导组在湖北开展疫情防控指导工作，全面贯彻落实习近平总书记重要指示和中央政治局常委会会议精神。

——2月23日，习近平总书记在统筹推进新冠肺炎疫情防控和经济社会发展工作部署会议上讲话，提出"武汉胜则湖北胜，湖北胜则全国胜"；"紧紧扭住城乡社区防控和患者救治两个关键，切实提高收治率和治愈率、降低感染率和病亡率"；"用药如用兵，用医如用将"；"加快科技研发攻关"，"扩大国际和地区合作"；一手抓打赢疫情防控这场人民战争，一手抓保持我国经济社会良好发展势头。

病毒突袭而至，疫情来势汹汹。仅用了半年光景，中国人民就降服了新型冠状病毒这条"毒龙"，取得了抗疫斗争与经济社会恢复发展双胜利。在这场疫情防控的人民战争、总体战、阻击战中，经过1个多月的时间初步遏制疫情蔓延势头，经过2个月左右的时间将本土每日新增病例控制在个位数以内，经过3个月左右的时间取得武汉保卫战、湖北保卫战的决定性成果，进而又接连在北京、新疆、辽宁等打了几场局部地区聚集性疫情歼灭战，夺取了全国抗疫斗争重大战略成果。

在新冠肺炎疫情仍在全球肆虐的情况下，中国的抗疫斗争，充分展现了中国精神、中国力量、中国担当，充分展现了中国特色社会主义道路自信、理论自信、制度自信、文化自信。

中华民族有一种特殊的力量，越是危难关头，越能"万众一心"，筑起新的长城。在这场斗争中，各行各业扛起责任，国有企业、公立医院勇挑重担，460多万个基层党组织冲锋陷阵，400多万名社区工作者在全国65万个城乡社区日夜值守，各类民营企业、民办医院、慈善机构、养老院、福利院等积极出力，广大党员、干部带头拼搏，人民解放军指战员、武警部队官兵、公安民警奋勇当先，广大科研人员奋力攻关，数百万快递员冒疫奔忙，180万名环卫工人起早贪黑，新闻工作者深入一线，千千万万志愿者和普通人默默奉献。

中华民族有一种善良的愿望，越是世界有难，越是会伸出道义援助之手。中国在抗疫过程中，对国际社会释放出最大的善意。第一时间向世界卫生组织、有关国家和地区组织主动通报疫情信息，第一时间发布新冠病毒基因序列等信息，第一时间公布诊疗方案和防控方案，尽己所能为国际社会提供援助，宣布向世界卫生组织提供两批共5000万美元现汇援助，向32个国家派出34支医疗专家组，向150个国家和4个国际组织提供283批抗疫援助，向200多个国家和地区提供和出口防疫物资。从3月15日至9月6日，我国总计出口口罩1515亿只、防护服14亿件、护目镜2.3亿个、呼吸机20.9万台、检测试剂盒4.7亿人份、红外测温仪8014万件，以实际行动帮助挽救了全球成千上万人的生命。

2020年5月18日，国家主席习近平在第73届世界卫生大会视频会议开幕式上发表致辞，提出全力搞好疫情防控、发挥世卫组织领导作用、加大对非洲国家支持、加强全球公共卫生治理、恢复经济社会发展、加强国际合作6项建议，提出："人类是命运共同体，团结合作是战胜疫情最有力的武器"，"是各国人民合作抗疫的人间正道"。[①]

在抗击疫情过程中，坚持内防反弹、外防输入，创造了抗击疫情的中国经验。以确诊患者、疑似患者、发热患者、确诊患者的密切接触者等"四类人员"为重点，实行"早发现、早报告、早隔离、早治疗"和"应收尽收、应治尽治、应检尽检、应隔尽隔"的防治方针，最大限度降低传染率。医疗救治始终以提高收治率和治愈率、降低感染率和病亡率的"两提高""两降低"为目标，坚持集中患者、

[①] 习近平：《团结合作战胜疫情　共同构建人类卫生健康共同体》，《人民日报》2020年5月19日第2版。

集中专家、集中资源、集中救治"四集中"原则，坚持中西医结合，实施分类救治、分级管理。对重症患者，调集最优秀的医生、最先进的设备、最急需的资源，不惜一切代价进行救治，大幅度降低病亡率；对轻症患者及早干预，尽可能在初期得以治愈，大幅度降低转重率。同时，第一时间切断病毒传播链；牢牢守住社区基础防线；遵循科学规律开展防控；实施分级、分类、动态精准防控；为疫情防控提供及时有效法治保障。还建立严格的疫情发布机制，依法、及时、公开、透明发布疫情信息；建立分级分层新闻发布制度，建立多层次多渠道多平台信息发布机制，持续发布权威信息，及时回应国内外关注的疫情形势、疫情防控、医疗救治、科研攻关等热点问题；依法适时订正病例数据，在深入开展涉疫大数据与流行病学调查的基础上，对确诊和死亡病例数进行订正，并向社会公开发布。

2020年9月8日，对中国人民来说，是一个经过不寻常斗争后迎来胜利喜悦的日子。全国抗击新冠肺炎疫情表彰大会8日上午在北京人民大会堂隆重举行。

"共和国勋章"获得者钟南山，"人民英雄"国家荣誉称号获得者张伯礼、张定宇、陈薇等集体乘坐礼宾车从住地出发，由国宾护卫队护卫前往人民大会堂，并沿着红毯拾级而上，进入人民大会堂。习近平总书记亲自为他们授勋，并发表重要讲话。

习近平总书记在讲话中，概括阐述了"伟大抗疫精神"："在这场同严重疫情的殊死较量中，中国人民和中华民族以敢于斗争、敢于胜利的大无畏气概，铸就了生命至上、举国同心、舍生忘死、尊重科学、命运与共的伟大抗疫精神。"

习近平总书记在讲话中，强调了民族精神的力量："人无精神则不立，国无精神则不强。唯有精神上站得住、站得稳，一个民族才能在历史洪流中屹立不倒、挺立潮头。同困难作斗争，是物质的角力，也是精神的对垒。"

习近平总书记在讲话中，强调要补短板、夯实防范重大风险的根基："我们要加快补齐治理体系的短板弱项，为保障人民生命安全和身体健康夯实制度保障。这场抗疫斗争是对国家治理体系和治理能力的一次集中检验。要抓紧补短板、堵漏洞、强弱项，加快完善各方面体制机制，着力提高应对重大突发公共卫生事件的能力和水平。要构筑强大的公共卫生体系，完善疾病预防控制体系，建设平战结合的重大疫情防控救治体系，强化公共卫生法治保障和科技支撑，提升应急物资储备和保障能力，夯实联防联控、群防群控的基层基础。要完善城市治理体系和城乡基层治理体系，树立全周期的城市健康管理理念，增强社会治理总体效能。要重视生物安全风险，提升国家生物安全防御能力。"[1]

2020年，在统筹推进新冠肺炎疫情防控和经济社会发展中，迎来了制定"十四五"规划的重要历史时刻。

此刻，传来了好消息：2020年上半年我国经济先降后升，二季度经济增长由负转正，主要指标恢复性增长，经济运行稳步复苏，基本民生保障有力，市场预期总体向好，社会发展大局稳定。国家统计局7月16日对外公布，初步核算，上半年国内生产总值456614亿元，按可比价格计算，同比下降1.6%。分季度看，一季度同比下降6.8%，二季度增长3.2%。[2] 10月19日，国家统计局发布2020年前三季度中国经济数据。第三季度，国内生产总值实现4.9%的更快增

---

[1] 习近平：《在全国抗击新冠肺炎疫情表彰大会上的讲话》（2020年9月8日），《人民日报》2020年9月9日第2版。

[2] 《上半年农产品市场总体平衡》，《人民日报》2020年7月17日第2版。

长，延续稳定恢复态势。前三季度，国内生产总值同比增长0.7%，增速由负转正。①

2020年7月21日，习近平总书记在企业家座谈会上讲话，强调保护和激发市场主体活力，弘扬企业家精神，充分肯定市场主体的作用与贡献。指出："到2019年底，我国已有市场主体1.23亿户，其中企业3858万户，个体工商户8261万户。这些市场主体是我国经济活动的主要参与者、就业机会的主要提供者、技术进步的主要推动者，在国家发展中发挥着十分重要的作用。"

讲话还阐述了"要逐步形成以国内大循环为主体、国内国际双循环相互促进的新发展格局"的重大论断。指出：提出这一论断的"主要考虑是：当今世界正经历百年未有之大变局，新一轮科技革命和产业变革蓬勃兴起。以前，在经济全球化深入发展的外部环境下，市场和资源'两头在外'对我国快速发展发挥了重要作用。在当前保护主义上升、世界经济低迷、全球市场萎缩的外部环境下，我们必须充分发挥国内超大规模市场优势，通过繁荣国内经济、畅通国内大循环为我国经济发展增添动力，带动世界经济复苏。"②

7月28日，习近平总书记主持召开中共中央党外人士座谈会，就当前经济形势和下半年经济工作听取各民主党派中央、全国工商联负责人和无党派人士代表的意见和建议。

7月30日，习近平总书记主持召开中共中央政治局会议，分析研究当前经济形势，部署下半年经济工作，决定10月召开中共十九届五中全会，研究关于制定国民经济和社会发展第十四个五年规划和

---

① 《前三季度中国经济增长0.7%》，《人民日报》2020年10月20日第1版。

② 习近平：《在企业家座谈会上的讲话》（2020年7月21日），《人民日报》2020年7月22日第2版。

2035年远景目标的建议。

这次会议做出三个重大判断。一是关于战略机遇期的，指出"当前和今后一个时期，我国发展仍然处于重要战略机遇期，但机遇和挑战都有新的发展变化"；二是关于时代主题的，指出"当今世界正经历百年未有之大变局，和平与发展仍然是时代主题，同时国际环境日趋复杂，不稳定性不确定性明显增强"；三是关于我国发展阶段的，指出"我国已进入高质量发展阶段，发展具有多方面优势和条件，同时发展不平衡不充分问题仍然突出"。

会议据此提出工作要求，突出强调机遇与风险并存的新特点，"增强机遇意识和风险意识，把握发展规律，发扬斗争精神，善于在危机中育新机、于变局中开新局，抓住机遇，应对挑战，趋利避害，奋勇前进"。

会议突出强调统筹发展与安全，强调持久作战思想，指出："当前经济形势仍然复杂严峻，不稳定性不确定性较大，我们遇到的很多问题是中长期的，必须从持久战的角度加以认识，加快形成以国内大循环为主体、国内国际双循环相互促进的新发展格局，建立疫情防控和经济社会发展工作中长期协调机制，坚持结构调整的战略方向，更多依靠科技创新，完善宏观调控跨周期设计和调节，实现稳增长和防风险长期均衡。"

会议对"十四五"规划寄予厚望，指出："'十四五'时期是我国全面建成小康社会、实现第一个百年奋斗目标之后，乘势而上开启全面建设社会主义现代化国家新征程、向第二个百年奋斗目标进军的第一个五年。"[①]

[①] 《人民日报》2020年7月31日第1版。

中共十九大在对新时代坚持和发展中国特色社会主义做出战略安排的时候，曾将这一时期称作"历史交汇期"。

如今，这个历史交汇期的一端，已经以辉煌的顶点宣告收官。而另一端，也在期待着有个良好的开局。

第十章

马克思主义中国化新飞跃

在中华民族伟大复兴的历程中,马克思主义作为科学真理,发挥了极其巨大的指导作用。这种作用,主要是沿着两个方面发挥的。

一方面,中国共产党诞生后,把马克思主义写在了自己的思想旗帜上,始终坚持以马克思主义为指导思想。同时,又在指导和推动中国革命、建设和改革的长期实践中,深深地懂得了一个基本道理:再好的理论,也必须同中国实际相结合,同中华优秀传统文化相结合,使其具有中国特点、中国风格、中国气派,使马克思主义中国化。中国共产党的历史,就是一部不断推进马克思主义中国化的历史,就是一部不断推进理论创新、进行理论创造的历史。一百年来,中国共产党坚持解放思想和实事求是相统一、培元固本和守正创新相统一,不断开辟马克思主义新境界,产生了毛泽东思想、邓小平理论、"三个代表"重要思想、科学发展观,产生了习近平新时代中国特色社会主义思想,为党和人民事业发展提供了科学理论指导。

另一方面,真理的力量,不仅在于解释世界,更在于改造世界。马克思主义真理,必须为全体中国共产党党员、全体中国人民所掌握,才能转化为推动中国革命、建设和改革的强大物质力量,才能彰显真理的无穷力量。中国共产党的历史,同时也是一部不断推进思想立党、理论强党的历史,是一部不断推进理论武装、理论宣传、理论普及的历史。在这一过程中,马克思主义的命运同中国共产党的命运、中国人民的命运、中华民族的命运紧紧连在一起,它的科学性和真理性在中国得到了充分检验,它的人民性和实践性在中国得到了充分贯彻,它的开放性和时代性在中国得到了充分彰显。

◇ 既一脉相承又与时俱进的理论创新

党的十九大,在马克思主义中国化进程中具有十分重要的地位和深远影响。

党的十九大概括和提出了习近平新时代中国特色社会主义思想,确立为党必须长期坚持的指导思想并写进党章,实现了党的指导思想的与时俱进。这是党的十九大最重大的理论创新、最重要的政治成果、最深远的历史贡献,体现了党在政治上理论上的高度成熟、高度自信。十三届全国人大一次会议通过的宪法修正案,郑重地把习近平新时代中国特色社会主义思想载入宪法,实现了从党的指导思想向国家指导思想的转化,实现了国家指导思想的与时俱进,反映了全国各族人民的共同意志和全社会的共同意愿。

马克思主义中国化的历史进程,伴随着中华民族迎来了从站起来、富起来到强起来的新时代,经历了从毛泽东思想到邓小平理论、"三个代表"重要思想、科学发展观,直至习近平新时代中国特色社会主义思想的历史跨越。这是中国共产党理论创新史上带有标志性的重要成果,它表明马克思主义中国化又实现了一次新飞跃。

为了更好地认识和理解马克思主义中国化新飞跃,有必要结合中华民族复兴历程，简要回顾马克思主义中国化的发展历程。

毛泽东思想，是马克思主义中国化的第一个理论成果。

在一个半殖民地半封建的东方大国里进行革命，必然遇到许多特殊的复杂问题。在毛泽东思想形成之前，中国共产党人已经围绕中国革命道路的基本问题，以马克思主义为指导，进行了艰难曲折的探索，积累了正反两方面的丰富经验。特别是这段历史证明，靠背诵马克思列宁主义一般原理和照搬外国经验，不可能解决这些问题。这为毛泽东思想的形成和发展提供了重要的前提。

毛泽东思想形成发展，有一个独特的历史背景。这就是：主要在20世纪20年代后期和30年代前期在国际共产主义运动中和我们党内盛行的把马克思主义教条化、把共产国际决议和苏联经验神圣化的错误倾向，曾使中国革命几乎陷于绝境。毛泽东思想是在同这种错误倾向作斗争并深刻总结这方面的历史经验的过程中逐渐形成和发展起来的。1935年召开的具有历史转折意义的遵义会议，1938年召开的党的六届六中全会，是两个具有重要标志性的重大会议，对促进马克思主义中国化起了至关重要的作用。

毛泽东思想开辟了马克思主义中国化的正确道路，确立了实事求是思想路线和群众路线，创造性地解决了马克思列宁主义基本原理同中国实际相结合的一系列重大问题，深刻分析中国社会形态和阶级状况，经过不懈探索，弄清了中国革命的性质、对象、任务、动力，提出通过新民主主义革命走向社会主义的两步走战略，制定了新民主主义革命总路线，开辟了以农村包围城市、最后夺取全国胜利的革命道路。毛泽东思想通过创立党的建设思想及其成功实践，创造性地解决了在中国这种特殊的社会历史条件下建设马克思主义政党的一系列重大问题，把党建设成为用科学理论和革命精神武装起来的、同人民群众有着血肉联系的、思想上政治上组织上完全巩固的马克思主义政党。毛泽东思想通过创立人民军队建设思想及其成功实践，创造性地解决了缔造一个在党的绝对领导下的人民武装力量的一系列重大问题，建成一支具有一往无前精神、能压倒一切敌人而决不被敌人所屈服的新型人民军队。毛泽东思想通过创立统一战线思想及其成功实践，创造性地解决了团结全民族最大多数人共同奋斗的革命统一战线的一系列重大问题，为党和人民事业凝聚了一支最广大的同盟军。

经过延安整风，毛泽东思想在 1945 年召开的党的七大上，确立为全党的指导思想，为夺取抗日战争伟大胜利和中国革命彻底胜利发挥了关键作用。新中国成立后，毛泽东思想作为全党全国人民的指导思想，指引着党和国家胜利实现社会主义革命，确立社会主义根本制度和基本制度，进行社会主义现代化建设。

新中国成立后，在毛泽东思想指引下，党和国家创造性地完成了由新民主主义革命向社会主义革命的转变，使中国这个占世界四分之一人口的东方大国进入了社会主义社会，成功实现了中国历史上最深刻最伟大的社会变革。新民主主义革命的胜利，社会主义基本制度的确立，为当代中国一切发展进步奠定了根本政治前提和制度基础。

社会主义基本制度确立以后，如何在中国建设社会主义，是中国共产党面临的崭新课题。在毛泽东思想指引下，全党对适合中国情况的社会主义建设道路进行了艰苦探索，总结提出社会主义现代化建设中的十大关系，创造性地提出正确处理人民内部矛盾的学说，制定把我国建设成为一个强大的社会主义国家的战略思想。在不长的时间里，我国社会就发生了翻天覆地的变化，建立起独立的比较完整的工业体系和国民经济体系，独立研制出"两弹一星"，成为在世界上有重要影响的大国，积累起在中国这样一个社会生产力水平十分落后的东方大国进行社会主义建设的重要经验，为党和人民事业胜利发展、为中华民族阔步赶上时代发展潮流创造了根本前提，奠定了坚实的理论和实践基础。

以毛泽东同志为代表的中国共产党人，把辩证唯物主义和历史唯物主义运用于无产阶级政党的全部工作，在中国革命的长期艰苦斗争中形成了具有中国共产党人特色的这些立场、观点和方法，这就是作为毛泽东思想活的灵魂的实事求是、群众路线、独立自主。

党的十一届三中全会，开启了改革开放和社会主义现代化建设的新时期，开启了中华民族从站起来到富起来的新征程。以邓小平理论形成发展为标志，马克思主义中国化进入一个新阶段。邓小平理论也成为马克思主义中国化的第二个理论成果。

以邓小平同志为主要代表的中国共产党人，总结新中国成立以来正反两方面的经验，解放思想，实事求是，实现全党工作中心向经济建设的转移，实行改革开放，开辟了社会主义事业发展的新时期，逐步形成了建设中国特色社会主义的路线、方针、政策，阐明了在中国建设社会主义、巩固和发展社会主义的基本问题，创立了邓小平理论。

邓小平理论坚持科学社会主义理论和实践的基本成果，抓住"什么是社会主义、怎样建设社会主义"这个根本问题，第一次比较系统地初步回答了中国这样的经济文化比较落后的国家如何建设社会主义、如何巩固和发展社会主义的一系列基本问题，把对社会主义的认识提高到新的科学水平。新时期的思想解放，关键就是在这个问题上的思想解放。我国社会主义在改革开放前所经历的曲折和失误，改革开放以来在前进中遇到的一些困惑，归根到底都在于对这个问题没有完全搞清楚。拨乱反正，全面改革，从以阶级斗争为纲到以经济建设为中心，从封闭半封闭到改革开放，从计划经济到社会主义市场经济，就是逐渐搞清楚这个根本问题的进程。

邓小平理论的基石，是社会主义初级阶段理论。在此基础上，形成中国共产党在社会主义初级阶段的基本路线，提出社会主义现代化"三步走"战略，明确和平与发展两大时代主题。从拨乱反正到全面改革，从农村改革到城市改革，从经济体制改革到各方面体制改革，从在沿海兴办经济特区到形成全国范围对外开放格局，强调科学技术是第一生产力，提出社会主义物质文明和精神文明建设一起抓、两手都要硬，充分彰显了邓小平理论的指导作用。在国际上出现苏联解体、东欧剧变，国内发生政治风波的复杂情况下，毫不动摇坚持"一个中心、两个基本点"的基本路线，继续解放思想、推进改革开放，深刻回答长期束缚人们思想的许多重大认识问题，开辟了一条把社会主义同市场经济结合起来、以更好地解放和发展生产力的新道路，把改革开放和现代化建设推进到新阶段。

邓小平理论具有鲜明的时代精神，是在和平与发展成为时代主题的历史条件下，在我国改革开放和现代化建设的实践中，在总结我国社会主义胜利和挫折的历史经验并借鉴其他社会主义国家兴衰成败历史经验的基础上，逐步形成和发展起来的。邓小平理论坚持用马克思主义的宽广眼界观察世界，科学判断时代特征和总体国际形势，科学总结世界上其他社会主义国家的成败得失。世界变化很大很快，特别是日新月异的科学技术进步深刻地改变了并将继续改变当代经济社会生活和世界面貌，任何国家的马克思主义者都不能不认真对待。邓小平理论科学地把握社会主义的本质，第一次比较系统地初步回答了中国社会主义的发展道路、发展阶段、根本任务、发展动力、外部条件、政治保证、战略步骤、党的领导和依靠力量以及祖国统一等一系列基本问题，指导我们党制定了在社会主义初级阶段的基本路线。它是贯通哲学、政治经济学、科学社会主义等领域，涵盖经济、政治、科技、教育、文化、民族、军事、外交、统一战线、党的建设等方面比较完备的科学体系。

1997年9月召开的党的十五大，把邓小平理论确立为党的指导思想，明确规定中国共产党以马克思列宁主义、毛泽东思想、邓小平理论作为自己的行动指南。1999年3月召开的九届全国人大二次会议通过《中华人民共和国宪法修正案》，确立邓小平理论在国家政治和社会生活中的指导地位。邓小平理论是马克思列宁主义的基本原理同当代中国实践和时代特征相结合的产物，是毛泽东思想在新的历史条件下的继承和发展，是马克思主义在中国发展的新阶段，是中国特色社会主义理论体系的开篇之作，是中国共产党和中国人民宝贵的精神财富，是我国改革开放和社会主义现代化建设的科学指南。

邓小平逝世后，中华民族伟大复兴继续沿着中国特色社会主义道路这一康庄大道向前推进，马克思主义中国化同样继续沿着中国特色社会主义理论指引的正确方向与时俱进，先后产生了"三个代表"重要思想和科学发展观。

20世纪80年代末90年代初，国内发生严重政治风波，国际上出现苏联解体、东欧剧变，世界社会主义出现严重曲折，我国社会主义事业的发展面临空前巨大的困难和压力，我们党和国家处在决定前途命运的重大历史关头。以江泽民同志为主要代表的中国共产党人，科学判断形势，全面把握大局，进行艰辛探索，从容应对困难和风险，全面推进社会主义现代化建设，开创了中国特色社会主义事业新局面。

以江泽民同志为主要代表的中国共产党人，在建设中国特色社会主义的实践中，加深了对什么是社会主义、怎样建设社会主义和建设什么样的党、怎样建设党的认识，积累了治党治国新的宝贵经验，形成了"三个代表"重要思想。"三个代表"重要思想是加强和改进党的建设、推进我国社会主义自我完善和发展的强大理论武器，丰富和发展了中国特色社会主义理论体系，实现了中国特色社会主义的跨世纪发展。

2002年1月召开的党的十六大，把"三个代表"重要思想同马克思列宁主义、毛泽东思想、邓小平理论一道，作为中国共产党必须长期坚持的指导思想写入党章。2004年3月召开的十届全国人大二次会议通过《中华人民共和国宪法修正案》，确立"三个代表"重要思想在国家政治和社会生活中的指导地位。"三个代表"重要思想是对马克思列宁主义、毛泽东思想、邓小平理论的继承和发展，反映了当代世界和中国的发展变化对党和国家工作的新要求，是加强和改进党的建设、推进我国社会主义自我完善和发展的强大理论武器，是中国共产党集体智慧的结晶，是党必须长期坚持的指导思想。始终做到"三个代表"，是我们党的立党之本、执政之基、力量之源。

科学发展观是以胡锦涛同志为主要代表的中国共产党人，坚持以邓小平理论和"三个代表"重要思想为指导，在新世纪新阶段全面建设小康社会进程中，在新的历史起点上推进中国特色社会主义事业过程中形成和发展起来的。科学发展观总结了我国改革开放和现代化建设的成功经验，揭示了经济社会发展的客观规律，反映了我们党对发展问题的新认识，深刻认识和回答了新形势下实现什么样的发展、怎样发展等重大问题。科学发展观是同马克思列宁主义、毛泽东思想、邓小平理论、"三个代表"重要思想既一脉相承又与时俱进的科学理论，是马克思主义关于发展的世界观和方法论的集中体现，是马克思主义中国化重大成果，是中国共产党集体智慧的结晶，是发展中国特色社会主义必须长期坚持的指导思想。

2012年11月召开的党的十八大，将科学发展观同马克思列宁主义、毛泽东思想、邓小平理论、"三个代表"重要思想一道，确立为中国共产党必须长期坚持的指导思想。2018年3月召开的十三届全国人大一次会议通过《中华人民共和国宪法修正案》，把科学发展观、习近平新时代中国特色社会主义思想同马克思列宁主义、毛泽东思想、邓小平理论、"三个代表"重要思想写在一起，确立其在国家政治和社会生活中的指导地位。

◇ 习近平新时代中国特色社会主义思想的创立

以党的十八大为起点，在奋力开创中国特色社会主义新时代的进程中，习近平新时代中国特色社会主义思想应运而生。同时，正因为有习近平新时代中国特色社会主义思想为指导，以习近平同志为核心的党中央团结带领全党、全军和全国各族人民，统揽伟大斗争、伟大工程、伟大事业、伟大梦想，推动中国特色社会主义进入了新时代。

党的十八大以来，国内外形势变化和我国各项事业发展都给我们提出了一个重大时代课题，这就是必须从理论和实践结合上系统回答新时代坚持和发展什么样的中国特色社会主义、怎样坚持和发展中国特色社会主义。正是围绕这个重大时代课题，以习近平同志为核心的党中央坚持解放思想、实事求是、与时俱进、求真务实，坚持辩证唯物主义和历史唯物主义，紧密结合新的时代条件和实践要求，以全新的视野深化对共产党执政规律、社会主义建设规律、人类社会发展规律的认识，进行艰辛理论探索，取得重大理论创新成果，创立了新时代中国特色社会主义思想，开辟了马克思主义新境界、中国特色社会主义新境界、党治国理政新境界、管党治党新境界。

人民情怀、问题导向、坚强意志、文韬武略、战略谋划、踏石留印，是习近平总书记的领袖风范和意志品质。这一点深深地印记在他所创立的习近平新时代中国特色社会主义思想之中，深深地印记在他带领全党全国各族人民共同开辟的中国特色社会主义新时代之中。

第一，习近平新时代中国特色社会主义思想，是在全面从严治党、严惩腐败中创立的。

习近平总书记坚持问题导向，以顽强的斗争精神、补天填海的气概，以"得罪千百人、不负十三亿"的使命担当，正风肃纪反腐，挽狂澜于既倒，逆转了多年形成的"四风"惯性。全面从严治党从中央政治局立规矩开始，从落实中央八项规定精神破题，从"打虎""拍蝇"的反腐攻坚战率先突破，严明党的纪律，严肃党内政治生活，强化党内监督，解决"灯下黑"，打通"中梗阻"，破除体制机制障碍、冲破利益藩篱，果断查处周永康、薄熙来、郭伯雄、徐才厚、孙政才、令计划严重违纪违法问题，铲除政治腐败和经济腐败相互交织的利益集团，有力维护了党中央权威和集中统一领导。党的十八大以来波澜壮阔的实践充分证明，把全面从严治党摆上战略布局英明正确，在实现伟大复兴的关键时刻，校正了党和国家事业前进的航向，使党经历了革命性锻造。习近平新时代中国特色社会主义思想，正是在不断推进党的自我革命，实现党自我净化、自我完善、自我革新、自我提高的过程中创立并不断丰富发展的。

第二，习近平新时代中国特色社会主义思想，是在正本清源、全面加强党的领导中创立的。

党政军民学，东西南北中，党是领导一切的。中国特色社会主义最本质的特征是中国共产党领导，中国特色社会主义制度的最大优势是中国共产党领导。但是很长时期以来，存在着党的领导被严重弱化、虚化的现象，甚至不敢理直气壮地讲坚持党的领导。党的十八大以来，习近平总书记在主持召开的一系列重要会议上，开宗明义就是旗帜鲜明地强调坚持党对一切工作的领导，无论哪个领域、哪个方面工作，无一不是从加强党的领导抓起，最终落脚在强化党的建设上。通过这些举措，澄清了模糊认识，夺回丢失的阵地，把走弯了的路调直，树立起党中央的权威，弱化党的领导的状况得到根本性扭转。党内政治生态展现新气象，反腐败斗争取得压倒性胜利，全面从严治党取得重大成果。

第三，习近平新时代中国特色社会主义思想，是在形成"四个全面"战略布局中创立的。

党的十八大以来，国内外形势变化和我国各项事业发展都给我们提出了一个重大时代课题，这就是必须从理论和实践结合上系统回答新时代坚持和发展什么样的中国特色社会主义、怎样坚持和发展中国特色社会主义。从打通历史与现实、理论与实践、国内与国际的战略层面来说，破解这一重大时代课题的总枢纽，就在于如何统揽伟大斗争、伟大工程、伟大事业、伟大梦想，如何统筹推进"五位一体"总体布局。经过一段实践探索创新，习近平总书记从坚持和发展中国特色社会主义全局出发，系统提出并形成了全面建成小康社会、全面深化改革、全面依法治国、全面从严治党的"四个全面"战略布局，并通过十八届三中、四中、五中、六中全会，形成了协调推进"四个全面"战略布局的时间表、路线图、任务书、军令状。"四个全面"战略布局，既有战略目标，也有战略举措，每一个"全面"都具有重大战略意义。全面建成小康社会是我们的战略目标，全面深化改革、全面依法治国、全面从严治党是三大战略举措，形成了"四个全面"相辅相成、相互促进、相得益彰的治国理政新格局，使我们党的长期执政水平进入了一个新境界。与此同时，还提出坚持"四个自信"，为中国特色社会主义注入新的时代内涵，进一步增强坚持和发展中国特色社会主义的政治定力，为实现党和国家的宏伟目标提供强大精神支撑。习近平新时代中国特色社会主义思想，正是在对科学社会主义理论与实践的深邃思考、深刻总结，对坚持和发展中国特色社会主义的不懈探索、砥砺前行中创立并不断丰富发展的。

第四，习近平新时代中国特色社会主义思想，是在扎实推进"五位一体"总体布局中创立的。

党的十八大以来，我国经济发展的显著特征就是进入新常态。增长速度要从高速转向中高速，发展方式要从规模速度型转向质量效率型，经济结构调整要从增量扩能为主转向调整存量、做优增量并举，发展动力要从主要依靠资源和低成本劳动力等要素投入转向创新驱动。这些变化，是我国经济向形态更高级、分工更优化、结构更合理的阶段演进的必经过程。能不能带领全党和全国人民实现如此广泛而深刻的转变，对党的治国理政能力是一个新的巨大挑战。

为了紧紧抓住并处理好适应、把握引领经济发展新常态这个贯穿发展全局和全过程的大逻辑，习近平总书记深刻总结我国和世界各国发展经验，提出了创新、协调、绿色、开放、共享的新发展理念，把它作为转换思想的新理念、推动工作的指挥棒，推动中国特色社会主义"五位一体"建设总体布局在顶住巨大风险压力、攻坚克难中上了新台阶，开创了稳中求进的新格局。

经济建设上，提出要坚持质量第一、效益优先，贯彻落实以人民为中心的发展思想，以供给侧结构性改革为主线，推动经济发展质量变革、效率变革、动力变革，提高全要素生产率，坚定实施科教兴国战略、人才强国战略、创新驱动发展战略、乡村振兴战略、区域协调发展战略、可持续发展战略、军民融合发展战略，突出抓重点、补短板、强弱项，坚决打好防范化解重大风险、精准脱贫、污染防治的攻坚战。

政治建设上，提出坚持中国特色社会主义政治发展道路，发展社会主义协商民主，健全民主制度，丰富民主形式，拓宽民主渠道，保证人民当家作主落实到国家政治生活和社会生活之中。提出全面依法治国是中国特色社会主义的本质要求和重要保障。必须把党的领导贯彻落实到依法治国全过程和各方面，坚定不移走中国特色社会主义法治道路，完善以宪法为核心的中国特色社会主义法律体系，建设中国特色社会主义法治体系，建设社会主义法治国家。

文化建设上，提出要培育和践行社会主义核心价值观，牢牢掌握意识形态工作领导权，不断巩固马克思主义在意识形态领域的指导地位，巩固全党全国人民团结奋斗的共同思想基础。提出推动中华优秀传统文化创造性转化、创新性发展，继承革命文化，发展社会主义先进文化，提高国家文化软实力。

社会建设上，提出增进民生福祉是发展的根本目的。要在发展中补齐民生短板、促进社会公平正义，深入开展脱贫攻坚，保证全体人民在共建共享发展中有更多获得感，不断促进人的全面发展、全体人民共同富裕。加强和创新社会治理，维护社会和谐稳定，确保国家长治久安、人民安居乐业。

生态文明建设上，提出要坚持人与自然和谐共生。必须树立和践行绿水青山就是金山银山的理念，像对待生命一样对待生态环境，统筹山水林田湖草系统治理，实行最严格的生态环境保护制度，形成绿色发展方式和生活方式，坚定走生产发展、生活富裕、生态良好的文明发展道路，建设美丽中国，为全球生态安全做出贡献。

第五，习近平新时代中国特色社会主义思想，是在构建中国特色大国外交、构建人类命运共同体中创立的。

党的十八大以来，中国正在前所未有地稳步走近世界舞台中央，中国理念、中国发展、中国方案也前所未有地受到国际社会特别是广大发展中国家的关心关注和赞誉。同时，中国强大起来以后，会不会重蹈"国强必霸"的历史覆辙，也成为国际社会关注的话题。习近平总书记提出，中国人民的梦想同各国人民的梦想息息相通，实现中国梦离不开和平的国际环境和稳定的国际秩序。中国始终高举和平发展合作共赢的旗帜，始终不渝走和平发展道路，坚持正确义利观，树立共同、综合、合作、可持续的新安全观。习近平总书记还首创"一带一路"建设，提出并倡导共商共建共享原则。坚持推动构建人类命运共同体，坚决反对逆全球化和贸易保护主义，始终做世界和平的建设者、全球发展的贡献者、国际秩序的维护者。习近平新时代中国特色社会主义思想，正是在把握世界发展大势、应对全球共同挑战、维护人类共同利益的过程中创立并不断丰富发展的。

以上这些新理念新思想新战略，从时代和实践中来，具有坚实的实践基础，又强有力地指导和推动党的十八大以来的伟大实践，使党和国家事业发展出现了历史性变革，为新时代坚持和发展中国特色社会主义、推进党和国家事业提供了基本遵循，为发展21世纪马克思主义、当代中国马克思主义做出了历史性贡献，充分显示了习近平新时代中国特色社会主义思想的科学性、时代性、真理性、实践性的高度统一。

2017年10月召开的党的十九大，把习近平新时代中国特色社会主义思想确立为党必须长期坚持的指导思想，成为指导进行伟大斗争、伟大工程、伟大事业、伟大梦想的行动指南，实现了党的指导思想又一次与时俱进。这是一个历史性决策和历史性贡献，体现了党在政治上理论上的高度成熟、高度自信。习近平新时代中国特色社会主义思想，是新时代中国共产党的思想旗帜，是国家政治生活和社会生活的根本指针，是当代中国马克思主义、21 世纪马克思主义。

2018 年 3 月召开的第十三届全国人民代表大会第一次会议通过的宪法修正案，郑重地把习近平新时代中国特色社会主义思想载入宪法，实现了国家指导思想的与时俱进，反映了全国各族人民共同意志和全社会共同意愿。

习近平新时代中国特色社会主义思想，作为马克思主义中国化的新飞跃，不是偶然的。习近平新时代中国特色社会主义思想的创立过程深刻生动地说明，习近平总书记所指出的"要根据时代变化和实践发展，不断深化认识，不断总结经验，不断实现理论创新和实践创新良性互动，在这种统一和互动中发展 21 世纪中国的马克思主义"，实际上是对马克思主义中国化基本经验的深刻总结。

马克思主义中国化，立足点是马克思主义基本原理同中国具体实际相结合，同中华传统文化精华相融合；取之不尽用之不竭的力量源泉是时代变化和实践发展；有效途径是"三个不断"，即不断深化认识，不断总结经验，不断实现理论创新和实践创新良性互动。

不断深化认识，是理论创新的基本前提。如果思想僵化了、停滞了，甚至偏离了正确政治方向，就会犯颠覆性的无可挽回的历史性错误。所以党的十九大报告告诫全党同志要"永不僵化、永不停滞"。

不断总结经验，是理论创新的根本途径。总结经验的大忌有二。一是浅尝辄止，浮于表面。二是虚夸浮夸，"工作干得好，不如总结搞得好"。总结好的经验，必须靠真抓实干，必须靠真正解决问题，必须靠实践创新。

不断实现理论创新和实践创新良性互动，是理论创新的最佳状态和最高境界。时代是思想之母，实践是理论之源。当代中国正经历着我国历史上最为广泛而深刻的社会变革，正进行着人类历史上最为宏大而独特的实践创新。世界正在经历百年未有之大变局，中国正前所未有地走近世界舞台中央。要在迅速变化的时代中赢得主动，要在新的伟大斗争中赢得胜利，要在伟大实践中推进实践基础上的理论创新，就要在坚持马克思主义基本原理的基础上，以更宽广的视野、更长远的眼光来思考和把握国家未来发展面临的一系列重大战略问题，在理论上不断拓展新视野、做出新概括，不断推进理论创新、实践创新、制度创新、文化创新以及其他各方面创新。

要珍惜并自觉运用马克思主义中国化的上述基本经验，在理论创新和实践创新的统一和互动中发展21世纪中国的马克思主义，21世纪中国的马克思主义一定能够展现出更强大、更有说服力的真理力量。

◇ 指引实现中华民族伟大复兴的科学理论

习近平新时代中国特色社会主义思想，是在中华民族迎来从站起来、富起来到强起来的伟大飞跃中创立并不断发展完善的，具有系统完备的科学体系、特色鲜明的理论品格。

第一，紧扣习近平新时代中国特色社会主义思想的核心要义和时代主题。

在新时代坚持和发展中国特色社会主义，是习近平新时代中国特色社会主义思想的核心要义。新时代坚持和发展什么样的中国特色社会主义、怎样坚持和发展中国特色社会主义，是习近平新时代中国特色社会主义思想的时代主题。习近平新时代中国特色社会主义思想，从理论和实践结合上系统回答了新时代坚持和发展什么样的中国特色社会主义、怎样坚持和发展中国特色社会主义这个重大时代课题，回答了新时代坚持和发展中国特色社会主义的总目标、总任务、总体布局、战略布局和发展方向、发展方式、发展动力、战略步骤、外部条件、政治保证等基本问题，并且根据新的实践对经济、政治、法治、科技、文化、教育、民生、民族、宗教、社会、生态文明、国家安全、国防和军队、"一国两制"和祖国统一、统一战线、外交、党的建设等各方面做出理论分析和政策指导。

第二，全面准确深刻把握"八个明确"思想内涵。

"八个明确"是习近平新时代中国特色社会主义思想最为核心关键的组成部分，是支撑习近平新时代中国特色社会主义思想的四梁八柱，最直接地回答了在新时代坚持和发展中国特色社会主义的核心要求。

（一）明确坚持和发展中国特色社会主义，总任务是实现社会主义现代化和中华民族伟大复兴，在全面建成小康社会的基础上分两步走，在本世纪中叶建成富强民主文明和谐美丽的社会主义现代化强国。通过第一个明确，指明了新时代坚持和发展中国特色社会主义的总任务及其实现途径。

（二）明确新时代我国社会主要矛盾是人民日益增长的美好生活需要和不平衡不充分的发展之间的矛盾，必须坚持以人民为中心的发展思想，不断促进人的全面发展、全体人民共同富裕。通过第二个明确,指明了新时代我国社会主要矛盾的转化及其解决途径。

(三)明确中国特色社会主义事业总体布局是"五位一体"、战略布局是"四个全面",强调坚定道路自信、理论自信、制度自信、文化自信。通过第三个明确,使中国特色社会主义事业总体布局、战略布局和"四个自信"的地位作用更加凸显。特别是习近平总书记在十九届五中全会讲话中,根据全面建成小康社会历史任务完成后战略布局的新变化新特点,及时提出了"协调推进全面建设社会主义现代化国家、全面深化改革、全面依法治国、全面从严治党"这一新的"四个全面"战略布局,为迈上新征程、夺取全面建设社会主义现代化国家新胜利指明了正确方向。

(四)明确全面深化改革总目标是完善和发展中国特色社会主义制度、推进国家治理体系和治理能力现代化。通过第四个明确,指明了全面深化改革总目标。

(五)明确全面推进依法治国总目标是建设中国特色社会主义法治体系、建设社会主义法治国家。通过第五个明确,指明了全面推进依法治国总目标。

(六)明确党在新时代的强军目标是建设一支听党指挥、能打胜仗、作风优良的人民军队,把人民军队建设成为世界一流军队。通过第六个明确,指明了党在新时代的强军目标。

(七)明确中国特色大国外交要推动构建新型国际关系,推动构建人类命运共同体。通过第七个明确,指明了中国特色大国外交的两大历史任务,即:推动构建新型国际关系,推动构建人类命运共同体。

(八)明确中国特色社会主义最本质的特征是中国共产党领导,中国特色社会主义制度的最大优势是中国共产党领导,党是最高政治领导力量，提出新时代党的建设总要求，突出政治建设在党的建设中的重要地位。通过第八个明确，指明加强党的全面领导的极端重要性，将加强党的全面领导同加强党的自身建设紧密结合，指明政治建设在党的建设中的重要地位。

第三，全面准确深刻把握"十四个坚持"的基本要求。

"十四个坚持"作为新时代坚持和发展中国特色社会主义的基本方略，涵盖坚持党的领导和"五位一体"总体布局、"四个全面"战略布局，涵盖国防和军队建设、维护国家安全、对外战略，是对党的治国理政重大方针、原则的最新概括，是实现"两个一百年"奋斗目标、实现中华民族伟大复兴中国梦的"路线图"和"方法论"。

（一）坚持党对一切工作的领导。党政军民学，东西南北中，党是领导一切的。必须增强政治意识、大局意识、核心意识、看齐意识，自觉维护党中央权威和集中统一领导，自觉在思想上政治上行动上同党中央保持高度一致，完善坚持党的领导的体制机制，坚持稳中求进工作总基调，统筹推进"五位一体"总体布局，协调推进"四个全面"战略布局，提高党把方向、谋大局、定政策、促改革的能力和定力，确保党始终总揽全局、协调各方。

（二）坚持以人民为中心。人民是历史的创造者，是决定党和国家前途命运的根本力量。必须坚持人民主体地位，坚持立党为公、执政为民，践行全心全意为人民服务的根本宗旨，把党的群众路线贯彻到治国理政全部活动之中，把人民对美好生活的向往作为奋斗目标，依靠人民创造历史伟业。

（三）坚持全面深化改革。只有社会主义才能救中国，只有改革开放才能发展中国、发展社会主义、发展马克思主义。必须坚持和完善中国特色社会主义制度，不断推进国家治理体系和治理能力现代化，坚决破除一切不合时宜的思想观念和体制机制弊端，突破利益固化的藩篱，吸收人类文明有益成果，构建系统完备、科学规范、运行有效的制度体系，充分发挥我国社会主义制度优越性。

（四）坚持新发展理念。发展是解决我国一切问题的基础和关键，发展必须是科学发展，必须坚定不移贯彻创新、协调、绿色、开放、共享的新发展理念。必须坚持和完善我国社会主义基本经济制度和分配制度，毫不动摇巩固和发展公有制经济，毫不动摇鼓励、支持、引导非公有制经济发展，使市场在资源配置中起决定性作用，更好发挥政府作用，推动新型工业化、信息化、城镇化、农业现代化同步发展，主动参与和推动经济全球化进程，发展更高层次的开放型经济，不断壮大我国经济实力和综合国力。

（五）坚持人民当家作主。坚持党的领导、人民当家作主、依法治国有机统一是社会主义政治发展的必然要求。必须坚持中国特色社会主义政治发展道路，坚持和完善人民代表大会制度、中国共产党领导的多党合作和政治协商制度、民族区域自治制度、基层群众自治制度，巩固和发展最广泛的爱国统一战线，发展社会主义协商民主，健全民主制度，丰富民主形式，拓宽民主渠道，保证人民当家作主落实到国家政治生活和社会生活之中。

（六）坚持全面依法治国。全面依法治国是中国特色社会主义的本质要求和重要保障。必须把党的领导贯彻落实到依法治国全过程和各方面，坚定不移走中国特色社会主义法治道路，完善以宪法为核心的中国特色社会主义法律体系，建设中国特色社会主义法治体系，建设社会主义法治国家，发展中国特色社会主义法治理论，坚持依法治国、依法执政、依法行政共同推进，坚持法治国家、法治政府、法治社会一体建设，坚持依法治国和以德治国相结合，依法治国和依规治党有机统一，深化司法体制改革，提高全民族法治素养和道德素质。

（七）坚持社会主义核心价值体系。文化自信是一个国家、一个民族发展中更基本、更深沉、更持久的力量。必须坚持马克思主义，牢固树立共产主义远大理想和中国特色社会主义共同理想，培育和践行社会主义核心价值观，不断增强意识形态领域主导权和话语权，推动中华优秀传统文化创造性转化、创新性发展，继承革命文化，发展社会主义先进文化，不忘本来、吸收外来、面向未来，更好构筑中国精神、中国价值、中国力量，为人民提供精神指引。

（八）坚持在发展中保障和改善民生。增进民生福祉是发展的根本目的。必须多谋民生之利、多解民生之忧，在发展中补齐民生短板、促进社会公平正义，在幼有所育、学有所教、劳有所得、病有所医、老有所养、住有所居、弱有所扶上不断取得新进展，深入开展脱贫攻坚，保证全体人民在共建共享发展中有更多获得感，不断促进人的全面发展、全体人民共同富裕。建设平安中国，加强和创新社会治理，维护社会和谐稳定，确保国家长治久安、人民安居乐业。

（九）坚持人与自然和谐共生。建设生态文明是中华民族永续发展的千年大计。必须树立和践行绿水青山就是金山银山的理念，坚持节约资源和保护环境的基本国策，像对待生命一样对待生态环境，统筹山水林田湖草系统治理，实行最严格的生态环境保护制度，形成绿色发展方式和生活方式，坚定走生产发展、生活富裕、生态良好的文明发展道路，建设美丽中国，为人民创造良好生产生活环境，为全球生态安全做出贡献。

（十）坚持总体国家安全观。统筹发展和安全，增强忧患意识，做到居安思危，是我们党治国理政的一个重大原则。必须坚持国家利益至上，以人民安全为宗旨，以政治安全为根本，统筹外部安全和内部安全、国土安全和国民安全、传统安全和非传统安全、自身安全和共同安全，完善国家安全制度体系，加强国家安全能力建设，坚决维护国家主权、安全、发展利益。

（十一）坚持党对人民军队的绝对领导。建设一支听党指挥、能打胜仗、作风优良的人民军队，是实现"两个一百年"奋斗目标、实现中华民族伟大复兴的战略支撑。必须全面贯彻党领导人民军队的一系列根本原则和制度，确立新时代党的强军思想在国防和军队建设中的指导地位，坚持政治建军、改革强军、科技兴军、依法治军，更加注重聚焦实战，更加注重创新驱动，更加注重体系建设，更加注重集约高效，更加注重军民融合，实现党在新时代的强军目标。

（十二）坚持"一国两制"和推进祖国统一。保持香港、澳门长期繁荣稳定，实现祖国完全统一，是实现中华民族伟大复兴的必然要求。必须把维护中央对香港、澳门特别行政区全面管治权和保障特别行政区高度自治权有机结合起来，确保"一国两制"方针不会变、不动摇，确保"一国两制"实践不变形、不走样。必须坚持一个中国原则，坚持"九二共识"，推动两岸关系和平发展，深化两岸经济合作和文化往来，推动两岸同胞共同反对一切分裂国家的活动，共同为实现中华民族伟大复兴而奋斗。

（十三）坚持推动构建人类命运共同体。中国人民的梦想同各国人民的梦想息息相通，实现中国梦离不开和平的国际环境和稳定的国际秩序。必须统筹国内国际两个大局，始终不渝走和平发展道路、奉行互利共赢的开放战略，坚持正确义利观，树立共同、综合、合作、可持续的新安全观，谋求开放创新、包容互惠的发展前景，促进和而不同、兼收并蓄的文明交流，构筑尊崇自然、绿色发展的生态体系，始终做世界和平的建设者、全球发展的贡献者、国际秩序的维护者。

（十四）坚持全面从严治党。勇于自我革命，从严管党治党，是我们党最鲜明的品格。必须以党章为根本遵循，把党的政治建设摆在首位，思想建党和制度治党同向发力，统筹推进党的各项建设，抓住"关键少数"，坚持"三严三实"，坚持民主集中制，严肃党内政治生活，严明党的纪律，强化党内监督，发展积极健康的党内政治文化，全面净化党内政治生态，坚决纠正各种不正之风，以零容忍态度惩治腐败，不断增强党自我净化、自我完善、自我革新、自我提高的能力，始终保持党同人民群众的血肉联系。

第四，把握和理解好"八个明确"和"十四个坚持"的相互关系。

"八个明确"和"十四个坚持"紧密联系又各有侧重。从紧密联系来说，两者都是习近平新时代中国特色社会主义思想科学体系的核心内容和组成部分，不能割裂。从各有侧重来说，党的十九大报告用"八个明确"概括了习近平新时代中国特色社会主义思想的主要内容。同时，为贯彻落实习近平新时代中国特色社会主义思想，党的十九大报告又将"十四个坚持"作为新时代坚持和发展中国特色社会主义的基本方略。

从回答的时代课题看，"八个明确"重点回答的是新时代坚持和发展什么样的中国特色社会主义的问题，"十四个坚持"则是着重回答新时代怎样坚持和发展中国特色社会主义的问题。两者共同体现了怎么看与怎样干的统一。

从指导思想层面与行动纲领层面看，习近平新时代中国特色社会主义思想中的"八个明确"，是指导思想层面的表述。"十四个坚持"则是在行动纲领层面表述，称之为中国特色社会主义基本方略。要全面贯彻党的基本理论、基本路线、基本方略，更好引领党和人民事业发展。

从理论创新与实践创新的关系看,"八个明确"偏重于理论层面的高度概括和凝练,每一个"明确"都是具有原创性的新思想新观点,集中反映着我们党对科学社会主义在当今时代的理论思考和理论贡献。"十四个坚持"偏重于实践层面、方略层面的展开,从结构和逻辑看,第一条是"坚持党对一切工作的领导",最后一条是"坚持全面从严治党",体现着坚持和加强党的全面领导这一当代中国的最高政治原则,贯穿着以自我革命引领社会革命的内在逻辑。

总之,"八个明确"和"十四个坚持"有机融合、有机统一,都凝结着我们党坚持和发展中国特色社会主义的经验总结,特别是凝结着以习近平同志为核心的党中央对中国特色社会主义规律性认识的深化、拓展、升华,体现了理论与实际相结合、战略和战术相一致、认识论和方法论相统一的鲜明特色。

◇ 一系列领域的思想结晶

从党的十九大起,在把习近平新时代中国特色社会主义思想确立为党的指导思想的同时,还概括提出习近平强军思想、习近平新时代中国特色社会主义经济思想、习近平生态文明思想、习近平外交思想、习近平法治思想,对指导和推动中国特色社会主义理论创新和实践创新起到重要作用。

习近平强军思想,是在党的十九大报告中提出来的。党的十九大报告,对习近平强军思想的科学内涵作了精辟的概括。报告指出:建设一支听党指挥、能打胜仗、作风优良的人民军队,是实现"两个一百年"奋斗目标、实现中华民族伟大复兴的战略支撑。必须全面贯彻党领导人民军队的一系列根本原则和制度，确立新时代党的强军思想在国防和军队建设中的指导地位，坚持政治建军、改革强军、科技兴军、依法治军，更加注重聚焦实战，更加注重创新驱动，更加注重体系建设，更加注重集约高效，更加注重军民融合，实现党在新时代的强军目标。

习近平强军思想的核心要义与基本要求是：明确强国必须强军，巩固国防和强大人民军队是新时代坚持和发展中国特色社会主义、实现中华民族伟大复兴的战略支撑；明确党在新时代的强军目标是建设一支听党指挥、能打胜仗、作风优良的人民军队，必须同国家现代化进程相一致，力争到2035年基本实现国防和军队现代化，到本世纪中叶把人民军队全面建成世界一流军队；明确党对军队绝对领导是人民军队建军之本、强军之魂，必须全面贯彻党领导军队的一系列根本原则和制度，确保部队绝对忠诚、绝对纯洁、绝对可靠；明确军队是要准备打仗的，必须聚焦能打仗、打胜仗，创新发展军事战略指导，构建中国特色现代作战体系，全面提高新时代备战打仗能力，有效塑造态势、管控危机、遏制战争、打赢战争；明确作风优良是我军鲜明特色和政治优势，必须加强作风建设、纪律建设，坚定不移正风肃纪、反腐惩恶，大力弘扬我党我军光荣传统和优良作风，永葆人民军队性质、宗旨、本色；明确推进强军事业必须坚持政治建军、改革强军、科技兴军、依法治军，更加注重聚焦实战、更加注重创新驱动、更加注重体系建设、更加注重集约高效、更加注重军民融合，全面提高革命化现代化正规化水平；明确改革是强军的必由之路，必须推进军队组织形态现代化，构建中国特色现代军事力量体系，完善中国特色社会主义军事制度；明确创新是引领发展的第一动力，必须坚持向科技创新要战斗力，统筹推进军事理论、技术、组织、管理、文化等各方面创新，建设创新型人民军队；明确现代化军队必须构建中国特色军事法治体系，推动治军方式根本性转变，提高国防和军队建设法治化水平；明确军民融合发展是兴国之举、强军之策，必须坚持发展和安全兼顾、富国和强军统一，形成全要素、多领域、高效益军民融合深度发展格局，构建一体化的国家战略体系和能力。

习近平强军思想立论于马克思主义基本原理，立足于新时代国防和军队鲜活实践，统筹发展和安全两件大事，统筹经济建设和国防建设两大领域，统筹国际和国内两个大局，统筹军队和地方两大部门，深刻回答了强军兴军的使命任务、目标方向、原则制度、根本指向、战略布局、重要路径等一系列根本性问题，涵盖战争指导、建军治军和改革创新等各方面，是一个逻辑严密、意蕴深远的科学军事理论体系。

习近平新时代中国特色社会主义经济思想，是在2017年12月召开的中央经济工作会议上提出来的。党的十八大以来，在以习近平同志为核心的党中央坚强领导下，坚持观大势、谋全局、干实事，成功驾驭了我国经济发展大局，我国经济发展取得历史性成就、发生历史性变革，为其他领域改革发展提供了重要物质条件，在实践中形成了以新发展理念为主要内容的习近平新时代中国特色社会主义经济思想。

习近平总书记在讲话中，阐明了习近平新时代中国特色社会主义经济思想的科学内涵。主要是：坚持加强党对经济工作的集中统一领导，保证我国经济沿着正确方向发展；坚持以人民为中心的发展思想，贯穿到统筹推进"五位一体"总体布局和协调推进"四个全面"战略布局之中；坚持适应把握引领经济发展新常态，立足大局，把握规律；坚持使市场在资源配置中起决定性作用，更好发挥政府作用，坚决扫除经济发展的体制机制障碍；坚持适应我国经济发展主要矛盾变化完善宏观调控，相机抉择，开准药方，把推进供给侧结构性改革作为经济工作的主线；坚持问题导向部署经济发展新战略，对我国经济社会发展变革产生深远影响；坚持正确工作策略和方法，稳中求进，保持战略定力、坚持底线思维，一步一个脚印向前迈进。

2020年8月，在听取对"十四五"规划编制的意见和建议过程中，习近平总书记主持召开经济社会领域专家座谈会，并发表重要讲话。他在讲话中，总结概括了党在发展理念、所有制、分配体制、政府职能、市场机制、宏观调控、产业结构、企业治理结构、民生保障、社会治理等重大问题上的重要论断和理论创新。比如，关于社会主义本质的理论，关于社会主义初级阶段基本经济制度的理论，关于创新、协调、绿色、开放、共享发展的理论，关于发展社会主义市场经济、使市场在资源配置中起决定性作用和更好发挥政府作用的理论，关于我国经济发展进入新常态、深化供给侧结构性改革、推动经济高质量发展的理论，关于推动新型工业化、信息化、城镇化、农业现代化同步发展和区域协调发展的理论，关于农民承包的土地具有所有权、承包权、经营权属性的理论，关于用好国际国内两个市场、两种资源的理论，关于加快形成以国内大循环为主体、国内国际双循环相互促进的新发展格局的理论，关于促进社会公平正义、逐步实现全体人民共同富裕的理论，关于统筹发展和安全的理论，等等。他还强调指出，这些理论成果，不仅有力指导了我国经济发展实践，而且开拓了马克思主义政治经济学新境界。

围绕"十四五"规划编制，党的十九届五中全会以来，习近平总书记做出一系列重大决策和判断，提出一系列重要观点，进一步丰富和发展了习近平新时代中国特色社会主义经济思想。2021年1月，习近平总书记在省部级主要领导干部学习贯彻党的十九届五中全会精神专题研讨班开班式上的讲话中，集中阐述了这些新发展，指出：进入新发展阶段、贯彻新发展理念、构建新发展格局，是由我国经济社会发展的理论逻辑、历史逻辑、现实逻辑决定的。进入新发展阶段明确了我国发展的历史方位，贯彻新发展理念明确了我国现代化建设的指导原则，构建新发展格局明确了我国经济现代化的路径选择。新发展阶段是我国社会主义发展进程中的一个重要阶段。全面建设社会主义现代化国家、基本实现社会主义现代化，既是社会主义初级阶段我国发展的要求，也是我国社会主义从初级阶段向更高阶段迈进的要求。我们党领导人民治国理政，很重要的一个方面就是要回答好实现什么样的发展、怎样实现发展这个重大问题。新发展理念是一个系统的理论体系，回答了关于发展的目的、动力、方式、路径等一系列理论和实践问题，阐明了我们党关于发展的政治立场、价值导向、发展模式、发展道路等重大政治问题。加快构建以国内大循环为主体、国内国际双循环相互促进的新发展格局，是"十四五"规划《建议》提出的一项关系我国发展全局的重大战略任务。构建新发展格局的关键在于经济循环的畅通无阻，构建新发展格局最本质的特征是实现高水平的自立自强。

习近平新时代中国特色社会主义经济思想，是推动我国经济发展实践的理论结晶，是中国特色社会主义政治经济学的最新成果，是党和国家十分宝贵的精神财富，必须长期坚持、不断丰富发展。

习近平生态文明思想，是在2018年5月召开的全国生态环境保护大会上提出来的。党的十八大以来，以习近平同志为核心的党中央，把生态文明建设作为统筹推进"五位一体"总体布局和协调推进

"四个全面"战略布局的重要内容，开展一系列根本性、开创性、长远性工作，提出一系列新理念新思想新战略，生态文明理念日益深入人心，污染治理力度之大、制度出台频度之密、监管执法尺度之严、环境质量改善速度之快前所未有，推动生态环境保护发生历史性、转折性、全局性变化，形成习近平生态文明思想。

习近平生态文明思想，深刻回答了为什么建设生态文明、建设什么样的生态文明、怎样建设生态文明的重大理论和实践问题，提出了包括"绿色发展"在内的一系列新理念新思想新战略，明确了新时代推进生态文明建设必须坚持的重大原则：一是坚持人与自然和谐共生；二是坚持绿水青山就是金山银山理念；三是坚持良好生态环境是最普惠的民生福祉；四是坚持山水林田湖草是生命共同体；五是坚持用最严格制度最严密法治保护生态环境；六是坚持共谋全球生态文明建设。

习近平新时代中国特色社会主义外交思想，是2018年6月召开的中央外事工作会议上提出来的。党的十八大以来，在以习近平同志为核心的党中央坚强领导下，面对国际形势风云变幻，我国对外工作攻坚克难、砥砺前行、波澜壮阔，开创性推进中国特色大国外交，经历了许多风险考验，打赢了不少大仗硬仗，办成了不少大事难事，取得了历史性成就，形成了习近平新时代中国特色社会主义外交思想，即习近平外交思想。

习近平外交思想的科学内涵，概括起来主要有以下10个方面：坚持以维护党中央权威为统领加强党对对外工作的集中统一领导；坚持以实现中华民族伟大复兴为使命推进中国特色大国外交；坚持以维护世界和平、促进共同发展为宗旨推动构建人类命运共同体；坚持以中国特色社会主义为根本增强战略自信；坚持以共商共建共享为原则推动"一带一路"建设；坚持以相互尊重、合作共赢为基础走和平发展道路；坚持以深化外交布局为依托打造全球伙伴关系；坚持以公平正义为理念引领全球治理体系改革；坚持以国家核心利益为底线维护国家主权、安全、发展利益；坚持以对外工作优良传统和时代特征相结合为方向塑造中国外交独特风范。

习近平新时代中国特色社会主义外交思想是习近平新时代中国特色社会主义思想的重要组成部分，是以习近平同志为核心的党中央治国理政思想在外交领域的重大理论成果，是新时代我国对外工作的根本遵循和行动指南。

习近平法治思想，是2020年11月召开的中央全面依法治国工作会议上提出来的。习近平法治思想内涵丰富、论述深刻、逻辑严密、系统完备，从历史和现实相贯通、国际和国内相关联、理论和实际相结合上深刻回答了新时代为什么实行全面依法治国、怎样实行全面依法治国等一系列重大问题。

习近平法治思想的科学内涵，习近平总书记在这次会议重要讲话中概括了"十一个坚持"。这就是：坚持党对全面依法治国的领导；坚持以人民为中心；坚持中国特色社会主义法治道路；坚持依宪治国、依宪执政；坚持在法治轨道上推进国家治理体系和治理能力现代化；坚持建设中国特色社会主义法治体系；坚持依法治国、依法执政、依法行政共同推进，法治国家、法治政府、法治社会一体建设；坚持全面推进科学立法、严格执法、公正司法、全民守法；坚持统筹推进国内法治和涉外法治；坚持建设德才兼备的高素质法治工作队伍；坚持抓住领导干部这个"关键少数"。这"十一个坚持"，既是重大工作部署，又是重大战略思想。

习近平法治思想是顺应实现中华民族伟大复兴时代要求应运而生的重大理论创新成果，是马克思主义法治理论中国化最新成果，是习近平新时代中国特色社会主义思想的重要组成部分，是全面依法治国的根本遵循和行动指南。

◇◇ 彰显马克思主义中国化鲜明品格

任何一个理论要被人所信服，既要能够回答时代课题、指导推动实践，又要有独具特色的理论品质和富有感召的思想力量。习近平新时代中国特色社会主义思想，就是这样一种闪耀着理性光辉和人格魅力的科学理论，集中反映着当代中国共产党人的政治品格、价值追求、精神风范。

习近平新时代中国特色社会主义思想，是坚持和运用辩证唯物主义和历史唯物主义的光辉典范。解放思想、实事求是、与时俱进，是习近平新时代中国特色社会主义思想活的灵魂。其中蕴含着丰富的马克思主义思想方法和工作方法，既是世界观、历史观，也是认识论、方法论；既讲是什么、怎么看，又讲怎么办、怎么干；既部署"过河"的任务，又指导解决"桥或船"的问题，为推进党和国家事业发展提供了锐利思想武器。学习掌握这一思想，既要全面准确领会其中的丰富内涵、思想体系和实践要求，又要深刻把握贯穿其中的科学思想方法和工作方法，不断提高攻坚克难、化解矛盾、驾驭复杂局面的能力，在新时代更好地坚持和发展中国特色社会主义。

这些思想方法和工作方法主要有：第一，坚持实事求是原则。习近平总书记指出："实事求是，是马克思主义的根本观点，是中国共产党人认识世界、改造世界的根本要求，是我们党的基本思想方法、工作方法、领导方法。"实践反复证明，坚持实事求是，就能兴党兴国；违背实事求是，就会误党误国。第二，坚持战略定力。习近平总书记指出："在这样的复杂环境中，保持理论上的清醒、增强政治上的定力是很要紧的。""在道路、方向、立场等重大原则问题上，旗帜要鲜明，态度要明确，不能有丝毫含糊。""中国是一个大国，决不能在根本性问题上出现颠覆性错误，一旦出现就无法挽回、无法弥补。"进行伟大斗争、建设伟大工程、推进伟大事业、实现伟大梦想，不仅要有"不到长城非好汉"的进取精神，更要有"乱云飞渡仍从容"的战略定力。第三，坚持问题导向。问题无处不在、无时不有，关键在敢不敢于正视问题，善不善于发现问题。面对纷繁复杂的国内外形势，要学会在国际国内相互联系中发现问题，形成既符合世界发展潮流又符合我国发展阶段性特征的发展战略；在改革发展实践中发现问题，结合各地区各部门实际，创造性地贯彻落实中央决策部署；在总结经验教训中发现问题，深入思考并及时发现事业进程中的新情况、新苗头，由此全面把握矛盾，掌握解决问题的主动。第四，坚持全面协调。习近平总书记指出："在任何工作中，我们既要讲两点论，又要讲重点论，没有主次，不加区别，眉毛胡子一把抓，是做不好工作的。"推进中国特色社会主义总体布局和战略布局，既要注重总体谋划，又要注重牵住"牛鼻子"。第五，坚持底线思维。习近平总书记反复强调，当前和今后一个时期，我们在国际和国内面临的矛盾和风险都不少，决不能掉以轻心，"各种风险我们都要防控，但重点要防控那些可能迟滞或中断中华民族伟大复兴的全局性风险，这是我一直强调底线思维的根本含义"。我们要提高底线思维能力，居安思危、未雨绸缪，宁可把形势想得更复杂一点，把挑战看得更严峻一些，做好应付最坏局面的思想准备。第六，坚持调查研究。习近平总书记指出："调查研究是谋事之基、成事之道。没有调查，就没有发言权，更没有决策权。"调查研究要紧扣人民群众生产生活，紧扣经济社会发展实际，紧扣全面从严治党面临的现实问题，紧扣贯彻落实党的十九大精神需要解决的问题，多到群众意见多的地方去，多到工作做得差的地方去，既听群众的顺耳话，也听群众的逆耳言，这样才能切实把存在的矛盾和问题搞清搞透，把各项工作做实做好。第七，坚持抓铁有痕。习近平总书记反复强调，空谈误国，实干兴邦。要以踏石留印、抓铁有痕的劲头，切实干出成效来，做到言必信、行必果。要在全社会大力弘扬真抓实干、埋头苦干的良好风尚，特别是各级领导干部要带头发扬实干精神，出实策、鼓实劲、办实事，不图虚名，不务虚功，以身作则带领群众把各项工作扎扎实实做好。

为人民谋幸福、为民族谋复兴、为世界谋大同，是深刻理解和把握习近平新时代中国特色社会主义思想的金钥匙。这其中，贯穿着"我将无我，不负人民"的崇高境界与博大情怀，形成了习近平新时代中国特色社会主义思想的理论品格。

这种理论品格，与马克思主义中国化的优良传统一脉相承，又注入了丰富的时代内涵与实践特色。这主要体现在：第一，彰显着坚定理想信念。这一理论品格，体现了我们党在新时代继承优良传统、传承红色基因的高度自觉，体现了马克思主义的理论底色、共产党人的政治本色。第二，展现着真挚人民情怀。这一理论品格彰显了人民创造历史、人民是真正英雄的唯物史观，以人为本、人民至上的价值取向，立党为公、执政为民的执政理念，是写在亿万中国人民心中的科学理论。第三，贯穿着高度自觉自信。正是有了对传承中华民族5000多年文明的自觉自信，对发扬党的优良传统的自觉自信，对坚持和发展中国特色社会主义的自觉自信，对我们正在做的事情的自觉自信，对党和国家事业光明前景的自觉自信，这一思想才有这样的大气魄、大视野、大格局，才有这样的理论成熟、战略定力。第四，体现着鲜明问题导向。这一思想贯穿着强烈的问题意识、鲜明的问题导向，是在研究问题、解决问题中创立并不断发展完善的，体现了共产党人求真务实的科学态度，展现了马克思主义者勇于创新、奋发有为的精神风貌。第五，充满着无畏担当精神。习近平总书记曾说过："我的执政理念，概括起来就是：为人民服务，担当起该担当的责任。"这一思想始终贯穿着对民族命运的担当、对人民幸福的担当、对管党治党的担当、对美好世界的担当。这种担当是一种现实的担当，扛起一代人应当扛起的责任；这种担当是一种无私的担当，以身许党许国、报党报国；这种担当是一种无畏的担当，党和人民需要的时候，毫不犹豫挺身而出。正因为有了这种担当，这一思想才具有了强大之势、浩然之气。

中国共产党是靠思想立党、理论强党的马克思主义先进政党，是勇立时代潮头、引领时代发展的马克思主义政党。紧扣时代之问、实现创新发展，是中国共产党安身立命、永葆青春的理论品格。习近平新时代中国特色社会主义思想作为21世纪马克思主义、当代中国马克思主义，同样具有立足时代之基、紧扣时代之问的理论品格。

一个时代有一个时代的标识性问题，一个时代有一个时代标志性的思想。历史表明，紧扣时代之问，恰恰是形成新的理论、推动理论创新的重要源泉。

当年，资本主义生产方式一方面推动了社会生产力的革命性发展，另一方面不仅没有解决已有的社会矛盾，而且使得这些社会矛盾日益尖锐。人类处于一个思想迷茫期。处在思想转变过程中的马克思，在写给卢格的信里曾经说过，他正在研究"从何处来"和"往何处去"的问题。正是紧扣这一时代之问，马克思主义应运而生。

习近平新时代中国特色社会主义思想创立之时，面对的有哪些时代之问呢？

从国内来说，中国共产党面对来自十个方面的严峻考验。一是管党治党的考验；二是转变发展方式、推进经济转型的考验；三是攻坚克难、深化改革的考验；四是转变执政方式、推进依法治国的考验；五是意识形态和思想文化传播的考验；六是补足民生短板、推进社会治理的考验；七是生态环境严重破坏的考验；八是治军强军兴军、应对新军事革命的考验；九是稳定港澳、遏制台独的考验；十是营造良好外部条件的考验。这十个方面的严峻考验集中到一点，从不同侧面反映出社会主要矛盾的深刻变化，从深层次提出了新时代坚持和发展什么样的中国特色社会主义、怎样坚持和发展中国特色社会主义这个重大时代课题。正是在应对以上十个方面的严峻考验的过程中，以习近平同志为核心的党中央以巨大的政治勇气和强烈的责任担当，提出一系列新理念新思想新战略，出台一系列重大方针政策，推出一系列重大举措，推进一系列重大工作，解决了许多长期想解决而没有解决的难题，办成了许多过去想办而没有办成的大事，才有党的十九大报告所指出的十个方面的历史性成就和历史性变革，才有中国特色社会主义进入新时代。

从国际来说，三个重大变化使得世界处于前所未有的大变局之中，呈现出新一轮大发展大变革大调整的态势。一是以美国为首的西方国家开始由盛转衰，影响力大不如前；二是中国的成功使得中国正在迅速走向世界舞台的中心，影响力大大提升；三是非传统安全因素的威胁持续不断，以"伊斯兰国"为代表的极端恐怖势力在发展扩张。由此，国际社会围绕政党治理、国家治理、全球治理这三大治理问题，既面临前所未有的重大挑战，又面临着前所未有的发展机遇。

在这样的背景下，提出了"世界怎么了、我们怎么办？""人类社会向何处去？"这些重大时代课题，亟须拿出解决问题、寻找出路的建设性方案。

正是在这样的时代之问中，习近平新时代中国特色社会主义思想应运而生，反映了时代呼声、人民期盼、国际期待。

习近平新时代中国特色社会主义思想是如何回答国内发展、国际变化提出的时代之问的呢？

我们先看国内。习近平新时代中国特色社会主义思想紧扣时代之问，登高望远、通览古今、面向未来，解答了许多前人所未解答的重大理论和实践问题，解决了许多前人所未解决的难题难事，引领中国特色社会主义进入新时代，成为21世纪马克思主义、当代中国马克思主义。面对新时代坚持和发展什么样的中国特色社会主义、怎样坚持和发展中国特色社会主义这个重大时代课题，精准确定党和国家所处历史新方位，做出中国特色社会主义进入新时代的科学判断；科学分析我国社会主要矛盾新变化，做出我国社会主要矛盾已经转化为人民日益增长的美好生活需要和不平衡不充分的发展之间的矛盾的重大论断；概括提出中华民族迎来了从站起来、富起来到强起来的伟大新飞跃，科学谋划了从全面建成小康社会到基本实现现代化、再到全面建成社会主义现代化强国的新时代中国特色社会主义发展战略新安排；明确提出我们比历史上任何时期都更接近、更有信心和能力实现中华民族伟大复兴的目标，必须坚定"四个自信"，实现伟大梦想必须进行伟大斗争、建设伟大工程、推进伟大事业，始终做到坚持和发展中国特色社会主义要一以贯之，推进党的建设新的伟大工程要一以贯之，增强忧患意识、防范风险挑战要一以贯之。由此开创了马克思主义新境界、中国特色社会主义新境界、治国理政新境界、管党治党新境界。

我们再来看国际。习近平新时代中国特色社会主义思想面对错综复杂、变化多端的国际局势和国际问题，高举和平发展合作共赢旗帜，提出构建人类命运共同体战略构想，稳健推进中国特色大国外交，扎实推进"一带一路"建设，加速推动形成中国全面开放新格局，以深刻改变中国来深刻影响世界，以中国之治的事实映衬西方之乱的无奈，中国特色社会主义的成功得到越来越多国际人士的称赞，中国对国际问题的话语权和主导权日益提升，中国方案对世界发展的影响力、引领力日益增强。

改革开放的历史证明，中国对世界的影响，中国对国际社会的贡献，不是通过霸权主义或输出"普世价值"实现的，而是通过自身的改革发展创新，通过深刻改变中国，来以榜样的力量深刻影响世界的。特别是在政党治理、国家治理、全球治理方面，中国以独特的优势开辟了破解之道，为世界树立了榜样，做出了举世公认的贡献。

在政党治理方面，关键是三大难题。一是如何惩治腐败，二是如何统一意志，三是如何具有强大的社会动员能力和组织实施能力。在这些方面，党的十八大以来，在习近平新时代中国特色社会主义思想指引下，以全面从严治党为引领，以严惩腐败、严纠"四风"为突破口，充分发挥把纪律挺在前面、把权力关进制度笼子的强大威力，精心打造纪律检查、政治巡视、党内监督三把利剑，党内政治生态展现新气象，反腐败斗争取得压倒性胜利，全面从严治党取得重大成果。特别是党的十八届六中全会，明确维护习近平总书记在党中央和全党的核心地位，强调维护党中央权威和集中统一领导，全党上下的政治意识、大局意识、核心意识、看齐意识显著增强，为把中国共产党建设成为世界上最强大的一个政党奠定了坚实的政治基础。中国共产党的不可撼动、无可替代的政治领导力、思想引领力、群众组织力、社会号召力、决策执行力、政策公信力，为世界所公认。事实一再证明，要想真正实现中华民族从站起来、富起来到强起来的伟大飞跃，要想真正把中国建设成为世界上的社会主义现代化强国，就必须把中国共产党建成一个世界上强大的马克思主义执政党。党兴民族兴，党强国家强。

在国家治理方面，关键是四大环节。一是精准研判、科学决策、民主决策、高效决策环节，二是精准平衡、统领全局、协调各方、科学谋划环节，三是精准施策、监督落实、及时纠偏环节，四是精准调控、防范风险、补齐短板环节。党的十八大以来，在习近平新时代中国特色社会主义思想指引下，坚持以人民为中心的发展思想，坚持稳中求进工作总基调，把新发展理念作为定盘星和指挥棒，统筹推进"五位一体"总体布局，协调推进"四个全面"战略布局，牢牢抓住适应把握引领经济发展新常态这个主脉，坚定不移推进供给侧结构性改革这个主线，全面做好稳增长、促改革、调结构、惠民生、防风险各项工作，全面带动中国特色社会主义各项事业稳步走向质的飞跃新阶段。特别是党的十八届三中全会、四中全会，将制度建设和国家治理提到前所未有的新高度，将完善和发展中国特色社会主义制度、推进国家治理体系和治理能力现代化作为全面深化改革的总目标、全面依法治国的重要内容，把马克思主义民主政治理论和国家学说提升到了一个新境界，为"四个全面"战略布局的提出奠定了坚实的理论基石。全面建成小康社会、全面深化改革、全面依法治国、全面从严治党的战略布局，既有战略目标，也有战略举措，每一个"全面"都具有重大战略意义，都是国家治理体系和治理能力建设的核心内容。全面建成小康社会作为国家治理的战略目标，全面深化改革、全面依法治国、全面从严治党作为国家治理的三大战略举措，共同勾画出完善和发展中国特色社会主义制度、推进国家治理体系和治理能力现代化的战略蓝图。中国之治与西方之乱恰成鲜明对比，进一步彰显出中国制度优越性，极大地增强了中国特色社会主义道路自信、理论自信、制度自信、文化自信。

在全球治理方面，种种乱象集中体现在三大领域中。一是经济全球化进程出现"逆全球化"的严重干扰，二是全球气候治理出现美国悔约退出的严重阻力，三是各国共同应对传统安全因素和非传统安全因素的努力遭遇冷战思维的严重威胁。党的十八大以来，以习近平同志为核心的党中央冷静观察、科学研判、把握大势、主动作为，在坚定不移走和平发展道路、积极构建中国特色大国外交的同时，积极构建和平发展合作共赢的国际关系新格局，努力倡导构建人类命运共同体，为处于"十字路口"的全球治理提供了合理可行的中国方案，并通过"一带一路"建设为全球治理树立了中国榜样。特别是习近平总书记围绕国际形势和中国大政方针做出一系列重要论述，一方面深刻指出人类正处在大发展大变革大调整时期，正处在一个挑战层出不穷、风险日益增多的时代，和平赤字、发展赤字、治理赤字是摆在全人类面前的严峻挑战；另一方面指出各国之间的联系从来没有像今天这样紧密，世界人民对美好生活的向往从来没有像今天这样强烈，人类战胜困难的手段从来没有像今天这样丰富。在此前提下重申"四个决心"不会改变，即中国维护世界和平的决心不会改变，促进共同发展的决心不会改变，打造伙伴关系的决心不会改变，支持多边主义的决心不会改变。并郑重向世界各国发出倡议，坚持对话协商、共建共享、合作共赢、交流互鉴、绿色低碳，以建设一个持久和平、普遍安全、共同繁荣、开放包容、清洁美丽的世界。中国方案、中国榜样，为陷入窘境的全球治理指明了前进方向。

　　当今世界，正处于百年不遇的大变局中。当今中国，正处于由大变强的关键时刻。当今中国与世界的关系，也在发生历史性的重大变化，中国正以从容自信稳健步伐走近世界舞台的中央。在各种变化之中，有一点是可以肯定的，中国的发展强盛，带给世界的绝不是新一轮"国强必霸"的角逐，而是和平发展合作共赢的希望。指引中国共产党和中国人民走向美好未来的制胜法宝，正是习近平新时代中国特色社会主义思想。这一科学理论，集中体现了当代中国智慧与中国思维，它对政党治理、国家治理、全球治理难题的成功破解，不但具有鲜明的中国特色、中国意义，而且具有深邃的时代价值、世界意义。

第十一章

为了人民美好生活

中国自进入20世纪后，除了渴望停止战争、取得和平之外，最大的民族期盼便是发展与民生。1840年以来，中国人饱尝落后就会挨打的苦头，深知发展才能民富国强。

其实，战争、和平与发展、民生，又高度相关，犹如孪生兄妹，谁也离不开谁。不消除内外战争，就谈不上和平，更谈不到发展与解决民生。

孙中山先生的《建国大纲》，一言以蔽之，就是发展与民生的民族梦想。然而，这一宏伟蓝图，被军阀战争和帝国主义劫掠化为泡影。

中华民国20世纪30年代的"黄金年代"，给人民带来最大的希望，也正是民族经济的发展。然而，这一年代犹如昙花一现，很快就在日本侵华战争中毁于一旦。抗战胜利，人民期盼和平民主建国，蒋介石带来的却是全面内战。从此，人民越来越对中华民国不再抱任何幻想。

新中国给整个民族不仅带来了独立、和平与统一，还带来了发展与民生的希望。

◇ 实现从无到有的跨越

新中国成立伊始的头等大事，就是迅速恢复国民经济，尽快开始大规模国家工业化建设。当时，毛泽东的设想是，"三年五年恢复，十年八年发展"①。1953 年，中华民族盼望近百年的大规模国家工业化建设，正式起步。

新中国在实现社会主义现代化的征程上，先后经历了四次跨越。第一次跨越（1953—1980 年）的核心，是实现"从无到有"的转变，完成的标志是建成独立的比较完整的工业体系和国民经济体系。

在新中国第一个五年计划开始实施的时候，中国是一个什么样的发展水平呢？

当时中国总体还处在农业国阶段。1952 年国民经济恢复工作完成时，现代工业在工农业总产值中的比重只有 26.6%，重工业在工业总产值中的比重只有 35.5%。苏联在第一个五年计划开始前的 1928 年，这两个比重已经分别达到 45.2% 和 39.5%。②

以工业产品总产量来比较，中国与当时主要资本主义国家工业水平的差距至少在 100 年以上。1952 年，中国许多重要工业产品的人均产量不仅远远落后于美国，甚至落后于印度。如钢产量，美国为 538.3 公斤，印度为 4 公斤，中国为 2.37 公斤；发电量，美国为 2949

---

① 逄先知、冯蕙主编：《毛泽东年谱（1949—1976）》第 1 卷，中央文献出版社 2013 年版，第 53 页。
② 《中国近现代史纲要（2018 年版）》，高等教育出版社 2018 年版，第 229 页。

度，印度为 10.9 度，中国为 2.76 度。① 新中国成立前，中国生铁在历史上的最高年产量不过 180 多万吨，钢不过 90 多万吨。1952 年，虽然生铁和钢产量都超过了新中国成立前，但生铁只有 190 万吨，钢只有 135 万吨②。

因此，第一个五年计划把优先发展重工业作为工业化起步的基点。随后的几个五年计划，尽管方针有所调整，但基本上都是把重点放在建立独立完整的工业体系和国民经济体系上。也就是说，是要实现从农业国向工业国的转变，实现独立工业基础从无到有的转变。

1953 年到 1980 年，新中国先后制订和执行了五个五年计划，实现了建立独立的比较完整的工业体系和国民经济体系的目标。尽管这段时间历经曲折，既受到经济建设指导思想上急于求成的影响，也受到"以阶级斗争为纲"错误指导思想支配下的政治运动，特别是"文化大革命"的影响，五年计划的执行也曾因三年困难时期而一度中断，但从总体而言，能够取得这一历史性成就，实现这一历史性跨越，仍然是中华民族伟大复兴史上的一个了不起的成就，是一个重要的里程碑。

从第一个五年计划到第五个五年计划期间，中国发展有了坚实的工业化基础。

据国家统计局发布的《新中国成立 70 周年经济社会发展成就系列报告》，一是初级工业化任务基本完成。1952 年，第一、二、三产业增加值占国内生产总值的比重分别为 50.5%、20.8% 和 28.7%。1978 年，第一、二、三产业比重分别为 27.7%、47.7% 和 24.6%。

二是经济实力有了质的变化。1952 年我国国内生产总值仅为 679

---

① 《中国近现代史纲要（2018 年版）》，高等教育出版社 2018 年版，第 229 页。
② 《建国以来重要文献选编》第 6 册，中央文献出版社 1993 年版，第 407 页。

亿元，人均国内生产总值为 119 元。经过长期努力，1978 年我国国内生产总值增加到 3679 亿元，占世界经济的比重为 1.8%，居全球第 11 位。

三是国家财力有了大幅度提升。1950 年全国财政收入仅为 62 亿元，1978 年增加到 1132 亿元。

四是主要工业品的生产能力达到一个新水平。钢产量从 1949 年的 16 万吨增至 1976 年的 2046 万吨。发电量从 1949 年的 43 亿度增至 1976 年的 2031 亿度。原油从 1949 年的 12 万吨增至 1976 年的 8716 万吨。原煤从 1949 年的 3200 万吨增至 1976 年的 4.83 亿吨。汽车产量从 1955 年年产 100 辆增至 1976 年的 13.52 万辆。

五是人民生活水平有了较大提高，初步满足了基本生活需求。全国居民的人均消费水平，农民从 1952 年的 62 元增加到 1976 年的 125 元，城市居民同期从 148 元增加到 340 元。全国人口的死亡率从 1949 年的 20‰ 下降到 1976 年的 7.25‰。人均预期寿命，1949 年为 35 岁，1975 年提高到 63.8 岁。

六是尖端科学技术领域取得一系列标志性成就。1964 年 10 月 16 日，中国成功地爆炸了第一颗原子弹。1967 年 6 月，爆炸了第一颗氢弹。1970 年 1 月，第一枚中远程导弹发射成功。同年 4 月，第一颗人造地球卫星发射成功。1975 年，可回收人造地球卫星试验成功。

同时，经济社会发展和民生建设，也存在很多短板。主要表现在：一是城镇化水平很低。新中国成立初期，城镇人口占总人口的比重仅为 10.6%。1978 年末常住人口城镇化率也仅为 17.9%。二是居民收入和消费增长缓慢，水平很低。1956 年，全国居民人均可支配收入为 98 元，人均消费支出为 88 元。1978 年全国居民人均可支配收入为 171 元，人均消费支出为 151 元。三是服务业发展相对缓慢。

1952年我国第三产业增加值为195亿元，到1978年为905亿元。四是教育、医疗、卫生事业有较大发展，但总体水平仍然不高。五是外汇储备严重不足，对外贸易水平不高。1952年末，外汇储备为1.08亿美元，1978年末为1.67亿美元。1950年，货物进出口总额为11.3亿美元。1978年，货物进出口总额为206亿美元。

这一方面是高度集中的计划经济体制存在的弊端造成的，另一方面也是在国家财力和资源短缺情况下，集中进行大规模基础设施建设，造成的历史欠账。

◇ 从短缺经济到人民总体小康

1978年12月中共十一届三中全会开启的改革开放和社会主义现代化建设，就是在新中国艰苦奋斗28年创立的基业上开始起航的。1982年9月召开的中共十二大，根据邓小平提出的设想，提出到20世纪末"翻两番"的奋斗目标。这成为从"六五"计划到"九五"计划的基本发展目标。通过新中国经济发展的第二次跨越（1981—2000年），不仅告别了短缺经济，还实现了人民生活水平的总体小康。

经五届全国人大五次会议1982年12月10日审议批准的第六个五年计划，直至2000年完成的第九个五年计划，根据中共十二大确定的目标，集中全力完成到2000年实现工农业年总产值（后改为国民生产总值）比1980年翻两番的战略目标，并且取得提前五年实现的历史好成绩。这在新中国经济发展史上，树立起一座新的里程碑。

按照第六个五年计划的设想，是要"从1981年到本世纪末的二十年间，我国经济建设的战略目标，是在不断提高经济效益的前提下，力争使全国工农业的年总产值翻两番，在国民收入总额和主要产品产量方面进入世界的前列，国民经济在现代化过程中取得重大进展，人民的物质文化生活达到小康水平"①。这个目标，到1995年底第八个五年计划结束时，提前完成。1995年，中国的国民生产总值达到57600亿元，扣除物价因素，是1980年的4.3倍，提前完成了"翻两番"的任务。"八五"期间国民生产总值年均增长12%，是新中国成立后增长速度最快、波动最小的5年。

在第八个五年计划提前实现"翻两番"目标的情况下，第九个五年计划提出更高水平的"翻两番"目标，即"人均国民生产总值比1980年翻两番"，同时提出：全面完成现代化建设的第二步战略部署，基本消除贫困现象，人民生活达到小康水平。②

上述目标，在2000年第九个五年计划完成之时，圆满实现。中共十五届五中全会庄严宣告："二十多年的改革开放和发展，使我国的生产力水平迈上了一个大台阶，商品短缺状况基本结束，市场供求关系发生了重大变化；社会主义市场经济体制初步建立，市场机制在配置资源中日益明显地发挥基础性作用，经济发展的体制环境发生了重大变化；全方位对外开放格局基本形成，开放型经济迅速发展，对外经济关系发生了重大变化。我们已经实现了现代化建设的前两步战略目标，经济和社会全面发展，人民生活总体上达到了小康水平，开始实施第三步战略部署。这是中华民族发展史上一个新的里程碑。"③

---

① 《中华人民共和国国民经济和社会发展第六个五年计划（1981—1985）》，《人民日报》1982年12月13日第1版。

② 《中华人民共和国国民经济和社会发展"九五"计划和2010年远景目标纲要》，《人民日报》1996年3月19日第1版。

③ 《中共中央关于制定国民经济和社会发展第十个五年计划的建议》，《人民日报》2000年10月19日第1版。

从 1981 年第六个五年计划开始实施到 2000 年第九个五年计划完成的这 20 年，在改革开放和社会主义现代化建设的历史上，占有十分重要的地位。它是改革开放起步并深入推进的 20 年，实现了从计划经济向社会主义市场经济的历史性转变；是社会主义现代化建设快速推进的 20 年，提前完成三步走战略目标中的"翻两番"任务；也是人民生活水平开始历史性跨越的 20 年，从短缺经济走向物质极大丰富。

1981 年，国内生产总值为 4935.8 亿元，人均 497 元。到 2000 年，国内生产总值达到 100280.1 亿元，人均达到 7942 元。人均国民生产总值比 1980 年翻两番的任务，已经超额完成。

实现了农产品供给由长期短缺到总量基本平衡、丰年有余的历史性转变。粮食年产量，1981 年 32502 万吨，2000 年 46217.5 万吨。油料年产量，1981 年 1020.5 万吨，2000 年 2954.8 万吨。棉花年产量，1981 年 296.8 万吨，2000 年 441.7 万吨。肉类年产量，1981 年 1260.9 万吨，2000 年 6125.4 万吨。水产品年产量，1981 年 460.57 万吨，2000 年 4278.48 万吨。奶类年产量，1981 年牛奶 129.1 万吨、羊奶 25.8 万吨，2000 年 919.1 万吨。水果年产量，1981 年 780.085 万吨，2000 年 6225.147 万吨。茶叶年产量，1981 年 34.26 万吨，2000 年 67.5871 万吨。

主要工业产品产量位居世界前列，商品短缺状况基本结束。钢年产量，1981 年 3560 万吨，2000 年 12850 万吨。水泥年产量，1981 年 8290 万吨，2000 年 59700 万吨。平板玻璃年产量，1981 年 2701 万重量箱，2000 年 18352.2 万重量箱。原煤年产量，1981 年 6.22 亿吨，2000 年 9.98 亿吨。原油年产量，1981 年 10122 万吨，2000 年 16300 万吨。天然气年产量，1981 年 127.4 亿立方米，2000 年 272 亿立方米。年发电量，1981年3093亿千瓦小时，2000年13556亿千瓦小时。集成电路年产量，1981年1279万块，2000年58.8亿块。

市场商品丰富，与人民生活密切相关的产品生产能力大幅提升。从"六五"计划起，增加适合社会现实需要的农产品、轻纺产品和其他日用工业品的生产。化学纤维年产量，1981年52.73万吨，2000年694万吨。布年产量，1981年142.7亿米，2000年277亿米。糖年产量，1981年317万吨，2000年700万吨。啤酒年产量，1981年91万吨，2000年2231.32万吨。卷烟年产量，1981年1704万箱，2000年3397万箱。照相机年产量，1981年62.3万架，2000年5514.52万架。彩色电视机年产量，1981年15.21万台，2000年3936万台。家用冰箱年产量，1981年5.56万台，2000年1279万台。家用洗衣机年产量，1981年1.4万台，2000年1826.67万台。房间空调器年产量，1981年5.56万台，2000年1279万台。微型电脑年产量，1986年4.21万部，2000年672万部。轿车年产量，1981年0.34万辆，2000年60.7万辆。居民消费水平不断提高，社会消费品零售总额平均每年增长10.6%。

基础设施建设成绩显著，能源、交通、通信和原材料的"瓶颈"制约得到缓解。国有大中型企业改革和脱困的三年目标基本实现。2000年国有及国有控股工业企业实现利润2392亿元，为1997年的2.9倍。

人民生活继续改善，总体上达到小康水平。1981年，根据28个省、市、自治区所属568个县的18529户农民家庭收支抽样调查，全年平均每人收入（包括农业、副业收入和通过再分配得到的收入）为223元；根据28个省、市、自治区所属46个城市的8715户职工家庭收支抽样调查，全年平均每人可用于生活费的收入为463元。全国职工平均货币工资为772元，其中全民所有制单位职工平均为812元，城镇集体所有制单位职工平均为642元。2000年，农村居民人均纯收入达到2253元，城镇居民人均可支配收入达到6280元。城乡居民住房、电信和用电等生活条件有较大改善。基本普及九年义务教育和基本扫除青壮年文盲的目标初步实现。农村贫困人口大幅度减少，"八七"扶贫攻坚目标基本实现。[①]

第二次跨越之所以实现，从经济层面来说，主要得益于三个因素。一是改革开放决策所释放出的巨大发展动能和发展空间，一方面把受原有体制弊端制约的大量潜能与空间充分释放出来，另一方面又开拓和创造出许多发展空间和动能，使在改革中正在形成的新体制充满了活力。二是社会主义市场经济的形成发展完善，市场对资源配置的基础性作用的建立与拓展，调正了市场供需关系对企业生产的导向作用，企业对市场与民生需求反应更加直接，也更加灵敏。三是通过中外合资等多种方式引进外资，带来先进技术和先进管理经验，缩小了与发达国家的差距，提升了国内生产能力和经济效益。这种效应，在轿车生产行业、电子信息生产领域、家电行业等，特别显著。

◇ 积极参与和推动经济全球化

在中国经济发展的第三次跨越（2001—2010年）中，依据对21

[①] 以上数据，主要依据：国家统计局编：《中国统计年鉴（2001）》，中国统计出版社2001年版；国家统计局编：《中国统计年鉴（1983）》，中国统计出版社1983年版；《中华人民共和国国家统计局关于一九八一年国民经济计划执行结果的公报》（1982年4月29日），《人民日报》1982年4月30日第2版。

世纪头 20 年重要战略机遇期的科学判断，做出了两大决策。一是确立全面建设小康社会奋斗目标，二是积极参与和推动经济全球化。

这时，我国经济发展状况，可以用两句话来表述。一是变化巨大，二是任重道远。由于我国的现代化建设，肩负着既要着重推进传统产业革命，又要迎头赶上世界新技术革命的双重任务，所以既要不断与自己的过去比较，也要与发达国家的现在与未来比较。

就当时的状况而言，一方面，自己与自己相比，的确实现了一个巨大的历史性跨越，距离基本实现现代化更加近了；另一方面，与发达国家相比，还有不小的差距，马上提出达到中等发达国家水平的目标，还不现实。因此，客观上提出了要对第三步战略目标进一步细化的任务，在保持第三步战略目标不变的情况下，进一步做出切实可行的分阶段战略安排。

党和国家通过制订第十个五年计划到筹备召开中共十六大，用了两年时间，终于圆满完成了这一历史任务。

按照既定的现代化建设"三步走"设想，第一步，实现国民生产总值比 1980 年翻一番，解决人民的温饱问题；第二步，到 20 世纪末，使国民生产总值再增长一倍，人民生活达到小康水平。到 2000 年，这两步目标已经实现。现在的问题，是如何继续前进，以实现第三步发展目标，到 21 世纪中叶，人均国民生产总值达到中等发达国家水平，人民生活比较富裕，基本实现现代化。

将我国社会主义现代化目标，确定为到达中等发达国家水平，并在这之前确立一个小康目标，这是邓小平的一个重要贡献。

现在的问题是，2000 年前后所达到的小康水平，是一个什么样的发展水平，能不能直接提出基本实现现代化的奋斗目标。这对确立下一步发展目标极为重要。

经过认真分析，中共十六大报告提出：现在达到的小康还是低水平的、不全面的、发展很不平衡的小康，人民日益增长的物质文化需要同落后的社会生产之间的矛盾仍然是我国社会的主要矛盾。这个重要论断的提出，对于科学制定从 21 世纪初到 21 世纪中叶这 50 年间的发展战略和阶段性目标，至关重要。

这个"低水平的、不全面的、发展很不平衡的小康"，按照当时的分析，又是什么状况？有哪些突出矛盾呢？

一是国民经济整体素质不高，国际竞争力不强；社会主义市场经济体制尚不完善，阻碍生产力发展的体制因素仍很突出。

二是与社会生产力的突飞猛进相比，科学技术发展和教育发展相对滞后，影响到国家总体创新能力不强，长期面临发达国家在经济科技等方面占优势的压力与制约。

三是城乡差距、东中西部地区差距较大。城乡二元经济结构还没有改变，地区差距扩大的趋势尚未扭转。收入分配关系尚未理顺。农民和城镇部分居民收入增长缓慢，收入差距拉大。贫困人口为数不少，有些群众的生活还很困难。人口总量继续增加，老龄人口比重上升，失业人员增多，就业和社会保障压力增大。

四是生态环境、自然资源和经济社会发展的矛盾日益突出。水、石油等重要资源短缺，部分地区生态环境恶化。

五是一些领域市场经济秩序相当混乱，市场经济秩序有待继续整顿和规范。一些地方社会治安状况不好。贪污腐败、奢侈浪费现象和形式主义、官僚主义作风还比较严重。

根据以上状况，2000 年 10 月中共十五届五中全会在提出《中共中央关于制定国民经济和社会发展第十个五年计划的建议》时，做出了"从新世纪开始，我国将进入全面建设小康社会，加快推进社会主义现代化的新的发展阶段"①的战略判断，并提出："今后五到十年，是我国经济和社会发展的重要时期，是进行经济结构战略性调整的重要时期，也是完善社会主义市场经济体制和扩大对外开放的重要时期。"在这个时期，"要把发展作为主题，把结构调整作为主线，把改革开放和科技进步作为动力，把提高人民生活水平作为根本出发点"。②

两年后，2002年11月中共十六大，进一步做出两个重要判断。一是提出"综观全局，二十一世纪头二十年，对我国来说，是一个必须紧紧抓住并且可以大有作为的重要战略机遇期"。二是进一步明确："我们要在本世纪头二十年，集中力量，全面建设惠及十几亿人口的更高水平的小康社会，使经济更加发展、民主更加健全、科教更加进步、文化更加繁荣、社会更加和谐、人民生活更加殷实。"这个20年的重要地位在于，"这是实现现代化建设第三步战略目标必经的承上启下的发展阶段，也是完善社会主义市场经济体制和扩大对外开放的关键阶段"。③

以上两个重要判断，特别是关于全面建设小康社会的重大决策，使1997年9月中共十五大提出的战略设想，即"展望下世纪，我们的目标是，第一个十年实现国民生产总值比二〇〇〇年翻一番，使人民的小康生活更加宽裕，形成比较完善的社会主义市场经济体制；再经过十年的努力，到建党一百年时，使国民经济更加发展，各项制度更加完善；到世纪中叶建国一百年时，基本实现现代化，建成富强民

---

① 《十五大以来重要文献选编》（中），中央文献出版社2011年版，第487页。
② 《十五大以来重要文献选编》（中），中央文献出版社2011年版，第487、489页。
③ 《十六大以来重要文献选编》（上），中央文献出版社2011年版，第14—15页。

主文明的社会主义国家"①，进一步发展成为实际的战略部署。

这时，历史机缘再一次落到了中国人身上。

就在举国上下积极准备向全面建设小康社会奋斗目标迈进的时候，传来了一个振奋人心的消息。世界贸易组织第四届部长级会议一致通过了中国加入世贸组织的决定。

当地时间2001年11月10日18时30分，在卡塔尔首都多哈喜来登酒店萨尔瓦会议大厅举行世贸组织第四届部长级会议。会议主席，卡塔尔财政、经济和贸易大臣卡迈勒宣布：大会开始讨论下一个重要议题——中国加入世贸组织问题。世贸组织中国工作组主席吉拉德向大会报告工作组的工作，并向大会提交了部长级会议《关于中国加入世贸组织的决定》草案，请大会审议和通过。在没有任何反对意见的情况下，会议主席卡迈勒手中击槌轻落，标志着中国长达15年复关和加入世贸组织进程的结束，宣告了一个历史性时刻的诞生。

第二天，11月11日晚，中国代表团团长、外经贸部部长石广生向世贸组织总干事迈克尔·穆尔递交了由时任中国国家主席江泽民签署的《中国加入世贸组织批准书》。按照世贸组织的规定，同年12月11日，即递交批准书30日后，中国正式成为世界贸易组织成员。

中国加入世界贸易组织，意味着当时经济总量和进出口总值均居世界第七位、拥有庞大国内市场的最大发展中国家，可以更加顺畅无阻地加入经济全球化浪潮，通过更好地融入世界经济，求得更快更好的发展。

据统计，中国加入世界贸易组织后，出口增长了4.9倍，进口增长了4.7倍，成为世界第一大出口国和世界第二大进口国。

---

① 《十五大以来重要文献选编》（上），中央文献出版社2011年版，第4页。

外因是变化的条件，内因是变化的根本。中国的显著变化，首要的是依靠自身的改革发展。但随着加入世界贸易组织，外部环境的改变，也赋予改革开放一项新的重要任务，就是迅速提升国际竞争力，在做大自身的同时，努力做强自己。这是前所未有的挑战，也是前所未有的机遇。

为此，以江泽民同志为核心的党中央做了大量未雨绸缪的工作。

2002年2月，中共中央举办省部级主要领导干部"国际形势与世贸组织"专题研究班。2月25日，江泽民在同专题研究班学员座谈时讲话指出：任何时代的国际竞争，都是以实力为基础的。我国加入世贸组织的谈判之所以能取得成功，说到底，就是因为改革开放二十多年来我国的综合国力不断增强，国际地位日益提高。我国社会主义市场经济的发展，全方位对外开放格局的形成，再加上巨大的潜在市场，这是我国加入世贸组织最重要的推动力量。从21世纪国际竞争日趋激烈的大环境看，我们搞现代化建设，必须到国际市场的大海中去游泳，并且要奋力地去游，力争上游，不断提高我们搏风击浪的本领。这对提高我国的国际竞争力、在国际综合国力的较量中掌握主动有利。

2001年11月17日，国务院办公厅转发国家经贸委《关于发展具有国际竞争力的大型企业集团的指导意见》，出台若干重大举措，确保"十五"计划提出的"形成一批拥有著名品牌和自主知识产权、主业突出、核心能力强的大公司和企业集团"目标如期实现。

2001年12月，江泽民在《加快我国的信息化建设》一文中提出：材料、能源和信息，是现代社会发展的三大资源。信息技术的迅猛发展，使信息资源的重要性日益突出。信息化是一场带有深刻变革意义的科技创新。信息智能工具能极大地提高生产力，促进生产力产生新的飞跃。我们应积极推动工业化与信息化的结合，以信息化带动工业化，把我国工业化提高到广泛采用信息智能工具的水准上来，用信息技术武装工业和国民经济，以提高国际竞争力，实现跨越式发展。

2001年8月，为进一步加强对推进我国信息化建设和维护国家信息安全工作的领导，中共中央、国务院决定重新组建国家信息化领导小组。同年12月25日，时任中共中央政治局常委、国务院总理、国家信息化领导小组组长朱镕基主持召开了国家信息化领导小组第一次会议。会议认为，20世纪90年代以来，我国信息产业持续高速发展，已经成为国民经济的重要支柱产业。但总体来说，我国的信息化正处在起步阶段。为防止走弯路，会议明确了推进国家信息化必须遵循的方针。

2001年11月26日，国务院召开推进企业管理信息化工作现场会。时任国务院副总理吴邦国在讲话中强调，信息化已经成为一种趋势，是参与国际竞争与合作的重要条件，也是应对加入世界贸易组织挑战的迫切需要。当今国际经济的竞争，就是跨国公司之间的竞争。我国已经加入世界贸易组织，企业将实实在在面对国外大型跨国公司的竞争，能不能在竞争中取得优势，关键是要有一批具有国际竞争力的大公司和企业集团。

与此同时，在金融市场、资本市场、科技市场、人才市场、引进外资、对外投资、进出口贸易等各个方面，都通过深化改革和加大对外开放力度，迅速地、有条不紊地实现同国际市场的对接，并取得显著成效。

事实证明，通过加入世界贸易组织，不仅做到了趋利避害，而且极大地提升了中国实体经济的国际竞争力。

2002年，国内生产总值跃上10万亿元新台阶，达到102398亿元，按可比价格计算，比上年增长8%。其中，第一产业增加值

14883 亿元，增长 2.9%；第二产业增加值 52982 亿元，增长 9.9%；第三产业增加值 34533 亿元，增长 7.3%。[1]

全年对外贸易顺差 304 亿美元。实际使用外商直接投资 527 亿美元，比上年增长 12.5%。年末国家外汇储备达到 2864 亿美元，比上年末增加 742 亿美元。人民币汇率保持稳定，年末 1 美元兑 8.2773 元人民币。[2]

出口导向型产品、高技术产品、适应消费结构升级的消费产品产量快速增长。汽车增长 38.8%，其中轿车增长 55.2%；微型电子计算机、移动电话机、半导体集成电路、彩色电视机等电子通信产品产量比上年增长 25.9% 以上；纱、布、丝织品、服装增长 8.5% 至 19.9%。[3]

在全年出口贸易总额 3256 亿美元（增幅为 22.3%）中，机电产品为 1571 亿美元，增幅 32.3%；高新技术产品为 679 亿美元，增幅达 46.1%。[4]

工业企业全年实现利润 5620 亿元，按可比口径计算，比上年增长 20.6%，其中国有及国有控股企业实现利润 2636 亿元，增长 15.3%。规模以上工业企业实现利润创历史新高。[5]

整个"十五"计划时期（2001—2005 年），国内生产总值从

---

[1] 中华人民共和国国家统计局：《中华人民共和国 2002 年国民经济和社会发展统计公报》，中国统计出版社 2003 年版。

[2] 中华人民共和国国家统计局：《中华人民共和国 2002 年国民经济和社会发展统计公报》，中国统计出版社 2003 年版。

[3] 中华人民共和国国家统计局：《中华人民共和国 2002 年国民经济和社会发展统计公报》，中国统计出版社 2003 年版。

[4] 中华人民共和国国家统计局：《中华人民共和国 2002 年国民经济和社会发展统计公报》，中国统计出版社 2003 年版。

[5] 中华人民共和国国家统计局：《中华人民共和国 2002 年国民经济和社会发展统计公报》，中国统计出版社 2003 年版。

2001年的109655亿元增长到2005年的182321亿元，年增长速度分别为8.3%（2001年）、9.1%（2002年）、10%（2003年）、10.1%（2004年）、9.9%（2005年）。[①]

2005年末国家外汇储备达到8189亿美元，比上年末增加2089亿美元。2005年7月21日，对人民币汇率形成机制进行了改革，年末人民币对美元汇率为8.0702，比上年末升值2.56%。[②]

工业增加值从2001年的43581亿元增长至2005年的76190亿元，年增长速度分别为8.7%（2001年）、10.0%（2002年）、12.8%（2003年）、11.5%（2004年）、11.4%（2005年），均快于同期国内生产总值年增长速度。全年规模以上工业中，高技术产业增加值7839亿元，比上年增长19.8%。[③]

2005年全年规模以上工业企业中，国有及国有控股企业实现利润6447亿元，比上年增长17.4%；集体企业实现利润551亿元，增长32.0%；股份制企业实现利润7420亿元，增长28.7%；外商及港澳台投资企业实现利润3967亿元，增长6.9%；私营企业实现利润1975亿元，增长47.3%。[④]

固定资产投资保持较高增长势头。"十五"计划时期，年固定资产投资从2001年的37214亿元增加到2005年的88604亿元，年固定

[①] 中华人民共和国国家统计局：《中华人民共和国2005年国民经济和社会发展统计公报》，中国统计出版社2006年版。

[②] 中华人民共和国国家统计局：《中华人民共和国2005年国民经济和社会发展统计公报》，中国统计出版社2006年版。

[③] 中华人民共和国国家统计局：《中华人民共和国2005年国民经济和社会发展统计公报》，中国统计出版社2006年版。

[④] 中华人民共和国国家统计局：《中华人民共和国2005年国民经济和社会发展统计公报》，中国统计出版社2006年版。

资产投资比上年增长，2001年为13%，2002年为16.9%，2003年为27.7%，2004年为26.6%，2005年为25.7%。①

"十五"计划取得的成就，得益于三个因素。

一是社会主义市场经济的完善与发展，为各类市场主体注入巨大发展活力，特别是刺激实体经济迅速发展壮大。以2005年为例，第二产业投资31598亿元，增长38.4%，明显快于第一产业（投资823亿元，增长27.5%）和第三产业（投资42675亿元，增长20.0%）。②

二是国家持续加大对基础设施投资力度，从交通运输、电力能源等方面，为社会主义市场经济发展和国内生产能力与消费能力拓展，创造了前所未有的良好环境。"十五"计划时期，固定资产投资新增生产能力中，新增发电机组容量累计17655万千瓦，新建铁路投产7063公里，增建铁路复线投产3556公里，电气化铁路投产5494公里，新建公路351173公里，万吨级码头泊位新增吞吐能力45232万吨，新增光缆线路214万公里。三峡电站工程已投产运行14台发电机组，累计发电940亿千瓦时；西电东送北通道、中通道、南通道共形成输送能力超过3250万千瓦；青藏铁路全线铺通，结束了西藏地区不通铁路的历史；南水北调东、中线一期工程累计完成投资38亿元；治淮骨干工程累计完成投资250亿元。③

三是在加入世界贸易组织和深度参与经济全球化浪潮过程中，为

---

① 中华人民共和国国家统计局：《中华人民共和国2005年国民经济和社会发展统计公报》，中国统计出版社2006年版。

② 中华人民共和国国家统计局：《中华人民共和国2005年国民经济和社会发展统计公报》，中国统计出版社2006年版。

③ 国家统计局综合司：《"十五"期间宏观调控成效显著 固定资产投资硕果累累》，国家统计局网站，2006年3月20日，http://www.stats.gov.cn/ztjc/ztfx/15cj/200603/t20060320_56322.html。

国内发展特别是实体经济发展注入了新的动力。"十五"计划期间，进出口贸易增长明显，特别是2002年起受加入世界贸易组织的推动效应显著。年进出口总额从2001年的5098亿美元，迅速增长至2005年的14221亿美元。年进出口总额比上年增长，2001年为7.5%，2002年为21.8%，2003年为37.1%，2004年为35.7%，2005年为23.2%。又以2005年对主要国家和地区出口增长情况为例，对美国出口1629亿美元，比上年增长30.4%；对欧盟出口1437亿美元，增长34.1%；对东盟出口554亿美元，增长29.1%；对韩国出口351亿美元，增长26.2%；对俄罗斯出口132亿美元，增长45.2%。[1]

"十五"计划完成之际，2005年10月11日中共十六届五中全会通过了《中共中央关于制定国民经济和社会发展第十一个五年规划的建议》。2006年3月14日，十届全国人大四次会议审议批准《中华人民共和国国民经济和社会发展第十一个五年规划纲要》。

"十一五"规划的五年，2006年至2010年，恰好处于全面建设小康社会的前十年，要在"十五"计划期间实现良好开局的基础上，进一步拓展和深化成果，为后十年打好基础，赢得时间。"十一五"计划，明确以科学发展观为指导，提出要坚持"六个必须"。即必须保持经济平稳较快发展，必须加快转变经济增长方式，必须提高自主创新能力，必须促进城乡区域协调发展，必须加强和谐社会建设，必须不断深化改革开放。[2]

"十一五"规划实施期间，遇到了2008年国际金融危机。党和国

---

[1] 中华人民共和国国家统计局：《中华人民共和国2005年国民经济和社会发展统计公报》，中国统计出版社2006年版。

[2] 温家宝：《关于制定国民经济和社会发展第十一个五年规划建议的说明》（2005年10月8日），《人民日报》2005年10月20日第1版。

家有效应对国际金融危机巨大冲击,战胜了四川汶川特大地震、青海玉树强烈地震、甘肃舟曲特大山洪泥石流等重大自然灾害,保持了经济平稳较快发展良好态势。

"十一五"期间,综合国力进一步提升。年国内生产总值从 2006 年的 21.6 万亿元,跃升至 2010 年的 39.8 万亿元。经济总量从世界第六位跃居世界第二位。国内生产总值的年增长速度,分别为 12.7%(2006 年)、14.2%(2007 年)、9.6%(2008 年)、9.2%(2009 年)、10.3%(2010 年)。国家财政收入从 2006 年的 38760 亿元增至 2010 年的 83080 亿元。[1] 载人航天、探月工程、超级计算机等尖端科技领域实现重要突破。

农业特别是粮食生产连续 5 年获得较好收成。粮食产量,2006 年为 49804 万吨,增幅 2.9%;2007 年为 50160 万吨,增幅 0.7%;2008 年为 52871 万吨,增幅 5.4%;2009 年为 53082 万吨,增幅 0.4%;2010 年为 54641 万吨,增幅 2.9%。[2]

对外开放迈上新台阶,进出口总额位居世界第二位,利用外资水平提升,境外投资明显加快。2010 年末国家外汇储备 28473 亿美元,比上年末增加 4481 亿美元;年末人民币汇率为 1 美元兑 6.6227 元人民币,比上年末升值 3.0%。2010 年全年货物进出口总额 29728 亿美元,比上年增长 34.7%。其中,货物出口 15779 亿美元,增长 31.3%;货物进口 13948 亿美元,增长 38.7%。[3]

---

[1] 中华人民共和国国家统计局:《中华人民共和国 2010 年国民经济和社会发展统计公报》,《中国统计》2011 年第 3 期。

[2] 中华人民共和国国家统计局:《中华人民共和国 2010 年国民经济和社会发展统计公报》,《中国统计》2011 年第 3 期。

[3] 中华人民共和国国家统计局:《中华人民共和国 2010 年国民经济和社会发展统计公报》,《中国统计》2011 年第 3 期。

"十一五"取得了显著成就。同时，也暴露出我国发展中不平衡、不协调、不可持续的问题相当突出。主要表现在，经济增长的资源环境约束强化，投资和消费关系失衡，收入分配差距较大，科技创新能力不强，产业结构不合理，农业基础薄弱，城乡区域发展不协调，就业总量压力和结构性矛盾并存，社会矛盾明显增多，加快转变经济发展方式已经刻不容缓。在国际金融危机冲击下，经济发展压力持续增强，更使这些问题进一步放大。这就为"十二五"规划的实施提出了更高要求。

2010年10月，中共十七届五中全会提出《中共中央关于制定国民经济和社会发展第十二个五年规划的建议》。2011年3月，十一届全国人大四次会议审议批准《中华人民共和国国民经济和社会发展第十二个五年规划纲要》。

就在"十二五"规划实施的关键时刻，2012年11月，中共十八大胜利召开。中国改革开放事业和经济社会发展掀开了新的一章。

◇ 进入高质量发展新阶段

这是中国经济正在经历的第四次跨越，即决胜全面建成小康社会，中国经济进入高质量发展新阶段。

中国经济进入高质量发展新阶段，有中国改革开放发展的自身内在逻辑。

中国自改革开放后，保持了30多年高速增长态势，创造了世界发展的中国奇迹。然而，自2008年起，种种迹象表明，中国必须在发展方式上来一次革命，才能继续保持持续增长。

这种变化，直接来自于国际发展环境的变化。

——2008年国际金融危机，重创了美国等西方国家经济与社会，使世界经济长期不能走出低迷状态。这给中国发展带来了持续不断的下行压力。

——经济全球化遭遇重大挫折，美国等西方国家出现逆全球化趋向，美国依靠其高科技上的垄断地位和金融上的霸主地位，不断向欧洲盟国、中国等金砖国家和广大发展中国家输出通货膨胀，通过所谓"量化宽松政策"转嫁危机，还大搞贸易摩擦。这给长期"两头在外"、对外依存度高的中国对外经济造成极大的压力，作为长期拉动中国经济的"三驾马车"之一的有效出口情况发生重大改变。

——国际金融危机及其阴云长期不退，使美国等西方国家的社会矛盾、党派纷争、种族仇视达到了新阶段。特别是美国，政治制度和社会制度的裂痕更是充分暴露，一时间找不到医治愈合的良方。为了转移国内公众视线，缓和矛盾冲突，不少政客竞相拿中国说事，制造了所谓华为事件等前所未闻的事端。这给继续坚持全方位对外开放的中国，提出了新的挑战。

这种变化，更多的还是来自国内。

——社会主要矛盾正在酝酿着新的变化。原先最为突出的温饱问题，已经得到有效解决，当前更为突出的是分配不公等问题；原先最为突出的生活必需品短缺问题，已经得到根本解决，当前更为突出的是食品安全问题和消费品质量问题；原先最为突出的是基本物质文化需求的满足问题，已经得到有效缓解，当前更为突出的是休闲、娱乐、国内外旅游、养老、教育、医疗、健康、中档住房等方面的多样化需求得到满足的问题。此外，共同富裕问题，司法执法公正问题，社会保障城乡统筹问题，环境问题，也成为公众极为关心关注的热点问题。

——经济发展方式正在酝酿着新的变化。从消费需求看，模仿型排浪式消费阶段基本结束，传统消费需求趋于饱和，迫切需要通过创新供给来激活新需求、创造新需求；从投资需求看，经历了 30 多年高强度大规模开发建设后，传统产业相对饱和，迫切需要创新投融资方式，推动金融"脱虚向实"转变；从出口和国际收支看，全球总需求不振，国际竞争中我国低成本比较优势在弱化，迫切需要培育新的比较优势；从生产能力和产业组织方式看，现在传统产业供给能力大幅超出需求，迫切需要解决结构性产能过剩，推动产业转型升级；从生产要素相对优势看，现在人口老龄化日趋发展，农业富余劳动力减少，要素的规模驱动力减弱，迫切需要全方位提高人口素质，推动人口大国向人力资源强国转型；从资源配置模式和宏观调控方式看，全面刺激政策的边际效果明显递减，化解以高杠杆和泡沫化为主要特征的各类风险将持续一段时间，迫切需要更加充分发挥市场机制在资源配置中的作用和更好发挥政府作用，科学进行宏观调控。

——以 GDP 高速增长为单一目标的高耗能、高污染的传统发展模式难以为继。经过 30 多年高速增长，这种发展模式付出的代价已经充分显现。以雾霾为代表的空气污染，以江河湖泊水质急剧下降为代表的水源污染，以重金属污染为代表的土壤污染，已经严重威胁到人民健康、食品安全、民族永续生存发展，达到非大力整治不可的程度。必须顺应人民群众对良好生态环境的期待，推动形成绿色低碳循环发展新方式。

变化作为一种经济社会发展的征兆，有些是长期的、根本性的，有些是暂时的、偶发性的。而以上这些变化的出现，绝非偶然。这些趋势性变化说明，中国经济正在向形态更高级、分工更复杂、结构更合理的阶段演化。

正是在这一背景下，中共十八大后，以习近平同志为核心的党中央做出一系列重大决策，提出新发展理念，推动中国经济从高速度增长向高质量发展转变，党和国家各方面事业发展取得了历史性成就、发生了历史性变革，中国特色社会主义进入新时代。

中共十八大后，中国特色社会主义进入新时代。这个新时代最显著的标志，是社会主要矛盾发生了历史性变化。经过从1956年进入社会主义初级阶段后半个世纪的发展，无论是社会生产力发展水平还是人民生活水平都发生了质的变化，向着更好、更优、更加均衡、更加多样化与个性化的方向发展。尽管中国经济社会发展仍然处于并将长期处于社会主义初级阶段，但是社会主要矛盾已经由人民日益增长的物质文化需要同落后的社会生产之间的矛盾，转化为人民日益增长的美好生活需要和不平衡不充分的发展之间的矛盾。这是一个历史性跨越。

这个新时代的另一个重要变化，是经济发展基本特征上的。经过改革开放三十多年的发展，中国经济已由高速增长阶段进入高质量发展阶段，进入了经济发展新常态。在新常态下，我国经济发展的环境、条件、任务、要求等都发生了新的变化，增长速度从高速转向中高速，发展方式从规模速度型转向质量效率型，经济结构调整从增量扩能为主转向调整存量、做优增量并举，发展动力从主要依靠资源和低成本劳动力等要素投入转向创新驱动。这些变化，是我国经济向形态更高级、分工更优化、结构更合理的阶段演进的必经过程。推动高质量发展，是保持经济持续健康发展的必然要求，是适应我国社会主要矛盾变化和全面建成小康社会、全面建设社会主义现代化国家的必然要求。

这个新时代还有一个显著变化，就是从国际地位看，当代中国已不再是国际秩序的被动接受者,而是积极的参与者、建设者、引领者。世界对中国的关注,从未像今天这样广泛、深切、聚焦;中国对世界的影响,也从未像今天这样全面、深刻、长远。

对新时代这些重大变化,有一个逐步适应、科学应对的过程。对新时代这些重大变化的认识,也有一个逐步深化的过程。

在世界经济长期低迷的背景下,2013年上半年,中国经济同比增长7.3%。尽管这个速度在世界主要经济体中名列前茅,但还是引起国际社会的种种担心和猜测。

2013年10月7日,习近平总书记在亚太经合组织工商领导人峰会上的演讲中,明确指出:"中国经济增速有所趋缓是中国主动调控的结果。"一是中国经济增速从之前的两位数增长到2011年的9.3%和2012年的7.8%,再到2013年上半年的7.6%,总体上实现了平稳过渡。"中国经济增速处在合理区间和预期目标内"。二是实现到2020年国内生产总值和城乡居民人均收入比2010年翻一番的目标,只要7%的增速就够了。为了从根本上解决中国经济长远发展问题,必须坚定推动结构改革,宁可将增长速度降下来一些,为全面深化改革留下更大的空间。三是中国经济发展的特点是总体平稳、稳中有进。"稳"是指经济增长处在合理区间,"进"是指经济发展方式转变步伐加快。中国经济发展正在从以往过于依赖投资和出口拉动向更多依靠国内需求特别是消费需求拉动转变。"我们不再简单以国内生产总值增长率论英雄,而是强调以提高经济增长质量和效益为立足点。"

这些都昭示着一个经济发展的新时代正在到来。

早在2013年12月10日,习近平总书记在中央经济工作会议上的讲话中,提出一个重要判断,即我国经济正处于"三期叠加"的重要阶段。他说:"面对世界经济持续低迷的复杂局面,面对我国经济增长速度换挡期、结构调整阵痛期、前期刺激政策消化期'三期叠加'的状况,经济形势可以说是变幻莫测、瞬息万变。我们强调要冷静观察、谨慎从事、谋定而后动。"①

2014年12月9日,习近平总书记在中央经济工作会议上,进一步提出认识、适应、引领经济发展新常态的要求。在回顾这段认识发展时,他说:"去年,中央作出一个判断,即我国经济发展正处于增长速度换挡期、结构调整阵痛期、前期刺激政策消化期'三期叠加'阶段。今年年中,在中央政治局会议上,我对'三期叠加'进一步作了分析,强调经济工作要适应经济发展新常态。不久前,在北京亚太经合组织工商领导人峰会上,我概要分析了我国经济发展新常态下速度变化、结构优化、动力转换三大特点。"②

解决了对经济发展新常态怎么看的问题后,就要解决好怎么干的问题。

在以往的宏观调控中,在经济运行中遇到大的波动,往往会出台一些重大刺激政策与措施。事实证明,这是非常有效的。问题在于,在世界经济长期处于低迷状态下,我国经济又处于由高速向中高速、中低端向中高端转变的时刻,怎样把握好宏观调控的时效度。以习近平同志为核心的党中央对此做出一个重要决策,只要经济运行在合理区间,就不出台大的宏观调控措施,坚持以提高经济增长质量和效益为中心,主要通过全面深化改革、加快推动向高质量发展转变来解决

---

① 中共中央文献研究室编:《习近平关于社会主义经济建设论述摘编》,中央文献出版社2017年版,第73页。

② 中共中央文献研究室编:《习近平关于全面建成小康社会论述摘编》,中央文献出版社2016年版,第23—24页。

经济社会发展中遇到的问题。习近平总书记还总结提出"稳中求进工作总基调"。

2012年11月30日，习近平总书记在中共中央召开的党外人士座谈会的讲话中，提出"稳中求进的工作总基调"。[①] 2016年12月14日，习近平总书记在中央经济工作会议上强调："稳中求进工作总基调是治国理政的重要原则，也是做好经济工作的方法论。"[②]

"稳中求进"的前提是稳。"稳"的关注点和发力点在哪里？经过一段摸索，习近平总书记相继提出"六稳"和"六保"。"六稳"是在2018年7月30日召开的中共中央政治局会议上提出来的，即稳就业、稳金融、稳外贸、稳外资、稳投资、稳预期[③]。在2020年4月17日中共中央政治局会议上，习近平总书记根据抗击新冠肺炎疫情中遇到的新情况新问题，进一步提出，要在加大"六稳"工作力度的同时，"保居民就业、保基本民生、保市场主体、保粮食能源安全、保产业链供应链稳定、保基层运转"[④]。

正是在认识、适应、引领经济发展新常态的背景下，2015年10月29日，中共十八届五中全会通过《中共中央关于制定国民经济和社会发展第十三个五年规划的建议》。2016年3月，十二届全国人大四次会议审议批准《中华人民共和国国民经济和社会发展第十三个五年规划纲要》。

在酝酿提出"十三五"规划中，习近平总书记提出创新、协调、绿色、开放、共享的新发展理念，做出供给侧结构性改革的重大决策

[①] 《人民日报》2012年12月7日第1版。
[②] 《人民日报》2016年12月17日第1版。
[③] 《人民日报》2018年8月1日第1版。
[④] 《人民日报》2020年4月18日第1版。

部署。"十三五"规划纲要明确提出:"坚持全面建成小康社会、全面深化改革、全面依法治国、全面从严治党的战略布局,坚持发展是第一要务,牢固树立和贯彻落实创新、协调、绿色、开放、共享的发展理念,以提高发展质量和效益为中心,以供给侧结构性改革为主线,扩大有效供给,满足有效需求,加快形成引领经济发展新常态的体制机制和发展方式,保持战略定力,坚持稳中求进,统筹推进经济建设、政治建设、文化建设、社会建设、生态文明建设和党的建设,确保如期全面建成小康社会,为实现第二个百年奋斗目标、实现中华民族伟大复兴的中国梦奠定更加坚实的基础。"

中共中央关于"十三五"规划建议在分析我国经济社会发展形势时还指出:"我国物质基础雄厚、人力资本丰富、市场空间广阔、发展潜力巨大,经济发展方式加快转变,新的增长动力正在孕育形成,经济长期向好基本面没有改变。同时,发展不平衡、不协调、不可持续问题仍然突出。"从这个意义上可以说,"十三五"规划所确立和体现的新发展理念、经济发展新常态、供给侧结构性改革、实现经济高质量发展等重大理念、思想、决策和部署,恰恰是为解决好社会主要矛盾变化做出的正确战略选择与应对之道。

◇ 第一个百年目标完满实现

"十三五"规划的实施,取得了非常显著的成效。

2019年4月22日,习近平总书记在中央财经委员会第四次会议上讲话指出:"自改革开放之初党中央提出小康社会的战略构想以来,经过几代人一以贯之、接续奋斗,总体而言,我国已经基本实现全面建成小康社会目标，成效比当初预期的还要好。作出这个重要判断，是有充分依据的。"①

一是从综合发展指标看。2018年经济总量90万亿元，人均国内生产总值折合约9770美元，在中等收入国家中位居前列。从人类发展指数看，2017年在世界189个国家和地区中我国排在第86位。我国城镇化率接近60%，高于中等收入国家52%的平均水平。

二是从人民生活水平看。中共十八大确定的2020年城乡居民人均收入比2010年翻番目标，可以如期实现。脱贫攻坚战取得决定性进展，到2018年底农村贫困人口还有1660万人，2012年底以来累计减少8239万人。我国形成了世界上规模最大的中等收入群体，如以家庭年收入10万元至50万元作为标准，已超过4亿人。2018年全国居民恩格尔系数（食品占居民消费支出比重）已降至28.4%。家电全面普及，汽车快速进入寻常百姓家，2018年全国居民每百户家用汽车拥有量为33辆，高于新加坡和我国香港。2017年我国城镇和农村居民人均住房建筑面积分别为36.9平方米和46.7平方米，高于一些发达国家。

三是从基础设施和公共服务看。九年义务教育全面普及，高等教育正在由大众化阶段进入普及化阶段，毛入学率2018年已达48.1%。覆盖城乡居民的社会保障体系基本建立，人均预期寿命2017年达76.7岁，比世界平均预期寿命高4.2岁。我国农村居民接入电力的比例为100%（2016年），饮用安全水源的人口比例达95.8%（2015年），均远高于87.4%和71%的世界平均水平。

这是中华民族伟大复兴史上前所未有的成就，也是中华民族梦寐

---

① 习近平：《关于全面建成小康社会补短板问题》，《求是》2020年第11期。

以求的"小康"梦想。

如今，全面建成小康社会的第一个百年奋斗目标已经实现。中国共产党正在制订踏上实现第二个百年奋斗目标新征程的第一个五年规划——"十四五"规划。在这一背景下，2020年8月24日，习近平总书记在经济社会领域专家座谈会上的讲话中，提出一个重大判断："我国将进入新发展阶段。"

第一，这是一个国内发展环境经历深刻变化的新阶段。我国已进入高质量发展阶段，社会主要矛盾已经转化为人民日益增长的美好生活需要和不平衡不充分的发展之间的矛盾，人均国内生产总值达到1万美元，城镇化率超过60%，中等收入群体超过4亿人，人民对美好生活的要求不断提高。我国制度优势显著，治理效能提升，经济长期向好，物质基础雄厚，人力资源丰厚，市场空间广阔，发展韧性强大，社会大局稳定，继续发展具有多方面优势和条件。同时，我国发展不平衡不充分问题仍然突出，创新能力不适应高质量发展要求，农业基础还不稳固，城乡区域发展和收入分配差距较大，生态环保任重道远，民生保障存在短板，社会治理还有弱项。

第二，这是一个外部发展环境发生深刻变化的新阶段。当今世界正经历百年未有之大变局。当前，新冠肺炎疫情全球大流行使这个大变局加速变化，保护主义、单边主义上升，世界经济低迷，全球产业链供应链因非经济因素而面临冲击，国际经济、科技、文化、安全、政治等格局都在发生深刻调整，世界进入动荡变革期。今后一个时期，我们将面对更多逆风逆水的外部环境，必须做好应对一系列新的风险挑战的准备。

第三，这是一个新机遇与新挑战同时出现的新阶段。进入新发展阶段，国内外环境的深刻变化既带来一系列新机遇，也带来一系列新挑战，是危机并存、危中有机、危可转机。要辩证认识和把握国内外大势，统筹中华民族伟大复兴战略全局和世界百年未有之大变局，深刻认识我国社会主要矛盾发展变化带来的新特征新要求，深刻认识错综复杂的国际环境带来的新矛盾新挑战，增强机遇意识和风险意识，准确识变、科学应变、主动求变，勇于开顶风船，善于转危为机，努力实现更高质量、更有效率、更加公平、更可持续、更为安全的发展。

第四，这是一个以畅通国民经济循环为主构建新发展格局的新阶段。近年来，随着外部环境和我国发展所具有的要素禀赋的变化，市场和资源两头在外的国际大循环动能明显减弱，而我国内需潜力不断释放，国内大循环活力日益强劲，客观上有着此消彼长的态势。自2008年国际金融危机以来，我国经济已经在向以国内大循环为主体转变，经常项目顺差同国内生产总值的比率由2007年的9.9%降至现在的不到1%，国内需求对经济增长的贡献率有7个年份超过100%。未来一个时期，国内市场主导国民经济循环特征会更加明显，经济增长的内需潜力会不断释放。要坚持供给侧结构性改革这个战略方向，扭住扩大内需这个战略基点，使生产、分配、流通、消费更多依托国内市场，提升供给体系对国内需求的适配性，形成需求牵引供给、供给创造需求的更高水平动态平衡，推动形成以国内大循环为主体、国内国际双循环相互促进的新发展格局。

第五，这是一个以科技创新催生新发展动能的新阶段。实现高质量发展，必须实现依靠创新驱动的内涵型增长。我们更要大力提升自主创新能力，尽快突破关键核心技术。要充分发挥我国社会主义制度能够集中力量办大事的显著优势，打好关键核心技术攻坚战。依托我国超大规模市场和完备产业体系，创造有利于新技术快速大规模应用和迭代升级的独特优势，加速科技成果向现实生产力转化，提升产业链水平，维护产业链安全。

站在迈向全面建设社会主义现代化强国新征程的新的历史起点上，回顾中华民族从站起来、富起来走向强起来的奋斗历程，可以看到中国特色社会主义经济建设有这样几个显著的特点与优势。

第一，持续不断发挥改革开放强大动力的优势。社会主义制度强大的生命力，在于它的自我完善与自我发展，集中地体现在改革开放成为社会主义的强大动力上。这一改革开放，从起步开始，再到以建立和完善社会主义市场经济体制为目标，再到从经济高速度增长向高质量发展转变，再到推动进入发展新阶段，不断为提升综合国力、解放和发展社会生产力提供强劲动力。

第二，持续不断发挥国家宏观经济计划与规划指导作用的优势。正如习近平总书记所说："用中长期规划指导经济社会发展，是我们党治国理政的一种重要方式。"从1953年开始，我国已经编制实施了十三个五年规划（计划），其中改革开放以来编制实施八个，有力推动了经济社会发展、综合国力提升、人民生活改善，创造了世所罕见的经济快速发展奇迹和社会长期稳定奇迹。实践证明，中长期发展规划既能充分发挥市场在资源配置中的决定性作用，又能更好发挥政府作用。正是在中长期发展规划的指导下，社会主义集中力量办大事的制度优势得以充分有效发挥。

第三，持续不断发挥中国共产党对经济工作全面领导的优势。在长期治国理政实践中，中国共产党形成一整套行之有效的坚持对经济工作全面领导的制度。每五年一次的中国共产党全国代表大会，将总结五年来工作特别是经济工作放在首要位置，在此基础上判断发展所处的历史方位，科学规划未来，提出和进一步明确指导思想，对未来五年工作做出全面谋划部署。每年一次的中央全会，着重研究和解决实践创新和理论创新中提出的重要问题，在理论上加以阐释，在战略上加以规划，在实践上加以部署。在国家五年规划（计划）完成之际，还要对下一个五年规划提出指导原则和具体建议。此外，中央政治局、中央政治局常委会经常审议关系经济社会发展全局的重大问题。中央财经委员会在中央政治局、中央政治局常委会领导下，研究确定经济社会发展和改革开放的重要方针和政策，研究提出处理重大财经问题、重大生产力布局、重大建设项目的原则和措施。各级党委也在本地区、本部门的贯彻落实中，创造性地发挥着重要作用。事实证明，没有中国共产党的坚强领导，就没有改革开放，就没有中国特色社会主义，就没有中国发展的今天，更没有中国奇迹。

以上，我们分阶段回顾了中国在 1953 年至今通过十三个五年规划（计划）所走过的道路及取得的成就。中国社会主义经济发展的根本目的，是为了人民幸福美好的生活。这是发展经济的根本出发点与落脚点。

◇ 人民生活的沧桑巨变

在七十多年的经济发展中，人民生活有了翻天覆地的巨大变化。从初步解决衣食住行基本生活需求，到根本解决温饱问题；从告别短缺经济和日用品匮乏时期，到物质文化生活日益丰富多彩；从人民生活实现总体小康，到全面建成小康社会。人民生活水平实现了大幅度的跃升。旧中国带给中国人民的深重苦难生活，一去不复返了！

先看从 1949 年中华人民共和国成立到 2018 年的近七十年间人民

生活水平的总体变化。

（一）从居民可支配收入看。1949年我国居民人均可支配收入仅为49.7元，2018年居民人均可支配收入达到28228元，名义增长566.6倍，扣除物价因素实际增长59.2倍，年均实际增长6.1%。[1]

（二）从居民消费支出看。1956年我国居民人均消费支出仅为88.2元，2018年居民人均消费支出达到19853元，名义增长224.1倍，扣除物价因素实际增长28.5倍，年均实际增长5.6%。[2]

（三）从农村贫困人口减贫脱贫看。按照2010年农村贫困标准，1978年末我国农村贫困人口7.7亿人，2018年末我国农村贫困人口减少至1660万人，比1978年末减少约7.5亿人。[3]

再分发展阶段来看人民生活水平的变化过程和具体变化。

第一阶段，从1949年新中国成立到1978年实行改革开放以前。这一阶段在人民生活水平上的突出矛盾，是人民基本衣食住行需求得不到满足。因而主要任务，是千方百计解决人民的温饱问题。

首先是从根本上告别旧中国民不聊生的悲惨境遇。到"一五"时期结束时，城镇居民人均可支配收入从1949年的99.5元增加到1957年的254元，年均实际增长9.1%；农村居民人均可支配收入由1949年的44元增加到1957年的73元，年均实际增长3.5%。

---

[1] 《人民生活实现历史性跨越 阔步迈向全面小康——新中国成立70周年经济社会发展成就系列报告之十四》，国家统计局网站，2019年8月9日，http://www.stats.gov.cn/tjsj/zxfb/201908/t20190809_1690098.html。

[2] 《人民生活实现历史性跨越 阔步迈向全面小康——新中国成立70周年经济社会发展成就系列报告之十四》，国家统计局网站，2019年8月9日，http://www.stats.gov.cn/tjsj/zxfb/201908/t20190809_1690098.html。

[3] 《人民生活实现历史性跨越 阔步迈向全面小康——新中国成立70周年经济社会发展成就系列报告之十四》，国家统计局网站，2019年8月9日，http://www.stats.gov.cn/tjsj/zxfb/201908/t20190809_1690098.html。

接着是在确保基本经济建设的前提下，尽可能解决好人民群众基本生活需求。由于受到经济的和政治的各种因素影响，人民生活水平提升的幅度比较缓慢，但总体上保证了城乡人民群众的基本生活，并且有所提高。到 1978 年，城镇居民人均可支配收入 343 元，比 1957 年名义增长 35.4%，年均实际增长 0.8%；农村居民人均可支配收入 134 元，比 1957 年名义增长 83.1%，年均实际增长 2.3%。1978 年城镇居民人均消费支出 311 元，比 1957 年名义增长 40.2%，年均实际增长 1.0%；农村居民人均消费支出 116 元，比 1957 年名义增长 63.7%，年均实际增长 1.7%。1978 年城镇居民和农村居民的恩格尔系数分别为 57.5% 和 67.7%。①

主要由于历史原因，这一阶段，城乡居民生活水平的提高，很不均衡。大量贫困人口集中在广大农村。按照 2010 年农村贫困标准，1978 年末我国农村贫困人口 7.7 亿人，农村贫困发生率高达 97.5%。②

第二阶段，从中共十一届三中全会后的 1979 年到 1991 年确立社会主义市场经济改革目标之前。这一阶段在人民生活水平上的突出矛盾，是农民中贫困人口过多，人民日常生活离不开的农产品和轻工业品匮乏。因而主要任务，是在发展经济、深化改革的基础上，充分调动农民勤劳致富奔小康的积极性，加大农产品和轻工业品投资与生产力度，千方百计搞活城乡商品市场。

---

① 《人民生活实现历史性跨越　阔步迈向全面小康——新中国成立 70 周年经济社会发展成就系列报告之十四》，新华网，2019 年 8 月 9 日，http://www.xinhuanet.com/fortune/2019-08/09/c_1210235018.htm。

② 《史上最大的"贫困普查"，改变了多少人命运》，《人民日报》，2019 年 9 月 19 日，https://baijiahao.baidu.com/s?id=1645078947030169907&wfr=spider&for=pc。

这 13 年间，城乡居民收入和生活水平较改革开放初期都有了明显提高。（1）从城镇居民生活水平看。城镇居民人均可支配收入从 1978 年的 343 元增加到 1991 年的 1701 元，年均实际增长 6.0%；人均消费支出从 1978 年的 311 元增加到 1991 年的 1454 元，年均实际增长 5.5%；恩格尔系数从 1978 年的 57.5% 下降到 1991 年的 53.8%，下降 3.7 个百分点。（2）从农村居民生活水平看。农村居民人均可支配收入从 1978 年的 134 元增加到 1991 年的 709 元，年均实际增长 9.3%；人均消费支出从 1978 年的 116 元增加到 1991 年的 620 元，年均实际增长 7.5%；恩格尔系数从 1978 年的 67.7% 下降到 1991 年的 57.6%。[①]（3）从农村贫困人口变化看。"七五"期间解决大多数贫困地区群众温饱问题的目标已初步实现，大部分农村居民解决了温饱问题。全国扶贫开发工作开始进入一个新的阶段。

第三阶段，从 1992 年邓小平发表南方谈话和中共十四大召开到 2012 年中共十六大确立全面建设小康社会目标之前。随着人民生活日用品的极大丰富和升级换代，随着大部分农村居民解决了温饱问题，随着改革开放进入建立和完善社会主义市场经济的新阶段，这一阶段在人民生活水平上的突出矛盾，是城乡二元结构突出，农民生活水平亟须进一步改善，与城乡居民衣食住行相关的基础设施建设需要进一步加强。因而主要任务，是加强就业工作，大幅度提高吸纳大批农村富余劳动力的就业能力，大力发展社会主义市场经济和多种所有制经济，进一步推进社会主义新农村建设，进一步加大扶贫力度，为人民生活水平总体达到小康而做全方位的努力。

这 10 年间，在增加城乡居民收入和改善人民生活方面取得显著

[①]《居民生活水平不断提高　消费质量明显改善》，中华人民共和国中央人民政府网，2018 年 8 月 31 日，http://www.gov.cn/xinwen/2018-08/31/content_5319211.htm。

成效。（1）从城镇居民生活水平看。城镇居民人均可支配收入从1992年的2027元增加到2012年的24127元，年均实际增长8.3%；人均消费支出从1992年的1672元增加到2012年的17107元，年均实际增长7.3%；恩格尔系数从1992年的53.0%下降到2012年的32.0%，下降21.0个百分点。[①]（2）从农村居民生活水平看。最显著的变化，是农户家庭收入结构和来源发生了历史性变化。国家先后出台了减免农业税、实行粮食直补等一系列惠农措施，大批农村富余劳动力向二、三产业转移，为农民增收提供重要支撑，使农民改变了单纯靠种田吃饭的状况。农村居民人均可支配收入从1992年的784元增加到2012年的8389元，年均实际增长6.7%；人均消费支出从1992年的659元增加到2012年的6667元，年均实际增长6.9%；恩格尔系数从1992年的57.5%下降到2012年的35.9%，下降21.6个百分点。（3）从农村贫困人口变化看。农村贫困人口大幅减少，按照2010年农村贫困标准，2012年末我国农村贫困人口降至9899万人，农村贫困发生率降至10.2%。[②]

第四阶段，2013年以后到现在决胜全面建成小康社会胜利实现。这一阶段，突出强调坚持以人民为中心的发展思想，把保障和改善民生作为工作的根本出发点和落脚点，把保就业、保民生、保基本作为重中之重，把打赢精准脱贫攻坚战作为战略重点，把努力扩大中等收入群体作为新的工作着力点。

---

① 《居民生活水平不断提高 消费质量明显改善》，中华人民共和国中央人民政府网，2018年8月31日，http://www.gov.cn/xinwen/2018-08/31/content_5319211.htm。
② 《人民生活实现历史性跨越 阔步迈向全面小康——新中国成立70周年经济社会发展成就系列报告之十四》，新华网，2019年8月9日，http://www.xinhuanet.com/fortune/2019-08/09/c_1210235018.htm。

在 2013 年至 2018 年的 6 年间，人民生活水平提高取得历史性成就，人民群众的获得感、幸福感、安全感显著增强。（1）从城镇居民生活水平看。城镇居民人均可支配收入从 2013 年的 26467 元增加到 2018 年的 39251 元，年均实际增长 6.3%；人均消费支出从 2013 年的 18488 元增加到 2018 年的 26112 元，年均实际增长 5.2%；恩格尔系数从 2013 年的 30.1% 下降到 2018 年的 27.7%，下降 2.4 个百分点。① （2）从农村居民生活水平看。农村居民人均可支配收入从 2013 年的 9430 元增加到 2018 年的 14617 元，年均实际增长 7.7%；人均消费支出从 2013 年的 7485 元增加到 2018 年的 12124 元，年均实际增长 8.5%；恩格尔系数从 2013 年的 34.1% 下降到 2018 年的 30.1%，下降 4.0 个百分点。② （3）从打赢精准脱贫攻坚战的实际成效看。这一时期，我国取得了举世瞩目的减贫成就。按照每人每年 2300 元（2010 年不变价）的农村贫困标准计算，2018 年末我国农村贫困人口减少至 1660 万人，比 2012 年末减少 8239 万人；农村贫困发生率降至 1.7%，比 2012 年末下降 8.5 个百分点。2019 年末农村贫困人口 551 万人，比上年末减少 1109 万人；贫困发生率为 0.6%，比上年下降 1.1 个百分点。2019 年全年贫困地区农村居民人均可支配收入 11567 元，比上年名义增长 11.5%，扣除价格因素，实际增长 8.0%。中国成为首个实现联合国减贫目标的发展中国家，为全球减贫事业做出了

---

① 《人民生活实现历史性跨越　阔步迈向全面小康——新中国成立 70 周年经济社会发展成就系列报告之十四》，新华网，2019 年 8 月 9 日，http://www.xinhuanet.com/fortune/2019-08/09/c_1210235018.htm。

② 《人民生活实现历史性跨越　阔步迈向全面小康——新中国成立 70 周年经济社会发展成就系列报告之十四》，新华网，2019 年 8 月 9 日，http://www.xinhuanet.com/fortune/2019-08/09/c_1210235018.htm。

重要贡献。①

　　城乡居民生活水平大幅度提高，不仅体现在量的增长上，还体现在质的提升上。

　　食物消费结构上，城乡居民的粮食消费量明显减少，肉蛋奶等食品消费量显著增加。（1）从城镇居民食物消费结构看。2018年城镇居民人均粮食消费量110.0公斤，比1956年下降36.6%；人均猪肉消费量22.7公斤，比1956年增长2.9倍；人均牛羊肉消费量4.2公斤，比1956年增长1.6倍；人均蛋类消费量10.8公斤，比1956年增长2.2倍；人均奶类消费量16.5公斤，比1985年增长6.5倍。（2）从农村居民食物消费结构看。2018年农村居民人均粮食消费量148.5公斤，比1954年下降33.0%；人均猪肉消费量23公斤，比1954年增长5.2倍；人均牛羊肉消费量2.2公斤，比1954年增长1.4倍；人均蛋类消费量8.4公斤，比1954年增长9.5倍；人均奶类消费量6.9公斤，比1983年增长8.9倍。②

　　耐用消费品不断升级换代。（1）新中国建设初期。1956年城镇居民平均每百户拥有自行车6.7辆，机械手表10只，电子管收音机2.7部。（2）改革开放初期。城乡居民家庭拥有的耐用消费品主要是自行车、手表、缝纫机和收音机。1979年，城镇居民平均每百户拥有自行车113.0辆、手表204.0只、缝纫机54.3架、收音机70.5部；农村居民平均每百户拥有自行车36.2辆、手表27.8只、缝纫机22.6

---

①《人民生活实现历史性跨越　阔步迈向全面小康——新中国成立70周年经济社会发展成就系列报告之十四》，新华网，2019年8月9日，http://www.xinhuanet.com/fortune/2019-08/09/c_1210235018.htm。

②《人民生活实现历史性跨越　阔步迈向全面小康——新中国成立70周年经济社会发展成就系列报告之十四》，新华网，2019年8月9日，http://www.xinhuanet.com/fortune/2019-08/09/c_1210235018.htm。

架、收音机 26.1 部。当时，电视机还属于稀缺消费品。直到 1980 年，城镇居民平均每百户拥有电视机 32.0 台，农村居民平均每百户拥有电视机仅 0.4 台。(3) 进入新时代。至 2018 年，不仅冰箱、洗衣机、彩色电视机在城乡居民家庭普及，移动电话、计算机、汽车也逐渐走向寻常百姓家，居民生活更加便捷和舒适。2018 年，城镇居民平均每百户拥有移动电话 243.1 部、计算机 73.1 台、汽车 41.0 辆、空调 142.2 台、热水器 97.2 台；农村居民平均每百户拥有移动电话 257.0 部、计算机 26.9 台、汽车 22.3 辆、空调 65.2 台、热水器 68.7 台。①

城乡居民居住条件明显改善。2018 年城镇居民人均住房建筑面积达到 39.0 平方米，比 1956 年增加 33.3 平方米，增长 5.8 倍。2018 年农村居民人均住房建筑面积达到 47.3 平方米，比 1978 年增加 39.2 平方米，增长 4.8 倍。2018 年，城乡居民居住在钢筋混凝土或砖混材料结构住房的户比重为 95.8% 和 71.2%，分别比 2013 年提高 4.0 和 15.5 个百分点。②

人民受教育程度大幅度提升。经过近 70 年的不懈奋斗，2018 年九年义务教育巩固率达 94.2%，高等教育毛入学率达 48.1%。③

人民健康水平显著提高。经过近 70 年的建设和发展，医疗卫生资源总量和质量、医疗服务水平和服务能力、群众就医便利程度等方

---

① 《人民生活实现历史性跨越　阔步迈向全面小康——新中国成立 70 周年经济社会发展成就系列报告之十四》，新华网，2019 年 8 月 9 日，http://www.xinhuanet.com/fortune/2019-08/09/c_1210235018.htm。

② 《人民生活实现历史性跨越　阔步迈向全面小康——新中国成立 70 周年经济社会发展成就系列报告之十四》，新华网，2019 年 8 月 9 日，http://www.xinhuanet.com/fortune/2019-08/09/c_1210235018.htm。

③ 《人民生活实现历史性跨越　阔步迈向全面小康——新中国成立 70 周年经济社会发展成就系列报告之十四》，新华网，2019 年 8 月 9 日，http://www.xinhuanet.com/fortune/2019-08/09/c_1210235018.htm。

面都发生了显著的变化。2018年末,全国共有医疗卫生机构99.7万个,卫生技术人员952万人,医疗卫生机构床位840万张,覆盖城乡居民的卫生服务体系日益完善。2018年城镇居民人均医疗保健消费支出2046元,占人均消费支出的比重为7.8%,比1985年增加7.0个百分点。2018年农村居民人均医疗保健消费支出1240元,占人均消费支出的比重为10.2%,比1985年增加7.8个百分点。[①]

文化娱乐消费成为拉动城乡居民消费的一大亮点。2018年城镇居民人均教育文化娱乐支出为2974元,比1985年增长41.9倍;占消费支出的比重为11.4%,比1985年增加1.1个百分点。2018年农村居民人均教育文化娱乐支出为1302元,比1985年增长104.0倍;占消费支出的比重为10.7%,比1985年增加6.8个百分点。[②]

以上,我们回顾了新中国成立以来至今的经济发展与人民生活改善的历史性变迁。

一般地说,经济发展是民生改善的物质基础和根本保证。具体地说,经济发展究竟能否给人民带来福祉,以及这种福祉的大小程度与质量,则取决于一个国家的根本社会制度,以及执政党治国理政的根本方向。中国近代以来的历史,特别是新中国发展史和改革开放发展史充分证明,只有在中国共产党领导下,才能真正实现民富国强的民族夙愿,才能真正同步实现国家繁荣富强与人民幸福安康。

在中国共产党领导下,中国这个世界上最大的发展中国家,在短

[①] 《人民生活实现历史性跨越 阔步迈向全面小康——新中国成立70周年经济社会发展成就系列报告之十四》,新华网,2019年8月9日,http://www.xinhuanet.com/fortune/2019-08/09/c_1210235018.htm。

[②] 《人民生活实现历史性跨越 阔步迈向全面小康——新中国成立70周年经济社会发展成就系列报告之十四》,新华网,2019年8月9日,http://www.xinhuanet.com/fortune/2019-08/09/c_1210235018.htm。

短三十多年里摆脱贫困并跃升为世界第二大经济体，创造了人类社会发展史上的发展奇迹，党的面貌、国家的面貌、人民的面貌、军队的面貌、中华民族的面貌发生了前所未有的变化，近代以来久经磨难的中华民族迎来了从站起来、富起来到强起来的伟大飞跃，迎来了实现中华民族伟大复兴的光明前景。

第十二章

打赢三大攻坚战

中共十八大以后,随着决胜全面建成小康社会的展开,以习近平同志为核心的党中央把防范化解重大风险、精准脱贫、污染防治确定为决胜全面建成小康社会的三大攻坚战,做出全面部署,严格督察落实。

为什么这三大攻坚战会成为决胜全面建成小康社会必须打赢的三大难点问题与重点环节呢?这是与这一时期的一个重要特征紧密联系的。

这个重要特征是,不发展带来的老问题与发展起来以后出现的新问题叠加,社会主要矛盾变化与"两个一百年"奋斗目标历史交汇期相互交织。用历史长周期的眼光看问题,从新中国成立直到现在,直到 21 世纪中叶,中国始终处于经过不同发展阶段逐步实现社会主义现代化的进程之中。这一进程的起点,是一个经济文化落后的农业国,又要在 100 年的时间内,迅速完成从农业国到工业国、从社会主义计划经济到社会主义市场经济、从人民生活总体小康到全面建成小康社会、从社会主义现代化国家到社会主义现代化强国,这样几个历史阶段的宏伟跨越。在这个过程中,势必会遇到前一阶段的矛盾、问题、风险、挑战还没有彻底解决,下一阶段的矛盾、问题、风险、挑战就接踵而至，这既节约了现代化进程中的时间成本，充分抓住和利用了历史机遇期与窗口期，也带来了新老矛盾与问题叠加的考验与挑战，在很大程度上增加了解决问题、应对风险的复杂程度与难题。当前中国面对的风险挑战，既有历史留下的烦恼，也有成长带来的烦恼，更有正在强起来的烦恼；既有不发展造成的老问题，也有发展起来以后遇到的新问题。这就更需要治国理政的高超艺术与智慧，更需要"坚如磐石""稳如泰山"的战略定力。在全面建成小康社会中，必须打赢也一定能打赢的三大攻坚战，就是这一类复杂问题的集合体。打赢了这三大攻坚战，就会弥补全面建成小康社会的历史短板，也就提升了国家治理体系和治理能力现代化的现实水平，增加了向着全面建设社会主义现代化强国迈进的"四个自信"。

◇ 防范化解重大风险

应该说，防范化解重大风险，始终伴随着新中国的发展过程。然而，从来没有像今天这样，成为直接影响全面建成小康社会进程的全局性工作。这是为什么呢？

一是体量大了，复杂程度高了。中国一直是幅员辽阔、人口众多的世界大国，但长期以来，经济总量偏低，市场化程度不高，对外经济联系也有限。经过改革开放30多年的迅速发展，特别是社会主义市场经济的建立与完善，以及加入世界贸易组织后，在经济全球化浪潮推动下，全方位对外开放经济体系的加速形成与拓展，中国不仅成为世界上首屈一指的制造大国，成为世界第二大经济体和拉动世界经济的重要引擎，还形成了世界上最大、最复杂，同时具有超大制造能力与消费能力的市场经济体。这种变化，不仅对各级政府特别是中央政府的驾驭能力提出了新的挑战，而且极大地增加了发生各种重大风险的概率，也大幅度提升了应对和防范各种风险的经济成本与社会成本。

二是与国际社会的关联度高了，对世界经济特别是国际金融市场波动的敏感度大大增强。改革开放之前和改革开放初期，中国的主要任务是尽快形成独立的、比较完整的工业体系和国民经济体系，这个体系还属于内敛发展的经济体。随着改革开放的不断发展深化，特别是在21世纪到来之际加入世界贸易组织之后，中国由先前内敛发展的经济体，迅速成为全方位对外开放的经济体。这个经济体，一方面对世界经济发展起着举足轻重的推动作用，另一方面世界经济的发展与波动，特别是国际金融市场的发展与波动甚至是震荡，都会对中国经济产生多种多样的影响。特别是在经济全球化的迅猛推动下，中国同美国、欧盟、各金砖国家、东盟、阿拉伯国家、"一带一路"共建国家、日本、韩国、拉美国家等，在经济体的关联上形成了"你中有我、我中有你"的格局。尽管有2008年以来国际金融危机的严重影响，以及"逆全球化"的负面作用，但在世界各国共同克服金融危机影响的种种努力下，这种"你中有我、我中有你"的格局在总体上，不是日趋淡化，反而愈加紧密。如今，习近平总书记审时度势，提出"推动形成以国内大循环为主体、国内国际双循环相互促进的新发展格局"[①]。这既是中国进入高质量发展新阶段的必然选择，是重塑我国国际合作和竞争新优势的战略抉择，也是同世界经济联系的一次重大变革。它的意义在于，中国通过高质量发展新阶段的改革发展提

[①] 习近平：《在经济社会领域专家座谈会上的讲话》，人民出版社2020年版，第4页。

升，能够给世界经济与国际社会提供全方位、多样化、多层次的优质产品和优质服务，能够以更加开放包容畅通的国内市场接纳世界各国的优质产品与优质服务。正如习近平总书记所指出："我国在世界经济中的地位将持续上升，同世界经济的联系会更加紧密，为其他国家提供的市场机会将更加广阔，成为吸引国际商品和要素资源的巨大引力场。"[1] 在这一过程中，也给中国发展提出了新的挑战与新的考验。这就是如何有效应对世界经济特别是国际金融市场的波动和震荡，如何有效应对逆全球化、霸权主义、保护主义、单边主义上升带来的震荡、风险与不确定性。

根据各种风险增加、不确定因素明显增多的复杂情况，习近平总书记在中共十八大闭幕不久，就强调："面对复杂多变的国际形势和艰巨繁重的国内改革发展稳定任务，我们一定要居安思危，增强忧患意识、风险意识、责任意识，坚定必胜信念，积极开拓进取，全面做好改革发展稳定各项工作，着力解决经济社会发展中的突出矛盾和问题，有效防范各种潜在风险，努力实现全年经济社会发展预期目标，努力保持社会和谐稳定。"[2]

2013年1月5日，习近平总书记在新进中央委员会的委员、候补委员学习贯彻党的十八大精神研讨班上讲话中指出："我们的事业越前进、越发展，新情况新问题就会越多，面临的风险和挑战就会越多，面对的不可预料的事情就会越多。我们必须增强忧患意识，做到

---

[1] 习近平：《在经济社会领域专家座谈会上的讲话》（2020年8月24日），人民出版社2020年版，第5—6页。

[2] 汪晓东、董丝雨：《下好先手棋　打好主动仗——习近平总书记关于防范化解重大风险重要论述综述》，《人民日报》2021年4月15日第1版。

居安思危。"①

2015年，在制订"十三五"规划时，更是根据两年多经济社会运行中出现的问题，把防风险摆在更加突出的全局地位。习近平总书记在中共十八届五中全会第二次全体会议的讲话中，特别讲了防风险的问题。他做出一个重大判断："今后5年，可能是我国发展面临的各方面风险不断积累甚至集中显露的时期。"

他认为，这些风险主要是在发展起来以后带来的。他指出："过去，我们常常以为，一些矛盾和问题是由于经济发展水平低、老百姓收入少造成的，等经济发展水平提高了、老百姓生活好起来了，社会矛盾和问题就会减少。现在看来，不发展有不发展的问题，发展起来有发展起来的问题，而发展起来后出现的问题并不比发展起来前少，甚至更多更复杂了。新形势下，如果利益关系协调不好、各种矛盾处理不好，就会导致问题激化，严重的就会影响发展进程。"

他在讲话中，提醒领导干部充分注意发展起来以后产生的这些重大风险的广泛性，指出："我们面临的重大风险，既包括国内的经济、政治、意识形态、社会风险以及来自自然界的风险，也包括国际经济、政治、军事风险等。如果发生重大风险又扛不住，国家安全就可能面临重大威胁，全面建成小康社会进程就可能被迫中断。我们必须把防风险摆在突出位置，'图之于未萌，虑之于未有'，力争不出现重大风险或在出现重大风险时扛得住、过得去。"

他特别强调要把防范的重点放在遏制系统性风险上，强调："各种风险往往不是孤立出现的，很可能是相互交织并形成一个风险综合体。"为了防范系统性风险，他提出了一个"力争把风险化解在源头"

---

① 《十八大以来重要文献选编》（上），中央文献出版社2014年版，第114—115页。

的完整思路，即"五个不让"："不让小风险演化为大风险，不让个别风险演化为综合风险，不让局部风险演化为区域性或系统性风险，不让经济风险演化为社会政治风险，不让国际风险演化为国内风险。"

他在讲话中，还把防风险能力上升到中国共产党的治国理政能力的高度，指出："能不能驾驭好世界第二大经济体，能不能保持经济社会持续健康发展，从根本上讲取决于党在经济社会发展中的领导核心作用发挥得好不好。"要求广大领导干部"努力成为领导经济社会发展的行家里手"。①

这篇讲话，为党和国家有效防范化解重大风险指明了方向。

2019年1月21日，习近平总书记在省部级主要领导干部坚持底线思维着力防范化解重大风险专题研讨班上，就这一专题发表讲话。

他在讲话中进一步强调："面对波谲云诡的国际形势、复杂敏感的周边环境、艰巨繁重的改革发展稳定任务，我们必须始终保持高度警惕，既要高度警惕'黑天鹅'事件，也要防范'灰犀牛'事件；既要有防范风险的先手，也要有应对和化解风险挑战的高招；既要打好防范和抵御风险的有准备之战，也要打好化险为夷、转危为机的战略主动战。"

他特别强调："党的十八大以来，我们以自我革命精神推进全面从严治党，清除了党内存在的严重隐患，成效是显著的，但这并不意味着我们就可以高枕无忧了。党面临的长期执政考验、改革开放考验、市场经济考验、外部环境考验具有长期性和复杂性，党面临的精神懈怠危险、能力不足危险、脱离群众危险、消极腐败危险具有尖锐

---

① 《十八大以来重要文献选编》（中），中央文献出版社2016年版，第834—835页。

性和严峻性,这是根据实际情况作出的大判断。"①

◇ 警惕"黑天鹅""灰犀牛"事件

中国在由大向强的发展道路上,面对的重大风险主要有哪些呢?首先是金融风险。

国际金融危机,给境外投机资本兴风作浪,提供了极好的机会。美国强力转嫁危机,搞"量化宽松"政策,也给国际汇市和股市带来很大风险。国内银行业盲目追求总量扩张和高额利润,致使脱实向虚倾向严重。再加上国内地方政府债务率居高不下,国有银行经营管理不善,更加大了金融风险发生的可能。

对此,2017年7月14日至15日,召开全国金融工作会议。习近平在会上的讲话中强调:"金融是国家重要的核心竞争力,金融安全是国家安全的重要组成部分,金融制度是经济社会发展中重要的基础性制度。""防止发生系统性金融风险是金融工作的永恒主题。"

这次会议明确了服务实体经济、防控金融风险、深化金融改革三项任务,要求加快转变金融发展方式,推进构建现代金融监管框架,守住不发生系统性金融风险底线,促进经济和金融良性循环、健康发展。

在服务实体经济方面,强调要回归金融本源,把为实体经济服务作为出发点和落脚点,全面提升服务效率和水平,把更多金融资源配

---

① 《习近平在省部级主要领导干部坚持底线思维着力防范化解重大风险专题研讨班开班式上发表重要讲话强调 提高防控能力着力防范化解重大风险 保持经济持续健康发展社会大局稳定》,《人民日报》2019年1月22日第1版。

置到经济社会发展的重点领域和薄弱环节，更好满足人民群众和实体经济多样化的金融需求。

在防控金融风险方面，强调把主动防范化解系统性金融风险放在更加重要的位置，推动经济去杠杆，把国有企业降杠杆作为重中之重，严控地方政府债务增量，坚决整治严重干扰金融市场秩序的行为，加强社会信用体系建设，健全符合我国国情的金融法治体系。

在深化金融改革方面，强调优化金融机构体系，完善国有金融资本管理，完善外汇市场体制机制。设立国务院金融稳定发展委员会，强化人民银行宏观审慎管理和系统性风险防范职责。同时，还要继续扩大金融对外开放，深化人民币汇率形成机制改革，稳步推进人民币国际化，稳步实现资本项目可兑换。

这次会后，逐渐形成了国务院金融稳定发展委员会、中国人民银行、银保监会和证监会为主体的金融监管架构，将所有金融业务都纳入监管，把国有企业降杠杆作为重中之重，严控地方政府债务增量，整治严重干扰金融市场秩序行为，健全符合我国国情的金融法治体系，稳步推进防范和化解金融风险工作，取得了阶段性成果。当前，我国宏观经济杠杆率趋于平稳，金融风险得到有效遏制和化解，金融安全与稳定的基础进一步巩固。

2019年12月召开的中央经济工作会议，在分析防范金融风险取得的成效时指出："我国金融体系总体健康，具备化解各类风险的能力。要保持宏观杠杆率基本稳定，压实各方责任。"①

其次是网络安全风险。

进入21世纪，随着3G、4G技术的普及，大数据的广泛应用，以

---

① 《中央经济工作会议在北京举行》，《人民日报》2019年12月13日第1版。

移动用户为主体的互联网应用在中国迅速发展起来，深刻地改变了人们的生活方式、交往方式、娱乐方式，也深刻地改变了新闻舆论传播方式。同时，也给网络安全提出了前所未有的新挑战。

2013年8月19日，习近平总书记在全国宣传思想工作会议的讲话中指出：互联网已经成为舆论斗争的主战场。在互联网这个战场上，我们能否顶得住、打得赢，直接关系我国意识形态安全和政权安全。

2014年2月27日，新成立的中央网络安全和信息化领导小组召开第一次会议。习近平总书记亲自担任组长，并讲话指出："网络安全和信息化是一体之两翼、驱动之双轮，必须统一谋划、统一部署、统一推进、统一实施。做好网络安全和信息化工作，要处理好安全和发展的关系，做到协调一致、齐头并进，以安全保发展、以发展促安全，努力建久安之势、成长治之业。"①

2016年4月，召开了新中国成立后第一次网络安全和信息化工作座谈会。习近平总书记在讲话中，顺应信息革命要求，提出"让互联网更好造福人民"的重要思想，指明了互联网发展的大好前景："可以做好信息化和工业化深度融合这篇大文章，发展智能制造，带动更多人创新创业；可以瞄准农业现代化主攻方向，提高农业生产智能化、经营网络化水平，帮助广大农民增加收入；可以发挥互联网优势，实施'互联网+教育''互联网+医疗''互联网+文化'等，促进基本公共服务均等化；可以发挥互联网在助推脱贫攻坚中的作用，推进精准扶贫、精准脱贫，让更多困难群众用上互联网，让农产

---

① 《习近平主持召开中央网络安全和信息化领导小组第一次会议强调　总体布局统筹各方创新发展　努力把我国建设成为网络强国》，《人民日报》2014年2月28日第1版。

品通过互联网走出乡村,让山沟里的孩子也能接受优质教育;可以加快推进电子政务,鼓励各级政府部门打破信息壁垒、提升服务效率,让百姓少跑腿、信息多跑路,解决办事难、办事慢、办事繁的问题,等等。"这些后来都成为现实,特别是在2020年抗击新冠肺炎疫情中,发挥了积极的巨大作用。

他同时指出:"互联网不是法外之地。"利用网络鼓吹推翻国家政权,煽动宗教极端主义,宣扬民族分裂思想,教唆暴力恐怖活动,等等,这样的行为要坚决制止和打击,决不能任其大行其道。利用网络进行欺诈活动,散布色情材料,进行人身攻击,兜售非法物品,等等,这样的言行也要坚决管控,决不能任其大行其道。没有哪个国家会允许这样的行为泛滥开来。我们要本着对社会负责、对人民负责的态度,依法加强网络空间治理,加强网络内容建设,为广大网民特别是青少年营造一个风清气正的网络空间。

在习近平总书记的倡导下,从2014年11月起,每年在浙江省乌镇召开互联网大会。2015年12月16日,他还出席第二届世界互联网大会开幕式,并在讲话中提出"尊重网络主权"主张,强调:"我们应该尊重各国自主选择网络发展道路、网络管理模式、互联网公共政策和平等参与国际网络空间治理的权利,不搞网络霸权,不干涉他国内政,不从事、纵容或支持危害他国国家安全的网络活动。""维护网络安全不应有双重标准,不能一个国家安全而其他国家不安全,一部分国家安全而另一部分国家不安全,更不能以牺牲别国安全谋求自身所谓绝对安全。"世界互联网大会的成功举办,有力推动了互联网发展,也为国际社会携手进行网络安全治理做出积极贡献。

2018年4月,再次召开全国网络安全和信息化工作会议。习近平总书记在会上提出一个重要判断,"信息化为中华民族带来了千载难逢的机遇"。他强调，我们必须敏锐抓住信息化发展的历史机遇，加强网上正面宣传，维护网络安全，推动信息领域核心技术突破，发挥信息化对经济社会发展的引领作用，主动参与网络空间国际治理进程，自主创新推进网络强国建设。他还根据国际形势的新变数，提出："核心技术是国之重器。要下定决心、保持恒心、找准重心，加速推动信息领域核心技术突破。"①

有人担心，网络安全治理，会限制互联网发展。实际结果正好相反。

20世纪90年代中国正式接入国际互联网后，互联网企业进入发展的快车道。2008年后，智能手机以及3G、4G通信网络的普遍使用，促使上网人数大幅攀升，至2018年底互联网上网人数达8.3亿人，深刻影响普通大众的日常生活。

2012年以来，大数据、云计算、人工智能等现代信息技术不断发展成熟，推动了"互联网+"的发展，共享经济、数字经济深刻改变了社会生产生活方式，加速重构经济发展模式。2012年至2018年，信息传输、软件和信息技术服务业增加值从11929亿元增长到32431亿元。在互联网的推动下，批发和零售业、住宿和餐饮业等传统服务业加速转型升级，纷纷依托新技术发展电子商务、网络订餐、网上零售等新业务新商业模式。2015年至2018年，我国电子商务交易额、网上零售额年均增速分别为17.8%、28.8%；2018年，实物商品网上零售额占社会消费品零售总额的比重达到18.4%。

还有中美经贸摩擦，以及美国不断在高科技等领域挑起事端带来的风险。

---

① 《习近平在全国网络安全和信息化工作会议上强调　敏锐抓住信息化发展历史机遇　自主创新推进网络强国建设》，《人民日报》2018年4月22日第1版。

中美经贸摩擦，是由美国政府蓄意挑起来的。

2017年美国特朗普政府上任以来，在"美国优先"的口号下，在中美贸易关系上实行单边主义、保护主义和经济霸权主义，利用不断加征关税等手段进行经济恫吓，试图采取极限施压方法将自身利益诉求强加于中国。

在这种情况下，中国政府从维护两国共同利益和世界贸易秩序大局出发，坚持通过对话协商解决争议的基本原则，以最大的耐心和诚意回应美国关切，同美国开展多轮对话磋商。然而，美国出尔反尔、不断发难，导致中美经贸摩擦在短时间内持续升级，使两国政府和人民多年努力培养起来的中美经贸关系受到极大损害，也使多边贸易体制和自由贸易原则遭遇严重威胁。

随后，美国政府又发起对中国高科技企业华为集团的封堵，并将这一高科技领域的"围剿"扩大到字节跳动旗下抖音短视频国际版TikTok等。这些举动，实际上将中美经贸摩擦进一步扩展到芯片制造技术、互联网技术等高科技领域。对此，许多有识之士，包括美国企业界人士，都纷纷指出，美国政府的这些所作所为，不仅在法理上完全站不住脚，而且实际效果也是损人不利己，无助于"美国优先"目标的实现。

美国前驻华大使马克斯·鲍卡斯针对美国国内一些美中经济"脱钩"的声音，指出，"推动'脱钩'的人显然忘记，美中两国经济是紧密相连、相互依赖的，难以割裂"。"我们除了与中国合作，没有其他选项。"[①]

面对美国政府蓄意挑起的中美经贸摩擦，以及后来种种不断升

[①] 胡泽曦：《"除了与中国合作，没有其他选项"——访美国前驻华大使马克斯·鲍卡斯》，《人民日报》2020年8月21日第3版。

级、推波助澜的反常做法，中国政府沉着应对，表现出镇静自若的大国风范。一方面，据理力争、严守底线，决不在涉及国家主权、安全问题上退让；另一方面，立足于把国内的事情做好，主动开展全方位外交，避免落入"冷战思维"陷阱。中国政府的表现，赢得了包括欧盟在内的国际社会的普遍称道。

2020年7月21日，美方突然要求中方关闭驻休斯敦总领馆，进一步恶化中美关系，严重违反国际法和国际关系基本准则，严重违反中美领事条约有关规定。在忍无可忍的情况下，中国外交部24日上午通知美国驻华使馆，中方决定撤销对美国驻成都总领事馆的设立和运行许可，并对该总领事馆停止一切业务和活动提出具体要求。

8月5日，中共中央政治局委员、国务委员兼外交部长王毅在回答新华社记者问时，明确指出："当前，中美关系正面临建交以来最严峻的局面，各领域交流合作均受到严重干扰，根本原因是美国国内一部分政治势力出于对中国的偏见和仇视，利用手中掌握的权力，编造各种谎言恶意抹黑中国，制造各种借口阻挠中美之间的正常往来。他们这么做，就是想复活麦卡锡主义的幽灵，破坏中美之间的联系，煽动两国民意的对立，损害两国互信的根基，从而把中美再次拖进冲突与对抗，把世界重新推入动荡与分裂。"他还指出：面对中美关系建交以来的最复杂局面，我们有必要为中美关系树立清晰框架。一要明确底线，避免对抗；二要畅通渠道，坦诚对话；三要拒绝脱钩，保持合作；四要放弃零和，共担责任。①

8月8日，中共中央政治局委员、中央外事工作委员会办公室主任杨洁篪发表文章，郑重表示："中国对发展中美关系的政策立场一

---

① 《王毅就当前中美关系接受新华社专访 有必要为中美关系树立清晰框架》，《人民日报》2020年8月6日第3版。

以贯之，保持高度的稳定性和连续性。我们致力于发展不冲突不对抗、相互尊重、合作共赢的中美关系，同时将坚定捍卫国家主权安全发展利益。中国发展的根本目标，是为让中国人民过上更好的日子，为地区和世界和平、稳定、发展和繁荣作出更大贡献。中美对话合作不是单行道，不是单方面的恩惠，是平等互利的。"同时提出要尊重彼此核心利益和重大关切，避免战略误判、管控分歧，拓展各领域互利合作，维护中美关系的民意基础。[1]

对于近年来中美关系出现的一些新情况新变化，以习近平同志为核心的党中央已有预见、早有思想准备。2013 年 3 月 11 日，习近平总书记在出席十二届全国人大一次会议解放军代表团全体会议的讲话中就曾指出："中华民族伟大复兴绝不是轻轻松松、顺顺当当就能实现的，我们越发展壮大，遇到的阻力就会越大，面临的外部风险就会越多。这是我国由大向强发展进程中无法回避的挑战，是实现中华民族伟大复兴绕不过的门槛。"[2]

2020 年 9 月 3 日，习近平总书记在纪念中国人民抗日战争暨世界反法西斯战争胜利 75 周年座谈会上的讲话中，重申中国坚定不移走和平发展道路、推动构建人类命运共同体的坚强意志和决心，同时庄严宣告："任何人任何势力企图通过霸凌手段把他们的意志强加给中国、改变中国的前进方向、阻挠中国人民创造自己美好生活的努力，中国人民都绝不答应！""任何人任何势力企图破坏中国人民的和平生活和发展权利、破坏中国人民同其他国家人民的交流合作、破坏人类

---

[1] 杨洁篪：《尊重历史　面向未来　坚定不移维护和稳定中美关系》，《人民日报》2020 年 8 月 8 日。

[2] 中共中央党史和文献研究院编：《习近平关于防范风险挑战、应对突发事件论述摘编》，中央文献出版社 2020 年版，第 4 页。

和平与发展的崇高事业，中国人民都绝不答应！"①

在中美关系面临冷战结束后最严峻的新考验的背景下，中国政府妥善应对了南海问题、加拿大政府非法扣留孟晚舟事件、香港"修例风波"、印度军队在班公湖地区挑起冲突等突发事件。在应对过程中，既挫败了境外反华势力的险恶用心，稳定了有关地区局势，又持续不断地释放出以下强烈信号：中国始终属于发展中国家，中国发展不对任何国家构成威胁；中国无论发展到什么程度，永远不称霸，永远不搞扩张；中国的强大不是为了谋取霸权，而是为了维护世界和平、推动构建人类命运共同体；中国决不会以牺牲别国利益为代价来发展自己，也决不放弃自己的正当权益，任何人不要幻想让中国吞下损害自身利益的苦果。

◈ 历史性解决绝对贫困问题

精准脱贫，既是一个世界级的硬骨头，也是决胜全面建成小康社会必须坚决打赢的攻坚战。

精准扶贫历史任务，从来没有像今天这样紧迫，也从来没有像今天这样艰巨而重大。

在习近平总书记眼中，精准扶贫是一项历史责任。2015年11月27日，他在中央扶贫开发工作会议上说："全面建成小康社会、实现第一个百年奋斗目标，农村贫困人口全部脱贫是一个标志性指标。对这个问题，我一直在思考，也一直在强调，就是因为心里还有些不托

---

① 习近平：《在纪念中国人民抗日战争暨世界反法西斯战争胜利75周年座谈会上的讲话》（2020年9月3日），《人民日报》2020年9月4日第2版。

底。所以，我说小康不小康，关键看老乡，关键看贫困老乡能不能脱贫。全面建成小康社会，是我们对全国人民的庄严承诺，必须实现，而且必须全面实现，没有任何讨价还价的余地。不能到了时候我们说还实现不了，再干几年。也不能到了时候我们一边宣布全面建成了小康社会，另一边还有几千万人生活在扶贫标准线以下。如果是那样，必然会影响人民群众对全面小康社会的满意度和国际社会对全面小康社会的认可度，也必然会影响我们党在人民群众中的威望和我们国家在国际上的形象。我们必须动员全党全国全社会力量，向贫困发起总攻，确保到2020年所有贫困地区和贫困人口一道迈入全面小康社会。"[1]

在习近平总书记心目中，这也是一种特殊的情感与情怀。2015年10月16日，习近平总书记在2015减贫与发展高层论坛的主旨演讲《携手消除贫困　促进共同发展》中说过："回顾中国几十年来减贫事业的历程，我有着深刻的切身体会。上个世纪60年代末，我还不到16岁，就从北京来到了陕北一个小村庄当农民，一干就是7年。那时，中国农村的贫困状况给我留下了刻骨铭心的记忆。我当时和村民们辛苦劳作，目的就是要让生活能够好一些，但这在当年几乎比登天还难。40多年来，我先后在中国县、市、省、中央工作，扶贫始终是我工作的一个重要内容，我花的精力最多。我到过中国绝大部分最贫困的地区，包括陕西、甘肃、宁夏、贵州、云南、广西、西藏、新疆等地。这两年，我又去了十几个贫困地区，到乡亲们家中，同他们聊天。他们的生活存在困难，我感到揪心。他们生活每好一点，我都感到高兴。"

---

[1]《十八大以来重要文献选编》（下），中央文献出版社2018年版，第29—30页。

他还回忆起在福建宁德工作时一段刻骨铭心的经历："25年前，我在中国福建省宁德地区工作，我记住了中国古人的一句话：'善为国者，遇民如父母之爱子，兄之爱弟，闻其饥寒为之哀，见其劳苦为之悲。'至今，这句话依然在我心中。"①

在习近平总书记看来，这还是关系中国共产党长期执政根基是否巩固的全局性问题。他指出："得民心者得天下。从政治上说，我们党领导人民开展了大规模的反贫困工作，巩固了我们党的执政基础，巩固了中国特色社会主义制度。在国际风云激烈变幻的过程中，我们党和我国社会主义制度岿然不动，就是因为我们党的路线方针政策给亿万人民带来了好处。'民为邦本，未有本摇而枝叶不动者。''天下之治乱，不在一姓之兴亡，而在万民之忧乐。'我们共产党人必须有这样的情怀。中国共产党在中国执政就是要为民造福，而只有做到为民造福，我们党的执政基础才能坚如磐石。"②

习近平总书记也深知打赢脱贫攻坚战的难度。他指出："打赢脱贫攻坚战，不是轻轻松松一冲锋就能解决的，全党在思想上一定要深刻认识到这一点。按照《中国农村扶贫开发纲要（2011—2020年）》要求，'十三五'期间脱贫攻坚的目标是，到2020年实现'两不愁、三保障'。'两不愁'，就是稳定实现农村贫困人口不愁吃、不愁穿；'三保障'，就是农村贫困人口义务教育、基本医疗、住房安全有保障；同时，实现贫困地区农民人均可支配收入增长幅度高于全国平均水平，基本公共服务主要领域指标接近全国平均水平。这个目标实现

---

① 《十八大以来重要文献选编》（中），中央文献出版社2016年版，第719—720页。

② 《十八大以来重要文献选编》（下），中央文献出版社2018年版，第31—32页。

起来并不容易。"①

打赢精准脱贫攻坚战的难度在哪里呢？

——经过多年努力，容易脱贫的地区和人口已经解决得差不多了，越往后脱贫成本越高，难度越大。按照既定目标，要实现到2020年7000多万农村贫困人口脱贫目标，必须确保平均每年减贫1000多万人。这些人口，大都生活在自然条件差、经济基础弱、贫困程度高的地区，是越来越难啃的硬骨头。

——在群体分布上，这些贫困人口，大都是残疾人、孤寡老人、长期患病者等"无业可扶、无力脱贫"的，以及部分教育文化水平低、缺乏技能的贫困群众。不少贫困户稳定脱贫能力差，因灾、因病、因学返贫情况时有发生。

——在脱贫目标上，实现不愁吃、不愁穿"两不愁"相对容易，解决保障义务教育、基本医疗、住房安全"三保障"难度较大。

——巩固脱贫成果难度很大。已脱贫的地区和人口中，有的产业基础比较薄弱，有的产业项目同质化严重，有的就业不够稳定，有的政策性收入占比高。据各地初步摸底，已脱贫人口中有近200万人存在返贫风险，边缘人口中还有近300万存在致贫风险。

——深度贫困地区脱贫攻坚，是硬仗中的硬仗。到2020年上半年，全国还有52个贫困县未摘帽、2707个贫困村未出列、建档立卡贫困人口未全部脱贫。虽然同过去相比总量不大，但都是贫中之贫、困中之困，是最难啃的硬骨头。"三保障"问题基本解决了，但稳定住、巩固好还不是一件容易的事情，有的孩子反复失学辍学，不少乡村医疗服务水平低，一些农村危房改造质量不高，有的地方安全饮水

---

① 《十八大以来重要文献选编》（下），中央文献出版社2018年版，第33页。

不稳定，还存在季节性缺水。剩余建档立卡贫困人口中，老年人、患病者、残疾人的比例达到 45.7%。

突如其来的新冠肺炎疫情，在以上困难之外，又给关键时刻的脱贫攻坚带来新的挑战。疫情对脱贫攻坚的影响主要表现在这样几个方面。

一是外出务工受阻。据国务院扶贫办统计，2019 年全国有 2729 万建档立卡贫困劳动力在外务工，这些家庭三分之二左右的收入来自外出务工，涉及三分之二左右建档立卡贫困人口。现在，一些贫困劳动力外出务工受到影响，如不采取措施，短时间内收入就会减少。

二是扶贫产品销售和产业扶贫困难。贫困地区农畜牧产品卖不出去，农用物资运不进来，生产和消费下降，影响产业扶贫增收。

三是扶贫项目停工。易地扶贫搬迁配套、饮水安全工程、农村道路等项目开工不足，不能按计划推进。

四是帮扶工作受到影响。一些疫情严重的地区，挂职干部和驻村工作队暂时无法到岗。

在这种情况下，习近平总书记于 2020 年 3 月 6 日主持召开决战决胜脱贫攻坚座谈会，对克服疫情影响、坚决打赢精准脱贫攻坚战做出全面部署。

中共十八大以来，习近平总书记为了如期打赢精准脱贫攻坚战，实现"两个确保"的目标，召开了一系列会议，每次围绕一个主题，分析情况，提出要求，做出部署。为了确保会议取得实效，"每次座谈会前，我都先到贫困地区调研，实地了解情况，听听基层干部群众意见，根据了解到的情况，召集相关省份负责同志进行工作部署"。[1]

在新中国的历史上，党和国家主要领导人就精准脱贫或扶贫工作

---

[1] 习近平：《在决战决胜脱贫攻坚座谈会上的讲话》（2020 年 3 月 6 日），《人民日报》2020 年 3 月 7 日第 2 版。

如此密集地召开专题会议，亲自调研、亲自督促、亲自部署，这还是第一次。

——2015年2月13日，习近平总书记在中国延安干部学院主持召开陕甘宁革命老区脱贫致富座谈会。他在讲话中指出，革命老区是党和人民军队的根，我们永远不能忘记自己是从哪里走来的，永远都要从革命的历史中汲取智慧和力量。我们要实现第一个百年奋斗目标，全面建成小康社会，没有老区的全面小康，没有老区贫困人口脱贫致富，那是不完整的。各级党委和政府要让老区人民都过上幸福美满的日子，使老区人民同全国人民一道进入全面小康社会。①

——2015年6月18日，习近平总书记在贵州召开部分省区市党委主要负责同志座谈会。这次座谈会，涉及武陵山、乌蒙山、滇桂黔集中连片特困地区扶贫攻坚工作。他在会上提出精准扶贫的基本思路，指出：扶贫开发贵在精准，重在精准，成败之举在于精准。各地都要在扶持对象精准、项目安排精准、资金使用精准、措施到户精准、因村派人（第一书记）精准、脱贫成效精准上想办法、出实招、见真效。要坚持因人因地施策，因贫困原因施策，因贫困类型施策，区别不同情况，做到对症下药、精准滴灌、靶向治疗，不搞大水漫灌、走马观花、大而化之。要因地制宜研究实施"四个一批"的扶贫攻坚行动计划，即通过扶持生产和就业发展一批，通过移民搬迁安置一批，通过低保政策兜底一批，通过医疗救助扶持一批，实现贫困人口精准脱贫。②

---

① 《习近平春节前夕赴陕西看望慰问广大干部群众 向全国人民致以新春祝福 祝祖国繁荣昌盛人民幸福安康》，《人民日报》2015年2月17日第1版。

② 《习近平在部分省区市党委主要负责同志座谈会上强调 谋划好"十三五"时期扶贫开发工作 确保农村贫困人口到2020年如期脱贫》，《人民日报》2015年6月20日第1版。

——2015年10月26日至29日，中共十八届五中全会在北京召开。这次全会在提出关于"十三五"规划建议时，将"扶贫攻坚"的提法正式改为"脱贫攻坚"，立下"两个确保"军令状，即到2020年确保我国现行标准下农村贫困人口实现脱贫、贫困县全部摘帽、解决区域性整体贫困。习近平总书记在讲话中指出："我们不能一边宣布全面建成了小康社会，另一边还有几千万人口的生活水平处在扶贫标准线以下，这既影响人民群众对全面建成小康社会的满意度，也影响国际社会对我国全面建成小康社会的认可度。"

他对"两个确保"作了详细说明，指出："农村贫困人口脱贫是全面建成小康社会最艰巨的任务。我国现行脱贫标准是农民年人均纯收入按2010年不变价计算为2300元，2014年现价脱贫标准为2800元。按照这个标准，2014年末全国还有7017万农村贫困人口。综合考虑物价水平和其他因素，逐年更新按现价计算的标准。据测算，若按每年6%的增长率调整，2020年全国脱贫标准约为人均纯收入4000元。今后，脱贫标准所代表的实际生活水平，大致能够达到2020年全面建成小康社会所要求的基本水平，可以继续采用。"

他还算了一笔今后几年实现"两个确保"的细账："通过实施脱贫攻坚工程，实施精准扶贫、精准脱贫，7017万农村贫困人口脱贫目标是可以实现的。2011年至2014年，每年农村脱贫人口分别为4329万、2339万、1650万、1232万。因此，通过采取过硬的、管用的举措，今后每年减贫1000万人的任务是可以完成的。具体讲，到2020年，通过产业扶持，可以解决3000万人脱贫；通过转移就业，可以解决1000万人脱贫；通过易地搬迁，可以解决1000万人脱贫，总计5000万人左右。还有2000多万完全或部分丧失劳动能力的贫困人口，可以通过全部纳入低保覆盖范围，实现社保政策兜底脱贫。"①

这次全会通过的《中共中央关于制定国民经济和社会发展第十三个五年规划的建议》，完整系统地提出了打赢脱贫攻坚战的各项政策措施。

——2015年11月27日至28日，为进一步贯彻落实十八届五中全会关于精准脱贫的决策，召开中央扶贫开发工作会议。习近平总书记在讲话中提出，脱贫攻坚要重点解决"扶持谁""谁来扶""怎么扶""如何退"四个问题。

要解决好"扶持谁"的问题。"扶贫必先识贫。"确保把真正的贫困人口弄清楚，把贫困人口、贫困程度、致贫原因等搞清楚，以便做到因户施策、因人施策。

要解决好"谁来扶"的问题。"推进脱贫攻坚，关键是责任落实到人。"加快形成中央统筹、省（自治区、直辖市）负总责、市（地）县抓落实的扶贫开发工作机制，做到分工明确、责任清晰、任务到人、考核到位。

要解决好"怎么扶"的问题。"开对了'药方子'，才能拔掉'穷根子'。"按照贫困地区和贫困人口的具体情况，实施"五个一批"工程。一是发展生产脱贫一批；二是易地搬迁脱贫一批；三是生态补偿脱贫一批；四是发展教育脱贫一批；五是社会保障兜底一批。

要解决好"如何退"的问题。"精准扶贫是为了精准脱贫"。要设定时间表，实现有序退出，既要防止拖延病，又要防止急躁症。要留出缓冲期，在一定时间内实行摘帽不摘政策。要实行严格评估，按照摘帽标准验收。要实行逐户销号，做到脱贫到人，脱没脱贫要同群

---

① 习近平：《关于〈中共中央关于制定国民经济和社会发展第十三个五年规划的建议〉的说明》，《人民日报》2015年11月4日第2版。

众一起算账，要群众认账。①

——2016年7月20日，习近平总书记在宁夏银川主持召开东西部扶贫协作座谈会。这次座谈会，与众不同的是，参加者有北京、天津、辽宁、上海、江苏、浙江、福建、山东、广东和大连、苏州、杭州、宁波、厦门、青岛、广州、深圳、珠海有帮扶任务的东部9个省市和9个城市的党委书记，以及内蒙古、广西、重庆、四川、贵州、云南、西藏、陕西、甘肃、青海、宁夏、新疆接受帮扶的西部12个省区市的党委书记，体现了习近平总书记关于对口帮扶脱贫攻坚的大思路。

他在讲话中强调："东西部扶贫协作和对口支援，是推动区域协调发展、协同发展、共同发展的大战略，是加强区域合作、优化产业布局、拓展对内对外开放新空间的大布局，是实现先富帮后富、最终实现共同富裕目标的大举措，必须认清形势、聚焦精准、深化帮扶、确保实效，切实提高工作水平，全面打赢脱贫攻坚战。"他特别强调："要真扶贫、扶真贫、真脱贫。"②

他还指出：东西部扶贫协作和对口支援，是实现先富帮后富、最终实现共同富裕目标的大举措，充分彰显了中国共产党领导和我国社会主义制度的政治优势，必须长期坚持下去。西部地区特别是民族地区、边疆地区、革命老区、集中连片特困地区贫困程度深、扶贫成本高、脱贫难度大，是脱贫攻坚的短板。必须采取系统的政策和措施，

---

① 参见《习近平在中央扶贫开发工作会议上强调 脱贫攻坚战冲锋号已经吹响 全党全国咬定目标苦干实干》，《人民日报》2015年11月29日第1版；《十八大以来重要文献选编》（下），中央文献出版社2018年版，第38—45页。

② 参见《习近平在东西部扶贫协作座谈会上强调 认清形势聚焦精准深化帮扶确保实效 切实做好新形势下东西部扶贫协作工作》，《人民日报》2016年7月22日第1版。

做好东西部扶贫协作和对口支援工作，全面打赢脱贫攻坚战。①

——2017年6月23日，习近平总书记在山西太原召开深度贫困地区脱贫攻坚座谈会。他在讲话中，谈了这次会议召开的缘由："今年2月21日，中央政治局举行第三十九次集体学习时，国务院扶贫办准备了一个专题片，反映深度贫困地区问题，看到一些地区还很落后、群众生活还很艰苦，大家感到心里沉甸甸的。因此，我想请省市县三级书记来，研究推进深度贫困地区脱贫攻坚工作。"

他还说："党的十八大以来，我最关注的工作之一就是贫困人口脱贫。每到一个地方调研，我都要到贫困村和贫困户了解情况，有时还专门到贫困县调研。这次到吕梁山区后，全国11个山区集中连片特困地区，包括六盘山区、秦巴山区、武陵山区、乌蒙山区、滇桂黔石漠化区、滇西边境山区、大兴安岭南麓山区、燕山—太行山区、吕梁山区、大别山区、罗霄山区，我都走到了。2012年12月底，我就到河北保定市阜平县就扶贫攻坚工作进行考察调研，到了贫困村，访问了贫困户，并主持会议听取了河北省、保定市、阜平县扶贫开发工作的汇报。今天这个座谈会，是我主持召开的第四个跨省区的脱贫攻坚座谈会。"

这次座谈会，请了山西、云南、西藏、青海、新疆5个省区，江西赣州市、湖北恩施州、湖南湘西州、四川凉山州、甘肃定西市5个市州，河北康保县、内蒙古科尔沁右翼中旗、广西都安县、陕西山阳县、宁夏同心县5个县旗，以及山西吕梁山区、燕山—太行山区2个集中连片特困地区涉及的4个地级市和21个县的党委书记参加会议。体现了精准脱贫、精准施策的精神。

---

① 转引自习近平《在深度贫困地区脱贫攻坚座谈会上的讲话》（2017年6月23日），《人民日报》2017年9月1日第2版。

他肯定精准脱贫取得的成就："党的十八大以来，党中央把贫困人口脱贫作为全面建成小康社会的底线任务和标志性指标，在全国范围全面打响了脱贫攻坚战。脱贫攻坚力度之大、规模之广、影响之深，前所未有。""脱贫攻坚成绩显著，每年农村贫困人口减少都超过1000万人，累计脱贫5500多万人；贫困发生率从2012年底的10.2%下降到2016年底的4.5%，下降5.7个百分点；贫困地区农村居民收入增幅高于全国平均水平，贫困群众生活水平明显提高，贫困地区面貌明显改善。"

他分析了当前脱贫的难点："脱贫攻坚的主要难点是深度贫困。"主要难在以下几种地区，一是连片的深度贫困地区，西藏和四省藏区、南疆四地州、四川凉山、云南怒江、甘肃临夏等地区；二是深度贫困县，贫困发生率平均在23%，县均贫困人口近3万人，分布在14个省区；三是贫困村，全国12.8万个建档立卡贫困村居住着60%的贫困人口，四分之三的村无合作经济组织，三分之二的村无集体经济，无人管事、无人干事、无钱办事现象突出。

他还深入分析了深度贫困的成因："深度贫困地区、贫困县、贫困村，致贫原因和贫困现象有许多共同点。"一是集革命老区、民族地区、边疆地区于一体；二是基础设施和社会事业发展滞后；三是社会发育滞后，社会文明程度低；四是生态环境脆弱，自然灾害频发；五是经济发展滞后，人穷村也穷。

针对上述情况，习近平总书记提出"确保深度贫困地区和贫困群众同全国人民一道进入全面小康社会"的总体要求，并对深度贫困地区脱贫提出8项举措：一是合理确定脱贫目标；二是加大投入支持力度；三是集中优势兵力打攻坚战；四是深度贫困地区促进区域发展的措施必须围绕精准扶贫发力；五是加大各方帮扶力度；六是加大内生动力培育力度，扶贫要同扶智、扶志结合起来；七是加大组织领导力度；八是加强检查督察。还强调指出："脱贫攻坚工作要实打实干，一切工作都要落实到为贫困群众解决实际问题上，切实防止形式主义，不能搞花拳绣腿，不能搞繁文缛节，不能做表面文章。"

这次座谈会，是向深度贫困地区的贫困宣战的动员大会，对推动精准脱贫攻坚起到重要影响。

——2018年2月12日，习近平总书记在成都召开打好精准脱贫攻坚战座谈会。这次是党的十九大后由他主持召开的第一次脱贫攻坚座谈会。

他在讲话中，充分肯定十八大以来精准脱贫攻坚战取得的决定性进展，"创造了我国减贫史上最好成绩"：全国现行标准下的农村贫困人口由2012年底的9899万人减少到2017年底的3046万人，5年累计减贫6853万人，减贫幅度达到70%左右。贫困发生率由2012年底的10.2%下降到2017年底的3.1%，下降7.1个百分点。年均脱贫人数1370万人，是1994年至2000年"八七扶贫攻坚计划"实施期间年均脱贫人数639万的2.14倍，是2001年至2010年第一个十年扶贫纲要实施期间年均脱贫人数673万的2.04倍，也打破了以往新标准实施后脱贫人数逐年递减的格局。贫困县数量实现了首次减少，2016年有28个贫困县脱贫摘帽，解决区域性整体贫困迈出坚实步伐。

他还充分肯定了精准脱贫帮扶取得的成就："通过组织开展贫困识别和贫困退出、扶贫项目实施，贫困地区基层治理能力和管理水平明显提高，增强了农村基层党组织凝聚力和战斗力。通过选派第一书记和驻村工作队，锻炼了机关干部，培养了农村人才。全国累计选派43.5万名干部担任第一书记，派出277.8万名干部驻村帮扶。目前，在岗第一书记19.5万名、驻村干部77.5万名。这些同志肩负重任，同当地基层干部并肩战斗，带领贫困群众脱贫致富，用自己的辛苦换来贫困群众的幸福，有的甚至献出了宝贵生命，诠释了扶贫干部的担当和情怀。"

他强调指出，最大的成就是建立了中国特色脱贫攻坚制度体系："我们加强党对脱贫攻坚工作的全面领导，建立各负其责、各司其职的责任体系，精准识别、精准脱贫的工作体系，上下联动、统一协调的政策体系，保障资金、强化人力的投入体系，因地制宜、因村因户因人施策的帮扶体系，广泛参与、合力攻坚的社会动员体系，多渠道全方位的监督体系和最严格的考核评估体系，为脱贫攻坚提供了有力制度保障。这个制度体系中，根本的是中央统筹、省负总责、市县抓落实的管理体制，从中央到地方逐级签订责任书，明确目标，增强责任，强化落实。这些制度成果，为全球减贫事业贡献了中国智慧和中国方案。"

在这次会上，他批评了一些地区存在的形式主义、官僚主义、"数字脱贫"、虚假脱贫的恶劣现象，强调："贫困县党委和政府对脱贫攻坚负主体责任，党政一把手是第一责任人，攻坚期内干部队伍要保持稳定，把主要精力用在脱贫攻坚上。对于不能胜任的要及时撤换，对于弄虚作假的要坚决问责。"[①]

——2019年4月16日，习近平总书记在重庆召开解决"两不愁三保障"突出问题座谈会。他在讲话中开宗明义道出召开这次会议的用意："召开这次座谈会，主要是考虑距离完成脱贫攻坚目标任务只剩下不到两年时间，2019年尤为关键。"

他回顾了2015年11月中央扶贫开发工作会议以来，在解决"扶持谁""谁来扶""怎么扶""如何退"问题上取得的进展，以及精准

[①] 习近平：《在打好精准脱贫攻坚战座谈会上的讲话》（2018年2月12日），《求是》2020年第9期。

脱贫攻坚战取得的四项历史性成就：

一是脱贫摘帽有序推进。现行标准下农村贫困人口从 2012 年的 9899 万人减少到 2018 年的 1660 万人，累计减少 8239 万人，连续 6 年每年减贫规模都在 1000 万人以上，贫困发生率由 10.2% 降至 1.7%，改变了以往新标准实施后减贫人数逐年递减的趋势，打破了前两轮扶贫每当贫困人口减到 3000 万左右就减不动的瓶颈。全国 832 个贫困县，153 个已宣布摘帽，284 个正在进行摘帽评估，改变了贫困县越扶越多的局面。今年再完成减贫 1000 万人以上、摘帽 330 个县的任务，到 2020 年初预计全国只剩下 600 万左右贫困人口和 60 多个贫困县。

二是"两不愁"总体实现。贫困群众不愁吃、不愁穿应该说普遍做到了，困扰群众的行路难、吃水难、用电难、通信难、上学难、就医难、住危房等问题在大部分地区得到了较好解决。

三是易地扶贫搬迁建设任务即将完成。"十三五"期间，将对"一方水土养活不了一方人"的地方易地搬迁 1000 万左右建档立卡贫困人口。到 2018 年底已经完成 870 万贫困人口的搬迁建设任务，大部分搬迁人口脱了贫，2019 年剩余建设任务将全面完成。

四是党在农村的执政基础更加巩固。一大批干部在脱贫攻坚战中得到锤炼，农村基层党组织凝聚力和战斗力明显增强，农村基层治理能力和管理水平明显提高，党群干群关系不断改善。

他对 2020 年集中解决"两不愁三保障"突出问题，做出一个基本判断："总的看，'两不愁'基本解决了，'三保障'还存在不少薄弱环节。"

在义务教育保障方面，全国有 60 多万义务教育阶段孩子辍学。乡镇寄宿制学校建设薄弱，一部分留守儿童上学困难。

在基本医疗保障方面，一些贫困人口没有参加基本医疗保险，一些贫困人口常见病、慢性病得不到及时治疗，贫困县乡村医疗设施薄弱，有的贫困村没有卫生室或者没有合格村医。

在住房安全保障方面，全国需要进行危房改造的4类重点对象大约160万户，其中建档立卡贫困户约80万户。一些地方农房没有进行危房鉴定，或者鉴定不准。

在饮水安全方面，还有大约104万贫困人口饮水安全问题没有解决，全国农村有6000万人饮水安全需要巩固提升。

针对这些问题，他提出具体措施和要求，强调："现在，脱贫攻坚战进入决胜的关键阶段，打法要同初期的全面部署、中期的全面推进有所区别，最要紧的是防止松懈、防止滑坡。各地区各部门务必一鼓作气、顽强作战，不获全胜决不收兵。"①

——2020年3月6日，习近平总书记在北京召开决战决胜脱贫攻坚座谈会。这是在举国上下抗击新冠肺炎重大疫情的复杂情况下召开的脱贫攻坚会，集中体现了以习近平同志为核心的党中央对这项工作的高度重视。

他在讲话中提出："克服新冠肺炎疫情影响，凝心聚力打赢脱贫攻坚战，确保如期完成脱贫攻坚目标任务，确保全面建成小康社会。"这是在抗击疫情非常时刻，向全党全国人民发出的反贫困冲锋号令。

近一年前，2019年4月22日，他在中央财经委员会第四次会议上的讲话中，提出了一个重大判断："总体而言，我国已经基本实现全面建成小康社会目标，成效比当初预期的还要好。"② 在这次会议

---

① 习近平：《在解决"两不愁三保障"突出问题座谈会上的讲话》（2019年4月16日），《求是》2019年第16期。

② 习近平：《关于全面建成小康社会补短板问题》（2019年4月22日），《求是》2020年第11期。

上，他又做出一个重要判断："脱贫攻坚目标任务接近完成。"这两个重大判断，预示着中华民族伟大复兴的第一个百年奋斗目标已经胜券在握，第二个百年奋斗目标的新征程即将开启。这是一个期盼已久的伟大时刻，也是一个令人激动不已的历史时刻。

他在讲话中列举了"脱贫攻坚目标任务接近完成"的标志性成就：

一是"两个确保"目标基本实现。我国从20世纪80年代开始扶贫，有两个基本情况。一个是以当时的扶贫标准，贫困人口减到3000万左右就减不动了，另一个是戴贫困县帽子的越扶越多。这次脱贫攻坚扭转了这种趋势。贫困人口从2012年底的9899万人减到2019年底的551万人，贫困发生率由10.2%降至0.6%，连续7年每年减贫1000万人以上。到2020年2月底，全国832个贫困县中已有601个宣布摘帽，179个正在进行退出检查，未摘帽县还有52个，区域性整体贫困基本得到解决。

二是贫困群众"两不愁"质量水平明显提升，"三保障"突出问题总体解决。在建档立卡贫困人口中，90%以上得到了产业扶贫和就业扶贫支持，三分之二以上主要靠外出务工和产业脱贫，工资性收入和生产经营性收入占比上升，转移性收入占比逐年下降，自主脱贫能力稳步提高。2013年至2019年，832个贫困县农民人均可支配收入由6079元增加到11567元，年均增长9.7%，比同期全国农民人均可支配收入增幅高2.2个百分点。全国建档立卡贫困户人均纯收入由2015年的3416元增加到2019年的9808元，年均增幅30.2%。

三是贫困地区基本生产生活条件明显改善。具备条件的建制村全部通硬化路，村村都有卫生室和村医，10.8万所义务教育薄弱学校的办学条件得到改善，农网供电可靠率达到99%，深度贫困地区贫困村通宽带比例达到98%，960多万贫困人口通过易地扶贫搬迁摆脱了"一方水土养活不了一方人"的困境。贫困地区群众出行难、用电难、上学难、看病难、通信难等长期没有解决的老大难问题普遍解决，义务教育、基本医疗、住房安全有了保障。

四是贫困地区经济社会发展明显加快。特色产业不断壮大，产业扶贫、电商扶贫、光伏扶贫、旅游扶贫等较快发展，贫困地区经济活力和发展后劲明显增强。通过生态扶贫、易地扶贫搬迁、退耕还林还草等，贫困地区生态环境明显改善，贫困户就业增收渠道明显增多，基本公共服务日益完善，贫困地区呈现出新的发展局面。

五是贫困治理能力明显提升。全国共派出25.5万个驻村工作队、累计选派290多万名县级以上党政机关和国有企事业单位干部到贫困村及软弱涣散村担任第一书记或驻村干部，目前在岗91.8万，特别是青年干部了解了基层，学会了做群众工作，在实践锻炼中快速成长。在这次新冠肺炎疫情防控中，贫困地区基层干部展现出较强的战斗力，许多驻村工作队拉起来就是防"疫"队、战"疫"队，这同他们经受了这几年脱贫工作历练是分不开的。

六是中国减贫方案和减贫成就得到国际社会普遍认可。2020年脱贫攻坚任务完成后，我国将有1亿左右贫困人口实现脱贫，提前10年实现联合国2030年可持续发展议程的减贫目标，世界上没有哪一个国家能在这么短的时间内帮助这么多人脱贫，这对中国乃至世界都具有重大意义。联合国秘书长古特雷斯表示，精准扶贫方略是帮助贫困人口、实现2030年可持续发展议程设定的宏伟目标的唯一途径，中国的经验可以为其他发展中国家提供有益借鉴。

习近平总书记还谈了自己的切身感受："党的十八大以来，我每年都到贫困地区考察调研,前几年去,沿途山路颠颠簸簸,进了村坑坑洼洼,晴天尘土满鞋,雨天道路泥泞,贫困户房子破破烂烂、有的家徒四壁,一些贫困群众一年也吃不上几次肉,不少孩子没有上学或中途辍学,很多人生病基本靠扛,看了心里确实很沉重。这几年,我再去一些贫困村,看到了实实在在的变化,道路平坦通畅,新房子一片连着一片,贫困群众吃穿不成问题。看到群众脸上洋溢着真诚淳朴的笑容,我心里非常高兴。"

他在讲话中,对克服疫情严重影响、夺取打赢精准脱贫攻坚战最后胜利,做出全面部署。他特别强调:"脱贫摘帽不是终点,而是新生活、新奋斗的起点。要针对主要矛盾的变化,理清工作思路,推动减贫战略和工作体系平稳转型,统筹纳入乡村振兴战略,建立长短结合、标本兼治的体制机制。这项工作,中央有关部门正在研究。总的要有利于激发欠发达地区和农村低收入人口发展的内生动力,有利于实施精准帮扶,促进逐步实现共同富裕。有条件的地方,也可以结合实际先做起来,为面上积累经验。"[①]

这预示着,在打赢精准脱贫攻坚战后,又一场新的强国富民的重大战役即将打响。

在领导打赢精准脱贫攻坚战中,习近平总书记走遍了全国各地深度贫困地区,足迹遍布贫困地区的村落与农户,强有力地推动了科学决策、精准施策,指挥精准脱贫攻坚战取得前所未有的成就,彰显了中国共产党领导和中国特色社会主义制度的政治优势。

---

① 习近平:《在决战决胜脱贫攻坚座谈会上的讲话》(2020年3月6日),《人民日报》2020年3月7日第2版。

◇ 确保中华民族永续发展

污染防治攻坚战，是决胜全面建成小康社会的一场硬仗，也是补齐发展短板、保障中华民族永续发展的战略举措。

习近平总书记2018年5月18日在全国生态环境保护大会上的讲话中指出："党的十八大以来，我们把生态文明建设作为统筹推进'五位一体'总体布局和协调推进'四个全面'战略布局的重要内容，开展一系列根本性、开创性、长远性工作，提出一系列新理念新思想新战略，生态文明理念日益深入人心，污染治理力度之大、制度出台频度之密、监管执法尺度之严、环境质量改善速度之快前所未有，推动生态环境保护发生历史性、转折性、全局性变化。"

通过打赢污染防治攻坚战、实现建设美丽中国战略目标，确保中华民族永续发展，是中华民族伟大复兴赋予当代中国共产党人的神圣使命。

中国是一个文明古国，经过数千年持续不断的开发和发展。从我国自身经历来看，生态退化一直是威胁中华民族永续发展的历史与现实问题。据史料记载，现在植被稀少的黄土高原、渭河流域、太行山脉也曾是森林遍布、山清水秀，地宜耕植、水草便畜。由于毁林开荒、乱砍滥伐，这些地方生态环境遭到严重破坏。塔克拉玛干沙漠的蔓延，湮没了盛极一时的丝绸之路。河西走廊沙漠的扩展，毁坏了敦煌古城。科尔沁、毛乌素沙地及乌兰布和沙漠的蚕食，侵占了富饶美丽的蒙古草原。楼兰古城因屯垦开荒、盲目灌溉，导致孔雀河改道而衰落。河北北部的围场，早年树海茫茫、水草丰美，但从同治年间开围放垦，致使千里松林几乎荡然无存，出现了几十万亩的荒山秃岭。

我国在现代化建设上起步晚，人口压力大，经过数千年的开发，又经过近代以来上百年的严重战乱破坏和殖民掠夺，自然资源和自然环境的潜力和承载能力有限。再加上历史形成的发展不平衡，造成国土布局很不均衡、不尽合理，主要的发展压力长期集中在东部沿海地区。这一基本国情，决定了我国环境容量有限，生态系统脆弱。

独特的地理环境，又进一步加剧了地区间的不平衡。"胡焕庸线"东南方43%的国土，居住着全国94%左右的人口，以平原、水网、低山丘陵和喀斯特地貌为主，生态环境压力巨大；该线西北方57%的国土，供养大约全国6%的人口，以草原、戈壁沙漠、绿洲和雪域高原为主，生态系统非常脆弱。

在这种社会历史条件下，我国国情的一个基本特点，就是自然生态环境先天不足，整体生态环境系统脆弱。

新中国成立后，加紧进行社会主义工业化和现代化建设。改革开放以来，我国经济发展取得历史性成就。同时也积累了大量生态环境问题，成为明显的短板，成为人民群众反映强烈的突出问题。主要表现在：

第一，水资源紧缺，用水安全存在风险。人均水资源拥有量仅为世界平均水平的四分之一，按国际标准属于重度缺水国家。全国的水资源供需矛盾不断凸显，中国部分地区已超过或接近水资源开发的极限。

第二，耕地资源紧缺，耕地安全存在风险。人均耕地少，不到世界人均水平的一半。全国优质耕地比例不足3%，中、低等级的比例为超过70%。

第三，能源和矿产资源短缺，能源安全存在风险。我国石油的对外依存度接近70%。

第四，水资源污染严重，全国江河水系、地下水污染和饮用水出现安全问题，这对原本紧缺的水资源问题无疑是雪上加霜。

第五，大气污染严重。雾霾成为环境问题的风向标。由环保部等13个部门共同编制的《2016中国环境状况公报》显示，2016年，全国338个地级及以上城市中，只有84个城市环境空气质量达标，占全部城市数的24.9%；254个城市环境空气质量超标，占75.1%。

第六，土壤污染潜在风险不断累积。部分地区土壤污染较重，耕地土壤环境质量堪忧，工矿业废弃地土壤环境问题突出。这些土壤中的污染物质通过食物链最终又进入人体内，对人体健康构成极大危害。近年来，"镉大米""重金属蔬菜"等由土壤污染引发的农产品质量安全问题和群体性事件逐年增多，成为影响群众身体健康和社会稳定的重要因素。

第七，农村环境污染，带来潜在风险。污水乱泼、垃圾乱倒、粪土乱堆、柴草乱垛、畜禽乱跑是农村比较普遍的景象。很多农村地区几乎找不到未被污染的河流。

第八，生态系统受到过度开发造成的风险。掠夺式的采石开矿、挖河取沙、毁田取土、荒坡垦殖、围湖造田、毁林开荒等行为大量存在，很多生态系统功能被严重损害。

面对这种情况，中共十八大将生态文明建设列入中国特色社会主义总体布局之中，中共十九大又将打赢污染防治攻坚战作为三大攻坚战之一。污染防治、生态保护、能源节约，越来越作为全局性问题受到高度重视。

打赢污染防治攻坚战与生态文明建设战略地位的提升，是中国由大向强转变的必然过程。其中，全面建成小康社会的急迫要求，不容乐观的生态环境形势，新时代社会主要矛盾变化，经济由高速度增长向高质量发展转变的内在要求，是推动这一转变与提升的四个最为重要的决定性因素。

从全面建成小康社会的迫切要求看，必须坚决打好污染防治攻坚战。全面小康，覆盖的领域要全面，是五位一体全面进步。经济建设、政治建设、文化建设、社会建设、生态文明建设五大建设，不能长的很长、短的很短。"小康全面不全面，生态环境质量是关键。"在这五大建设中，生态文明建设就是突出短板。在40多年持续快速发展中，我国农产品、工业品、服务产品的生产能力迅速扩大，但提供优质生态产品的能力却在减弱，一些地方生态环境还在恶化。这就要求我们坚决打好污染防治攻坚战，从根本上扭转生态环境恶化的趋势，尽力补上生态文明建设这块短板，切实把生态文明的理念、原则、目标融入经济社会发展各方面，贯彻落实到各级各类规划和各项工作中。

从当前生态环境的实际状况看，必须坚决打好污染防治攻坚战。中共十八大以来，我国生态环境质量持续好转，出现了稳中向好趋势，但成效并不稳固。我国生态文明建设正处于压力叠加、负重前行的关键期，已进入提供更多优质生态产品以满足人民日益增长的优美生态环境需要的攻坚期，也到了有条件有能力解决生态环境突出问题的窗口期。这就是说，在生态文明建设上，现在面临的形势是等不起、慢不得、不迟疑，必须以最大的决心、最果敢的行动坚决打好污染防治攻坚战，不达目的决不收兵。

从新时代社会主要矛盾变化看，必须坚决打好污染防治攻坚战。中国特色社会主义进入新时代，我国社会主要矛盾已经转化为人民日益增长的美好生活需要和不平衡不充分的发展之间的矛盾。在人民日益增长的美好生活需要中,对清新的空气、干净的水、优美的生态环境等要求越来越高、越来越迫切,生态文明建设发展的不平衡不充分状况日益凸显,人民群众对优美生态环境的需要已经成为这一矛盾的重要方面,广大人民群众热切期盼加快提高生态环境质量。因此,我们要把生态文明建设作为重大政治问题和关系民生的重大社会问题,全力以赴打好污染防治攻坚战。

从经济由高速度增长向高质量发展转变的内在要求看,必须坚决打好污染防治攻坚战。在实现高质量发展、构建现代经济体系爬坡过坎的过程中,机遇与挑战并存。最大的坡和坎,莫过于生态资源环境的硬约束和软约束。同时,最大的"绝路逢生"的发展机遇,也来自于由这种硬约束和软约束造成的倒逼机制。在从"宁要金山银山,不要绿水青山"向"绿水青山就是金山银山"的转变中,就可以释放出许多发展机遇。在从国土空间无序开发利用向国土空间和主体功能区科学开发保护的转变中,同样可以释放出许多前所未有的发展机遇。此外,实施山水林田湖生态保护和修复工程,加大环境治理力度,改革环境治理基础制度,全面提升自然生态系统稳定性和生态服务功能,都会极大地保护和发展社会生产力,推动高质量发展。

在指导打赢污染防治攻坚战的过程中,习近平总书记多次强调,要打几场标志性的重大战役,集中力量攻克老百姓身边的突出生态环境问题。

一是坚决打赢蓝天保卫战。编制实施打赢蓝天保卫战三年作战计划,以京津冀及周边、长三角、汾渭平原等重点区域为主战场,调整优化产业结构、能源结构、运输结构、用地结构,强化区域联防联控和重污染天气应对,进一步明显降低 $PM_{2.5}$ 浓度,明显减少重污染天数,明显改善大气环境质量,明显增强人民的蓝天幸福感。要加强工业企业大气污染综合治理，大力推进散煤治理和煤炭消费减量替代，打好柴油货车污染治理攻坚战，强化国土绿化和扬尘管控，有效应对重污染天气。

二是着力打好碧水保卫战。深入实施水污染防治行动计划，扎实推进河长制湖长制，坚持污染减排和生态扩容两手发力，加快工业、农业、生活污染源和水生态系统整治，保障饮用水安全，消除城市黑臭水体，减少污染严重水体和不达标水体。要打好水源地保护攻坚战，打好城市黑臭水体治理攻坚战，打好长江保护修复攻坚战，打好渤海综合治理攻坚战，打好农业农村污染治理攻坚战。

三是扎实推进净土保卫战。针对土壤重金属污染、化学污染严重的突出生态环境问题，明确提出要全面落实土壤污染防治行动计划，推动制定和实施土壤污染防治法。突出重点区域、行业和污染物，强化土壤污染管控和修复。加快推进垃圾分类处理，强化固体废物污染防治。

四是针对垃圾围城等民心之痛、民生之患的突出生态环境问题，明确提出打一场污染防治攻坚的人民战争。这些问题严重影响人民群众生产生活，老百姓意见大、怨言多，甚至成为诱发社会不稳定的重要因素，必须下大气力解决好这些问题。

五是针对部分企业技术装备严重落后、污染严重、管理混乱造成的突出生态环境问题，结合去产能等供给侧结构性改革，在全国展开"散乱污"企业治理。关停取缔一批，整改提升一批，搬迁入园一批。通过调整能源结构，减少煤炭消费比重，加快清洁能源发展。

六是针对北方冬季大气污染严重的突出生态环境问题，明确提出坚持因地制宜、多措并举，宜电则电、宜气则气，坚定不移推进北方地区冬季清洁取暖。加快天然气产供储销体系建设，优化天然气来源布局，加强管网互联互通，保障气源供应。要提供补贴政策和价格支持，确保"煤改气""煤改电"后老百姓用得上、用得起。要加大燃煤小锅炉淘汰力度，暂停一部分污染重的煤电机组，加快升级改造。

七是针对公路运输污染严重的突出生态环境问题，明确提出要调整运输结构，减少公路运输量，增加铁路运输量。要抓紧治理柴油货车污染，推动货运经营整合升级、提质增效，加快规模化发展、连锁化经营。

八是针对洋垃圾污染严重的突出生态环境问题，明确提出要全面禁止洋垃圾入境，大幅减少进口固体废物种类和数量，严厉打击危险废物破坏环境违法行为，坚决遏制住危险废物非法转移、倾倒、利用和处理处置。

九是针对农村环境中存在的突出生态环境问题，明确提出要调整农业投入结构，减少化肥农药使用量，增加有机肥使用比重，完善废旧地膜回收处理制度。要持续开展农村人居环境整治行动，实现全国行政村环境整治全覆盖，基本解决农村的垃圾、污水、厕所问题，打造美丽乡村，为老百姓留住鸟语花香田园风光。

如果说，以上应急之策迅速扭转了生态环境急剧恶化趋势的话，那么，一系列着眼于生态文明建设长远之策的出台，更使生态环境保护硬约束成为带电的高压线。

一是大力推进生态文明制度改革。通过全面深化改革，加快推进生态文明顶层设计和制度体系建设，相继出台《关于加快推进生态文明建设的意见》《生态文明体制改革总体方案》，制订了40多项涉及生态文明建设的改革方案，从总体目标、基本理念、主要原则、重点任务、制度保障等方面对生态文明建设进行全面系统部署安排。

二是大力推进生态文明制度创新。生态文明建设目标评价考核、自然资源资产离任审计、生态环境损害责任追究等制度出台实施，主体功能区制度逐步健全，省以下环保机构监测监察执法垂直管理、生态环境监测数据质量管理、排污许可、河（湖）长制、禁止洋垃圾入境等环境治理制度加快推进，绿色金融改革、自然资源资产负债表编制、环境保护税开征、生态保护补偿等环境经济政策制定和实施进展顺利。

三是大力推进重点地区生态环境治理。京津冀大气污染治理、长江经济带生态环境保护取得阶段性成效，京津冀及周边地区"散乱污"企业整治力度空前。

四是大力推进生态文明立法执法。制定和修改环境保护法、环境保护税法以及大气、水污染防治法和核安全法等法律。全国人大常委会、最高人民法院、最高人民检察院对环境污染和生态破坏界定入罪标准，加大惩治力度，形成高压态势。

五是大力推进环境保护督察制度落地生效。中央生态环境保护督察制度建得好、用得好，敢于动真格，不怕得罪人，咬住问题不放松，成为推动地方党委和政府及其相关部门落实生态环境保护责任的硬招实招。

在一系列重大举措的综合施策作用下，我国生态文明建设在中共十八大以后取得了一批标志性的成就，开创了生态文明建设和环境保护新局面。

——大力推动绿色发展。国土空间布局得到优化，京津冀、长江经济带省区市和宁夏等 15 个省区市的生态保护红线已经划定。供给侧结构性改革深入推进，产业结构不断优化，一大批高污染企业有序退出。能源消费结构发生积极变化，我国成为世界利用新能源和可再生能源第一大国。全面节约资源有效推进，资源消耗强度大幅下降。

——深入实施大气、水、土壤污染防治三大行动计划，我国是世界上第一个大规模开展 $PM_{2.5}$ 治理的发展中大国，形成全世界最大的污水处理能力。同 2013 年相比，2017 年全国 338 个地级及以上城市可吸入颗粒物（PM_{10}）平均浓度下降 22.7%，京津冀地区 $PM_{2.5}$ 平均浓度下降 39.6%，北京 $PM_{2.5}$ 平均浓度从 89.5 微克/立方米降至 58 微克/立方米。地表水国控断面 Ⅰ—Ⅲ 类水体比例增加到 67.9%，劣 Ⅴ 类水体比例下降到 8.3%。森林覆盖率由本世纪初的 16.6% 提高到 22% 左右。

——我国率先发布《中国落实 2030 年可持续发展议程国别方案》，实施《国家应对气候变化规划（2014—2020 年）》，向联合国交存《巴黎协定》批准文书。我国消耗臭氧层物质的淘汰量占发展中国家总量的 50% 以上，成为对全球臭氧层保护贡献最大的国家。2017 年，同联合国环境署等国际机构一道发起，建立"一带一路"绿色发展国际联盟。

中共十九大以来，进一步昭示了生态文明建设的美好前景。十九大明确了到本世纪中叶把我国建设成为富强民主文明和谐美丽的社会主义现代化强国的目标，十三届全国人大一次会议通过的宪法修正案，将这一目标载入国家根本法，进一步凸显了建设美丽中国的重大现实意义和深远历史意义，进一步深化了我们党对社会主义建设规律的认识，为建设美丽中国、实现中华民族永续发展提供了根本遵循和保障。

中共十八大以来在生态文明建设上发生的这些历史性、转折性、全局性变化，有其深刻的社会历史背景。一方面，日益恶化的生态资源环境状况难以继续支撑长期以来形成的以高速度增长为标志的经济发展模式，亟须在发展理念与发展方式上来一次革命性变革；另一方面，我们党对生态文明建设的规律性认识和把握也产生了一次重大飞跃，创立了习近平生态文明思想。生态文明建设实践呼唤着理论创新，生态文明建设理论创新又强有力地推动着实践发展，形成了理论创新与实践创新的良性互动。

2018年5月18日，习近平总书记在全国生态环境保护大会上发表重要讲话，全面阐述了习近平生态文明思想，成为新时代指导生态文明建设的纲领性文献。

讲话首先明确了一个分两步实现的奋斗目标，即第一步，"确保到2035年节约资源和保护环境的空间格局、产业结构、生产方式、生活方式总体形成，生态环境质量实现根本好转，生态环境领域国家治理体系和治理能力现代化基本实现，美丽中国目标基本实现"。第二步，"到本世纪中叶，建成富强民主文明和谐美丽的社会主义现代化强国，物质文明、政治文明、精神文明、社会文明、生态文明全面提升，绿色发展方式和生活方式全面形成，人与自然和谐共生，生态环境领域国家治理体系和治理能力现代化全面实现，建成美丽中国"。

讲话还明确了《关于加快推进生态文明建设的意见》《生态文明体制改革总体方案》等两项重要制度和配套的一系列改革方案。即"党的十八大以来，我们通过全面深化改革，加快推进生态文明顶层设计和制度体系建设，相继出台《关于加快推进生态文明建设的意见》《生态文明体制改革总体方案》，制订了40多项涉及生态文明建设的改革方案，从总体目标、基本理念、主要原则、重点任务、制度保障等方面对生态文明建设进行全面系统部署安排"。

讲话集中回答了三个重大时代课题。即"党的十八大以来，我们党深刻回答了为什么建设生态文明、建设什么样的生态文明、怎样建设生态文明的重大理论和实践问题，提出了一系列新理念新思想新战略"。

讲话阐明了四个方面的重要思想。即生态文明建设是关系中华民族永续发展的根本大计；生态环境是关系党的使命宗旨的重大政治问题，也是关系民生的重大社会问题；要集中优势兵力，采取更有效的政策举措，坚决打好防范化解重大风险、精准脱贫、污染防治的攻坚战，使全面建成小康社会得到人民认可、经得起历史检验；加强党对生态文明建设的领导，全面贯彻落实党中央、国务院印发的《关于全面加强生态环境保护坚决打好污染防治攻坚战的意见》，坚决维护党中央权威和集中统一领导，坚决担负起生态文明建设的政治责任，全面贯彻落实党中央决策部署。

讲话明确了加快建立健全解决历史交汇期的生态环境问题的生态文明五大体系。即"加快解决历史交汇期的生态环境问题，必须加快建立健全以生态价值观念为准则的生态文化体系，以产业生态化和生态产业化为主体的生态经济体系，以改善生态环境质量为核心的目标责任体系，以治理体系和治理能力现代化为保障的生态文明制度体系，以生态系统良性循环和环境风险有效防控为重点的生态安全体系"。

讲话还概括提出新时代推进生态文明建设必须坚持的六项原则。第一，坚持人与自然和谐共生。第二，绿水青山就是金山银山。第三，良好生态环境是最普惠的民生福祉。第四，山水林田湖草是生命共同体。第五，用最严格制度、最严密法治保护生态环境。第六，共谋全球生态文明建设。这六项原则构成了一个完整全面的体系，科学回答了生态文明建设中的价值取向、发展导向、民生观、系统观、法治观、全球观，是我们进行生态文明建设的根本遵循。可以说，把握好理解好处理好这六项原则，就掌握了习近平生态文明思想的精髓。

习近平生态文明思想是习近平新时代中国特色社会主义思想的重

要组成部分，深刻回答了为什么建设生态文明、建设什么样的生态文明、怎样建设生态文明的重大理论和实践问题，集中体现为生态兴则文明兴、生态衰则文明衰的深邃历史观，人与自然和谐共生的科学自然观，绿水青山就是金山银山的绿色发展观，良好生态环境是最普惠的民生福祉的基本民生观，山水林田湖草是生命共同体的整体系统观，用最严格制度保护生态环境的严密法治观，全社会共同建设美丽中国的全民行动观，共谋全球生态文明建设的共赢全球观。

◇ 推动发展观和财富观的深刻变革

一个深刻影响社会历史发展进程的思想的形成，总是紧扣时代提出的重大问题，在实践不断探索与思想不断思考中实现的。习近平生态文明思想也是如此。

这一场由发展理念变化带来的生态革命，是由习近平同志在主持浙江工作时提出的"两山"理念引发的。

2005年8月15日，时任浙江省委书记的习近平同志来到浙江省安吉余村考察，首次明确提出"绿水青山就是金山银山"，强调不以环境为代价去推动经济增长。15年后，习近平总书记在抗击新型冠状病毒重大疫情期间，再一次来到余村，再次对"两山"理念作了深刻阐发。15年间，"两山"理念从浙江成功实践跃升为以习近平同志为核心的党中央战略指导的新发展理念，使美丽中国的梦想正在变为强国梦的现实。"两山"理念的提出，在人类发展史上是一次重大变革，在人类财富认识史上更是一次伟大变革。

我们先来看"两山"理念在人类发展史上带来的变革。

自有人类社会以来，人类与大自然的关系，人类社会人与人、人与社会的关系，始终是绵延不绝、割舍不断的两大问题。

从历史到今日，人类一直高度关注自身发展问题，而把自身发展凌驾于人与自然的关系之上，结果造成了"竭泽而渔"，造成了自然环境的严重破坏，导致了一系列著名的公害事件。恩格斯在《自然辩证法》中深刻地指出："我们不要过分陶醉于我们人类对自然界的胜利。对于每一次这样的胜利，自然界都对我们进行报复。"[1] 自1972年罗马俱乐部发表《增长的极限》研究报告起，人与自然的关系重新引起有识之士的关注。在这一背景下，"可持续发展问题"成为经济社会发展的国际议程。1992年6月，联合国在里约热内卢召开的"环境与发展大会"，通过了以可持续发展为核心的《里约环境与发展宣言》《21世纪议程》等文件。这表明，人类发展到今天，越来越多的人开始认识到，如果不正确处理好人与自然的关系，人类社会文明发展成果也会难以为继，甚至会毁于一旦。

这样，在人类社会发展中，如何处理好人与自然的关系，就成为当今人类发展的世界性问题。

中国是发展中国家，严格意义上的大规模工业化建设，大踏步推动从农业国向工业国转变，都是从新中国成立后开始的。毫无疑问，也经历了"先污染，后治理"的过程。但难能可贵的是，1973年8月召开了第一次全国环境保护会议，面对当时存在比较严重的环境问题，首次确定了"全面规划，合理布局，综合利用，化害为利，依靠群众，大家动手，保护环境，造福人民"的环境保护工作方针。此次会议为环境保护工作在改革开放后的蓬勃发展，奠定了基础。

---

[1] 《马克思恩格斯文集》第9卷，人民出版社2009年版，第559—560页。

中国共产党人之所以能比较早地意识到生态环境保护问题，并开始着手探索解决问题的途径，在很大程度上得益于源远流长的中华文明，始终具有尊重自然、热爱自然、人与自然和谐相处的优良传统，而社会主义发展的目的又是造福于人民。

改革开放后，我国经济社会发展进入了高速、稳步、健康、协调的快车道，充分显示了改革开放和中国特色社会主义的优越性。与此同时，持续30多年的高速发展，也使资源环境的增长极限问题日益突出，到了非解决不可的程度。党的十五大，确立可持续发展战略。党的十六大以后，逐步提出以人为本，树立全面、协调、可持续的科学发展观，提出"统筹人与自然和谐发展"。这些为探索一条中国特色社会主义文明发展之路做出了贡献。

真正要找到打开中国特色文明发展道路的锁钥，必须从世界观和方法论的高度，有一个总的把握，才能真正实现根本性突破。就是在这一关键时刻，习近平总书记提出"两山"理念，为从根本上破解发展与生态、发展与环境、发展与资源这一当今人类发展的关键问题，指明了方向。

以往的发展理念，都是站在发展谈发展，因而找不到如何实现文明发展的新道路。要么，就是把发展与环境对立起来，叫作"宁要金山银山，不要绿水青山"。要么，就是尽管主观上谋求发展与环境统一，但在实际工作中，还是把环境置于发展的从属地位。这是长期以来，为什么主观认识上力图避免"先污染、后治理"的老路，而在实际工作中却往往陷入"边污染、边治理"两难境地的重要原因。

"绿水青山就是金山银山"的"两山"理念，第一次跳出发展看发展，把人与自然的关系摆在与人类社会发展同等重要的地位，从发展理念上堵住了以牺牲生态环境为代价换取经济的一时发展的老路。

正如习近平总书记2018年5月18日在全国生态环境保护大会上的讲话中所说:"绿水青山就是金山银山。这是重要的发展理念,也是推进现代化建设的重大原则。绿水青山就是金山银山,阐述了经济发展和生态环境保护的关系,揭示了保护生态环境就是保护生产力、改善生态环境就是发展生产力的道理,指明了实现发展和保护协同共生的新路径。"

可以说,"两山"理念,在发展理念上把颠倒了的关系重新颠倒过来,实现了人类发展史上的一次重大变革。

第一,"两山"理念重新摆正了近期与长远的关系,从生态文明与民族永续发展的关系看发展问题。

"两山"理念的出发点和立足点,是确保中华民族永续发展。正如习近平总书记指出,生态环境是人类生存和发展的根基,生态环境变化直接影响文明兴衰演替。[①] 在世界历史上,许多文明古国最后都灰飞烟灭。除了战乱等复杂的社会历史原因,生态系统的严重破坏也是一个重要原因。历史证明,生态兴则文明兴,生态衰则文明衰。中华文明之所以能够绵延5000多年从未中断,很重要的一点,是得益于中华文明中的生态观和自然观。中华民族向来尊重自然、热爱自然,悠久的中华文明滋养着丰富的生态文化。这是我们取之不尽、用之不竭的思想养料。特别是在中华民族从站起来、富起来走向强起来的民族复兴关键时刻,决不能干那种竭泽而渔、吃祖宗饭、砸子孙碗的蠢事。生态文明建设是关系中华民族永续发展的根本大计。越是在走向强起来的伟大征途中,越要把确保中华民族永续发展放在首要位置,下最大决心走高质量发展之路,走文明发展之路。

---

① 《习近平新时代中国特色社会主义思想学习纲要》,学习出版社、人民出版社2019年版,第167页。

第二,"两山"理念重新摆正了人与自然的关系,从人与自然是生命共同体的关系看发展问题。

"两山"理念贯穿着人与自然和谐共生理念,这是人类社会发展必须遵循的基本准则,也是大自然对人类活动的基本要求。人类既属于社会,也属于自然,是大自然长期发展到达高级阶段的产物。在处理好人与自然的关系中,树立什么样的自然观至关重要。由资本主义的生产方式所决定,资本至上、个人至上、物质享受至上的观念占据支配和主导地位,必然会把自然看作是人类的从属。而马克思主义的自然观,第一次把这种颠倒了的关系重新颠倒了过来,正确地指出,人不是自然界的主宰者,而是自然界的一部分,人靠自然界生活。"两山"理念坚持人与自然和谐共生观点,深刻阐明"人与自然是生命共同体""山水林田湖草是生命共同体""人类是命运共同体"的规律,努力推动形成人与自然和谐发展现代化建设新格局。

第三,"两山"理念重新摆正了经济发展与民生福祉的关系,从生态环境与民生福祉的关系看发展问题。

习近平总书记早就提出:"我们既要GDP,又要绿色GDP。"① 新时代,我国经济从高速度增长向高质量发展转变,是伴随着我国社会主要矛盾的深刻变化出现的。在这一深刻变化中,生态环境状况不仅成为进一步发展的硬约束和突出短板,也成为人民群众的热切期盼。正如习近平总书记所说:"良好生态环境是最普惠的民生福祉。""人民群众对优美生态环境需要已经成为这一矛盾的重要方面,广大人民群众热切期盼加快提高生态环境质量。"要全面贯彻包括绿色发展在内的新发展理念,就必须转变对GDP的片面理解。发展经济是为了

---

① 习近平:《之江新语》,浙江人民出版社2007年版,第37页。

民生，保护生态环境同样也是为了民生。既要创造更多的物质财富和精神财富以满足人民日益增长的美好生活需要，也要提供更多优质生态产品以满足人民日益增长的优美生态环境需要，以实现生态惠民、生态利民、生态为民。在物质文明与生态文明的关系上，同样需要"两手抓，两手都要硬"。

中华民族从站起来、富起来到强起来的历史必将雄辩地证明，这三大关系的革命性变革，对实现中华民族伟大复兴，对构建人类命运共同体，都具有深远的战略意义。

我们再来看"两山"理念在人类财富认识史上带来的变革。

什么是国民财富？人们首先会联想到，土地、矿藏、森林、厂房、房屋是国民财富，钢铁、煤炭、石油、粮食、棉花、蔬菜、油料、飞机、汽车等有形的物质产品是国民财富，其他各种以资本或货币形式存在的物质资料的等价物，也被视为国民财富。然而，谁也没有想过，绿水青山等自然资源是不是国民财富。

这不是人们的意识落后，而是存在决定意识的规律所使然。为什么这样说呢？因为在很长时间的人类社会发展中，特别是现代化的进程中，人们看重的是物质财富，看重的是那些可以给人带来财富增值效应的有形价值，也就是习近平总书记所说的"金山银山"。对于我们天天见到的绿水青山，则以为是大自然的禀赋，只顾一味索取，很少考虑它的承载能力与再生能力。这也就是习近平总书记所总结的，在"两山"关系上，人的认识的第一阶段。

到了第二个阶段，经济开发、经济建设的强度，远远超过了大自然的承载能力，出现了雾霾、重金属污染等，人们才认识到资源环境的宝贵，为了"金山银山"，也要保住"绿水青山"。这是个过渡状态，还不是理想状态。但没有这一阶段，也就没有第三个阶段。这就是历史的辩证法。

只有到第三个阶段，也就是从高速度增长向高质量发展转变之时，才会从切身的体验中感受到，绿水青山是人世间最可珍贵的国民财富。表面看，它无法用现有的价值体系来衡量，但又实实在在地、源源不断地给人们带来金山银山，让贫困地区因为拥有最稀缺的绿水青山，而使其成为脱贫致富奔小康的"摇钱树"。这个新阶段，即是形成"绿水青山就是金山银山"理念的新阶段，就是全面贯彻落实新发展理念的新时代。

"两山"理念的价值，就在于破除了以"唯GDP"为代表的片面追求物质财富和社会资本增殖的狭隘财富观。从绿色发展理念出发，确立起绿色财富观。

正如习近平总书记指出的那样："绿水青山既是自然财富、生态财富，又是社会财富、经济财富。保护生态环境就是保护自然价值和增值自然资本，就是保护经济社会发展潜力和后劲，使绿水青山持续发挥生态效益和经济社会效益。"这段论述，进一步阐发了"两山"理念的丰富内涵。

特别需要指出的是，以什么样的财富观看待绿水青山，是由生产方式和社会制度决定的。恩格斯在《自然辩证法》中指出："到目前为止的一切生产方式，都仅仅以取得劳动的最近的、最直接的效益为目的。那些只是在晚些时候才显现出来的、通过逐渐的重复和积累才产生效应的较远的结果，则完全被忽视了。""为此需要对我们的直到目前为止的生产方式，以及同这种生产方式一起对我们的现今的整个社会制度实行完全的变革。"① "两山"理念正是人类财富认识史上的

---

① 《马克思恩格斯文集》第9卷，人民出版社2009年版，第561—562页。

一次带有革命性的"完全的变革",只能产生于中国特色社会主义的伟大实践。

第一,绿水青山既是自然禀赋,更具有社会禀赋。作为自然禀赋,它看似寻常,没有价值,似乎是大自然对人类的恩赐。但在人类社会加速推进工业化、城镇化、信息化的过程中,大量绿水青山被高楼道路占用、被废弃污水重金属等污染之后,它的社会禀赋便日益显露出来。生态环境没有替代品,用之不觉,失之难存。习近平总书记深刻地指出:"当人类合理利用、友好保护自然时,自然的回报常常是慷慨的;当人类无序开发、粗暴掠夺自然时,自然的惩罚必然是无情的。人类对大自然的伤害最终会伤及人类自身,这是无法抗拒的规律。"换句话说,绿水青山的社会禀赋,是由人类在现代化过程中的行为方式所赋予的。它的价值,要到"失之难存"之时,才会被人们充分地认识到。而要恢复绿水青山,一定会付出高昂的代价。

第二,生态本身就是经济,保护生态环境就是保护生产力、改善生态环境就是发展生产力。绿水青山的社会禀赋,是可以用价值来衡量与计算的,其社会禀赋可以转化为社会财富和经济财富,其生态效益可以转化为经济效益、社会效益。但绿水青山作为社会财富、经济财富的保值增值方式,与一般资本的保值增值有着根本区别。它的保值增值的前提,就是一定要保护好绿水青山,发展好绿水青山。这就决定了,要破除狭隘财富观,树立以新发展理念为核心导向和价值取向的新财富观。不能用功利主义和实用主义的态度搞生态文明建设,更不能搞成形式主义、政绩工程。生态文明建设是功在当代、利在千秋的大事,必须要有"功成不必在我""我将无我"的大格局,必须要有"水滴石穿""久久为功"的长周期,才能使之成为积累社会财富、实现国民财富保值增值的千秋万代工程,成为确保中华民族永续发展的伟大工程。这就是习近平总书记强调的："保护生态环境就是保护自然价值和增值自然资本，就是保护经济社会发展潜力和后劲，使绿水青山持续发挥生态效益和经济社会效益。"脱贫攻坚战的成功实践也充分证明，一些贫困地区，同时又是生态环境资源丰富且没有受到破坏的地区，只要通过改革创新，让土地、劳动力、资产、自然风光等要素活起来，完全可以把绿水青山蕴含的生态产品价值转化为金山银山，让资源变资产、资金变股金、农民变股东。

我们现在正走在这样一条康庄大道上，正在艰苦的爬坡阶段，决不能半途而废。要以久久为功的韧劲，让绿水青山源源不断地带来金山银山。

通过打赢防范化解重大风险攻坚战，全面推进国家治理体系和治理能力现代化，确保党和国家长治久安，确保经济社会稳定发展。

通过打赢污染防治攻坚战，补齐生态文明建设的制度短板和建设短板，坚定不移走文明发展道路，为中华民族永续发展奠定坚实基础。

通过打赢精准脱贫攻坚战，实现中国共产党对中国人民和中华民族的庄严承诺，在中华民族几千年历史发展上首次整体消除绝对贫困现象，使人民获得感、幸福感、安全感更加完善、更有保障、更可持续。

这三大攻坚战的胜利推进，是中国特色社会主义进入新时代的显著标志。

这三大攻坚战的如期完成，对中华民族是功在当代、利在千秋的伟业。

第十三章

用自我革命引领社会革命

中国共产党在民族磨难中诞生，在人民苦难中成长，始终肩负着通过不断进行伟大斗争，不断推动伟大社会革命，来实现为人民谋幸福、为民族谋复兴的初心与使命。在这一长达百年的历练中，形成了中国共产党以不断实现自身建设上的自我革命，来推动中华民族伟大复兴社会革命的逻辑关系。

在这一对关系中，中国共产党的状况，始终居于决定性的地位。要加强中国共产党的全面领导，就必须首先全面加强党的自身建设；要把社会革命搞好，就必须首先把自我革命搞好。

◇◇ 解决长期执政历史性课题

在领导中国革命过程中，毛泽东提出了思想建党，并提出党的建设伟大工程，创造出全党整风这一加强马克思主义思想建设、政治建设、组织建设、作风建设的有效途径，培育出理论联系实际、密切联系群众、批评和自我批评三大优良传统作风。

在创建新中国、中国共产党即将成为执政党之际，毛泽东又向全党发出"务必使同志们继续地保持谦虚、谨慎、不骄、不躁的作风,务必使同志们继续地保持艰苦奋斗的作风"[①]的号召。在中共七届二中全会上,他还向党内高级领导干部约法几章,提出:一曰不作寿;二曰不送礼;三曰少敬酒;四曰少拍掌;五曰不以人名作地名;六曰不要把中国同志和马、恩、列、斯平列。[②]

在领导改革开放和社会主义现代化建设过程中,邓小平提出党要管党的总要求,通过整党和修改党章,制定党内政治生活若干准则,重新恢复和确立党的思想路线、政治路线、组织路线,推进党和国家领导制度改革,开创中国特色社会主义,使中国共产党发展成为领导中国人民沿着中国特色社会主义道路实现民族复兴的坚强领导核心。

20 世纪 80 年代末至 90 年代初,面对来势凶猛的国内政治风波和苏联解体、东欧剧变,面对国内繁重的改革开放和现代化建设任务,邓小平殷殷嘱托说:"任何一个领导集体都要有一个核心,没有核心的领导是靠不住的。""国家的命运、党的命运、人民的命运需要有这样一个领导集体。"这个领导集体、这个领导核心,要成为团结的、努力工作的榜样,在艰苦创业反对腐败方面成为榜样,什么乱子出来都挡得住。他还嘱咐新的中央领导集体"现在需要聚精会神地做几件使人民满意、高兴的事情,同时要赶快注意那些对我们前进不利的事情"。"主要是两个方面,一个是更大胆地改革开放,另一个是抓紧惩治腐败。""常委会的同志要聚精会神地抓党的建设,这个党该抓了,不抓不行了。""要整好我们的党,实现我们的战略目标,不惩治腐

[①] 《毛泽东选集》第 4 卷,人民出版社 1991 年版,第 1438—1439 页。

[②] 逄先知、冯蕙主编:《毛泽东年谱(1949—1976)》第 2 卷,中央文献出版社 2013 年版,第 150 页。

败，特别是党内的高层的腐败现象，确实有失败的危险。"①

中国共产党的自身建设与自我革命，是在一代又一代的接力中坚持、发展和创新的。

在邓小平开创中国特色社会主义之后，江泽民概括提出"三个代表"重要思想，继续深化对社会主义建设规律、马克思主义执政党建设规律、人类社会发展规律的认识，在将中国特色社会主义全面推向21世纪的同时，开启新时期党的建设新的伟大工程，紧紧围绕进一步解决提高党的领导水平和执政水平、提高拒腐防变和抵御风险能力这两大历史性课题，坚持党要管党、从严治党方针，确保中国共产党始终代表中国先进生产力的发展要求，代表中国先进文化的前进方向，代表中国最广大人民的根本利益。

中共十六大后，在新的历史起点上坚持和发展中国特色社会主义的同时，继续推进党的执政能力建设和先进性建设，强调建设学习型、服务型、创新型的马克思主义执政党，强调把以人为本、执政为民作为检验党一切执政活动的最高标准。胡锦涛强调指出，在新形势下，党面临的执政考验、改革开放考验、市场经济考验、外部环境考验是长期的、复杂的、严峻的，精神懈怠危险、能力不足危险、脱离群众危险、消极腐败危险更加尖锐地摆在全党面前。

历史证明，全面从严治党、坚持自我革命，是中国共产党建设的永恒主题。而且越往后，情况越复杂，挑战越巨大，地位越紧要。中国革命时期，建党治党就是道难题。改革开放时期，管党治党更难。而在大力发展社会主义市场经济时期，在全方位对外开放条件下，管党治党更是难上加难。

---

① 参见《邓小平文选》第3卷，人民出版社1993年版，第310、312、313—314页。

为什么会如此呢？

一是国内外环境变了。就国内来说，党长期面临改革与社会主义市场经济的新环境，市场经济的逐利性与等价交换原则，对党的肌体会产生侵蚀作用。就国际来说，党长期面临对外开放和世界社会主义运动处于低潮的局面，国外先进管理经验与西方错误思潮泥沙俱下，对主流意识形态、理想信念与价值观形成挑战。

二是党情国情变了。在改革开放和社会主义现代化建设新时期，党的领导更多地需要处理经济社会发展中出现的大量新情况新问题，更多地需要处理以各种物质利益关系为基础的社会矛盾和人民内部矛盾。过去的经验已不完全适用，新的经验需要重新学习、重新探索。特别是围绕经济建设、社会发展、民生改善，党的各级领导机关和领导干部不仅掌握着权力，而且掌握着大量经济社会资源，腐败的风险比以往任何时期都大为提高。在改革发展的特定阶段，往往是矛盾凸显期和风险高发期。在处理各种矛盾的过程中，各级党组织及其所领导的政府，又容易成为各种社会矛盾的焦点，由此加大了党执政的风险与成本。在腐败危险加大、执政风险加大的同时，大量党员和领导干部又在逐步年轻化，不但对党的优良传统、规矩纪律不甚熟悉，对党的理论和历史经验也不甚了解，遇事容易带有专业技术的局限，容易陷入事务主义的旋涡。

三是对领导核心的要求变了。在领导中国革命时期，人民群众的迫切要求是推翻三座大山，翻身得解放，赢得和平建设环境，满足基本生活要求。在领导中国建设时期，人民群众的迫切要求，是尽快改变"一穷二白"的落后面貌，尽快改变"落后挨打"的国际地位，加快推进社会主义现代化建设。在领导中国改革开放和现代化建设事业中，人民群众的迫切要求，是始终坚持以经济建设为中心，加快改革开放，使中国大踏步赶上时代，使人民物质文化生活需求得到极大满足，尽快从彻底解决温饱问题进入全面建设小康社会新阶段。在中国特色社会主义进入新时代后，人民群众对中国共产党领导提出了更高要求，不仅要有好的生活保障、就业保障，更期盼有更好的教育、更稳定的工作、更满意的收入、更可靠的社会保障、更高水平的医疗卫生服务、更舒适的居住条件、更优美的环境，期盼孩子们能成长得更好、工作得更好、生活得更好，期盼党和政府切实解决贪污腐败、脱离群众、形式主义、官僚主义等问题。

正因为如此，党的十八大后，以习近平同志为核心的党中央发出"打铁还需自身硬"的誓言，紧紧抓住实现中华民族伟大复兴中国梦、人民对美好生活的向往、中国共产党的革命性重塑这三大关键问题，紧紧抓住在自我革命中面临的腐败现象高发频发、管党治党失之于宽松软、党对一切工作的全面领导被严重弱化虚化、党员特别是领导干部理想信念淡漠和纪律观念薄弱等突出问题，以坚定决心、顽强意志、空前力度推进全面从严治党，开始了一场以全面自我革命推动全面社会革命的深刻变革，实现了党的革命性重塑，用党的自我革命推动党和国家事业发生历史性变革、取得历史性成就，从根本上扭转了党风政风和社会风气，党的面貌、国家的面貌、人民的面貌、军队的面貌、中华民族的面貌发生了前所未有的变化。

◇ 强力反腐败反"四风"

通过强力反腐败纠"四风"，使管党治党从"宽松软"转变为"严紧硬"。这是习近平总书记全面从严治党做出的一大历史性贡献。

习近平总书记强调，打铁必须自身硬。治国必先治党，治党务必从严。全面从严治党永远在路上。全面从严治党是我们党立下的军令状。中国共产党是世界上最大的政党，大就要有大的样子。党要团结带领人民进行伟大斗争、推进伟大事业、实现伟大梦想，必须毫不动摇坚持和完善党的领导，毫不动摇把党建设得更加坚强有力。要清醒认识到，我们党面临的执政环境是复杂的，影响党的先进性、弱化党的纯洁性的因素也是复杂的，党内存在的思想不纯、组织不纯、作风不纯等突出问题尚未得到根本解决。要深刻认识党面临的执政考验、改革开放考验、市场经济考验、外部环境考验的长期性和复杂性，深刻认识党面临的精神懈怠危险、能力不足危险、脱离群众危险、消极腐败危险的尖锐性和严峻性，坚持问题导向，保持战略定力，推动全面从严治党向纵深发展。只有全面从严治党，才能把全党凝聚起来，统一思想、统一行动，确保党中央的大政方针和决策部署落到实处，不断增强人民群众对党的信心、信任和信赖。不忘初心，方得始终。中国共产党人的初心和使命，就是为中国人民谋幸福，为中华民族谋复兴。这个初心和使命是激励中国共产党人不断前进的根本动力。要牢记党的历史使命，以许党许国、报党报国的担当，坚定不移全面从严治党，推进新时代党的建设新的伟大工程，确保党始终成为中国特色社会主义事业的坚强领导核心。

腐败是党执政面临的最大威胁，严重侵蚀党的执政基础，人民群众深恶痛绝。以习近平同志为核心的党中央对反腐败斗争形势有着清醒认识，在1993年以来一直沿用"依然严峻"基础上，增加"复杂"二字，并强调指出：党风廉政建设和反腐败斗争是一场输不起的斗争，不得罪成百上千的腐败分子，就要得罪十三亿人民。这是一笔再明白不过的政治账、人心向背的账。

党的十八大以来，习近平总书记坚持问题导向，以顽强的斗争精神、补天填海的气概，以"得罪千百人、不负十三亿"的使命担当，正风肃纪反腐，挽狂澜于既倒，以零容忍的态度重拳反腐，坚定不移"打虎""拍蝇""猎狐"，不敢腐的目标初步实现，不能腐的笼子越扎越牢，不想腐的堤坝正在构筑，反腐败斗争压倒性态势已经形成并巩固发展，推动反腐败斗争压倒性态势向压倒性胜利转化，校正了党和国家事业前进的航向。

政治腐败和经济腐败相互交织形成利益集团，严重危害党和国家政治安全。周永康、孙政才、令计划等人严重违反党的政治纪律和政治规矩，政治野心膨胀，搞阴谋活动。以习近平同志为核心的党中央及时察觉、果断处置，坚决铲除这些野心家、阴谋家，消除重大政治隐患。

坚持国际追逃追赃不停步，坚决堵住腐败分子跳向国外的路。有关部门持续推进"天网行动"，推动联合国、二十国集团、亚太经合组织、上海合作组织、金砖国家等建立反腐败合作机制，主导制定《北京反腐败宣言》和《反腐败追逃追赃高级原则》，设立二十国集团反腐败追逃追赃研究中心，协调建立亚太经合组织反腐败执法合作网络。与一些国家建立双边执法合作机制，搭建联合调查、快速遣返、资产追缴便捷通道。据《十八届中央纪律检查委员会向中国共产党第十九次全国代表大会的工作报告》，2014年以来，共从90多个国家和地区追回外逃人员3453名、追赃95.1亿元，"百名红通人员"中已有48人落网。[①]

习近平总书记反复强调，我们党反腐败不是看人下菜的"势利

[①]《十八届中央纪律检查委员会向中国共产党第十九次全国代表大会的工作报告》，《人民日报》2017年10月30日第1版。

店"，不是争权夺利的"纸牌屋"，也不是有头无尾的"烂尾楼"。"老虎"露头就要打，"苍蝇"乱飞更要拍。深入进行反腐败斗争，要坚持无禁区、全覆盖、零容忍，坚持重遏制、强高压、长震慑。推动全面从严治党向基层延伸，严厉整治发生在群众身边的腐败问题，把扫黑除恶同反腐败结合起来，既抓涉黑组织，也抓后面的"保护伞"。通过深化改革和制度创新切断利益输送的链条，加强对权力运行的制约和监督，形成不敢腐、不能腐、不想腐的体制机制，保证干部清正、政府清廉、政治清明，赢来海晏河清、朗朗乾坤。

党的十八大以来，全面从严治党从中央政治局立规矩开始，从落实中央八项规定精神破题，驰而不息纠正"四风"。纪检监察机关从治理公款大吃大喝、旅游、送礼等奢靡之风入手，紧盯公款购买赠送月饼、贺卡、烟花爆竹等问题，一个节点一个节点抓，一年接着一年干，以一个个具体问题的突破，带动了作风整体转变。据《十八届中央纪律检查委员会向中国共产党第十九次全国代表大会的工作报告》，五年来，各级纪检监察机关共查处违反中央八项规定精神问题 18.9 万起，处理党员干部 25.6 万人。①

严明党的纪律，加强执纪问责，让纪律成为带电的高压线。据《十八届中央纪律检查委员会向中国共产党第十九次全国代表大会的工作报告》，2015 年以来，全国纪检监察机关实践"四种形态"，用严明的纪律管全党治全党，共处理 204.8 万人次。其中，运用第一种形态批评教育、谈话函询 95.5 万人次、占 46.7%，使红脸出汗成为常态；第二种形态纪律轻处分、组织调整 81.8 万人次、占 39.9%；第三种形态纪律重处分、重大职务调整 15.6 万人次、占 7.6%，有力

---

① 《十八届中央纪律检查委员会向中国共产党第十九次全国代表大会的工作报告》，《人民日报》2017 年 10 月 30 日第 1 版。

维护了纪律的严肃性;第四种形态严重违纪涉嫌违法立案审查11.9万人次、占5.8%,被开除党籍、移送司法机关的真正成为极少数。2014年以来,全国共有7020个单位党委(党组)、党总支、党支部,430个纪委(纪检组)和6.5万余名党员领导干部被问责。[①]

习近平总书记强调指出,我们党作为马克思主义执政党,不但要有强大的真理力量,而且要有强大的人格力量。真理力量集中体现为我们党的正确理论,人格力量集中体现为我们党的优良作风。党的作风就是党的形象,关系人心向背,关系党的生死存亡。我们党作为一个在中国长期执政的马克思主义政党,对作风问题任何时候都不能掉以轻心。作风建设的核心问题是保持党同人民群众的血肉联系。全心全意为人民服务是党的根本宗旨,人民立场是党的根本政治立场。始终坚持人民立场,坚持人民主体地位,虚心向人民学习,倾听人民呼声,汲取人民智慧,把人民拥护不拥护、赞成不赞成、高兴不高兴、答应不答应作为衡量一切工作得失的根本标准,凡是群众反映强烈的问题都要严肃认真对待,凡是损害群众利益的行为都要坚决纠正。始终坚持走群众路线,增强群众观念和群众感情,锲而不舍落实中央八项规定精神,持之以恒正风肃纪,坚决反对形式主义、官僚主义、享乐主义和奢靡之风,让干部知敬畏、群众有信心,以优良党风凝聚党心民心。作风建设永远在路上,永远没有休止符。作风问题具有顽固性和反复性,形成优良作风不可能一劳永逸,克服不良作风也不可能一蹴而就。作风建设是攻坚战、持久战,既要以滚石上山的劲头、爬坡过坎的勇气,深化整治、见底见效,又要坚持抓常、抓细、抓长,锲而不舍、持之以恒。

---

① 《十八届中央纪律检查委员会向中国共产党第十九次全国代表大会的工作报告》,《人民日报》2017年10月30日第1版。

勇于自我革命，从严管党治党，是我们党最鲜明的品格，也是我们党最大的优势。要把新时代坚持和发展中国特色社会主义这场伟大社会革命进行好，我们党必须勇于进行自我革命。我们党之所以有自我革命的勇气，是因为我们党始终不忘初心、牢记使命，坚持为中国人民谋幸福、为中华民族谋复兴。除了国家、民族、人民的利益，我们党没有任何自己的特殊利益。不谋私利才能谋根本、谋大利，才有资格、有底气敢于直面问题、勇于自我革命。

党的十九大明确提出了新时代党的建设总要求，强调要坚持和加强党的全面领导，坚持党要管党、全面从严治党，以加强党的长期执政能力建设、先进性和纯洁性建设为主线，以党的政治建设为统领，以坚定理想信念宗旨为根基，以调动全党积极性、主动性、创造性为着力点，全面推进党的政治建设、思想建设、组织建设、作风建设、纪律建设，把制度建设贯穿其中，深入推进反腐败斗争，不断提高党的建设质量，把党建设成为始终走在时代前列、人民衷心拥护、勇于自我革命、经得起各种风浪考验、朝气蓬勃的马克思主义执政党。总要求的提出，既是对党的十八大以来全面从严治党成功经验的科学总结，也是对党在领导中国革命、建设和改革的伟大实践中不断加强自身建设全部历史经验的科学总结。

◇ 把权力关进制度的笼子

把大大小小的权力关进制度的笼子，用铁的纪律管党治党，不断扎牢制度笼子，净化党内政治生态。这是习近平总书记全面从严治党做出的又一大历史性贡献。

加强纪律建设是全面从严治党的治本之策。中国共产党是靠革命理想和铁的纪律组织起来的马克思主义政党,纪律严明是党的光荣传统和独特优势。习近平总书记强调:党要管党、从严治党,靠什么管,凭什么治?就要靠严明纪律。只有把纪律挺在前面,坚持纪严于法、纪在法前,才能用纪律管住全体党员,激发出全党步调一致向前进的气势。坚持高标准毫不动摇,守住纪律底线一寸不让,实现自律与他律相结合,以治标促进治本,以治本巩固治标成果,不断增强党的先进性和纯洁性。

党的十八大以来,以习近平同志为核心的党中央坚持全面从严治党、依规治党,坚持纪严于法、纪在法前,实现纪法分开,大力加强党内法规制度建设,取得重大进展和显著成效。党内法规制定步伐明显加快,先后制定和修订了180多部中央党内法规,出台了一批标志性、关键性、基础性法规制度,党内法规制度体系的"四梁八柱"基本立起来了,总体上实现了有规可依,管党治党的"螺栓"越拧越紧。

到目前为止,形成了以《中国共产党章程》为核心的中国共产党党内法规体系。在这个体系中,首先,《党章》是最高层次,党章对党的性质和宗旨、路线和纲领、指导思想和奋斗目标、组织原则和组织机构、党员义务权利以及党的纪律等做出根本规定,是最根本的党内法规,是制定其他党内法规的基础和依据,由党的全国代表大会制定或修订。其次,是党内准则,对全党政治生活、组织生活和全体党员行为等做出基本规定,由党的中央委员会制定或修订。再次,是党内条例,对党的某一领域重要关系或者某一方面重要工作做出全面规定。至于党内规定、办法、规则、细则,则是对党的某一方面重要工作的要求和程序等做出具体规定。根据《中国共产党党内法规制定条例》规定，中央纪律检查委员会以及党中央工作机关和省、自治区、直辖市党委制定的党内法规，可以使用规定、办法、规则、细则的名称。

目前已经出台并实行的准则，共三部。即《关于新形势下党内政治生活的若干准则》（2016年10月27日中共十八届六中全会通过）、《中国共产党廉洁自律准则》（2015年10月中共中央印发）、《关于党内政治生活的若干准则》（1980年2月29日中共十一届五中全会通过）。条例主要有《中国共产党党内监督条例》《中国共产党纪律处分条例》《中国共产党问责条例》《中国共产党巡视工作条例》《中国共产党重大事项请示报告条例》《党政领导干部选拔任用工作条例》等。

严明党的纪律，首先要严格遵守党章。党章是党的根本大法，是全党必须遵循的总规矩，是管党治党的总章程，集中体现了党的思想和行动纲领，每一条都凝结着党的建设的历史经验。党章规定的理想信念宗旨就是共产党人的"德"，党性教育是共产党人的"心学"。中华民族的道德规范向来是追求高标准。依法治国，公民不能都踩到法律底线；依规治党，党员也决不能全站在纪律的边缘。要坚持高标准在前，把理想信念坚定起来、宗旨意识确立起来，培养高尚道德情操，弘扬优良传统和作风。每一个共产党员都要牢固树立党章意识，自觉用党章规范自己的一言一行，在任何情况下都要做到政治信仰不变、政治立场不移、政治方向不偏。把学习党章作为必修课，自觉遵守党章、贯彻党章、维护党章，做认真学习党章、严格遵守党章的模范。

严明党的纪律，必须全方位扎牢制度的笼子。制度事关根本，关乎长远。推进全面从严治党，既要解决思想问题，也要解决制度问题。全面推进党的各项建设必须让思想建党和制度治党同向发力，把制度建设贯穿其中，加快形成覆盖党的领导和党的建设各方面的党内法规制度体系，全方位扎牢制度的笼子。纪律和规矩是道德的保障，崇德向善必须与遵规守纪相辅而行。依规治党和以德治党有机结合，思想建党与制度治党相互促进，是党的十八大以来管党治党兴党的重要经验，标志着我们党对执政党建设规律的认识进入新境界。

◇ 以政治建设统领各项建设

习近平总书记强调指出：党的十九大提出党的政治建设这个重大命题，是有很深的考虑的。任何政党都有政治属性，都有自己的政治使命、政治目标、政治追求。旗帜鲜明讲政治是我们党作为马克思主义政党的根本要求。马克思主义政党具有崇高政治理想、高尚政治追求、纯洁政治品质、严明政治纪律。

他还强调指出："旗帜鲜明讲政治是我们党作为马克思主义政党的根本要求。我们党历来重视提高党员的政治觉悟。一九二七年十月毛泽东同志亲自撰写的'牺牲个人，努力革命，阶级斗争，服从组织，严守秘密，永不叛党'入党誓词，句句都是共产党人政治觉悟的生动写照。总结我们党的历史经验特别是党的十八大以来加强党的全面领导和全面从严治党实践取得的成效，党的十九大旗帜鲜明地把党的政治建设摆在首位，并强调要以党的政治建设为统领。"[1]

党的政治建设是党的根本性建设，决定党的建设方向和效果。如

---

[1] 习近平：《论坚持党对一切工作的领导》，中央文献出版社 2019 年版，第 219 页。

果马克思主义政党政治上的先进性丧失了，党的先进性和纯洁性就无从谈起。这就是我们把党的政治建设作为党的根本性建设的道理所在。党的十八大以来，在全面从严治党实践中，我们把党的政治建设摆上突出位置，在坚定政治信仰、增强"四个意识"、维护党中央权威和集中统一领导、严明党的政治纪律和政治规矩、加强和规范新形势下党内政治生活、净化党内政治生态、正风肃纪、反腐惩恶等方面取得明显成效。实践使我们深刻认识到，党的政治建设决定党的建设方向和效果，不抓党的政治建设或背离党的政治建设指引的方向，党的其他建设就难以取得预期成效。党的政治建设是一个永恒课题。保证全党服从中央，坚持党中央权威和集中统一领导，是党的政治建设的首要任务。全党要坚定执行党的政治路线，严格遵守政治纪律和政治规矩，在政治立场、政治方向、政治原则、政治道路上同党中央保持高度一致。

要把准政治方向，坚持党的政治领导，夯实政治根基，涵养政治生态，防范政治风险，永葆政治本色，提高政治能力，为我们党不断发展壮大、从胜利走向胜利提供重要保证。

政治方向是党生存发展第一位的问题，事关党的前途命运和事业兴衰成败。加强党的政治建设就是要发挥政治指南针作用，引导全党坚定理想信念、坚定"四个自信"，把全党智慧和力量凝聚到新时代坚持和发展中国特色社会主义伟大事业中来；就是要推动全党把坚持正确政治方向贯彻到谋划重大战略、制定重大政策、部署重大任务、推进重大工作的实践中去，经常对表对标，及时校准偏差，坚决纠正偏离和违背党的政治方向的行为，确保党和国家各项事业始终沿着正确政治方向发展；就是要把各级党组织建设成为坚守正确政治方向的坚强战斗堡垒，教育广大党员、干部坚定不移沿着正确政治方向前进。

在领导干部的所有能力中，政治能力是第一位的。加强党的政治建设，要紧扣民心这个最大的政治，把赢得民心民意、汇集民智民力作为重要着力点；要把营造良好政治生态作为党的政治建设的基础性、经常性工作，浚其源、涵其林、养正气、固根本，锲而不舍、久久为功，以良好政治文化涵养风清气正的政治生态；要应对各种政治风险，始终保持强烈的忧患意识、风险意识，增强政治敏锐性和政治鉴别力，做到眼睛亮、见事早、行动快；要以永远在路上的坚定和执着，坚决把反腐败斗争进行到底，使我们党永不变质、永不变色；党的政治建设落实到干部队伍建设上，就要不断提高各级领导干部特别是高级干部把握方向、把握大势、把握全局的能力，辨别政治是非、保持政治定力、驾驭政治局面、防范政治风险的能力，善于从政治上分析问题、解决问题，切实担负起党和人民赋予的政治责任。

◇ 补足理想信念之钙

习近平总书记强调指出：思想建设是党的基础性建设。革命理想高于天。共产主义远大理想和中国特色社会主义共同理想，是中国共产党人的精神支柱和政治灵魂，也是保持党的团结统一的思想基础。要把坚定理想信念作为党的思想建设的首要任务，教育引导全党牢记党的宗旨，挺起共产党人的精神脊梁，解决好世界观、人生观、价值观这个"总开关"问题，自觉做共产主义远大理想和中国特色社会主义共同理想的坚定信仰者和忠实实践者。

坚定理想信念，坚守共产党人精神追求，始终是共产党人安身立命的根本。理想信念是共产党人精神上的"钙",理想信念坚定,骨头就硬,没有理想信念,理想信念不坚定,精神上就会"缺钙",就会得"软骨病",就会在风雨面前东摇西摆。事实一再表明,理想信念动摇是最危险的动摇,理想信念滑坡是最危险的滑坡。一些党员干部出这样那样的问题,说到底是信仰迷茫、精神迷失。近百年来,共产主义远大理想激励了一代又一代共产党人英勇奋斗,成千上万的烈士为了这个理想献出了宝贵生命。历史和实践都充分证明,有了坚定的理想信念,站位才能高,眼界才能宽,心胸才能开阔,才能始终坚持正确政治方向,在胜利和顺境时不骄傲不急躁,在困难和逆境时不消沉不动摇,经受住各种风险和困难考验,自觉抵制各种腐朽思想的侵蚀,永葆共产党人政治本色。每一名在党旗下宣过誓的共产党员都必须铭记,为了理想信念,就应该去拼搏、去奋斗、去献出全部精力乃至生命。

崇高信仰、坚定信念不会自发产生。习近平总书记指出:"要炼就'金刚不坏之身',必须用科学理论武装头脑,不断培植我们的精神家园。"[①] 中华民族要实现伟大复兴,一刻不能没有理论思维。马克思主义始终是我们党和国家的指导思想,是我们认识世界、把握规律、追求真理、改造世界的强大思想武器。新时代,中国共产党人仍然要学习马克思,学习和实践马克思主义,不断从中汲取科学智慧和理论力量,更有定力、更有自信、更有智慧地坚持和发展新时代中国特色社会主义,确保中华民族伟大复兴的巨轮始终沿着正确航向破浪前行。坚持以马克思主义为指导,首先要解决真懂真信的问题,核心是要解决好为什么人的问题,最终要落实到怎么用上来。

---

① 《学习习近平总书记8·19重要讲话》,人民出版社2013年版,第18页。

坚持以科学理论引领、用科学理论武装，是我们党永葆先进性纯洁性的根本保证。回顾党的奋斗历程可以发现，我们党之所以能够历经艰难困苦不断创造新的辉煌，很重要的一条就是始终重视思想建党、理论强党，坚持用科学理论武装广大党员、干部、群众的头脑。当前，全党全国人民的首要政治任务，就是认真学习贯彻习近平新时代中国特色社会主义思想。学习贯彻习近平新时代中国特色社会主义思想，就要深刻领会新时代提出的重大时代课题，这就是新时代坚持和发展什么样的中国特色社会主义、怎样坚持和发展中国特色社会主义；就要深刻领会这一思想的科学体系，包括坚持和发展中国特色社会主义是核心要义，"八个明确"是四梁八柱，"十四个坚持"是行动纲领和治国方略；就要深刻领会这一思想的精髓，是为人民谋幸福、为民族谋复兴、为世界做贡献，集中反映了当代中国共产党人的人民立场、民族抱负、世界责任；就要深刻领会这一思想独具特色的理论品质和富有感召的思想力量，彰显着坚定理想信念，展现着真挚人民情怀，贯穿着高度自觉自信，体现着鲜明问题导向，充满着无畏担当精神。

◇ 坚持党对一切工作的领导

习近平总书记深刻指出："党政关系既是重大理论问题，也是重大实践问题。改革开放以后，我们曾经讨论过党政分开问题，目的是解决效率不高、机构臃肿、人浮于事、作风拖拉等问题。应该说，在这个问题上，当时我们的理论认识和实践经验都不够，对如何解决好我们面临的国家治理体系和治理能力问题是探索性的。改革开放以来，无论我们对党政关系进行了怎样的调整，但有一条是不变的，就是邓小平同志所说的：'我们要坚持党的领导，不能放弃这一条，但是党要善于领导'。"①

伟大的事业必须有坚强的党来领导。中国共产党的领导地位不是自封的，是历史和人民选择的，是由我国国体性质决定的，是由我国宪法明文规定的。办好中国的事情关键在党，坚持党的领导是当代中国最高政治原则，中国共产党领导是中国特色社会主义最本质特征。党政军民学、东西南北中，党是领导一切的。坚持党对一切工作的全面领导，必须增强政治意识、大局意识、核心意识、看齐意识，坚决维护习近平总书记党中央的核心、全党的核心地位，坚决维护党中央权威和集中统一领导，自觉在思想上政治上行动上同党中央保持高度一致，完善坚持党的领导的体制机制，坚持稳中求进工作总基调，统筹推进"五位一体"总体布局，协调推进"四个全面"战略布局，提高党把方向、谋大局、定政策、促改革的能力和定力，确保党始终总揽全局、协调各方。坚持党对一切工作的全面领导，必须体现在坚定理想信念宗旨、执行党的路线方针政策，体现在坚持党管干部、选对人用好人，树立鲜明价值观和政治导向上。

全党服从中央，是中国共产党的优良传统，也是中国共产党作为百年大党始终保持旺盛生命力和战斗力的根本所在。党和国家大政方针的决定权在党中央，必须以实际行动维护党中央一锤定音、定于一尊的权威。党的任何组织和成员，无论在哪个领域、哪个层级、哪个单位，都要服从党中央集中统一领导。凡属部门和地方职权范围内的工作部署，都要以坚决贯彻党中央决策部署为前提，做到令行禁止。

---

① 习近平：《论坚持党对一切工作的领导》，中央文献出版社 2019 年版，第 230 页。

党的领导必须是全面的、系统的、整体的，必须体现到经济建设、政治建设、文化建设、社会建设、生态文明建设和国防军队、祖国统一、外交工作、党的建设等各方面。哪个领域、哪个方面、哪个环节缺失了弱化了，都会削弱党的力量，损害党和国家事业。

党的全面领导是具体的，不是空洞的、抽象的，必须体现到治国理政的方方面面，体现到国家政权的机构、体制、制度等的设计、安排、运行之中，确保党的领导全覆盖，确保党的领导更加坚强有力。坚持党总揽全局、协调各方的领导核心地位，这是我国社会主义政治制度优越性的一个突出特点。这就像是"众星捧月"，这个"月"就是中国共产党。中央委员会、中央政治局、中央政治局常委会，这是党的领导决策核心。党中央做出的决策部署，党的各个部门要贯彻落实，人大、政府、政协、监察委、法院、检察院的党组织要贯彻落实，事业单位、人民团体等的党组织也要贯彻落实。在国家治理体系的大棋局中，党中央是坐镇中军帐的"帅"，车马炮各展其长，一盘棋大局分明，治国理政才有方向、有章法、有力量。

处理好党政关系，首先要坚持党的领导，在这个大前提下才是各有分工，而且无论怎么分工，出发点和落脚点都是坚持和完善党的领导。中国共产党是执政党，党的领导地位和执政地位是紧密联系在一起的。党的集中统一领导权力是不可分割的。不能简单讲党政分开或党政合一，而是要适应不同领域特点和基础条件，不断改进和完善党的领导方式和执政方式。

深化党和国家机构改革，健全党中央实行全面领导的体制机制。深化党和国家机构改革，是提高党的执政能力和领导水平的必然要求，是推进国家治理体系和治理能力现代化的一场深刻变革。坚持和加强党的全面领导，必须深化党和国家机构改革，努力从机构职能上解决党对一切工作领导的体制机制问题，解决党长期执政条件下党政军群的机构职能关系问题，把党的领导贯彻落实到党和国家机关履行职责的各方面各环节。坚持党的全面领导，确保党的领导核心地位，首先要坚持党中央的集中统一领导。党中央对党和国家工作的全方位领导，涵盖了改革发展稳定、内政外交国防、治党治国治军的各个方面、各个领域，体现在统筹推进"五位一体"总体布局、协调推进"四个全面"战略布局全过程。要建立健全党对重大工作的领导体制机制，在中央政治局及其常委会领导下，优化党中央决策议事协调机构，负责重大工作的顶层设计、总体布局、统筹协调、整体推进。其他方面的议事协调机构要同党中央议事协调机构的设立调整相衔接，保证令行禁止和工作高效。要构建系统完备、科学规范、运行高效的党和国家机构职能体系，形成总揽全局、协调各方的党的领导体系，职责明确、依法行政的政府治理体系，中国特色、世界一流的武装力量体系，联系广泛、服务群众的群团工作体系，推动人大、政府、政协、监察机关、审判机关、检察机关、人民团体、企事业单位、社会组织等在党的统一领导下协调行动、增强合力，更好地适应新时代中国特色社会主义发展要求。

　　政治路线确定之后，干部就是决定的因素。习近平总书记指出："党的干部是党和国家事业的中坚力量。要坚持党管干部原则，坚持德才兼备、以德为先，坚持五湖四海、任人唯贤，坚持事业为上、公道正派，把好干部标准落到实处。"[①] 我们党历来高度重视选贤任能，始终把选人用人作为关系党和人民事业的关键性、根本性问题来抓，目的就在于培养造就一支具有铁一般信仰、铁一般信念、铁一般纪

[①] 《中国共产党第十九次全国代表大会文件汇编》，人民出版社2017年版，第51页。

律、铁一般担当的干部队伍。

坚持党对一切工作的领导，既要政治过硬，也要本领高强。要着力提高党把方向、谋大局、定政策、促改革的能力和定力，把党总揽全局、协调各方落到实处。方向涉及根本、关系全局、决定长远。党的领导第一位的就是举旗定向。把方向就是要高举中国特色社会主义伟大旗帜，坚持以习近平新时代中国特色社会主义思想为指导，以高度自觉推进社会革命和自我革命，一以贯之坚持和发展中国特色社会主义，一以贯之推进党的建设新的伟大工程，一以贯之增强忧患意识、防范风险挑战。谋大局，既体现了辩证唯物主义和历史唯物主义的思想方法和工作方法，也体现了中华优秀传统文化的思维方法。不谋全局者不足谋一域，要善于观大势、谋大事，自觉在大局下想问题、做工作。政策是体现执政党性质宗旨的试金石，是反映治国理政水平的标志。在推进经济社会发展中，要坚持以人民为中心，着眼解决人民日益增长的美好生活需要和不平衡不充分的发展之间的矛盾，抓住群众最关心最直接最现实的利益问题，制定切实管用的政策措施，努力做到科学决策、民主决策、依法决策。改革开放是决定当代中国命运的关键一招，也是实现"两个一百年"奋斗目标、实现中华民族伟大复兴的关键一招，必须一鼓作气、坚定不移，敢于啃硬骨头、敢于涉险滩，进一步解放思想、进一步解放和发展社会生产力、进一步解放和增强社会活力。

坚持党对一切工作的领导，必须充分调动广大党员干部的积极性、主动性、创造性。要旗帜鲜明为那些敢于担当、踏实做事、不谋私利的干部撑腰鼓劲，形成有利于党员干部奋发有为的社会环境，激励他们更好带领群众干事创业。加快在新型经济组织和社会组织中建立健全党的组织机构，做到党的工作进展到哪里，党的组织就覆盖到哪里。

　　以上这些围绕以伟大工程确保伟大斗争、伟大事业、伟大梦想，以自我革命推动社会革命的新的时代特点所进行的重大理论创新与实践创新，不但推动党的建设新的伟大工程以举世公认的历史性成就和历史性变革进入了新时代，重新塑造了改革创新、锐意进取、艰苦奋斗、廉洁为民的马克思主义执政党的崭新形象，使党在长期执政、拒腐防变、抵御风险课题的成功探索上向前跨越了决定性的一大步，使马克思主义执政党建设理论升华到了一个全新的境界。也正是在不断推进党的自我革命，实现党自我净化、自我完善、自我革新、自我提高的过程中，创立了习近平新时代中国特色社会主义思想，形成了习近平总书记关于新时代党的建设伟大工程的重要论述。

◇ 原创性的理论贡献

　　习近平总书记关于新时代党的建设伟大工程的重要论述，是推动中国共产党以自我革命推进社会革命的锐利思想武器，对马克思主义党的建设理论做出了原创性贡献。

　　一是把自我革命放在更加突出的决定性地位，形成了以自我革命推动社会革命的重要思想；二是把全面从严治党纳入统筹推进"五位一体"总体布局、协调推进"四个全面"战略布局之中，形成伟大工程与伟大事业有机融合、全面从严治党与全面深化改革全面依法治国相互推动的崭新战略格局；三是以建设伟大工程为核心，奠定了推进伟大工程要结合伟大斗争、伟大事业、伟大梦想的实践来进行的新时代建设伟大工程新格局；四是紧紧围绕全面从严治党，形成了以党的政治建设为统领，全面推进党的政治建设、思想建设、组织建设、作风建设、纪律建设，把制度建设贯穿其中的新时代党的建设新思路；五是紧紧围绕加强党对一切工作的全面领导，推进党和国家机构改革取得显著成效，进一步完善和创新发展了中国共产党领导制度体系；六是紧紧围绕构筑不敢腐、不能腐、不想腐的堤坝，破解反腐败世界性难题，形成了从严惩到监管、从执政党到政府全覆盖的中国特色反腐败制度体系。

中国共产党的全面从严治党和自我革命成功经验与成功实践，也具有国际意义。

透析当今世界种种乱象，症结所在，集中在世界性的三大治理难题上。这就是，政党治理、国家治理、全球治理。

首先是政党治理。世界上不少政党，党首管不住自己的政党，党纪松弛，人心涣散。党首也不像党首的样，结果闹得政坛像秀场，相互攻讦、丑闻迭现。特别是西方模式的选举党，更是软弱涣散，政见难以统一，更不要说采取统一行动了。

再就是国家治理。这一点在西方国家表现特别明显。不但种族鸿沟在加剧，而且社会阶层鸿沟也在迅速扩大。原先引以为荣的中产阶层，如今也每况愈下，心态难以再保持平和。面对此起彼伏的社会矛盾和难题，整个国家机器的运转陷入了逆循环，效率低下，难以达成共识，难以形成强有力的举措，更不要说解决问题。而问题越是难以解决，政府与国会就越陷入指责和争论之中，一筹莫展。

还有全球治理，更是乱象迭出、举步维艰。原先，美国等西方发达国家那样卖力地推销经济全球化、区域经济一体化、全球气候治理等，如今却来了个一百八十度的"脑筋急转弯"，变成"逆全球化"、"贸易保护主义"、脱欧废约等的积极践行者，把整个国际秩序搅得更加混乱。更有甚者，美国等西方国家继续以过时的冷战思维处理地缘政治危机、恐怖主义问题、难民问题、南海问题等，不仅没有把矛盾平息下来，反而更加激化；不仅没有使问题理出头绪，反而更加复杂。

总之，当今世界的这三大治理难题恰恰是世界百年未有之大变局的集中表现。这些治理乱象，大多源自西方，又以西方国家表现为甚。其中，最根本的当属政党治理，而由政党治理乱象殃及国家治理，又由国家治理乱象殃及全球治理。

与西方之乱鲜明对照的，是中国之治。在政党治理、国家治理、全球治理方面，中国以独特的优势开辟了破解之道，为世界树立了榜样，做出了举世公认的贡献。这特别突出地体现在党的十八大以来以习近平同志为核心的党中央在治国理政方面的新成就新突破新境界上。

改革开放的历史证明，中国对世界的影响，中国对国际社会的贡献，不是通过霸权主义或输出"普世价值"实现的，而是通过自身的改革发展创新，通过深刻改变中国，以榜样的力量深刻影响世界的。特别是在政党治理、国家治理、全球治理方面，中国以独特的优势开辟了破解之道，为世界树立了榜样，做出了举世公认的贡献。

在政党治理方面，关键是三大难题。一是如何惩治腐败，二是如何统一意志，三是如何具有强大的社会动员能力和组织实施能力。

在这些方面，党的十八大以来，在习近平新时代中国特色社会主义思想指引下，以全面从严治党为引领，以严惩腐败、严纠"四风"为突破口，充分发挥把纪律挺在前面、把权力关进制度笼子的强大威力，精心打造纪律检查、政治巡视、党内监督三把利剑，党内政治生态展现新气象，反腐败斗争取得压倒性胜利，全面从严治党取得重大成果。在巡视中，中央巡视组受理信访159万件，与干部群众谈话5.3万人次。在中央纪委审查的案件中，超过60%的线索来自巡视。特别是党的十八届六中全会，明确维护习近平总书记在党中央和全党的核心地位，强调维护党中央权威和集中统一领导，全党上下的政治意识、大局意识、核心意识、看齐意识显著增强，为把中国共产党建设成为世界上最强大的政党奠定了坚实的政治基础。中国共产党的不可撼动、无可替代的政治领导力、思想引领力、群众组织力、社会号召力、决策执行力、政策公信力，为世界所公认。事实一再证明，要想真正实现中华民族从站起来、富起来到强起来的伟大飞跃，要想真正把中国建设成为世界上的社会主义现代化强国，就必须把中国共产党建成一个世界上强大的马克思主义执政党。党兴民族兴，党强国家强。

在国家治理方面，关键是四大环节。一是精准研判、科学决策、民主决策、高效决策环节，二是精准平衡、统领全局、协调各方、科学谋划环节，三是精准施策、监督落实、及时纠偏环节，四是精准调控、防范风险、补齐短板环节。

党的十八大以来，在习近平新时代中国特色社会主义思想指引下，坚持以人民为中心的发展思想，坚持稳中求进工作总基调，把新发展理念作为定盘星和指挥棒，统筹推进"五位一体"总体布局，协调推进"四个全面"战略布局，牢牢抓住适应把握引领经济发展新常态这个主脉，坚定不移推进供给侧结构性改革这个主线，全面做好稳增长、促改革、调结构、惠民生、防风险各项工作，全面带动中国特色社会主义各项事业稳步走向质的飞跃新阶段。特别是党的十八届三中全会、四中全会，将制度建设和国家治理提到前所未有的新高度，将完善和发展中国特色社会主义制度、推进国家治理体系和治理能力现代化作为全面深化改革的总目标、全面依法治国的重要内容，把马克思主义民主政治理论和国家学说提升到了一个新境界，为"四个全面"战略布局的提出奠定了坚实的理论基石。全面建成小康社会、全面深化改革、全面依法治国、全面从严治党的战略布局，既有战略目标，也有战略举措，每一个"全面"都具有重大战略意义，都是国家治理体系和治理能力建设的核心内容。全面建成小康社会作为国家治理的战略目标，全面深化改革、全面依法治国、全面从严治党作为国家治理的三大战略举措，共同勾画出完善和发展中国特色社会主义制度、推进国家治理体系和治理能力现代化的战略蓝图。中国之治与西方之乱恰成鲜明对比，进一步彰显出中国制度优越性，极大地增强了中国特色社会主义道路自信、理论自信、制度自信、文化自信。

　　在全球治理方面，种种乱象集中体现在三大领域中。一是经济全球化进程出现"逆全球化"的严重干扰，二是全球气候治理出现美国悔约退出的严重阻力，三是各国共同应对传统安全因素和非传统安全因素的努力遭遇冷战思维的严重威胁。党的十八大以来，以习近平同志为核心的党中央冷静观察、科学研判、把握大势、主动作为，在坚定不移走和平发展道路、积极构建中国特色大国外交的同时，积极构建和平发展合作共赢的国际关系新格局，努力倡导构建人类命运共同体，为处于"十字路口"的全球治理提供了合理可行的中国方案，并通过"一带一路"建设为全球治理树立了中国榜样。特别是习近平总书记围绕国际形势和中国大政方针做出一系列重要论述，一方面深刻指出人类正处在大发展大变革大调整时期，正处在一个挑战层出不穷、风险日益增多的时代，和平赤字、发展赤字、治理赤字是摆在全人类面前的严峻挑战；另一方面指出各国之间的联系从来没有像今天这样紧密，世界人民对美好生活的向往从来没有像今天这样强烈，人类战胜困难的手段从来没有像今天这样丰富。在此前提下重申"四个决心"不会改变,即中国维护世界和平的决心不会改变,促进共同发展的决心不会改变,打造伙伴关系的决心不会改变,支持多边主义的决心不会改变。并郑重向世界各国发出倡议,坚持对话协商、共建共享、合作共赢、交流互鉴、绿色低碳,以建设一个持久和平、普遍安全、共同繁荣、开放包容、清洁美丽的世界。中国方案、中国榜样,为陷入窘境的全球治理指明了前进方向。

在未来全面建设社会主义现代化强国的道路上,还会有许多艰难险阻,还会有许多料想不到的"黑天鹅"与"灰犀牛",还会有不少敌对势力的破坏捣乱。这些都是不确定因素。但有一点是可以肯定的,任何力量、任何困难、任何风险、任何阻碍,都不能阻挡中华民族伟大复兴的步伐。因为,有勇于自我革命的中国共产党在,有富于斗争精神、牺牲精神、团结精神的中国人民在,面向社会主义现代化强国宏伟目标的伟大社会革命一定能够胜利到达光辉的彼岸。

第十四章

破解国家治理难题

自近代以来,西方国家一直向东方国家及其他经济文化落后的广大发展中国家炫耀三样东西。一是它的"船坚炮利",强令这些国家的当政者和精英层敬畏西方;二是它的"国强民富",吸引这些国家的当政者和精英层向往西方;三是它的"民主制度",教育这些国家的当政者和精英层效法西方。

然而,历史是最好的老师。广大发展中国家从自身的境遇中逐渐发现,谁羡慕和效法它们的这三样东西,谁就会沦为它们的附庸;要想赢得民族独立与自主发展,就必须另辟蹊径,走自己的道路。中国就是独立自主走自己道路的典范。

◇ 中国特色社会主义制度的由来

新民主主义革命时期,中国共产党在独立自主探索中国革命道路的同时,就在不断探索局部执政的方式与经验。先是在中央苏区,模仿苏联建立中华苏维埃共和国临时中央政府。随后在陕甘宁边区和各抗日根据地政权,探索建立带有抗日民族统一战线性质的边区民主政府。在解放战争时期，中国共产党局部执政方式和经验日臻成熟，探索建立新民主主义经济、政治、文化制度，为新中国建立人民当家作主的新型国家制度积累了宝贵经验。

新中国成立前夕，毛泽东在1949年3月中共七届二中全会报告和同年6月30日发表的《论人民民主专政》中，总结中国革命时期局部执政经验，发展了马克思主义国家学说，为领导各民主党派、各革命团体、各革命阶层召开中国人民政治协商会议，制定具有临时宪法作用的《共同纲领》，奠定了理论基础和政策依据。

中华人民共和国成立后，特别是进入社会主义社会后，中国国家制度建设掀开新的篇章。中国共产党团结带领全国各族人民进行社会主义改造，制定新中国第一部宪法，确立中国共产党领导和人民当家作主的立国根本原则，确立社会主义基本制度，成功实现了中国历史上最深刻最伟大的社会变革，为当代中国一切发展进步奠定了根本政治前提和制度基础。

中共十一届三中全会后，新中国国家治理体系建设和国家治理理论发展进入了一个新时期。中国共产党团结带领中国各族人民开创了中国特色社会主义，不断完善中国特色社会主义制度和国家治理体系，使当代中国焕发出前所未有的生机活力。正如习近平总书记所说："中国特色社会主义制度和国家治理体系是以马克思主义为指导、植根中国大地、具有深厚中华文化根基、深得人民拥护的制度和治理体系，是党和人民长期奋斗、接力探索、历尽千辛万苦、付出巨大代价取得的根本成就，我们必须倍加珍惜、毫不动摇坚持、与时俱进发展。"①

---

① 《习近平谈治国理政》第3卷，外文出版社2020年版，第121页。

人类社会制度发展史告诉我们，任何一种社会制度和国家制度，都不是天上掉下来的，也不是人头脑里预先设想的，而是经济社会长期发展的产物。一个国家选择什么样的国家制度和国家治理体系，是由这个国家的历史文化、社会性质、经济发展水平决定的。

为了更好地看清中国特色社会主义制度，是怎样在新中国奠定的社会主义基本制度基础上，逐渐发展完善起来的，有必要先回顾一下，从改革开放之初到中共十八大以前的发展历程。

首先把这个问题作为重大理论与现实问题提上议程的，是社会主义改革开放和现代化建设的总设计师邓小平。

在全面纠正"文化大革命"对国家制度的严重破坏过程中，邓小平指出："我们这个国家有几千年封建社会的历史，缺乏社会主义的民主和社会主义的法制。现在我们要认真建立社会主义的民主制度和社会主义法制。只有这样，才能解决问题。"[1] 为此，他提出"使民主制度化、法律化"[2] 的目标，并强调："社会主义民主和社会主义法制是不可分的。不要社会主义法制的民主，不要党的领导的民主，不要纪律和秩序的民主，决不是社会主义民主。"[3]

由吸取"文化大革命"沉痛教训、加强社会主义民主与法制建设，又进一步涉及如何坚持党的领导、改善党的领导，涉及党和国家领导制度改革等国家治理体系建设的重大问题。邓小平在1980年8月18日《党和国家领导制度的改革》重要讲话中提出："领导制度、组织制度问题更带有根本性、全局性、稳定性和长期性。这种制度问

---

[1] 《邓小平文选》第2卷，人民出版社1994年版，第348页。
[2] 《邓小平文选》第2卷，人民出版社1994年版，第359页。
[3] 《邓小平文选》第2卷，人民出版社1994年版，第359页。

题，关系到党和国家是否改变颜色，必须引起全党的高度重视。"①这就把党和国家领导制度建设上升为党和国家根本性战略。这在国际共运史上还是第一次，也是对党的八大在这个问题上探索的继续与发展。

邓小平还针对当时企图削弱党的领导的错误言论，旗帜鲜明地指出："改革党和国家的领导制度，不是要削弱党的领导，涣散党的纪律，而正是为了坚持和加强党的领导，坚持和加强党的纪律。"② "问题是党要善于领导；要不断地改善领导，才能加强领导。"③ 这样，就把中国共产党在党和国家领导制度改革与国家治理问题上的"定海神针"地位和作用明确起来。这就同否定党的领导的全盘西化错误思潮划清了界限。

为确保党和国家领导制度改革的正确方向，邓小平在《党和国家领导制度的改革》中，还明确提出三条要求。他强调："我们进行社会主义现代化建设，是要在经济上赶上发达的资本主义国家，在政治上创造比资本主义国家的民主更高更切实的民主，并且造就比这些国家更多更优秀的人才。达到上述三个要求，时间有的可以短些，有的要长些，但是作为一个社会主义大国，我们能够也必须达到。所以，党和国家的各种制度究竟好不好，完善不完善，必须用是否有利于实现这三条来检验。"④

后来，邓小平对上述三条要求作了完善，在1986年9月同外宾谈话中提出："我们政治体制改革总的目标是三条：第一，巩固社会

---

① 《邓小平文选》第2卷，人民出版社1994年版，第333页。
② 《邓小平文选》第2卷，人民出版社1994年版，第341页。
③ 《邓小平文选》第2卷，人民出版社1994年版，第342页。
④ 《邓小平文选》第2卷，人民出版社1994年版，第322—323页。

主义制度；第二，发展社会主义社会的生产力；第三，发扬社会主义民主，调动广大人民的积极性。而调动人民积极性的最中心的环节，还是发展生产力，提高人民的生活水平。生产力发展了，人民积极性调动起来了，社会主义国家的力量就增强了，社会主义制度就巩固了。"①

1987年3月27日，邓小平在同外宾谈话中又回答了"怎样评价一个国家的政治体制"的问题，实际上提出了评判标准。他指出："我们评价一个国家的政治体制、政治结构和政策是否正确，关键看三条：第一是看国家的政局是否稳定；第二是看能否增进人民的团结，改善人民的生活；第三是看生产力能否得到持续发展。"②

同年6月12日，邓小平在同南斯拉夫客人谈话时，又提出：政治体制改革"总的目的是要有利于巩固社会主义制度，有利于巩固党的领导，有利于在党的领导和社会主义制度下发展生产力"③。要通过三个方面的改革，达到上述目的："第一，党和行政机构以及整个国家体制要增强活力，就是说不要僵化，要用新脑筋来对待新事物；第二，要真正提高效率；第三，要充分调动人民和各行各业基层的积极性。"④

在指导推进社会主义政治体制改革的背景下，邓小平的思考逐步深入、日臻成熟。从党和国家领导制度改革的三条要求，到社会主义政治体制改革的三条总目标，再到评价一个国家政治体制的三条标准，最后到完整形成社会主义政治体制改革的总目标与主要途径，反

---

① 《邓小平文选》第3卷，人民出版社1993年版，第178页。
② 《邓小平文选》第3卷，人民出版社1993年版，第213页。
③ 《邓小平文选》第3卷，人民出版社1993年版，第241页。
④ 《邓小平文选》第3卷，人民出版社1993年版，第241页。

映了邓小平关于国家治理建设与改革的思想发展过程。

这一时期,党和国家领导制度的改革,特别是中国特色社会主义制度的创立,还处在起步阶段,许多问题难以一下子提出完整的顶层设计方案。但是,已经积累了丰富的历史经验与教训。这些经验教训主要来自两个方面。一是自身的成功经验与"文化大革命"沉痛教训,二是苏联的经验与教训。正如邓小平指出:"我们两国原来的政治体制都是从苏联模式来的。看来这个模式在苏联也不是很成功的。"[1] 对这些经验教训的深刻反思与继续探索,主要是在邓小平领导下完成的,集中体现在《邓小平文选》第2卷和第3卷的有关著作中。这些著作,既完整记录了创立中国特色社会主义制度的全过程,也完整记录了探索建立中国特色社会主义国家治理理论的艰辛历程。

1992年,邓小平在南方谈话中总结过去、寄语未来:"现在建设中国式的社会主义,经验一天比一天丰富。"[2] "恐怕再有三十年的时间,我们才会在各方面形成一整套更加成熟、更加定型的制度。在这个制度下的方针、政策,也将更加定型化。"[3]

◇ 国家治理问题的认识升华

以党的十一届三中全会为标志,在邓小平的指导和推动下,随着

---

[1] 《邓小平文选》第3卷,人民出版社1993年版,第178页。这是1986年9月29日邓小平会见波兰统一工人党中央第一书记、国务委员会主席雅鲁泽尔斯基时的谈话。"两国",指中国和波兰。

[2] 《邓小平文选》第3卷,人民出版社1993年版,第372页。

[3] 《邓小平文选》第3卷,人民出版社1993年版,第372页。

改革开放和社会主义现代化的深入推进，随着中国特色社会主义制度的创立与完善，中国共产党对国家治理的认识也在逐步深化。

1982年9月召开的党的十二大，明确提出中国共产党在新的历史时期的总任务，并将"把我国建设成为高度文明、高度民主的社会主义国家"[1]作为奋斗目标，将"大力推进社会主义物质文明和精神文明的建设，继续健全社会主义民主和法制，认真整顿党的作风和组织"[2]作为实现奋斗目标的重要举措。

在国家治理理论上，党的十二大报告对在"文化大革命"中被搞乱了的人民民主专政理论正本清源，回归到它的本意，指出："我们的国家制度是人民民主专政制度。这种制度，一方面保证占人口绝大多数的劳动人民当家作主，另一方面保证对极少数破坏社会主义的敌对分子实行专政。社会主义事业是全体人民的事业。只有建设高度的社会主义民主，才能使各项事业的发展符合人民的意志、利益和需要，使人民增强主人翁的责任感，充分发挥主动性和积极性，也才能对极少数敌对分子实行有效的专政，保障社会主义建设的顺利进行。"[3]也就是说，在民主与专政的关系上，人民当家作主是主导方面。只有建设高度的社会主义民主，确保人民当家作主，才能有效地巩固人民民主专政。这是付出"文化大革命"的代价换来的一条重要经验。

因此，党的十二大报告提出："社会主义的物质文明和精神文明建设，都要靠继续发展社会主义民主来保证和支持。建设高度的社会

---

[1] 《十二大以来重要文献选编》（上），中央文献出版社2011年版，第11页。
[2] 《十二大以来重要文献选编》（上），中央文献出版社2011年版，第11页。
[3] 《十二大以来重要文献选编》（上），中央文献出版社2011年版，第28页。

主义民主，是我们的根本目标和根本任务之一。"① 如何发展高度的社会主义民主？党的十二大报告强调两条举措。一是"社会主义民主要扩展到政治生活、经济生活、文化生活和社会生活的各个方面，发展各个企业事业单位的民主管理，发展基层社会生活的群众自治。民主应当成为人民群众进行自我教育的方法"②。二是"社会主义民主的建设必须同社会主义法制的建设紧密地结合起来，使社会主义民主制度化、法律化"③。

党的十二大闭幕后，1982年12月4日，全国人大五届五次会议通过了现行的《中华人民共和国宪法》。这部宪法，在新中国国家治理理论的发展中，具有极其重要的地位和作用。它继承和发展了1954年毛泽东主持起草的《中华人民共和国宪法》的基本原则，科学总结我国社会主义建设时期和改革开放新时期的成功经验，认真纠正和摒弃"文化大革命"的错误理论与实践，真正成为一部具有中国特色的、适应坚持和发展中国特色社会主义需要、确保党和国家事业长治久安、长期稳定又不断与时俱进的宪法。这部宪法的制定与通过，标志着中国特色社会主义政治发展和法治建设进入一个新的阶段。

1987年10月召开的党的十三大，明确提出中国共产党在社会主义初级阶段的基本路线，并在这条基本路线中将"把我国建设成为富强、民主、文明的社会主义现代化国家"④ 作为奋斗目标，将"建立和发展充满活力的社会主义经济、政治、文化体制"⑤ 作为社会主义

---

① 《十二大以来重要文献选编》（上），中央文献出版社2011年版，第11页。
② 《十二大以来重要文献选编》（上），中央文献出版社2011年版，第11页。
③ 《十二大以来重要文献选编》（上），中央文献出版社2011年版，第11页。
④ 《十三大以来重要文献选编》（上），中央文献出版社2011年版，第13页。
⑤ 《十三大以来重要文献选编》（上），中央文献出版社2011年版，第11页。

初级阶段的重要内涵，将有秩序有步骤地进行社会主义民主政治建设作为社会主义初级阶段必须确立的具有长远意义的指导方针之一，将"关于社会主义民主政治和社会主义精神文明是社会主义重要特征的观点"[①]作为围绕"建设有中国特色的社会主义的道路"发挥和发展的一系列科学理论观点之一。

党的十三大还根据邓小平的有关论述，将社会主义经济体制改革目标与政治体制改革目标统一起来，明确提出："政治体制和经济体制改革的目的，都是为了在党的领导下和社会主义制度下更好地发展社会生产力，充分发挥社会主义的优越性。也就是说，我们最终要在经济上赶上发达的资本主义国家，在政治上创造比这些国家更高更切实的民主，并且造就比这些国家更多更优秀的人才。要用这些要求来检验改革的成效。"[②]在此基础上，强调政治体制"改革的长远目标，是建立高度民主、法制完备、富有效率、充满活力的社会主义政治体制"[③]。

在国家治理问题上，党的十三大强调：人民代表大会制度，共产党领导的多党合作和政治协商制度，按照民主集中制的原则办事，"是我们的特点和优势，决不能丢掉这些特点和优势，照搬西方的'三权分立'和多党轮流执政"[④]。"社会主义民主政治的本质和核心，是人民当家作主。"[⑤]在党的制度建设上，强调："切实加强党的制度建设，对于党的正确路线的巩固和发展，对于党的决策的民主化和科

[①]《十三大以来重要文献选编》（上），中央文献出版社2011年版，第48页。
[②]《十三大以来重要文献选编》（上），中央文献出版社2011年版，第30页。
[③]《十三大以来重要文献选编》（上），中央文献出版社2011年版，第30页。
[④]《十三大以来重要文献选编》（上），中央文献出版社2011年版，第30页。
[⑤]《十三大以来重要文献选编》（上），中央文献出版社2011年版，第38页。

学化，对于充分发挥各级党组织和党员的积极性、创造性，十分重要。以党内民主来逐步推动人民民主，是发展社会主义民主政治的一条切实可行、易于见效的途径。"[1] 体现着关于国家治理建设与改革思想的这些论述，都在党的十二大基础上，使中国特色社会主义国家治理理论继续向前推进。

1992年10月召开的党的十四大，在邓小平南方谈话的强有力推动下，做出"我国经济体制改革的目标是建立社会主义市场经济体制，以利于进一步解放和发展生产力"[2] 的重要决策，推动中国特色社会主义国家治理建设与改革进入了一个前所未有的全新环境。党的十四大报告在明确提出加速改革开放、推动经济发展和社会全面进步的10个关系全局的主要任务时，强调"积极推进政治体制改革，使社会主义民主和法制建设有一个较大的发展"[3]，强调"下决心进行行政管理体制和机构改革，切实做到转变职能、理顺关系、精兵简政、提高效率"[4]。还明确提出，"人民民主是社会主义的本质要求和内在属性。没有民主和法制就没有社会主义，就没有社会主义的现代化"[5]；"决策的科学化、民主化是实行民主集中制的重要环节，是社会主义民主政治建设的重要任务"[6]；"物质文明和精神文明都搞好，才是有中国特色的社会主义"[7]。还重申，"我们的目标，仍然是努力造成又有集中又有民主，又有纪律又有自由，又有统一意志、又有个

---

[1] 《十三大以来重要文献选编》（上），中央文献出版社2011年版，第43页。
[2] 《十四大以来重要文献选编》（上），中央文献出版社2011年版，第16页。
[3] 《十四大以来重要文献选编》（上），中央文献出版社2011年版，第24页。
[4] 《十四大以来重要文献选编》（上），中央文献出版社2011年版，第26页。
[5] 《十四大以来重要文献选编》（上），中央文献出版社2011年版，第24页。
[6] 《十四大以来重要文献选编》（上），中央文献出版社2011年版，第25页。
[7] 《十四大以来重要文献选编》（上），中央文献出版社2011年版，第26—27页。

人心情舒畅、生动活泼，那样一种政治局面"①；"把共产党人的先进性在社会主义物质文明和精神文明建设中充分发挥出来"②。

党的十四大报告还对邓小平南方谈话中有关制度建设的殷切期望做出回应，提出："在九十年代，我们要初步建立起新的经济体制，实现达到小康水平的第二步发展目标。再经过二十年的努力，到建党一百周年的时候，我们将在各方面形成一整套更加成熟更加定型的制度。在这样的基础上，到下世纪中叶建国一百周年的时候，就能够达到第三步发展目标，基本实现社会主义现代化。"③

1997年9月召开的党的十五大，是在邓小平逝世不久的重要历史时刻举行的。为了更好回应国内外的关切，大会响亮地提出"高举邓小平理论伟大旗帜，把建设有中国特色社会主义事业全面推向二十一世纪"④。

党的十五大报告进一步科学阐述了社会主义初级阶段理论，以此作为中国特色社会主义的理论依据和实践依据，也是中国特色社会主义国家治理理论的依据。报告指出："我国进入社会主义的时候，就生产力发展水平来说，还远远落后于发达国家。这就决定了必须在社会主义条件下经历一个相当长的初级阶段，去实现工业化和经济的社会化、市场化、现代化。这是不可逾越的历史阶段。"⑤

党的十五大报告，对十三大报告有关社会主义初级阶段基本特征的描述，根据新的认识与实践，作了更加全面准确的阐述。强调这个

---

① 《十四大以来重要文献选编》（上），中央文献出版社2011年版，第38页。
② 《十四大以来重要文献选编》（上），中央文献出版社2011年版，第38页。
③ 《十四大以来重要文献选编》（上），中央文献出版社2011年版，第40页。
④ 《十五大以来重要文献选编》（上），中央文献出版社2011年版，第1页。
⑤ 《十五大以来重要文献选编》（上），中央文献出版社2011年版，第13页。

初级阶段，"是通过改革和探索，建立和完善比较成熟的充满活力的社会主义市场经济体制、社会主义民主政治体制和其他方面体制的历史阶段"[1]；是"在建设物质文明的同时努力建设精神文明的历史阶段"[2]。还根据邓小平南方谈话的重要论述，增加了"这样的历史进程，至少需要一百年时间。至于巩固和发展社会主义制度，那还需要更长得多的时间，需要几代人、十几代人，甚至几十代人坚持不懈地努力奋斗"[3]。

党的十五大报告在改革理论上的一个重大发展，是提出了全面改革理论，指出："改革是全面改革，是在坚持社会主义基本制度的前提下，自觉调整生产关系和上层建筑的各个方面和环节，来适应初级阶段生产力发展水平和实现现代化的历史要求。"[4] 这实际上把先前突出强调的经济领域改革同日后日益凸显的全方位改革紧密联系起来，将经济基础的改革同上层建筑改革紧密结合起来，以解放和发展社会生产力为总目标，全面推进国家治理的建设与改革。这实际上是党关于改革观的一次认识上的飞跃，其意义和影响都是深远的。

党的十五大报告从全面改革观出发，完整提出中国特色社会主义经济、政治、文化纲领，既实现了党的基本路线在经济、政治、文化等方面的展开，形成党在社会主义初级阶段的基本纲领，又实现了中国特色社会主义国家治理的具体化，为正确处理改革、发展同稳定的关系、保持稳定的政治环境和社会秩序提供了制度与体制机制保障。

在此基础上，党的十五大明确提出了"依法治国"和"建设社

---

[1] 《十五大以来重要文献选编》（上），中央文献出版社2011年版，第13—14页。
[2] 《十五大以来重要文献选编》（上），中央文献出版社2011年版，第14页。
[3] 《十五大以来重要文献选编》（上），中央文献出版社2011年版，第14页。
[4] 《十五大以来重要文献选编》（上），中央文献出版社2011年版，第15页。

会主义法治国家"战略任务，指出："依法治国，就是广大人民群众在党的领导下，依照宪法和法律规定，通过各种途径和形式管理国家事务，管理经济文化事业，管理社会事务，保证国家各项工作都依法进行，逐步实现社会主义民主的制度化、法律化，使这种制度和法律不因领导人的改变而改变，不因领导人看法和注意力的改变而改变。"① 还强调："依法治国，是党领导人民治理国家的基本方略，是发展社会主义市场经济的客观需要，是社会文明进步的重要标志，是国家长治久安的重要保障。"② 中国共产党领导与依法治国的关系是："党领导人民制定宪法和法律，并在宪法和法律范围内活动。依法治国把坚持党的领导、发扬人民民主和严格依法办事统一起来，从制度和法律上保证党的基本路线和基本方针的贯彻实施，保证党始终发挥总揽全局、协调各方的领导核心作用。"③

党的十五大以后至党的十八大以前，中国特色社会主义事业的迅速发展，党治国理政的经验日益丰富和完善，有力推动了党的指导思想的与时俱进和创新发展。以江泽民同志为核心的党中央创立了"三个代表"重要思想，加深了对什么是社会主义、怎样建设社会主义和建设什么样的党、怎样建设党的认识，积累了治党治国新的宝贵经验，反映了当代世界和中国的发展变化对党和国家工作的新要求，是加强和改进党的建设、推进我国社会主义自我完善和发展的强大理论武器。以胡锦涛为总书记的党中央创立了科学发展观，根据新的发展要求，深刻认识和回答了新形势下实现什么样的发展、怎样发展等重大问题，是马克思主义关于发展的世界观和方法论的集中体现。在指

---

① 《十五大以来重要文献选编》（上），中央文献出版社2011年版，第26页。
② 《十五大以来重要文献选编》（上），中央文献出版社2011年版，第26—27页。
③ 《十五大以来重要文献选编》（上），中央文献出版社2011年版，第27页。

导思想的创新发展过程中,中国特色社会主义国家治理理论也在不断发展。

2002年11月召开的党的十六大,将"坚持中国共产党的领导,巩固和完善人民民主专政的国体和人民代表大会制度的政体,坚持和完善共产党领导的多党合作和政治协商制度以及民族区域自治制度"[1];"推进政治体制改革,发展民主,健全法制,依法治国,建设社会主义法治国家,保证人民行使当家作主的权利"[2];"坚持物质文明和精神文明两手抓,实行依法治国和以德治国相结合"[3];"社会主义精神文明是中国特色社会主义的重要特征"[4]等内容,正式写入"党领导人民建设中国特色社会主义必须坚持的基本经验"。

党的十六大报告,在阐述贯彻落实"三个代表"重要思想时,突出强调"创新"在国家治理中的重要性,指出:"创新是一个民族进步的灵魂,是一个国家兴旺发达的不竭动力,也是一个政党永葆生机的源泉"[5];突出强调发展是"党执政兴国的第一要务",指出:"党要承担起推动中国社会进步的历史责任,必须始终紧紧抓住发展这个执政兴国的第一要务,把坚持党的先进性和发挥社会主义制度的优越性,落实到发展先进生产力、发展先进文化、实现最广大人民的根本利益上来,推动社会全面进步,促进人的全面发展"[6];突出强调保持党的先进性,指出:"党的先进性是具体的、历史的,必须放到推动当代中国先进生产力和先进文化的发展中去考察,放到维护和实现

---

[1] 《十六大以来重要文献选编》(上),中央文献出版社2011年版,第7页。
[2] 《十六大以来重要文献选编》(上),中央文献出版社2011年版,第7页。
[3] 《十六大以来重要文献选编》(上),中央文献出版社2011年版,第7页。
[4] 《十六大以来重要文献选编》(上),中央文献出版社2011年版,第7页。
[5] 《十六大以来重要文献选编》(上),中央文献出版社2011年版,第9页。
[6] 《十六大以来重要文献选编》(上),中央文献出版社2011年版,第11页。

最广大人民根本利益的奋斗中去考察，归根到底要看党在推动历史前进中的作用。"①

党的十六大报告在阐述发展社会主义民主政治时，提出："最根本的是要把坚持党的领导、人民当家作主和依法治国有机统一起来。"② "党的领导是人民当家作主和依法治国的根本保证，人民当家作主是社会主义民主政治的本质要求，依法治国是党领导人民治理国家的基本方略。"③ 提出："要着重加强制度建设，实现社会主义民主政治的制度化、规范化和程序化。"④ 同时，将"健全基层自治组织和民主管理制度"⑤ 作为"坚持和完善社会主义民主制度"的重要内容之一。

2007 年 10 月召开的党的十七大，总结改革开放的成功经验，归结为"十个结合"。这既是对中国特色社会主义基本经验的总结，也是对党治国理政成功经验的总结。这"十个结合"是："把坚持马克思主义基本原理同推进马克思主义中国化结合起来，把坚持四项基本原则同坚持改革开放结合起来，把尊重人民首创精神同加强和改善党的领导结合起来，把坚持社会主义基本制度同发展市场经济结合起来，把推动经济基础变革同推动上层建筑改革结合起来，把发展社会生产力同提高全民族文明素质结合起来，把提高效率同促进社会公平结合起来，把坚持独立自主同参与经济全球化结合起来，把促进改革发展同保持社会稳定结合起来，把推进中国特色社会主义伟大事业同

---

① 《十六大以来重要文献选编》（上），中央文献出版社 2011 年版，第 10 页。
② 《十六大以来重要文献选编》（上），中央文献出版社 2011 年版，第 24 页。
③ 《十六大以来重要文献选编》（上），中央文献出版社 2011 年版，第 24 页。
④ 《十六大以来重要文献选编》（上），中央文献出版社 2011 年版，第 24—25 页。
⑤ 《十六大以来重要文献选编》（上），中央文献出版社 2011 年版，第 25 页。

推进党的建设新的伟大工程结合起来。"① 从而揭示了推进国家治理的理论指导、政治基石、根本力量、经济政治文化社会支撑、国际联系，揭示了改革发展稳定、伟大事业与伟大工程两大基本关系。

党的十七大的一个新特点，是更加重视制度建设。这一方面是社会主义市场经济的发展与成熟度，要求进一步加强相关制度建设；另一方面也是依法治国基本方略确立后，有力地推动着中国特色社会主义制度建设和法律体系建设。党的十七大报告在对全面建设小康社会提出的新的更高要求中，增加了有关制度的内容："成为各方面制度更加完善、社会更加充满活力而又安定团结的国家"②；在经济建设与改革上，提出："从制度上更好发挥市场在资源配置中的基础性作用，形成有利于科学发展的宏观调控体系"③；在政治建设与改革上，提出："坚持和完善人民代表大会制度、中国共产党领导的多党合作和政治协商制度、民族区域自治制度以及基层群众自治制度，不断推进社会主义政治制度自我完善和发展"④；在文化建设与改革上，提出："在时代的高起点上推动文化内容形式、体制机制、传播手段创新，解放和发展文化生产力"⑤；在社会建设与改革上，提出："要健全党委领导、政府负责、社会协同、公众参与的社会管理格局，健全基层社会管理体制"⑥；在党的建设上，提出："以健全民主集中制为重点加强制度建设"⑦。

---

① 《十七大以来重要文献选编》（上），中央文献出版社2013年版，第8页。
② 《十七大以来重要文献选编》（上），中央文献出版社2013年版，第16页。
③ 《十七大以来重要文献选编》（上），中央文献出版社2013年版，第17页。
④ 《十七大以来重要文献选编》（上），中央文献出版社2013年版，第22页。
⑤ 《十七大以来重要文献选编》（上），中央文献出版社2013年版，第28页。
⑥ 《十七大以来重要文献选编》（上），中央文献出版社2013年版，第31页。
⑦ 《十七大以来重要文献选编》（上），中央文献出版社2013年版，第38页。

以上，我们回顾了自党的十一届三中全会直至党的十八大以前，在改革开放和社会主义现代化建设新时期对中国特色社会主义国家治理理论与实践的创新发展。这些重大成果，既是在新中国成立以来奠定的坚实基础上继续开拓进取、创新发展的结果，也是开创中国特色社会主义新道路的结果。在这一过程中，邓小平立下了不可磨灭的开创与奠基之功，同时也铭刻着几代中国共产党人接力发展的重要贡献。这些都为在党的十八大后中国特色社会主义进入新时代，最终系统形成中国特色社会主义国家治理理论，创造了必不可少的条件。

◇ 推进国家治理体系和治理能力现代化

党的十八大后，以习近平同志为核心的党中央团结带领中国人民继续解放思想、开拓创新、攻坚克难，实现了党、国家、军队的革命性重塑，奋力将中国特色社会主义推向新时代。其中的一个显著的革命性变革，就发生在坚持和完善中国特色社会主义制度、推进国家治理体系和治理能力现代化这个事关全局、事关长远、事关根本的重要领域。

党的十八大后，将制度问题与国家治理问题摆到突出位置，是新中国长期发展、改革开放深入推进的客观历史要求。

在坚持和发展社会主义制度的前提下，实现国家治理体系和治理能力现代化，本来就是社会主义现代化建设的应有之义。随着改革开放逐步深化，中国共产党对制度建设的认识越来越深入。邓小平在1992年南方谈话中提出的"恐怕再有三十年的时间，我们才会在各方面形成一整套更加成熟、更加定型的制度"这一愿景，逐步具备了具体加以推进的各方面条件与可能。因此，党的十四大、十五大、十六大、十七大，都对中国特色社会主义制度建设提出明确要求。

真正把国家治理作为一个完整概念提出来，并作为马克思主义国家学说重要组成部分和重大现实问题加以认真研究，提出完整思路的，是在党的十八大以后。

2013年11月召开的党的十八届三中全会做出《中共中央关于全面深化改革若干重大问题的决定》，明确将"完善和发展中国特色社会主义制度，推进国家治理体系和治理能力现代化"作为全面深化改革的总目标。习近平总书记明确指出："这次全会在邓小平同志战略思想的基础上，提出要推进国家治理体系和治理能力现代化。这是完善和发展中国特色社会主义制度的必然要求，是实现社会主义现代化的应有之义。我们之所以决定这次三中全会研究全面深化改革问题，不是推进一个领域改革，也不是推进几个领域改革，而是推进所有领域改革，就是从国家治理体系和治理能力的总体角度考虑的。"① 这标志着中国特色社会主义国家治理理论的创立。

正如习近平总书记所说："在改革开放40多年历程中，党的十一届三中全会是划时代的，开启了改革开放和社会主义现代化建设历史新时期；党的十八届三中全会也是划时代的，开启了全面深化改革、系统整体设计推进改革的新时代，开创了我国改革开放的新局面。"②

党的十八届三中全会推出336项重大改革举措，实际上是全面深化改革紧紧围绕国家治理体系和治理能力现代化这个重大主题的再出发、再深入。这以后，以习近平同志为核心的党中央一直在缜密思

---

① 习近平：《切实把思想统一到党的十八届三中全会精神上来》，《求是》2014年第1期。

② 《习近平谈治国理政》第3卷，外文出版社2020年版，第111页。

考、扎实推进国家治理体系和治理能力现代化的理论创新、顶层设计和重大部署。经过不懈努力，重要领域和关键环节改革成效显著，主要领域基础性制度体系基本形成，为推进国家治理体系和治理能力现代化打下了坚实基础。

党的十八届四中全会确立了全面依法治国，党的十八届五中全会在"十三五"规划建议中提出"各方面制度更加成熟更加定型，国家治理体系和治理能力现代化取得重大进展，各领域基础性制度体系基本形成"。党的十九大在国家治理方面提出了与社会主义现代化强国战略相应的要求，到2035年，"各方面制度更加完善，国家治理体系和治理能力现代化基本实现"；到本世纪中叶，"实现国家治理体系和治理能力现代化"。党的十九届二中、三中全会，从推进国家治理体系和能力现代化总体要求出发，在深化党和国家机构改革上迈出重要步伐，做出重大部署。

经过六年的开创性实践，2019年10月，党的十九届四中全会做出《中共中央关于坚持和完善中国特色社会主义制度　推进国家治理体系和治理能力现代化若干重大问题的决定》，对坚持和完善中国特色社会主义制度、推进国家治理体系和治理能力现代化进行系统总结。这在马克思主义国家治理理论发展史上，在新中国国家制度发展史上，在中国特色社会主义国家治理发展史上，都具有里程碑意义。它标志着中国特色社会主义国家治理理论的系统形成。

事实证明，在党的十八大后，对坚持和完善中国特色社会主义制度、推进国家治理体系和治理能力现代化进行系统总结和全面谋划，顺应了我国社会主要矛盾深刻变化的客观要求，顺应了大幅度提高中国共产党治国理政能力与水平的客观要求，顺应了建设社会主义现代化强国、实现中华民族伟大复兴的客观要求，适逢其时。

新时代谋划全面深化改革，必须以坚持和完善中国特色社会主义制度、推进国家治理体系和治理能力现代化为主轴，深刻把握我国发展要求和时代潮流，把制度建设和治理能力建设摆到更加突出的位置，继续深化各领域各方面体制机制改革，推动各方面制度更加成熟更加定型，推进国家治理体系和治理能力现代化。

中国特色社会主义国家治理理论的创立与系统形成，有着特定的时代背景与社会历史条件，也是改革开放和社会主义现代化建设发展到新时代的客观要求。

从时代看，当今世界处于百年未有的大变动、大调整、大重组的时代。政党治理、国家治理、全球治理三大治理难题，成为考验各国政党和政治家治国理政能力与水平的关键性问题，同时也是必须着力破解的影响全局、决定全局的重大现实问题。党的十八大以来，以习近平同志为核心的党中央在这三大治理上，都取得了决定性的突破。在政党治理上，提出全面从严治党、全面加强党的领导，通过强力惩治腐败、强力反"四风"，增强"四个意识"和"两个维护"，使党得以重塑，党的执政地位和基础得以巩固。在国家治理上，确立以人民为中心的发展思想，树立新发展理念，形成统筹推进"五位一体"总体布局、协调推进"四个全面"战略布局，使国家治理体系得以全面重塑，国家治理能力得到全面提升，特别是在抗击新型冠状病毒特大疫情中，"中国之治"与"西方之乱"形成鲜明对照。在全球治理上，提出人类命运共同体构想，扎实推动"一带一路"倡议，积极参与国际合作，中国方案、中国主张的影响力日益提升，中国话语、中国形象的公信力显著增强。三大治理的核心，还是包括党的建设在内的国家治理体系治理能力现代化。这是前无古人的伟大事业，要有科学的顶层设计为指导，就必须有科学的理论做指导。中国特色社会主义国家治理理论由此呼之欲出。

从社会历史条件看，新中国的建设与改革，始终贯穿着国家治理问题。正反两方面的经验告诉我们，什么时候国家治理的理论科学、实践正确、成效显著，党和国家各项事业就兴旺发达，经济发展、民族团结、社会稳定的大好局面就会长期持续；反之，什么时候国家治理的指导思想出现严重偏差，党和国家各项事业就会遭受严重破坏，人民代表大会制度等国家制度就会遭到不应有的损害。特别是"文化大革命"的沉痛教训告诉我们，离开党的领导的"大民主"，严重混淆两类不同性质矛盾的"全面专政"，会给党和国家事业带来怎样的危害。在"百废待兴"的情况下，党的十一届三中全会后，之所以能在加强和改善党的领导、恢复和建立健全民主集中制、恢复和建立健全社会主义民主与法制等方面迅速取得重要进展，有力地推动和保证了改革开放事业发展，很重要的原因，就是通过第二个历史决议深刻地记取了这方面的沉痛教训，进一步明确了前进方向。然而，要在改革开放中逐步建立与社会主义市场经济和社会主义现代化建设相适应的中国特色社会主义法律体系，进而推进国家治理体系和治理能力现代化，不可能一蹴而就，必须经过一个久久为功、日积月累的艰苦过程。为此，在新中国法制建设的基础上，从党的十一届三中全会起，经过30多年的不懈努力，到2011年1月郑重宣告，"一个立足中国国情和实际、适应改革开放和社会主义现代化建设需要、集中体现党和人民意志的，以宪法为统帅，以宪法相关法、民法商法等多个法律部门的法律为主干，由法律、行政法规、地方性法规等多个层次的法律规范构成的中国特色社会主义法律体系已经形成，国家经济建设、政治建设、文化建设、社会建设以及生态文明建设的各个方面实现有法可依"①。同时，改革开放以来制度建设史和法制建设史都证明，制度的完善与法制的完善，都是动态过程。"我们用改革的办法解决了党和国家事业发展中的一系列问题。同时，在认识世界和改造世界的过程中，旧的问题解决了，新的问题又会产生，制度总是需要不断完善，因而改革既不可能一蹴而就、也不可能一劳永逸。"② 特别是党的十八大后，随着中国特色社会主义进入新时代，社会主要矛盾发生深刻变化，对党和国家的领导方式、决策方式、工作方式、思维方式都提出许多新要求。以习近平同志为核心的党中央在全面深化改革的同时，提出全面依法治国，要求坚持依法治国、依法执政、依法行政共同推进，坚持法治国家、法治政府、法治社会一体建设，实现科学立法、严格执法、公正司法、全民守法，促进国家治理体系和治理能力现代化。

从应对新时代风险挑战来看，实现中华民族伟大复兴宏伟目标的进程，就是一个"无限风光在险峰"的登顶过程。越是往前走，面临的风险考验只会越来越复杂，甚至会遇到难以想象的惊涛骇浪；面临的各种斗争不是短期的而是长期的，至少要伴随实现第二个百年奋斗目标全过程。这些风险挑战，有的来自国内，有的来自国际，有的来自经济社会领域，有的来自自然界。要化危为机、掌握主动，唯一的出路是坚持和完善中国特色社会主义制度、推进国家治理体系和治理能力现代化，运用制度威力赢得改革发展空间，赢得国泰民安。

从改革开放和社会主义现代化建设内在的发展规律看，进入新时

---

① 《十七大以来重要文献选编》（下），中央文献出版社2013年版，第118—119页。

② 习近平：《关于〈中共中央关于全面深化改革若干重大问题的决定〉的说明》，《人民日报》2013年11月16日第1版。

代，随着改革进入深水区、攻坚期和矛盾凸显期，现代化建设进入从站起来、富起来到强起来的新阶段，对改革的综合性、全面性和顶层设计都提出了新的更高要求，对现代化发展的综合性、全面性、联动性也提出了新的更高要求。以习近平同志为核心的党中央敏锐地捕捉到了这些客观发展的新要求，提出了创新、协调、绿色、开放、共享的新发展理念，果断地提出推动经济从高速度增长向高质量发展转变，果断提出要实现以人民为中心的发展思想。这些转变表面看是经济改革与发展问题，实际上是一场关于国家治理体系和治理能力现代化的根本性转变。正如习近平总书记所说："改革开放以来，我们党开始以全新的角度思考国家治理体系问题，强调领导制度、组织制度问题更带有根本性、全局性、稳定性和长期性。今天，摆在我们面前的一项重大历史任务，就是推动中国特色社会主义制度更加成熟更加定型，为党和国家事业发展、为人民幸福安康、为社会和谐稳定、为国家长治久安提供一整套更完备、更稳定、更管用的制度体系。这项工程极为宏大，必须是全面的系统的改革和改进，是各领域改革和改进的联动和集成，在国家治理体系和治理能力现代化上形成总体效应、取得总体效果。"[1] 顺应改革开放和现代化建设内在规律发展变化的客观需要，顺应社会主要矛盾深刻变化的客观需要，站在党和国家改革发展全局，站在国内国际两个大局的交汇点，统筹推进"五位一体"总体布局，协调推进"四个全面"战略布局，全面贯彻落实以人民为中心的发展思想和新发展理念，实现决胜全面建成小康社会、迈上建设社会主义现代化强国新征程的战略谋划，势必要求提出

---

[1] 《习近平在省部级主要领导干部学习贯彻十八届三中全会精神全面深化改革专题研讨班开班式上发表重要讲话强调　完善和发展中国特色社会主义制度　推进国家治理体系和治理能力现代化》，《人民日报》2014年2月18日第1版。

国家治理的总思路、总战略、总构想。

◇ 国家治理理论与实践的集大成

以党的十九届四中全会做出《中共中央关于坚持和完善中国特色社会主义制度　推进国家治理体系和治理能力现代化若干重大问题的决定》为标志，中国特色社会主义国家治理理论的诞生，用中国实践破解了国家治理这道难题，对马克思主义国家治理理论做出了开创性的历史贡献。这主要体现在以下方面。

第一，明确国家治理体系和治理能力建设的战略任务，为解决建设一个什么样的国家治理体系、怎样建设现代化的国家治理体系问题指明了正确方向。

坚持和完善中国特色社会主义制度、推进国家治理体系和治理能力现代化，是关系党和国家事业兴旺发达、国家长治久安、人民幸福安康的重大问题。科学社会主义的长期实践证明，在打碎旧的国家机器之后，还要进一步解决好如何建设新型国家制度和治理体系问题。这既是关系社会主义新型国家长治久安的重大理论问题，也是关系马克思主义执政党长期执政的重大现实问题。世界上第一个社会主义国家苏联，正是因为没有从根本上解决好国家治理问题，不是出现阶级斗争扩大化错误，就是出现放弃党的领导和社会主义制度的颠覆性错误。因此，要实现党和国家长治久安、人民幸福安康，就必须在建设社会主义现代化强国的过程中，高度重视和切实解决好国家治理体系和治理能力现代化。

国家治理体系和治理能力是一个国家的制度和制度执行能力的集

中体现，两者相辅相成。制度优势是一个国家的最大优势，制度竞争是国家间最根本的竞争。制度稳则国家稳。新中国成立 70 余年来，中华民族之所以能迎来从站起来、富起来到强起来的伟大飞跃，最根本的是因为党领导人民建立和完善了中国特色社会主义制度，形成和发展了党的领导和经济、政治、文化、社会、生态文明、军事、外事等各方面制度，不断加强和完善国家治理。

经过长期努力，形成了中国特色社会主义制度和国家治理体系的基本框架。这个基本框架，由以下紧密联系着的 13 个方面的制度体系组成：（1）党的领导制度体系，确保党不断提高科学执政、民主执政、依法执政水平；（2）人民当家作主制度体系，确保社会主义民主政治不断发展；（3）中国特色社会主义法治体系，确保党依法治国、依法执政能力不断提高；（4）中国特色社会主义行政体制，朝着构建职责明确、依法行政的政府治理体系目标发展；（5）社会主义基本经济制度，推动经济高质量发展；（6）繁荣发展社会主义先进文化的制度，不断巩固全体人民团结奋斗的共同思想基础；（7）统筹城乡的民生保障制度，不断满足人民日益增长的美好生活需要；（8）共建共治共享的社会治理制度，保持社会稳定、维护国家安全；（9）生态文明制度体系，促进人与自然和谐共生；（10）党对人民军队的绝对领导制度，确保人民军队忠实履行新时代使命任务；（11）"一国两制"制度体系，推进祖国和平统一；（12）独立自主的和平外交政策，推动构建人类命运共同体；（13）党和国家监督体系，不断强化对权力运行的制约和监督。这是关于建设一个什么样的国家治理体系、怎样建设现代化的国家治理体系的中国经验、中国方案。

坚持和完善中国特色社会主义制度、推进国家治理体系和治理能力现代化的总体目标是，到中国共产党成立 100 年时，在各方面制度更加成熟更加定型上取得明显成效；到 2035 年，各方面制度更加完善，基本实现国家治理体系和治理能力现代化；到新中国成立 100 年时，全面实现国家治理体系和治理能力现代化，使中国特色社会主义制度更加巩固、优越性充分展现。

第二，明确国家治理体系的评判标准，为坚持和完善中国特色社会主义制度指明了正确方向。

一个国家选择什么样的治理体系，是由这个国家的历史传承、文化传统、经济社会发展水平决定的，是由这个国家的人民决定的。我国今天的国家治理体系，是在我国历史传承、文化传统、经济社会发展的基础上长期发展、渐进改进、内生性演化的结果。我国国家治理体系需要改进和完善，但怎么改、怎么完善，我们要有主张、有定力。中华民族是一个兼容并蓄、海纳百川的民族，在漫长历史进程中，不断学习他人的好东西，把他人的好东西化成我们自己的东西，这才形成我们的民族特色。

看一个制度好不好、优越不优越，要从政治上、大的方面去评判和把握。评价一个国家政治制度是不是民主的、有效的，主要看国家领导层能否依法有序更替，全体人民能否依法管理国家事务和社会事务、管理经济和文化事业，人民群众能否畅通表达利益要求，社会各方面能否有效参与国家政治生活，国家决策能否实现科学化、民主化，各方面人才能否通过公平竞争进入国家领导和管理体系，执政党能否依照宪法法律规定实现对国家事务的领导，权力运用能否得到有效制约和监督。

我们从来不排斥任何有利于中国发展进步的他国国家治理经验，而是坚持以我为主、为我所用，去其糟粕、取其精华。比如，在社会主义建设时期，我国国家制度和国家治理体系就借鉴吸收了苏联的许多有益经验。改革开放以来，我们不断扩大对外开放，把社会主义制度和市场经济有机结合起来，既充分发挥市场在资源配置中的决定性作用，又更好发挥政府作用，极大解放和发展了社会生产力，极大解放和增强了社会活力。在人类文明发展史上，除了中国特色社会主义制度和国家治理体系外，没有任何一种国家制度和国家治理体系能够在这样短的历史时期内创造出我国取得的经济快速发展、社会长期稳定这样的奇迹。

推进国家治理体系和治理能力现代化的目的，是坚持和完善中国特色社会主义制度。没有坚定的制度自信就不可能有全面深化改革的勇气，同样，离开不断改革，制度自信也不可能彻底、不可能久远。我们全面深化改革，是要使中国特色社会主义制度更好；我们说坚定制度自信，不是要故步自封，而是要不断革除体制机制弊端，让我们的制度成熟而持久。

我们既要坚持好、巩固好经过长期实践检验的我国国家制度和国家治理体系，又要完善好、发展好我国国家制度和国家治理体系，不断把我国制度优势更好转化为国家治理效能。

第三，明确中国共产党在国家治理体系中是最高政治领导力量，为坚持党对一切工作的全面领导指明了正确方向。

坚持无产阶级先进政党对国家的领导地位，是马克思主义国家学说的重要原则。中国共产党长期执政的历史证明，党在国家治理体系中居于核心领导地位，这既是中国特色社会主义最本质的特征，也是社会主义国家治理体系的最显著优势。

纵观我们党的历史，在这个问题上曾经出现两种偏向。一是过分强调党的"一元化领导"，因而出现"以党代政""包办一切"的偏向。二是片面理解"党政分开"，因而导致"党政分家"，党的领导被严重弱化的偏向。正反两方面的经验教训告诉我们，一定要正确处理党与政、集中统一与分工负责的关系，正确运用民主集中制原则，坚决维护党中央权威，健全总揽全局、协调各方的党的领导制度体系，把党的领导落实到国家治理各领域各方面各环节。

健全总揽全局、协调各方的党的领导制度体系，首先要完善坚定维护党中央权威和集中统一领导的各项制度。这是确保党对一切工作全面领导的根本政治前提。要推动全党增强"四个意识"、坚定"四个自信"、做到"两个维护"；健全党中央对重大工作的领导体制，强化党中央决策议事协调机构职能作用，完善推动党中央重大决策落实机制，严格执行向党中央请示报告制度，确保令行禁止；健全维护党的集中统一的组织制度，形成党的中央组织、地方组织、基层组织上下贯通、执行有力的严密体系，实现党的组织和党的工作全覆盖。

健全党的全面领导制度，是健全总揽全局、协调各方的党的领导制度体系的关键环节。完善党领导人大、政府、政协、监察机关、审判机关、检察机关、武装力量、人民团体、企事业单位、基层群众自治组织、社会组织等制度，健全各级党委（党组）工作制度，确保党在各种组织中发挥领导作用；完善党领导各项事业的具体制度，把党的领导落实到统筹推进"五位一体"总体布局、协调推进"四个全面"战略布局各方面。

党要实现全面领导，自身必须清正廉洁、坚强有力。加强党对一切工作的全面领导，就必须全面从严治党，完善全面从严治党制度。全面从严治党永远在路上，构建不敢腐、不能腐、不想腐的堤坝，必须久久为功。要坚持党要管党、全面从严治党，全面净化党内政治生态，增强忧患意识，不断推进党的自我革命，永葆党的先进性和纯洁性，坚决同一切影响党的先进性、弱化党的纯洁性的问题作斗争，大力纠治形式主义、官僚主义，不断增强党的创造力、凝聚力、战斗力，确保党始终成为中国特色社会主义事业的坚强领导核心。

第四，明确坚持中国共产党领导、人民当家作主、依法治国有机统一在国家治理体系中的关键作用，为坚持和完善人民当家作主制度体系指明了正确方向。

坚持中国共产党领导、人民当家作主、依法治国有机统一，科学地回答了推进社会主义国家治理的领导力量、主体力量、基本途径。人民民主的核心和最高境界，是在国家政治生活中实现人民当家作主。人民民主专政的坚持与发展，是推进依法治国，建设社会主义法治国家。两者都离不开中国共产党领导。因此，中国共产党领导、人民当家作主、依法治国的有机统一，既是社会主义民主政治的核心，也是依法治国的核心，更是国家治理体系的核心。

社会主义新型国家要坚持人民当家作主，是马克思主义国家学说的基本要求。中国共产党自诞生之日起，就把为人民谋幸福、为民族谋复兴作为自己的初心与使命。新中国自诞生之日起，就把人民当家作主作为人民政权的最高原则。坚持中国共产党领导同坚持人民当家作主，是高度统一的。始终代表最广大人民根本利益，保证人民当家作主，体现人民共同意志，维护人民合法权益，是我国国家制度和国家治理体系的本质属性，也是我国国家制度和国家治理体系有效运行、充满活力的根本所在。我国国家制度和国家治理体系始终着眼于实现好、维护好、发展好最广大人民根本利益，着力保障和改善民生，使改革发展成果更多更公平惠及全体人民，因而可以有效避免出现党派纷争、利益集团偏私、少数政治"精英"操弄等现象，具有无可比拟的先进性。

中国是工人阶级领导的、以工农联盟为基础的人民民主专政的社会主义国家，国家的一切权力属于人民。必须坚持人民主体地位，坚定不移走中国特色社会主义政治发展道路，健全民主制度，丰富民主形式，拓宽民主渠道，依法实行民主选举、民主协商、民主决策、民主管理、民主监督，使各方面制度和国家治理更好体现人民意志、保障人民权益、激发人民创造，确保人民依法通过各种途径和形式管理国家事务，管理经济文化事业，管理社会事务。

建设中国特色社会主义法治体系、建设社会主义法治国家是坚持和发展中国特色社会主义的内在要求。必须坚定不移走中国特色社会主义法治道路，全面推进依法治国，坚持依法治国、依法执政、依法行政共同推进，坚持法治国家、法治政府、法治社会一体建设，加快形成完备的法律规范体系、高效的法治实施体系、严密的法治监督体系、有力的法治保障体系，加快形成完善的党内法规体系，全面推进科学立法、严格执法、公正司法、全民守法，推进法治中国建设。

第五，明确坚持和完善党和国家监督体系在国家治理体系中的地位作用，为强化对权力运行的制约和监督指明了正确方向。

马克思、恩格斯根据巴黎公社的实践，提出了如何防止人民公仆成为主人的问题。列宁根据苏俄的实践，采取设置工农检察院等机构以防止党和国家工作人员滋长官僚主义和腐败思想。事实证明，在中国共产党长期执政条件下，必须将建立健全党和国家监督体系作为国家治理体系建设的重要一环。

长期以来，党内存在的一个突出问题，就是不愿监督、不敢监督、抵制监督等现象不同程度存在。党内监督缺位，必然导致党的领导弱化、党的建设缺失、全面从严治党不力。党内监督是永葆党的肌体健康的生命之源。党和国家监督体系是党在长期执政条件下实现自我净化、自我完善、自我革新、自我提高的重要制度保障。必须健全党统一领导、全面覆盖、权威高效的监督体系，增强监督严肃性、协同性、有效性，形成决策科学、执行坚决、监督有力的权力运行机制，确保党和人民赋予的权力始终用来为人民谋幸福。

坚持民主集中制是强化党内监督的核心。当前，党内集中不够和民主不够的问题同时存在。强化党内监督，必须坚持、完善、落实民主集中制，把民主基础上的集中和集中指导下的民主有机结合起来，把上级对下级、同级之间以及下级对上级的监督充分调动起来，确保党内监督落到实处、见到实效。

对我们党来说，外部监督是必要的，但从根本上讲，还在于强化自身监督。要营造党内民主监督环境，畅通党内民主监督渠道。党内监督是全党的任务，要坚持惩前毖后、治病救人，立足于小、立足于早，开展批评和自我批评，及时进行约谈函询、诫勉谈话，及时发现问题、纠正偏差。各级纪委是党内监督专责机关，履行监督执纪问责职责。要把维护政治纪律和政治规矩放在首位，加强对所辖范围内遵守党章党规党纪情况的监督，检查党的路线方针政策和决议的执行情况。巡视是党内监督的战略性制度安排。要强化巡视监督，发挥从严治党利器作用，做到巡视全覆盖。党员民主监督是党内监督的基本方式。各级党组织要保障党员知情权和监督权，鼓励和支持党员在党内监督中发挥积极作用，对干扰妨碍监督、打击报复监督的人要依纪严肃处理。监督国家公务员正确用权、廉洁用权是党内监督的题中应有之义。要做好监督体系顶层设计，既加强党的自我监督，又加强对国家机器的监督。

党内监督在党和国家各种监督形式中是最根本的、第一位的，但如果不与国家机关监督、民主党派监督、群众监督、舆论监督等结合起来，就不能形成监督合力。要支持人民政协依照章程进行民主监督，重视民主党派和无党派人士提出的意见、批评、建议，鼓励党外人士讲真话、进诤言。要自觉接受群众监督，畅通信访举报渠道，对违规违纪典型问题严肃处理，及时回应人民群众关切。要加强舆论监督，通过对典型案例进行曝光剖析，发挥警示作用，为全面从严治党营造良好舆论氛围。

完善权力运行制约和监督机制，形成有权必有责、用权必担责、滥权必追责的制度安排。实行权力清单制度，公开权力运行过程和结果，健全不当用权问责机制，把权力关进制度的笼子，让权力在阳光下运行。

行政监察法要体现党中央关于中央纪委、监察部合署办公，中央纪委履行党的纪律检查和政府行政监察两项职能，对党中央全面负责的精神。监察对象要涵盖所有公务员。要坚持党对党风廉政建设和反腐败工作的统一领导，扩大监察范围，整合监察力量，健全国家监察组织架构，形成全面覆盖国家机关及其公务员的国家监察体系。

强化党内监督是为了保证党立党为公、执政为民，强化国家监察是为了保证国家机器依法履职、秉公用权，强化群众监督是为了保证权力来自人民、服务人民。要把党内监督同国家监察、群众监督结合起来，同法律监督、民主监督、审计监督、司法监督、舆论监督等协调起来，形成监督合力，推进国家治理体系和治理能力现代化。

国家制度和国家治理体系管不管用、有没有效，实践是最好的试金石。新中国成立70余年来，我们党领导人民创造了世所罕见的两大奇迹，一是经济快速发展奇迹，二是社会长期稳定奇迹。可以说，在人类文明发展史上，除了中国特色社会主义制度和国家治理体系外，没有任何一种国家制度和国家治理体系能够在这样短的历史时期内创造出我国取得的经济快速发展、社会长期稳定这样的奇迹。

鞋子合不合脚，只有穿的人才知道。中国特色社会主义制度好不好、优越不优越，中国人民最清楚，也最有发言权。要坚定中国特色社会主义道路自信、理论自信、制度自信、文化自信，真正做到"千磨万击还坚劲，任尔东西南北风"。

第十五章

环球同此凉热

随着工业化推进到信息革命阶段,并出现政治多极化、经济全球化之后,全球治理问题成为国际社会日益关注的重大问题。

在全球治理中,首先令人瞩目的,是可持续发展问题和环境污染、大气"温室效应"、社会公害等问题。2001年"9·11"恐怖袭击事件发生后,反对恐怖主义、宗教极端势力等,成为全球治理中普遍关注的焦点问题。2008年国际金融危机发生后,单边主义、逆全球化、贸易保护主义等,越来越成为全球治理中的突出问题。到了2020年新冠肺炎疫情在全球蔓延后,公共卫生安全问题凸显,使一些国家在国家治理方面的制度性问题空前暴露,更给全球治理增加了许多不确定因素。

在全球治理新情况新问题不断的情况下,原先一些长期存在的问题,如种族主义、霸权主义、强权政治、地缘政治冲突、第二次世界大战后形成的国际经济政治旧秩序难以适应剧烈变化的世界新格局等,不仅依然存在,而且有许多新发展新变化,形成了新旧矛盾交织、相互激荡的情况,更加剧了当今世界发展的不确定性,使得当今世界处在百年未有之大变局中。世界将向何处去,成为普遍关注的世界之问。

◇ 回答 21 世纪的世界之问

要搞清楚世界将向何处去，就要先搞清楚当今世界从哪里来。

长期以来，人类生活在一个存在超级霸主的世界。因此，世界格局的变迁，常常受霸权变化的影响。这种霸权从结构上说，有时是单极，有时是双极，有时是多极。在 20 世纪中叶，第二次世界大战结束后，出现了美苏两极格局为标志的战后冷战格局，持续了半个世纪。自从 20 世纪 90 年代美苏两极格局结束后，这个世界一直处于不确定的动荡之中，逐渐演变成当今的世界百年未有之大变局。

这个大变局中，最大的变化是两极中的一极，随着苏联解体不复存在。美国表面看似乎是一极独大。

在这个大变局中，另一个重要变化是在诸多国际问题上与多边关系上，美国开始感觉力不从心，美国的影响力和控制力日渐式微。美国实际上在用咄咄逼人的架势，掩盖其战略收缩的实质，其政策重心也开始向更多关注与应对国内问题转变。当然，这些仅仅还是开始，还有很大的不确定性，也不排除局部反复的可能。

这个大变化中，还有一个重大变化，是前所未有的。这就是在自 20 世纪 80 年代后日益显露的经济全球化、政治多极化时代潮流推动下，再加上信息化、智能化、网络化高科技浪潮的强有力支撑，整个世界逐渐形成你中有我、我中有你的网络化格局。这种网络化体现在经济关系上，形成了当今世界的国际产业链；体现在政治关系上，推动着包括联合国、世界贸易组织以及各种多边组织的平等化改革。这些变化，与广大发展中国家特别是金砖国家在世界经济份额上占比持续扩大成正比，使得与美国霸主地位相关的国际货币关系、国际金融关系、国际贸易关系、国际政治关系等，都在或显著或渐进地发生改变。

在这一背景下，建立谋求多赢与共赢的世界经济政治新秩序，以取代在冷战时期和冷战结束后长期存在的美国独大的经济政治旧秩序，这一呼声越来越强烈，成为当今世界百年未有之大变局中的大趋势。

这预示着，世界需要霸主、能够持续不断产生霸主，并且至少从表面看离不开霸主的那个旧时代，必将结束。取而代之的，不是一个新型霸主的时代，更不是一个所谓"新冷战"时代，而是一个以平等互利为基础，不需要任何形式的霸主或强权，顺应和平发展合作共赢潮流的，更加平等化、扁平化、网络化的新时代。

这样，围绕全球治理的核心问题，就是继续维持旧有的霸权格局、强权政治，还是形成一个更加平等、公正、开放、包容、更能符合和平发展合作共赢趋势的世界新格局。

正如习近平主席2020年9月22日在第七十五届联合国大会一般性辩论上的讲话中所说："这场疫情启示我们，全球治理体系亟待改革和完善。疫情不仅是对各国执政能力的大考，也是对全球治理体系的检验。我们要坚持走多边主义道路，维护以联合国为核心的国际体系。全球治理应该秉持共商共建共享原则，推动各国权利平等、机会平等、规则平等，使全球治理体系符合变化了的世界政治经济，满足应对全球性挑战的现实需要，顺应和平发展合作共赢的历史趋势。国家之间有分歧是正常的，应该通过对话协商妥善化解。国家之间可以有竞争，但必须是积极和良性的，要守住道德底线和国际规范。大国更应该有大国的样子，要提供更多全球公共产品，承担大国责任，展现大国担当。"①

在这里，对于未来全球治理的新时代应当是什么样子的，习近平总书记给出了中国答案：构建人类命运共同体。

◇ 提出全球治理的中国方案

构建人类命运共同体思想的提出，经历了一个发展过程。

2013年3月23日，习近平主席在莫斯科国际关系学院发表演讲。这次出访俄罗斯，是他当选为中共中央总书记、国家主席后的第一次出访。而在莫斯科国际关系学院的演讲，又是他作为国家主席出访中的第一次正式演讲。可见意义非同寻常。

在这次演讲中，习近平主席提出："我们所处的是一个风云变幻的时代，面对的是一个日新月异的世界。"

他指出，这个变化着的世界有几个显著特点，其中之一是："这个世界，各国相互联系、相互依存的程度空前加深，人类生活在同一个地球村里，生活在历史和现实交汇的同一个时空里，越来越成为你中有我、我中有你的命运共同体。"

他还指出："要跟上时代前进步伐，就不能身体已进入21世纪，而脑袋还停留在过去，停留在殖民扩张的旧时代里，停留在冷战思维、零和博弈老框框内。"②

2015年3月28日，习近平主席在出席博鳌亚洲论坛2015年年会

---

① 习近平：《在第七十五届联合国大会一般性辩论上的讲话》（2020年9月22日），《人民日报》2020年9月23日第3版。

② 《习近平谈治国理政》第1卷，外文出版社2018年版，第272、273页。

开幕式时，发表主旨演讲，完整提出"建设人类命运共同体"。他指出："人类只有一个地球，各国共处一个世界。世界好，亚洲才能好；亚洲好，世界才能好。面对风云变幻的国际和地区形势，我们要把握世界大势，跟上时代潮流，共同营造对亚洲、对世界都更为有利的地区秩序，通过迈向亚洲命运共同体，推动建设人类命运共同体。"①

对此，他进一步提出坚持各国相互尊重、平等相待，坚持合作共赢、共同发展，坚持实现共同、综合、合作、可持续的安全，坚持不同文明兼容并蓄、交流互鉴四项主张。②

同年9月28日，习近平主席在第七十届联合国大会一般性辩论时发表题为《携手构建合作共赢新伙伴 同心打造人类命运共同体》的讲话，系统阐述了构建人类命运共同体主张。

他指出："和平、发展、公平、正义、民主、自由，是全人类的共同价值，也是联合国的崇高目标。目标远未完成，我们仍须努力。当今世界，各国相互依存、休戚与共。我们要继承和弘扬联合国宪章的宗旨和原则，构建以合作共赢为核心的新型国际关系，打造人类命运共同体。"③

其五项主张包括：建立平等相待、互商互谅的伙伴关系；营造公道正义、共建共享的安全格局；谋求开放创新、包容互惠的发展前景；促进和而不同、兼收并蓄的文明交流；构筑尊崇自然、绿色发展的生态体系。

---

① 习近平：《迈向命运共同体 开创亚洲新未来——在博鳌亚洲论坛2015年年会上的主旨演讲》（2015年3月28日），《人民日报》2015年3月29日第2版。

② 参见习近平《论坚持推动构建人类命运共同体》，中央文献出版社2018年版，第206、207、208、209页。

③ 《人民日报》2015年9月29日第2版。

2017年1月18日，习近平主席在联合国日内瓦总部的演讲中，进一步系统阐述了中国政府关于构建人类命运共同体主张，提出："构建人类命运共同体，关键在行动。我认为，国际社会要从伙伴关系、安全格局、经济发展、文明交流、生态建设等方面作出努力。"①一是坚持对话协商，建设一个持久和平的世界；二是坚持共建共享，建设一个普遍安全的世界；三是坚持合作共赢，建设一个共同繁荣的世界；四是坚持交流互鉴，建设一个开放包容的世界；五是坚持绿色低碳，建设一个清洁美丽的世界。

他在演讲中重申四个"不会改变"：第一，中国维护世界和平的决心不会改变；第二，中国促进共同发展的决心不会改变；第三，中国打造伙伴关系的决心不会改变；第四，中国支持多边主义的决心不会改变。②

2018年4月8日，习近平主席在北京会见联合国秘书长古特雷斯时指出：国际上的问题林林总总，归结起来就是要解决好治理体系和治理能力的问题。我们需要不断推进和完善全球治理，应对好这一挑战。中国正在统筹推进经济、政治、文化、社会、生态文明建设"五位一体"总体布局，这五方面也是构建人类命运共同体的主要内容。我们追求的发展应该是高质量的发展，衡量标准就是以人民为中心。不论是国内治理、还是全球治理，都要以人民的获得为目标，要不断为民众提供信心和稳定预期。前进的动力要在改革中寻找，要从创新中挖掘。党的十九大和2020年的中国全国两会，改革、开放、创新都是关键词。我们所做的一切都是为人民谋幸福，为民族谋复兴，为

---

① 《共同构建人类命运共同体——在联合国日内瓦总部的演讲》（2017年1月18日），《人民日报》2017年1月20日第2版。
② 参见《习近平谈治国理政》第2卷，外文出版社2017年版，第541—547页。

世界谋大同。中国倡导并推进"一带一路",目的也是谋求各国发展战略对接,形成共同发展势头,增强对美好未来的信心。①

中国政府对构建人类命运共同体的建议,既是真诚的,又是切实可行的。同时,这作为一种大趋势,也越来越被国际社会所认识。2017年2月10日,联合国社会发展委员会第55届会议通过的"非洲发展新伙伴关系的社会层面"决议,首次将"构建人类命运共同体"理念写入其中。同年11月2日,第七十二届联大负责裁军和国际安全事务第一委员会会议通过"防止外空军备竞赛进一步切实措施"和"不首先在外空放置武器"两份安全决议。在这两个决议中,均写入了人类命运共同体理念。

这是新中国继和平共处五项原则之后,对联合国公认的国际准则与理念的又一个历史性贡献。

中国政府之所以能提出构建人类命运共同体倡议,绝不是偶然的,更非心血来潮之举。早在美苏冷战时期,中国政府就从自身命运与国家利益出发,提出中国永远属于第三世界,永远不称霸,永远不做超级大国。这成为中国独立自主和平外交政策的基石。而这种思想的历史文化渊源,还可以上溯到更加久远的时期。

中国有着悠久的历史文化传统,形成了中国人特有的世界总体观。中国人自古就推崇"协和万邦""得道多助,失道寡助"等理念,信奉"己所不欲,勿施于人""亲仁善邻,国之宝也""四海之内皆兄弟也""远亲不如近邻""亲望亲好,邻望邻好""国虽大,好战必亡"等行为准则。尽管在中国人的观念里,曾经渗透着"华夷之辨""万邦来仪"的迂腐气,但始终没有西方列强那种"国强必霸"

---

① 《习近平会见联合国秘书长古特雷斯》,《人民日报》2018年4月9日第1版。

的历史文化基因。

自 1840 年鸦片战争后,中华民族沦入了内忧外患的苦难深渊,一度到了濒临亡国灭种的危险境地。直到中国人民抗日战争取得伟大胜利,特别是中华人民共和国成立之后,中国人民才摆脱了积贫积弱、被动挨打的境遇,走上了从站起来、富起来到强起来的中华民族复兴之路。中国人民深知,和平对人类就像阳光和空气一样重要,始终把维护世界和平、反对霸权主义、独立自主走和平发展道路,作为立国的基本准则。

◇◇ "三个世界"划分理论

正是在反抗西方列强侵略、争取民族独立、实现人民解放的斗争中,中国同正在赢得民族独立和人民解放的亚非拉广大发展中国家结成了"穷亲戚""一家亲"的关系,形成了中国共产党和中国人民对世界发展趋势与发展格局的独特看法。这就是毛泽东的国际关系理论。它经历了从"中间地带"理论到"两个中间地带"理论,再到"三个世界"划分理论的发展过程。搞清楚这个发展过程,及其与美苏两极格局的关系,对于认识提出构建人类命运共同体的意义,很有帮助。

早在中国人民抗日战争和世界反法西斯战争即将取得最后胜利之时,毛泽东对未来世界格局就作过分析。1945 年 4 月 24 日,毛泽东在中共七大上所作的《论联合政府》的书面报告里提出:"国际和平实现以后,反法西斯的人民大众和法西斯残余势力之争,民主和反民主之争,民族解放和民族压迫之争仍将充满世界的大部分地方。"他认为，未来世界的发展尽管有曲折，但是"世界将走向进步，决不是走向反动"。他认为世界的发展方向不是由少数大国决定的，而是由各国人民来决定。"人民，只有人民，才是创造世界历史的动力。"他说过一句很精辟的话："战争教育了人民，人民将赢得战争，赢得和平，又赢得进步。"①

这些论断，和当时斯大林试图通过苏美两大国的妥协维持战后国际和平的构想有很大的不同，构成了以毛泽东同志为代表的中国共产党人估计战后世界局势的基本论点。

中国人民抗日战争刚刚结束，在中国迅速形成了苏美等大国插手中国事务的复杂局面。而且，美苏两国都把各自对华政策的重点放在国民党政府身上。在这种情况下，毛泽东判断："现在苏美英三国均不赞成中国内战，我党又提出和平、民主、团结三大口号，并派毛泽东、周恩来、王若飞三同志赴渝和蒋介石商量团结建国大计，中国反动派的内战阴谋，可能被挫折下去。"②他提出利用美英苏等大国均表示不赞成中国发生内战的有利情况，利用国际国内的大势所趋和人心所向，同国民党政府进行针锋相对的斗争，把争取胜利的基点放在自力更生上的方针。同时他估计，在二战结束后维持一个时期的世界和平是有可能的。"资本主义国家和社会主义国家在许多国际事务上，还是会妥协的，因为妥协有好处。"

1946年4月，毛泽东在国内短暂的和平局面即将被国民党打破的关键时刻，针对党内对于国际局势的一种悲观估计，写了《关于目前国际形势的几点估计》。

关于新的世界大战的危险性问题，毛泽东认为："世界反动力量

---

① 《毛泽东选集》第3卷，人民出版社1991年版，第1031页。
② 《毛泽东选集》第4卷，人民出版社1991年版，第1153页。

确在准备第三次世界大战，战争危险是存在着的。但是，世界人民的民主力量超过世界反动力量，并且正在向前发展，必须和必能克服战争危险。"

关于两大阵营之间妥协的可能性问题，毛泽东认为："美、英、法同苏联的关系，不是或者妥协或者破裂的问题，而是或者较早妥协或者较迟妥协的问题。所谓妥协，是指经过和平协商达成协议。所谓较早较迟，是指在几年或者十几年之内，或者更长时间。"妥协的范围，"不是说在一切国际问题上"，"是说在若干问题上，包括在某些重大问题上"。

在上述两种情况下，中国共产党应当采取什么样的斗争策略呢？毛泽东指出："这种妥协，并不要求资本主义世界各国人民随之实行国内的妥协。各国人民仍将按照不同情况进行不同斗争。反动势力对于人民的民主势力的原则，是能够消灭者一定消灭之，暂时不能消灭者准备将来消灭之。针对这种情况，人民的民主势力对于反动势力，亦应采取同样的原则。"① 这实际上就是独立自主、针锋相对的斗争方针。

这篇重要的文件，当时没有发表，只在中共中央部分领导人中间传阅过。直到1947年12月召开的中共中央会议，才一致同意了这个文件，并向下传达。它实际上代表了毛泽东在内战爆发前后的整个历史时期对于国际局势的基本判断。同时也反映出，在苏联斯大林多次向中共施加压力，要求对国民党实行重大妥协的情况下，毛泽东始终坚定不移地实行了一条符合独立自主原则和实事求是原则的中国式的战略路线。可以说，没有这样一条战略路线，就没有中国革命的胜

---

① 《毛泽东选集》第4卷，人民出版社1991年版，第1184—1185页。

利，也就没有中国共产党及其创建的新中国的国际地位。

毛泽东第一次正式提出他对国际战略格局的不同看法，是在1946年8月，即全面内战正式爆发之后，同美国记者安娜·路易斯·斯特朗的著名谈话。当时，国际社会普遍关心美苏两大阵营之间新的世界大战是否打得起来。毛泽东却把目光放在美苏之间的广大中间地带，认为："美国和苏联中间隔着极其辽阔的地带，这里有欧、亚、非三洲的许多资本主义国家和殖民地、半殖民地国家。美国反动派在没有压服这些国家之前，是谈不到进攻苏联的。"他还预言："我相信，不要很久，这些国家将会认识到真正压迫它们的是谁，是苏联还是美国。美国反动派终有一天将会发现他们自己是处在全世界人民的反对中。"①

事实上，在美苏两个格局支配整个世界的时候，从20世纪40年代中期到70年代中期，广大亚非拉美地区发生的民族独立和民族解放运动也在席卷全球，使得从19世纪下半叶至20世纪上半叶形成的资本主义国家分割世界的全球殖民体系土崩瓦解。这是美苏冷战时期具有深远影响的国际事件，新中国的诞生也是这个重大事件中的一部分。

新中国从成立之日起，就把自身命运同广大民族独立和民族解放国家紧紧联系在一起，寄予同情，寄予希望。毛泽东也始终关注着这些国家的新动向。1956年10月19日，毛泽东在会见巴基斯坦总理苏瓦拉底时指出：要注意中间地带的重要性问题。他认为，中间地带包括从英国一直到拉丁美洲。这个地区的一边是社会主义阵营，另一边是美国。这个地带有最多的人口和最多的国家，包括有三种性质的国

---

① 《毛泽东选集》第4卷，人民出版社1991年版，第1193、1194页。

家。第一类是拥有殖民地的帝国主义国家，如英国、法国；第二类是亚洲、非洲、拉丁美洲的国家，有的已经取得民族解放，有的正在争取民族解放；第三类是在欧洲的不拥有殖民地的自由国家。①

20 世纪 60 年代，随着中苏论战发展，中苏关系破裂，中国实际上退出了苏联社会主义阵营，成为独树一帜的国际力量。与此同时，以法国为代表的西方国家同美国的裂痕也日益扩大，矛盾趋于表面化。这样，民族独立和两大阵营的分化暗流涌动，对美苏两极格局产生深刻影响。

在这一背景下，毛泽东的"中间地带"理论，发展成为"两个中间地带"理论。1963 年 9 月 28 日，毛泽东在中共中央工作会议上讲话指出："我看中间地带有两个，一个是亚、非、拉，一个是欧洲。日本、加拿大对美国是不满意的。以戴高乐为代表的，有六国共同市场，都是些强大的资本主义国家。东方的日本，是个强大的资本主义国家，对美国不满意，对苏联也不满意。东欧各国对苏联赫鲁晓夫就那么满意？我不相信。情况还在发展，矛盾还在暴露。"②

1964 年 1 月 5 日，毛泽东在同日共中央政治局委员听涛克己谈话时，进一步指出："中间地带有两部分：一部分是指亚洲、非洲和拉丁美洲的广大经济落后的国家，一部分是指以欧洲为代表的帝国主义国家和发达的资本主义国家。这两部分都反对美国的控制。在东欧各国则发生反对苏联控制的问题。这种情况看起来比较明显。"③

进入 20 世纪 70 年代，在美苏两极格局之下，国际局势进一步发

---

① 参见逢先知、冯蕙主编《毛泽东年谱（1949—1976）》第 3 卷，中央文献出版社 2013 年版，第 13 页。
② 《毛泽东文集》第 8 卷，人民出版社 1999 年版，第 343 页。
③ 《毛泽东文集》第 8 卷，人民出版社 1999 年版，第 344—345 页。

生新的变化。

最重要的变化,是中国与广大发展中国家的国际影响力,都有了较大提升。

原子弹、氢弹和人造卫星的试制成功,中国作为一个同时拥有核技术和航天技术的亚洲大国,其战略地位受到国际社会的普遍关注。

特别是1971年10月25日,在广大第三世界国家长期支持和努力下,第二十六届联合国大会通过决议,恢复中华人民共和国在联合国的合法权利。这既是新中国独立自主外交的重要胜利,也是广大发展中国家国际斗争的重要胜利。中国恢复在联合国的合法席位,又进一步推动中国与广大发展中国家的联合,提升了发展中国家在联合国的影响力。

与此同时,西欧国家的经济一体化运动进一步发展,并在政治、防务等各方面加强合作。日本逐步成长为经济巨人,同时积极扩大在东南亚等地的政治、经济影响。美国为摆脱越南战争的困境,改变战略上的下降趋势,不得不对这些挑战持容忍和克制态度,并开始调整其亚洲政策和欧洲政策。

东欧各国进一步走上改革的道路,并试图改变对苏联过分依赖的状况。"布拉格之春"的出现和苏联侵捷事件的发生,使苏联在同美国争霸世界的同时,越来越强烈地感到了来自东欧各国的不满和挑战。

面对正在变化着的世界,毛泽东最终形成了关于三个世界划分的理论。

1974年2月22日,毛泽东在会见赞比亚总统卡翁达时,专门谈了三个世界划分问题。他说:"我看美国、苏联是第一世界。中间派,日本、欧洲、澳大利亚、加拿大,是第二世界。咱们是第三世界。"

"美国、苏联原子弹多,也比较富。第二世界,欧洲、日本、澳大利亚、加拿大,原子弹没有那么多,也没有那么富,但是比第三世界要富。""第三世界人口很多。""亚洲除了日本,都是第三世界。整个非洲都是第三世界,拉丁美洲也是第三世界。"他希望第三世界国家团结起来。①

同年4月10日,邓小平在联合国大会第六届特别会议上发言,全面阐述了毛泽东三个世界划分的理论。邓小平在发言中指出:"从国际关系的变化看,现在的世界实际上存在着互相联系又互相矛盾着的三个方面、三个世界。美国、苏联是第一世界。亚非拉发展中国家和其他地区的发展中国家,是第三世界。处于这两者之间的发达国家是第二世界。"邓小平代表中国政府郑重声明:"中国是一个社会主义国家,也是一个发展中的国家。中国属于第三世界。中国政府和中国人民,一贯遵循毛主席的教导,坚决支持一切被压迫人民和被压迫民族争取和维护民族独立,发展民族经济,反对殖民主义、帝国主义、霸权主义的斗争,这是我们应尽的国际主义义务。中国现在不是,将来也不做超级大国。"

当时,反对殖民主义和霸权主义的斗争,随着广大发展中国家先后赢得民族独立,已经由政治斗争转向维护自身发展权利的经济斗争。针对这一潮流,邓小平指出:"殖民主义、帝国主义、特别是超级大国的掠夺和剥削,使得贫国愈贫,富国愈富,贫国和富国的差距越来越大。帝国主义是发展中国家解放和进步的最大障碍。发展中国家打破它们在经济上的垄断和掠夺,扫除这些障碍,采取一切必要的措施来保护国家的经济资源和其他权益,这是完全正当的。"

---

① 《毛泽东文集》第8卷,人民出版社1999年版,第441—442页。

邓小平在讲话中重申："我们主张，国家之间的政治和经济关系都应当建立在互相尊重主权和领土完整、互不侵犯、互不干涉内政、平等互利、和平共处五项原则的基础上。我们反对任何国家违背这些原则，在任何地区建立霸权和势力范围。""我们主张，国家不论大小，不论贫富，应该一律平等，国际经济事务应该由世界各国共同来管，而不应当由一、两个超级大国来垄断。我们支持占世界人口绝大多数的发展中国家享有参与有关国际贸易、货币、航运等一切决定的充分权利。"[1]

在"三个世界"划分理论提出以前，国际社会大行其道的是建立在"国强必霸"逻辑基础上的强权政治理论。"三个世界"划分理论的提出，在国际关系理论上第一次出现了代表广大发展中国家愿望，反映广大发展中国家诉求的理论，出现了真正属于发展中国家的理论。因而一经问世，就得到国际社会的广泛认同。

毛泽东提出三个世界划分理论的最主要的动因，是要在急剧变动的世界格局中，为中国找到一个与国力和国家利益相符合的战略地位，即中国属于第三世界。在这方面，中国的确获得了最大的战略利益。最直接的收获，就是中国恢复在联合国的一切合法席位。这才有中美关系的正常化，中国国际战略地位的提高，以及中国外交新格局的出现。

从"两个中间地带"理论到"三个世界"划分理论，毛泽东始终力图在变动中的美苏两极格局中，为中国争取一个有利于国内建设、发展国际地位，争取一个有利于广大发展中国家维护发展权益的国际环境。在短短的 20 多年间，中国就实现了从赢得国家独立到在

---

[1] 《中华人民共和国代表团团长邓小平在联大特别会议上的发言》，《人民日报》1974 年 4 月 11 日第 1 版。

世界格局中取得重要战略地位的历史性飞跃。这种符合中国自身根本利益的战略地位，苏联不可能给，美国同样不可能给，只能靠中国自己独立自主地去争取。

◇ 和平发展的时代主题

进入20世纪80年代和90年代，世界格局发生了重大变化，中国的国际战略指导思想也发生了新的飞跃。这种飞跃，既是客观形势的变化造成的，也是党的十一届三中全会后贯彻"一个中心、两个基本点"的基本路线、对新中国成立后的中国外交指导进行认真反思的结果。

1985年6月4日，邓小平在军委扩大会议的讲话中，曾经把党的十一届三中全会以后中国外交指导思想上的飞跃，概括为两个转变。第一个转变，是改变了原来认为战争的危险很迫近的看法，得出了在较长时间内不发生大规模的世界战争是有可能的结论。第二个转变，是在对外政策上，改变了过去针对苏联霸权主义的"一条线"战略，奉行维护世界和平与发展的、真正不结盟的、独立自主的和平外交方针。这些重大变化，使中国独立自主和平外交进入了一个更加活跃的、全方位对外开放的新时期。

在转变过程中，中国独立自主外交政策的基点始终没有变。1982年8月21日，邓小平会见联合国秘书长德奎利亚尔时指出："中国的对外政策是一贯的，有三句话，第一句话是反对霸权主义，第二句话是维护世界和平，第三句话是加强同第三世界的团结和合作，或者叫联合和合作。"①

1984年5月29日，邓小平在会见巴西总统菲格雷多时再次重申："中国的对外政策，主要是两句话。一句话是反对霸权主义，维护世界和平，另一句话是中国永远属于第三世界。中国现在属于第三世界，将来发展富强起来，仍然属于第三世界。中国和所有第三世界国家的命运是共同的。中国永远不会称霸，永远不会欺负别人，永远站在第三世界一边。"

他特别强调："中国的对外政策是独立自主的，是真正的不结盟。中国不打美国牌，也不打苏联牌，中国也不允许别人打中国牌。中国对外政策的目标是争取世界和平。在争取和平的前提下，一心一意搞现代化建设，发展自己的国家，建设具有中国特色的社会主义。"②

邓小平根据国际形势变化，提出和平和发展是当代世界的两大问题。其核心，是要建立公正平等的国际经济政治新秩序。和平问题，主要是东西关系问题，即美苏两大阵营的问题；发展问题，主要是南北关系问题，即发达国家与广大发展中国家的问题。他指出："现在世界上真正大的问题，带全球性的战略问题，一个是和平问题，一个是经济问题或者说发展问题。和平问题是东西问题，发展问题是南北问题。概括起来，就是东西南北四个字。南北问题是核心问题。欧美国家和日本是发达国家，继续发展下去，面临的是什么问题？你们的资本要找出路，贸易要找出路，市场要找出路，不解决这个问题，你们的发展总是要受到限制的。""现在世界人口是四十几亿，第三世界人口大约占世界人口的四分之三。其余四分之一的人口在发达国家，包括苏联，东欧（东欧不能算很发达），西欧，北美，日本，大洋洲

---

① 《邓小平文选》第2卷，人民出版社1994年版，第415页。
② 《邓小平文选》第3卷，人民出版社1993年版，第56、57页。

的澳大利亚、新西兰，共十一二亿人口。很难说这十一二亿人口的继续发展能够建筑在三十多亿人口的继续贫困的基础上。当然，第三世界有一部分国家开始好起来，但还不能说已经发达了，而大部分国家仍处于极其贫困的状态，他们的经济问题不解决，第三世界的发展，发达国家的继续发展，都不容易。""总之，南方得不到适当的发展，北方的资本和商品出路就有限得很，如果南方继续贫困下去，北方就可能没有出路。"

他还谈到中国发展的未来："中国这么一个大的第三世界国家，对外贸易额去年才刚刚达到五百亿美元。如果对外贸易额翻一番，达到一千亿美元，国际上的市场不就扩大了吗？如果翻两番，达到两千亿美元，中国同国际上交往的范围不就更大了吗？贸易总是一进一出的，如果达到翻两番，中国容纳资金、商品的能力就大了。一些发达国家担心，如果中国发展起来，货物出口多了，会不会影响发达国家的商品输出？是存在一个竞争问题。但是，发达国家技术领先，高档的东西多，怕什么！"[1]

在帝国主义强权政治依然存在、美苏两极格局依然存在的情况下，时代主题从战争与和平转变到和平与发展，这本身就预示着一个弱肉强食、靠诉诸战争解决问题的时代即将结束。

1989年11月23日，邓小平在同坦桑尼亚客人尼雷尔会谈时，谈到了他对国际局势的一个担心："美苏双方会谈，裁军的势头不错，我们表示欢迎。我希望冷战结束，但现在我感到失望。可能是一个冷战结束了，另外两个冷战又已经开始。一个是针对整个南方、第三世界的，另一个是针对社会主义的。西方国家正在打一场没有硝烟的第

---

[1] 《邓小平文选》第3卷，人民出版社1993年版，第105—106页。

三次世界大战。所谓没有硝烟，就是要社会主义国家和平演变。东欧的事情对我们说来并不感到意外，迟早要出现的。东欧的问题首先出在内部。西方国家对中国也是一样，他们不喜欢中国坚持社会主义道路。"① 这些分析，可以说是入木三分。

从以上的回顾可以看到，在 20 世纪 40 年代第二次世界大战后形成了美苏两极的冷战格局后，实际上一直有一个暗流在涌动、在发展、在变化。这就是战后席卷亚非拉美广大区域的民族独立和民族解放运动。这一运动一直发展，从战后初期争取民族独立与解放的政治斗争，到 20 世纪 70 年代后，成为独立后的广大发展中国家争取经济发展权益的斗争。到 20 世纪 90 年代美苏冷战格局结束后，这些力量又加入经济全球化和政治多极化潮流之中，成为有力地推动着世界经济全球化、政治多极化浪潮的重要力量，成为当今活跃在联合国舞台和国际多边舞台上不容忽视的重要力量。中国革命的胜利，新中国的成长发展，与广大发展中国家的命运紧密联系、息息相关，早已结成了心心相印、利益相同、命运相通、携手共进的关系，形成实际上的命运共同体。这是中国提出构建人类命运共同体最大的底气、最深厚的基础所在。

1991 年，苏联局势出现急剧变化。先是苏联共产党丧失执政地位，年底苏联宣告解体。持续了半个世纪之久的美苏冷战格局随之结束。世界进入一个新的发展时期。

就在国际局势剧烈变动，尚未"尘埃落定"之时，邓小平指出："国际形势的变化怎么看？旧的格局是不是已经完了，新的格局是不是已经定了？国际上议论纷纷，国内也有各种意见。看起来，我们过

---

① 《邓小平文选》第 3 卷，人民出版社 1993 年版，第 344 页。

去对国际问题的许多提法，还是站得住的。现在旧的格局在改变中，但实际上并没有结束，新的格局还没有形成。和平与发展两大问题，和平问题没有得到解决，发展问题更加严重。"

在变化不定的国际形势面前，他特别强调"冷静观察"，指出："对国际形势还要继续观察，有些问题不是一下子看得清楚，总之不能看成一片漆黑，不能认为形势恶化到多么严重的地步，不能把我们说成是处在多么不利的地位。实际上情况并不尽然。世界上矛盾多得很，大得很，一些深刻的矛盾刚刚暴露出来。我们可利用的矛盾存在着，对我们有利的条件存在着，机遇存在着，问题是要善于把握。"

他强调："我们对外政策还是两条，第一条是反对霸权主义、强权政治，维护世界和平；第二条是建立国际政治新秩序和经济新秩序。这两条要反复讲。具体的做法，还是要坚持同所有国家都来往，对苏联对美国都要加强来往。不管苏联怎么变化，我们都要同它在和平共处五项原则的基础上从容地发展关系，包括政治关系，不搞意识形态的争论。"[1]

邓小平这些从自身丰富的政治阅历和斗争经验中得出的指导性意见，对于中国在剧烈变化的世界局势面前保持沉着坚毅而稳健的步伐，起了关键的作用。

当时，中国一方面在经受东欧剧变等国际局势变动的考验，另一方面也在经受美国等西方国家对中国制裁的挑战。1990年7月11日，邓小平在同加拿大前总理特鲁多会谈时指出："中国的特点是建国四十多年来大部分时间是在国际制裁之下发展起来的。我们别的本事没有，但抵抗制裁是够格的。所以我们并不着急，也不悲观，泰然处

---

[1] 《邓小平文选》第3卷，人民出版社1993年版，第353、354页。

之。尽管东欧、苏联出了问题，尽管西方七国制裁我们，我们坚持一个方针：同苏联继续打交道，搞好关系；同美国继续打交道，搞好关系；同日本、欧洲国家也继续打交道，搞好关系。这一方针，一天都没有动摇过。中国度量是够大的，这点小风波吹不倒我们。"他特别强调："现在确实需要以和平共处五项原则作为新的国际政治、经济秩序的准则。现在出现的新的霸权主义、强权政治，是不能长久维持的。少数国家垄断一切，这种形式过去多少年没有解决任何问题，今后也不能解决任何问题。"[1]

同年12月24日，邓小平又在一次谈话中指出："现在国际形势不可测的因素多得很，矛盾越来越突出。过去两霸争夺世界，现在比那个时候要复杂得多，乱得多。怎样收拾，谁也没有个好主张。第三世界有一些国家希望中国当头。但是我们千万不要当头，这是一个根本国策。这个头我们当不起，自己力量也不够。当了绝无好处，许多主动都失掉了。中国永远站在第三世界一边，中国永远不称霸，中国也永远不当头。但在国际问题上无所作为不可能，还是要有所作为。作什么？我看要积极推动建立国际政治经济新秩序。"

他还表示："最关紧要的是有一个团结的领导核心。这样保持五十年，六十年，社会主义中国将是不可战胜的。"[2]

到了1991年夏天，国际局势变化的大趋势，已经看得很清楚了。8月20日，邓小平在谈话中指出："现在世界发生大转折，就是个机遇。"他认为，现在中国局势稳定，关键是不能过分强调"稳"而丧失时机。他强调："坚持改革开放是决定中国命运的一招。""根本的一条是改革开放不能丢，坚持改革开放才能抓住时机上台阶。""我们

---

[1] 《邓小平文选》第3卷，人民出版社1993年版，第359、360页。
[2] 《邓小平文选》第3卷，人民出版社1993年版，第363、365页。

不抓住机会使经济上一个台阶,别人会跳得比我们快得多,我们就落在后面了。"①

1992年初,邓小平在南方谈话中,再次表达了抓住国际国内有利时机加快发展自己的强烈愿望,并且对美苏冷战格局结束后的世界局势表明了自己的判断:"世界和平与发展这两大问题,至今一个也没有解决。社会主义中国应该用实践向世界表明,中国反对霸权主义、强权政治,永不称霸。中国是维护世界和平的坚定力量。"②

历史上的重大转折期,并不多见。处置得当,顺应大势,就会如鱼得水、如虎添翼。处置不当,逆水行舟,就容易陷入被动,甚至卷入旋涡。邓小平在这半个世纪一遇的转折关头,果断提出冷静观察、稳住阵脚、沉着应付、韬光养晦、善于守拙、决不当头、有所作为等方针,指引中国这条航船驶出了一个个激流险滩。正所谓"柳暗花明又一村"。

毛泽东在美苏冷战刚刚拉开帷幕、国民党在美国支持下发动全面内战之时,提出了"中间地带"理论,随后又在长期观察国际局势中不断发展,形成了"三个世界"划分理论。

邓小平在半个世纪之后,美苏冷战格局结束、中国走上改革开放道路之时,经过审慎观察,又提出抓住有利时机加快发展自己,重申坚持改革开放不动摇。

历史不会有简单的重复,却会有惊人的相似之处。毛泽东和邓小平,在世界格局发生重大变化的转折关头,面临的形势不同,解决的问题不同,做出的判断和决断也各不相同。但有一点是贯通其中的,这就是中国是维护世界和平的坚定力量,永远不称霸,永远属于发展

---

① 《邓小平文选》第3卷,人民出版社1993年版,第368、369页。
② 《邓小平文选》第3卷,人民出版社1993年版,第383页。

中国家，坚定不移反对霸权主义、强权政治。

这一点，在中国独立自主和平外交中，在中国独立自主和平发展道路中，始终是一条红线贯穿其中，直至构建人类命运共同体的提出。这也成为深入理解构建人类命运共同体思想的一把锁钥。偏离开这条红线，中国为什么会在 21 世纪提出构建人类命运共同体思想，就得不到正解。

◇ 建立和平平等合作繁荣的新世界

如果说，新中国在很长一段时期里，总的是处于美苏两极格局之下的话，那么，从苏联解体、东欧剧变后，中国则面对一个更加多变的世界。现在看，这个时期，并不是一个稳定的时期，而是一个由短暂的单极格局世界向一个由多边主义主导的、更加网络化多极化平等化世界的过渡。

1992 年 10 月 12 日，江泽民在党的十四大报告中分析说："当今世界正处在大变动的历史时期。两极格局已经终结，各种力量重新分化组合，世界正朝着多极化方向发展。新格局的形成将是长期的、复杂的过程。"在这种不确定性中，报告强调了三个基本趋向。其一，"和平与发展仍然是当今世界两大主题"。其二，"霸权主义、强权政治的存在，始终是解决和平与发展问题的主要障碍"。其三，"世界要和平，国家要发展，社会要进步，经济要繁荣，生活要提高，已成为各国人民的普遍要求"。①

---

① 《江泽民文选》第 1 卷，人民出版社 2006 年版，第 241、242 页。

在不确定性加大的世界局势下，一方面牢牢把握对未来发展趋势具有决定意义的基本因素，另一方面敏锐把握对未来发展具有先兆性意义的新趋势，是中国共产党观察国际问题的重要方法。

1991年初爆发的海湾战争，以陆海空天电一体化的方式，展示出现代战争向信息化高科技战争转变的新趋势。以江泽民同志为核心的中共中央敏锐地抓住了这一趋势，进行深入的专题研究，在1993年1月召开的中央军委扩大会议上，提出"必须把未来军事斗争准备的基点放在打赢可能发生的现代技术特别是高技术条件下的局部战争上"的战略决策，标志着国防战略方针的重大调整。

在这次会议上，江泽民进一步分析了正在变化中的国际局势。他在讲话中明确了三点判断：第一，"当今世界正处于大变动的历史时期"。"世界正朝着多极化方向发展，国际上相互制衡的因素增多，和平力量进一步增长。"第二，"在新格局的形成过程中，世界各种矛盾都在深入发展，各种力量正在重新分化组合，各种重大战略关系也在调整变化"。第三，"与世界其他地区相比，亚太地区形势保持了相对稳定，各国的经济联系和合作日趋紧密，原有的热点问题已经或正在实现政治解决"。

第一个判断，说明"目前国际形势对我国发展是有利的"。第二个判断，说明"只要我们善于把握好一些大的战略关系，善于利用一些重要矛盾，就能够灵活应付、举措自如，适应国际局势的发展，进一步提高我国的国际地位"，第三个判断，说明有条件有可能集中精力加快发展国民经济。①

在作了上述分析和判断后，江泽民还深刻地指出："通观我国的

---

① 《江泽民文选》第1卷，人民出版社2006年版，第278、279、280页。

安全环境，可以看出，不论是政治问题还是经济问题，不论是外部军事威胁还是完成祖国统一的障碍问题和国内不稳定因素，大都直接或间接地同霸权主义和强权政治有关，大都可以看到霸权主义和强权政治的影子。对此，我们在战略上必须深谋远虑。对损害我们民族利益和国家主权的行为要坚决进行斗争。当然，斗争的方法要灵活掌握。"①

1995年，是联合国成立50周年。10月24日，江泽民在美国纽约联合国总部举行的联合国成立五十周年特别纪念会议上，发表题为《让我们共同缔造一个更美好的世界》的讲话。他肯定了联合国宪章的制定和联合国组织的创建，"反映了人类要求建立一个和平、平等、合作、繁荣的新世界的美好理想"，并指出："任何国家，自恃强大，迷信武力，谋求霸权，推行扩张政策，注定要失败。制造借口侵犯他国主权，干涉他国内政，终将自食其果。不顾当代世界丰富多彩的客观实际，企图把自己的社会制度、发展模式和价值观念强加于人，动辄以孤立、制裁相威胁，这种霸道行为只能以损人开始、以害己告终。凭借不公正不合理的国际经济秩序，把自己的发展建立在他国贫困落后的基础上，是不得人心的。企图包揽世界事务，主宰别国人民命运的做法，越来越行不通了。"②

同年11月20日，江泽民在亚太经合组织第三次领导人非正式会议上的讲话中，提出一个大胆的预言："如果说发展中国家在政治上的崛起是二十世纪下半叶国际局势演变的一大特征，那么它们在经济上的腾飞则将是二十一世纪世界新格局的一个重要标志。"这是因为，"发展中国家的兴盛，还将为多极化格局奠定健康的基础，为公正合

---

① 《江泽民文选》第1卷，人民出版社2006年版，第282页。
② 《江泽民文选》第1卷，人民出版社2006年版，第476、478页。

理的国际经济新秩序的建立提供有利条件，使持久的世界和平得到更加有力的保障。"①

综合以上对具有显著不确定性的国际局势中的中国立场，可以清晰地看到三点确定性。一是反对霸权主义和强权政治，维护世界和平发展；二是将广大发展中国家的政治崛起与经济腾飞视为增强未来世界稳定性的重要积极因素；三是中国决不谋求霸权，中国坚持和平发展道路，永远属于发展中国家。

这一原则立场，在1997年9月党的十五大报告中，2002年11月党的十六大报告中，都得到反复的重申与强调。2007年10月，胡锦涛在党的十七大报告中强调指出：中国将始终不渝走和平发展道路。这是中国政府和人民根据时代发展潮流和自身根本利益做出的战略抉择。我们主张，各国人民携手努力，推动建设持久和平、共同繁荣的和谐世界。

在美苏冷战格局刚刚结束时，许多人以为最大的赢家是美国。西方国家特别是美国，更是把苏联解体、东欧剧变和冷战结束，看作对社会主义阵营和平演变的胜利，看作美国和北约在军备竞赛零和游戏中的胜利，看作社会主义在20世纪的"终结"。

其实，在对冷战历史的不同解读中，就渗透着两种完全不同的国际关系理论。

用传统的国强必霸理论来解读冷战历史，就会得出上述结论，并且会继续以强权政治理论、国强必霸逻辑和冷战思维，来看待冷战后的世界格局，并用"让美国再次伟大"等口号和单边主义，维持美国独大的国际格局。

---

① 《在亚太经合组织领导人非正式会议上江泽民主席发表讲话》，《人民日报》1995年11月20日第1版。

而用站在广大发展中国家立场的国际政治多极化理论，来解读冷战历史，则认为整个世界发展到20世纪与21世纪之交，世界多极化是不以人的意志为转移的客观大趋势，冷战格局的结束，意味着极少数强国主宰世界各国命运的历史的终结，和平发展合作共赢正在成为人类发展的客观趋势。这种国际政治多极化理论，表现在国际经济政治关系上，便是多边主义主张。

事实上，国际格局从冷战结束后发展至今，人们等到的，不是一个美国独大的单边主义世界，而是一个具有更多不确定性的世界百年未有之大变局。

造成这个大变局的一个重要原因，正是美国奉行单边主义，继续维持世界霸权的结果。

冷战结束后，美国既高估了自己的胜利，也高估了自身的作用和影响力，妄自尊大地以"反对恐怖主义"为旗帜，展开了新一轮世界攻势。2001年发生的"9·11"事件，也恰好给它以"挟天子以令诸侯"的有利道义地位。

然而好景不长。2001年10月发动的阿富汗战争，2003年3月发动的伊拉克战争，使它深陷国外战争泥潭，极大地暴露出多年来的致命战略弱点：战线过长，力不从心。由此促成它实行战略收缩，并逐步向更多关注国内问题转变。2008年以来的国际金融危机，更促成了这种转变。

总之，美国的战略收缩与影响力下降，是促成世界百年未有之大变局的重要因素。但这绝非是唯一因素。

◇ 构建人类命运共同体

历史发展的很多时候，往往形势比人强。促成世界百年未有之大变局到来的最重要因素，还是和平发展合作共赢成为时代发展的大趋势。

在世界经济上，美国依然占据并垄断着高端产业链与金融链，它的经济发展困难重重，但还在继续增长。这一点没有根本变化。变化的是，发展中国家特别是金砖国家在迅速发展，它们在世界经济中的份额在增加。这不能不使习惯于"赢者通吃"的美国，感觉到危机。危机感不是来自自身衰退，而是来自对手的成长。更使它感到受威胁的是，在高端产业链与金融链中，开始有来自金砖国家企业崭露头角。这其实还远够不上威胁，但在"赢者通吃"的美国看来，已经让人无法忍受。

美国就是这样，用一种霸权主义的眼光看待国际上的经济关系。所谓国际经济秩序，就是要让其他国家，包括它的盟友在内，永远居于国际产业链、金融链、供应链的下端。稍有不利于它的变化，就要用经济霸凌主义的超经济强权来打压。

然而，如今世界已经形成你中有我、我中有你的经济依存关系。这种关系一旦形成，就不可能是哪一家独大可以通吃的。从损害他人开始，必将以害己告终。美国挑起的中美经贸摩擦，就是这方面的典型案例。

在世界政治关系上，也有类似的情况。当今世界上的一系列国际组织，包括联合国、世界贸易组织、世界卫生组织等，都是在美国推动下建立起来的。毫无疑问，当今世界所有重要问题，都需要美国的参与。这是客观事实，也是世界格局长期发展的结果。与此同时，同样不争的客观事实，同样是世界格局长期发展的结果，就是广大发展中国家在这些国际组织中的话语权与影响力也在增强。如果抛弃霸权主义和强权政治的思维，大国力量与发展中国家力量，通过国际组织和多边合作机制，完全可以找到合作共赢的方式，达成合作共赢的共识。然而，习惯了"赢者通吃"规则的美国，从强权政治与零和游戏的惯性思维出发，把这些都看作对自身地位的挑战，最终做出"退群"的选择。

2017年1月23日，美国总统特朗普签署行政命令，正式宣布美国退出跨太平洋伙伴关系协定（TPP）。

2017年10月12日，美国国务院宣布，美国决定退出联合国教科文组织。

2018年5月8日，美国总统特朗普签署关于美国退出伊朗核问题全面协议的文件。

2019年11月4日，美国国务卿蓬佩奥发布声明称，美国已正式通知联合国将退出巴黎气候协定。

2020年7月6日，美国正式通知联合国秘书长古特雷斯，将于2021年7月退出世界卫生组织。

这一系列的"退群"决定，当然会给这些国际协议与组织的正常运转带来一些困难，但更大的伤害者还是美国自身。这就是美国国际影响力的下降。

所有这些乱象与矛盾，都包含着一个明确的指向，在世界大变局中，要想求得各个国家平等相处，就必须从转变理念破局，彻底摒弃国强必霸逻辑、冷战思维和"赢者通吃"法则。

在这一背景下，习近平总书记提出构建人类命运共同体主张，既是对如何应对世界百年未有之大变局的积极回应，也是继毛泽东"三个世界"划分理论之后，对真正属于广大发展中国家的当代国际关系理论的进一步创新发展，也为树立顺应和平发展合作共赢世界潮流的国际新理念带来了希望。

人类命运共同体思想，是在世界百年未有之大变局中产生的。因此，它首先要回答的，就是这个大变局究竟变在哪里？给人类带来的希望在哪里？

前面提到，2013年3月23日，习近平同志在担任国家主席后出访的第一个国家是俄罗斯，正式发表的第一个演讲是在莫斯科国际关系学院。

在这次演讲中，他着重描述了我们面对的是一个什么样的时代、一个什么样的世界。他着重强调了以下四点：

——"这个世界，和平、发展、合作、共赢成为时代潮流，旧的殖民体系土崩瓦解，冷战时期的集团对抗不复存在，任何国家或国家集团都再也无法单独主宰世界事务。"

——"这个世界，一大批新兴市场国家和发展中国家走上发展的快车道，十几亿、几十亿人口正在加速走向现代化，多个发展中心在世界各地区逐渐形成，国际力量对比继续朝着有利于世界和平与发展的方向发展。"

——"这个世界，各国相互联系、相互依存的程度空前加深，人类生活在同一个地球村里，生活在历史和现实交汇的同一个时空里，越来越成为你中有我、我中有你的命运共同体。"

——"这个世界，人类依然面临诸多难题和挑战，国际金融危机深层次影响继续显现，形形色色的保护主义明显升温，地区热点此起彼伏，霸权主义、强权政治和新干涉主义有所上升，军备竞争、恐怖主义、网络安全等传统安全威胁和非传统安全威胁相互交织，维护世界和平、促进共同发展依然任重道远。"①

在中华民族伟大复兴中国梦提出后，一方面迫切需要从全面建设小康社会、全面深化改革、全面依法治国、全面从严治党等方面，破解国内发展难题，转变发展理念，实现转型发展；另一方面，也迫切需要面对复杂多变的世界局势，进一步拓展和深化战略机遇期，实现外交格局的战略性调整。

在这一背景下，2014年11月召开的中央外事工作会议，习近平总书记在讲话中对国际局势做出分析："当今世界是一个变革的世界，是一个新机遇新挑战层出不穷的世界，是一个国际体系和国际秩序深度调整的世界，是一个国际力量对比深刻变化并朝着有利于和平与发展方向变化的世界。我们看世界，不能被乱花迷眼，也不能被浮云遮眼，而要端起历史规律的望远镜去细心观望。综合判断，我国发展仍然处于可以大有作为的重要战略机遇期。我们最大的机遇就是自身不断发展壮大，同时也要重视各种风险和挑战，善于化危为机、转危为安。"

在迅速变化的世界形势中，既要有敏锐的眼光，战略定力。他特别强调要把握好以下五个方面的变与不变："要充分估计国际格局发展演变的复杂性，更要看到世界多极化向前推进的态势不会改变。要充分估计世界经济调整的曲折性，更要看到经济全球化进程不会改变。要充分估计国际矛盾和斗争的尖锐性，更要看到和平与发展的时代主题不会改变。要充分估计国际秩序之争的长期性，更要看到国际

---

① 习近平：《论坚持推动构建人类命运共同体》，中央文献出版社2018年版，第5—6页。

体系变革方向不会改变。要充分估计我国周边环境中的不确定性，更要看到亚太地区总体繁荣稳定的态势不会改变。"

在此基础上，习近平总书记提出：中国特色大国外交，"要高举和平、发展、合作、共赢的旗帜，统筹国内国际两个大局，统筹发展安全两件大事，牢牢把握坚持和平发展、促进民族复兴这条主线，维护国家主权、安全、发展利益，为和平发展营造更加有利的国际环境，维护和延长我国发展的重要战略机遇期，为实现'两个一百年'奋斗目标、实现中华民族伟大复兴的中国梦提供有力保障"[①]。

这以后，国际局势进一步深度调整变化，单边主义、逆全球化思潮、霸权主义都有不同程度的发展。2017年1月18日，习近平主席在联合国日内瓦总部的演讲中，着重从世界百年发展历史与当代世界两个角度，阐明他对"我们从哪里来、现在在哪里、将到哪里去"这个"最基本的问题"的思考。

从世界百年发展历史的角度，他强调："回首最近100多年的历史，人类经历了血腥的热战、冰冷的冷战，也取得了惊人的发展、巨大的进步。""这100多年全人类的共同愿望，就是和平与发展。然而，这项任务至今远远没有完成。"

从当代世界的角度，他强调当今世界的两个方面。一方面是充满和平发展新希望："人类正处在大发展大变革大调整时期。世界多极化、经济全球化深入发展，社会信息化、文化多样化持续推进，新一轮科技革命和产业革命正在孕育成长，各国相互联系、相互依存，全球命运与共、休戚相关，和平力量的上升远远超过战争因素的增长，和平、发展、合作、共赢的时代潮流更加强劲。"另一方面，是对和

---

① 习近平：《论坚持推动构建人类命运共同体》，中央文献出版社2018年版，第199、198页。

平发展的新挑战:"人类也正处在一个挑战层出不穷、风险日益增多的时代。世界经济增长乏力,金融危机阴云不散,发展鸿沟日益突出,兵戎相见时有发生,冷战思维和强权政治阴魂不散,恐怖主义、难民危机、重大传染性疾病、气候变化等非传统安全威胁持续蔓延。"

解决这些问题的出路在哪里?他在演讲中强调人类的整体利益:"宇宙只有一个地球,人类共有一个家园。""珍爱和呵护地球是人类的唯一选择。"① 正是从这个基点出发,他重申并阐述了构建人类命运共同体思想。

在这次演讲的前一天,2017年1月17日,习近平主席出席世界经济论坛2017年年会开幕式,并发表演讲。他在演讲中着重从经济全球化的角度,分析了当今世界问题的根源。他强调:"困扰世界的很多问题,并不是经济全球化造成的。""历史地看,经济全球化是社会生产力发展的客观要求和科技进步的必然结果,不是哪些人、哪些国家人为造出来的。经济全球化为世界经济增长提供了强劲动力,促进了商品和资本流动、科技和文明进步、各国人民交往。"他也注意到问题的另一面:"我们也要承认,经济全球化是一把'双刃剑'。当世界经济处于下行期的时候,全球经济'蛋糕'不容易做大,甚至变小了,增长和分配、资本和劳动、效率和公平的矛盾就会更加突出,发达国家和发展中国家都会感受到压力和冲击。反全球化的呼声,反映了经济全球化进程的不足,值得我们重视和深思。"解决问题的出路,不是"反全球化","我们不能就此把经济全球化一棍子打死,而是要适应和引导好经济全球化,消解经济全球化的负面影响,让它更好惠及每个国家、每个民族"。

---

① 习近平:《论坚持推动构建人类命运共同体》,中央文献出版社2018年版,第414—415页。

接下来，他又进一步分析了当今世界经济问题的根源究竟在哪里。他指出："世界经济长期低迷，贫富差距、南北差距问题更加突出。究其根源，是经济领域三大突出矛盾没有得到有效解决。"一是全球增长动能不足，难以支撑世界经济持续稳定增长。二是全球经济治理滞后，难以适应世界经济新变化。三是全球发展失衡，难以满足人们对美好生活的期待。

对此，习近平主席提出四点倡议：坚持创新驱动，打造富有活力的增长模式；坚持协同联动，打造开放共赢的合作模式；坚持与时俱进，打造公正合理的治理模式；坚持公平包容，打造平衡普惠的发展模式。①

2019年3月26日，习近平主席在中法全球治理论坛闭幕式上的讲话中，分析了当今世界全球治理形势，并提出中国政府的全球治理主张。

关于全球治理形势，他用四种赤字来概括。第一是治理赤字。全球热点问题此起彼伏、持续不断，气候变化、网络安全、难民危机等非传统安全威胁持续蔓延，保护主义、单边主义抬头，全球治理体系和多边机制受到冲击。第二是信任赤字。当前，国际竞争摩擦呈上升之势，地缘博弈色彩明显加重，国际社会信任和合作受到侵蚀。第三是和平赤字。人类今天所处的安全环境仍然堪忧，地区冲突和局部战争持续不断，恐怖主义仍然猖獗，不少国家民众特别是儿童饱受战火摧残。第四是发展赤字。逆全球化思潮正在发酵，保护主义的负面效应日益显现，收入分配不平等、发展空间不平衡已成为全球经济治理面临的最突出问题。

---

① 习近平：《论坚持推动构建人类命运共同体》，中央文献出版社2018年版，第401—402、403—404、405—406页。

对此,他提出四项主张。第一,坚持公正合理,破解治理赤字。坚持共商共建共享的全球治理观,坚持全球事务由各国人民商量着办,积极推进全球治理规则民主化。继续高举联合国这面多边主义旗帜,充分发挥世界贸易组织、国际货币基金组织、世界银行、二十国集团、欧盟等全球和区域多边机制的建设性作用,共同推动构建人类命运共同体。

第二,坚持互商互谅,破解信任赤字。信任是国际关系中最好的黏合剂。要坚持正确义利观,以义为先、义利兼顾,构建命运与共的全球伙伴关系。要加强不同文明交流对话,加深相互理解和彼此认同,让各国人民相知相亲、互信互敬。

第三,坚持同舟共济,破解和平赤字。要秉持共同、综合、合作、可持续的新安全观,摒弃冷战思维、零和博弈的旧思维,摒弃弱肉强食的丛林法则,以合作谋和平、以合作促安全。

第四,坚持互利共赢,破解发展赤字。经济全球化是推动世界经济增长的引擎。要坚持创新驱动,打造富有活力的增长模式;坚持协同联动,打造开放共赢的合作模式;坚持公平包容,打造平衡普惠的发展模式,让世界各国人民共享经济全球化发展成果。

以上这些主张,归结到一点,就是"共同努力把人类前途命运掌握在自己手中"。[①]

进入 2020 年,新冠肺炎疫情席卷全球,成为百年来世界最严重的公共安全事件。在抗击新冠肺炎疫情中,世界各国既有共同携手的需求与愿望,又不断受到美国霸权主义、强权政治和单边主义的严重

[①] 以上参见习近平《为建设更加美好的地球家园贡献智慧和力量——在中法全球治理论坛闭幕式上的讲话》(2019 年 3 月 26 日),《人民日报》2019 年 3 月 27 日第 3 版。

阻碍。美国还联合少数国家，试图从高科技应用、人文交流、外交关系等领域打压中国发展。

在这一背景下，2020年5月18日，习近平主席在第73届世界卫生大会视频会议开幕式上发表致辞，提出"团结合作战胜疫情，共同构建人类卫生健康共同体"倡议。

2020年9月21日，习近平主席在联合国成立75周年纪念峰会上发表讲话，高度评价联合国成立75年走过的不平凡历程，指出："人类已经进入互联互通的新时代，各国利益休戚相关、命运紧密相连。全球性威胁和挑战需要强有力的全球性应对。"

对于联合国在后疫情时代如何发挥作用，习近平主席提出四点建议：第一，主持公道；第二，厉行法治；第三，促进合作；第四，聚焦行动。他还指出："大小国家相互尊重、一律平等是时代进步的要求，也是联合国宪章首要原则。任何国家都没有包揽国际事务、主宰他国命运、垄断发展优势的权力，更不能在世界上我行我素，搞霸权、霸凌、霸道。""单边主义没有出路。""各国关系和利益只能以制度和规则加以协调，不能谁的拳头大就听谁的。""靠冷战思维，以意识形态划线，搞零和游戏，既解决不了本国问题，更应对不了人类面临的共同挑战。"

他在讲话中，表明了中国一如既往的坚定立场："我们将始终做多边主义的践行者，积极参与全球治理体系改革和建设，坚定维护以联合国为核心的国际体系，坚定维护以国际法为基础的国际秩序，坚定维护联合国在国际事务中的核心作用。""我们要做的是，以对话代替冲突，以协商代替胁迫，以共赢代替零和，把本国利益同各国共同利益结合起来，努力扩大各国共同利益汇合点，建设和谐合作的国际大家庭。"①

总之，在 2013 年到 2020 年的 8 年时间里，习近平总书记充分利用各种国际场合，深入分析当今世界形势与症结所在，阐明人类命运共同体构想，阐明中国坚持和平发展道路的真诚愿望。

习近平总书记代表中国共产党和中国政府提出并反复倡导构建人类命运共同体，既是基于中国永远不称霸，永远属于发展中国家，永远做世界和平的坚定维护者和当代国际秩序的参与者、维护者和改革者，坚定不移走和平发展道路的原则立场，也是基于习近平外交思想。

如前所述，这一原则立场，从毛泽东到邓小平再到新时代的中国，始终没有改变。世界上没有任何一个国家，能在长达半个多世纪的时间里，在横跨美苏冷战格局时代与后冷战时代直至当今世界百年未有之大变局中，在急剧变动的世界局势下，始终不渝地坚持自己的立国原则与外交基点。这种负责任大国的态度与真诚，赢得了广大发展中国家及国际社会的普遍信任。

同样地，习近平新时代中国特色社会主义外交思想，继承和发展了毛泽东外交思想和邓小平外交思想。尽管许多内容随着时代的发展变化，有了很大发展变化，许多概念也和过去有了很大不同，但其精神实质是始终如一的。这就是坚持独立自主立国原则，将坚持多边主义、反对霸权主义和强权政治、维护世界和平作为自己的神圣使命，为维护广大发展中国家自身权益，为创造和平发展合作共赢的人类社会提供理论支撑。它的立足点，和毛泽东外交思想、邓小平外交思想一样，都是独立自主，都是始终站在广大发展中国家一边，都是始终

---

① 以上参见习近平《在联合国成立 75 周年纪念峰会上的讲话》（2020 年 9 月 21 日），《人民日报》2020 年 9 月 22 日第 2 版。

站在时代潮流的前头，是真正属于发展中国家的国际关系理论。

2018年6月22日，习近平总书记在中央外事工作会议上，全面阐述了新时代中国特色社会主义外交思想，并指出了这一外交思想观察国际问题的基本方法，这就是正确的历史观、大局观、角色观。

他指出："所谓正确历史观，就是不仅要看现在国际形势什么样，而且要端起历史望远镜回顾过去、总结历史规律，展望未来、把握历史前进大势。"

"所谓正确大局观，就是不仅要看到现象和细节怎么样，而且要把握本质和全局，抓住主要矛盾和矛盾的主要方面，避免在林林总总、纷纭多变的国际乱象中迷失方向、舍本逐末。"

"所谓正确角色观，就是不仅要冷静分析各种国际现象，而且要把自己摆进去，在我国同世界的关系中看问题，弄清楚在世界格局演变中我国的地位和作用，科学制定我国对外方针政策。"

他强调观察国际问题要坚持"两点论"："纵观人类历史，世界发展从来都是各种矛盾相互交织、相互作用的综合结果。"深入分析世界转型过渡期国际形势的演变规律，"既要把握世界多极化加速推进的大势，又要重视大国关系深入调整的态势。既要把握经济全球化持续发展的大势，又要重视世界经济格局深刻演变的动向。既要把握国际环境总体稳定的大势，又要重视国际安全挑战错综复杂的局面。既要把握各种文明交流互鉴的大势，又要重视不同思想文化相互激荡的现实"。

他还强调指出："当前，我国处于近代以来最好的发展时期，世界处于百年未有之大变局，两者同步交织、相互激荡。做好当前和今后一个时期对外工作具备很多国际有利条件。"①

这些重要阐述，为人类命运共同体构想增添了历史的和理论的厚重感，也为构建人类命运共同体提供了方法论依据。

构建人类命运共同体，既是一个对未来世界的构想与倡议，对中国和广大发展中国家来说，又是一种推动世界朝着和平发展合作共赢方向发展的实践。

2013年9月和10月，习近平总书记先后提出推动"丝绸之路经济带"倡议和推动"海上丝绸之路"倡议，使"一带一路"建设成为推动构建人类命运共同体的重要实践平台。

"丝绸之路经济带"倡议，是习近平主席2013年9月7日在哈萨克斯坦纳扎尔巴耶夫大学演讲时提出的。他说："为了使我们欧亚各国经济联系更加紧密、相互合作更加深入、发展空间更加广阔，我们可以用创新的合作模式，共同建设'丝绸之路经济带'。这是一项造福沿途各国人民的大事业。我们可从以下几个方面先做起来，以点带面，从线到片，逐步形成区域大合作。"

他提议先做起来的方面，一共有五项。一是政策沟通。各国可以就经济发展战略和对策进行充分交流，本着求同存异原则，协商制订推进区域合作的规划和措施，在政策和法律上为区域经济融合"开绿灯"。二是道路联通。尽快签署并落实上海合作组织关于交通便利化协定，打通从太平洋到波罗的海的运输大通道。在此基础上，完善跨境交通基础设施，逐步形成连接东亚、西亚、南亚的交通运输网络，为各国经济发展和人员往来提供便利。三是贸易畅通。各方应该就贸易和投资便利化问题进行探讨并做出适当安排，消除贸易壁垒，降低

---

① 习近平：《论坚持推动构建人类命运共同体》，中央文献出版社2018年版，第538—539、539—540页。

贸易和投资成本，提高区域经济循环速度和质量，实现互利共赢。四是货币流通。如果各国在经常项下和资本项下实现本币兑换和结算，就可以大大降低流通成本，增强抵御金融风险能力，提高本地区经济国际竞争力。五是民心相通。国之交在于民相亲。搞好上述领域合作，必须得到各国人民支持，必须加强人民友好往来，增进相互了解和传统友谊，为开展区域合作奠定坚实民意基础和社会基础。①

"海上丝绸之路"倡议，是习近平主席2013年10月3日在印度尼西亚国会演讲时提出的。他指出："东南亚地区自古以来就是'海上丝绸之路'的重要枢纽，中国愿同东盟国家加强海上合作，使用好中国政府设立的中国—东盟海上合作基金，发展好海洋合作伙伴关系，共同建设'21世纪海上丝绸之路'。中国愿通过扩大同东盟国家各领域务实合作，互通有无、优势互补，同东盟国家共享机遇、共迎挑战，实现共同发展、共同繁荣。"②

"一带一路"倡议，由于以和平发展合作共赢为宗旨，遵循平等互利原则，得到沿线各国的热烈响应，取得重大进展。在"一带一路"倡议推动下，逐渐形成新亚欧大陆桥经济走廊、中蒙俄经济走廊、中国—中亚—西亚经济走廊、中国—中南半岛经济走廊、中巴经济走廊、孟中印缅经济走廊等，不仅将充满经济活力的东亚经济圈与发达的欧洲经济圈联系在一起，更畅通了连接波斯湾、地中海和波罗的海的合作通道，为地处"一带一路"沿线、位于亚欧大陆腹地的广大国家提供了发展机遇。在2020年突发新冠肺炎疫情、国际空中通

---

① 习近平：《论坚持推动构建人类命运共同体》，中央文献出版社2018年版，第45—46页。

② 习近平：《论坚持推动构建人类命运共同体》，中央文献出版社2018年版，第52—53页。

道受阻的情况下，新亚欧大陆桥等经济贸易通道，在运送紧急抗疫物资、维系正常经贸往来等方面，发挥了重要作用。

中国政府还于2017年5月和2019年4月，两次倡导召开"一带一路"国际合作高峰论坛，规划政策沟通、设施联通、贸易畅通、资金融通、民心相通的合作蓝图，推动"一带一路"建设。

将构建人类命运共同体付诸实践，需要有强有力的国际资金投入做后盾，需要有能够打破国际金融垄断、各参与国普遍受惠的多边开发银行。

在中国政府的倡导和推动下，2015年12月25日，亚洲基础设施投资银行正式成立。2016年1月16日，正式开业。按照多边开发银行模式和原则运作，坚持国际性、规范性、高标准，实现良好开局。成员国从最初的57个发展到2020年7月的103个，先后为成员提供了近200亿美元的基础设施投资，正在发展成为促进成员共同发展、推动构建人类命运共同体的新平台。

2020年7月28日，习近平主席在亚洲基础设施投资银行第五届理事会年会视频会议开幕式上致辞，对亚投行发展提出四点希望。一是聚焦共同发展，把亚投行打造成推动全球共同发展的新型多边开发银行；二是勇于开拓创新，把亚投行打造成与时俱进的新型发展实践平台；三是创造最佳实践，把亚投行打造成高标准的新型国际合作机构；四是坚持开放包容，把亚投行打造成国际多边合作新典范，推动区域经济一体化，推动经济全球化朝着更加开放、包容、普惠、平衡、共赢的方向发展。[①]

习近平总书记还从坚持和平发展道路、实现民族伟大复兴、构建

---

① 习近平：《在亚洲基础设施投资银行第五届理事会年会视频会议开幕式上的致辞》（2020年7月28日），《人民日报》2020年7月29日第2版。

人类命运共同体出发，对独立自主和平外交布局做出重要调整，形成了中国特色大国外交新格局。

2014年11月28日，习近平总书记在中央外事工作会议上的讲话中提出："中国必须有自己特色的大国外交。我们要在总结实践经验的基础上，丰富和发展对外工作理念，使我国对外工作有鲜明的中国特色、中国风格、中国气派。"

他对中国特色大国外交提出了以下原则：

——要坚持中国共产党领导和中国特色社会主义，坚持我国的发展道路、社会制度、文化传统、价值观念。

——要坚持独立自主的和平外交方针，坚持把国家和民族发展放在自己力量的基点上，坚定不移走自己的路，走和平发展道路，同时决不能放弃我们的正当权益，决不能牺牲国家核心利益。

——要坚持国际关系民主化，坚持和平共处五项原则，坚持国家不分大小、强弱、贫富都是国际社会平等成员，坚持世界的命运必须由各国人民共同掌握，维护国际公平正义，特别是要为广大发展中国家说话。

——要坚持合作共赢，推动建立以合作共赢为核心的新型国际关系，坚持互利共赢的开放战略，把合作共赢理念体现到政治、经济、安全、文化等对外合作的方方面面。

——要坚持正确义利观，做到义利兼顾，要讲信义、重情义、扬正义、树道义。

——要坚持不干涉别国内政原则，坚持尊重各国人民自主选择的发展道路和社会制度，坚持通过对话协商以和平方式解决国家间的分歧和争端，反对动辄诉诸武力或以武力相威胁。

——要贯彻落实总体国家安全观，增强全国人民对中国特色社会主义的道路自信、理论自信、制度自信，维护国家长治久安。

他把新形势下不断拓展和深化外交战略布局，作为构建中国特色大国外交的重要工作。特别强调要切实抓好周边外交工作，打造周边命运共同体；切实运筹好大国关系，构建健康稳定的大国关系框架，扩大同发展中大国的合作；切实加强同发展中国家的团结合作，把我国发展与广大发展中国家共同发展紧密联系起来；切实推进多边外交，推动国际体系和全球治理改革，增加我国和广大发展中国家的代表性和话语权；切实加强务实合作，积极推进"一带一路"建设，努力寻求同各方利益的汇合点，通过务实合作促进合作共赢。

随后，以构建全方位全天候战略合作伙伴关系和构建人类命运共同体为重点，中国特色大国外交进入了全方位、宽领域、全覆盖发展的新阶段，进入了以国家元首外交、主场外交、多边外交为牵引的新阶段，有力地推动着世界格局向着和平发展合作共赢的方向发展。

可以相信，中国将在构建未来世界中扮演越来越重要的角色。这个角色，不是取代美国成为新的"超级大国"，更不是取代美国成为新的"世界中心"，而是带头倡导和推动建立一个国无论大小贫富一律平等的世界，一个铲除世界战争根源的、没有霸主与霸权的世界，一个双赢共赢而非零和游戏的世界，一个开放包容、奉行多边主义、和平发展合作共赢的世界。

通向未来美好世界，通向人类命运共同体之路，是艰辛曲折而漫长的，也是需要经过艰苦斗争才能得来的。但这又是人类历史的必由之路。

"道路是曲折的，前途是光明的。"

结 束 语

长风破浪会有时

2012年11月29日,习近平总书记在参观《复兴之路》展览时,用实现中华民族伟大复兴中国梦来概括中国人民自1840年以来的奋斗史。

历史与逻辑,往往是先有历史事实,后有历史概括。因此,看一个概念是否成立,主要不是看它提出的早与晚,而是看其是不是符合历史事实与历史规律。

尽管"中华民族伟大复兴中国梦"这个概念是后来出现的,但它恰如其分地表达了中国自1840年后从历史沉沦逐步走向民族复兴的不平凡的历史过程。

在世界历史长河中,一些民族沉沦了,又一些民族兴起了,还有一些民族消失了。这种情况本不足为奇。但对于中华民族来说,情况则根本不同。

不同在哪里?不同在于中华民族的历史从未中断过,它的自身有着强大的自我修复能力,有着强大的凝聚力和抗颠覆能力。任何强大的敌人,都不能征服中华民族;任何巨大的挫折,都不能使中华民族解体。不同在于中华民族近代的苦难,不仅仅是西方列强带来的,更是腐朽的封建统治造成的。外因是变化的条件,内因是变化的根据。内争人民解放、当家作主，外争民族独立、自立于世界民族之林，就成为中国人民、中华民族的奋斗目标。这场斗争越艰巨，持续的时间越久，唤醒的民众就越多。空前强大的敌人，不但打不垮中国人民和中华民族，反而使中国人民和中华民族从愚民统治下的一盘散沙变得空前团结，民族意识空前高涨，形成持久不断的推动中华民族伟大复兴的磅礴之力。谁想阻挡这种力量，无异于蚍蜉撼树、螳臂当车。

中华民族复兴，成为时代的响亮口号。但复兴，绝不是回到过去。"开弓没有回头箭"，历史也不可能走回头路。事实上，历史上每次提出复兴口号，都并非是要开历史倒车，而是要把历史推向前进。

中华民族伟大复兴，是要实现顺应历史潮流的复兴。时代潮流滚滚向前，顺之者昌，逆之者亡。中华民族只有大踏步赶上时代步伐，才有真正的希望。那么，这个历史潮流究竟是什么？是西方资本主义吗？还是其他别的通往现代化的道路？中华民族伟大复兴的分水岭与试金石，正在这里。中华民族伟大复兴的伟大之处，也正在这里。

如果中国真能效法外国，无论是效法美国等西方国家，还是简单地效法苏联，走上民族复兴成功之路，那这个复兴也就没有什么伟大之处。历史的真谛恰恰在于，像中国这样一个有着 5000 多年从未中断的文明史的东方大国，其发展有着深厚的历史文化底蕴，有着自身的历史逻辑与文化基因。其近代沉沦，主因是内部，不是外部。其近代革命，主因也是内部社会矛盾，不是外力推动。近代中国历史发展，最终选择了马克思主义指导、中国共产党领导、社会主义道路，主因同样是中国自身的矛盾运动，以及人民群众推动历史前进的决定性作用。

由此决定，中华民族复兴走了一条打破常规、非同寻常的道路，中国革命、建设和改革各个历史时期都是如此。

近代中国迫切需要一场彻底的反帝反封建的民族民主革命。但这场革命，领导者不是资产阶级，而是中国的无产阶级及其先进政党——中国共产党；革命前途不是资本主义，而是社会主义，但又不能直接进入社会主义，而是要经过新民主主义这个过渡性社会进入社会主义社会；革命指导思想只能是马克思主义，但马克思主义必须中国化，必须和中国实际相结合，而不能搞教条主义，更不能全盘西化。

中国进入社会主义建设时期，同样如此。不坚持科学社会主义不行，搞僵化的、传统的社会主义也不行，必须把马克思主义基本原理同中国实际结合起来，独立自主地走自己的道路，建设中国特色社会主义，坚持中国特色社会主义道路自信、理论自信、制度自信、文化自信。

中国特色社会主义进入新时代，中华民族正在从站起来、富起来走向强起来。在这一过程中，同样要走不同于西方国家的建设现代化强国道路。在国内，必须把立足点放在独立自主的基点上，坚定不移走高质量发展道路，以国内大循环为主体、国内国际双循环相互促进的新发展格局，发展方向和价值取向都要坚持人民至上，让人民共享发展成果。在国际上，必须坚持和平发展道路，坚持和平发展合作共赢，坚决反对冷战思维、强权政治、霸权主义，坚持反对国强必霸逻辑。

这就是中华民族伟大复兴的伟大之处，不平凡之处，也是它积累的经验同时具有世界影响和世界意义的根本原因。

中华民族伟大复兴，从1840年以来，走了极不平凡的道路，经历过苦难与辉煌。正如习近平总书记所形容的那样，中华民族的昨天，可以说是"雄关漫道真如铁"。中华民族的今天，正可谓"人间正道是沧桑"。中华民族的明天，可以说是"长风破浪会有时"。

中华民族伟大复兴的重大影响和重大意义，正如习近平总书记在党的十九大报告中所说："中国特色社会主义进入新时代，意味着近代以来久经磨难的中华民族迎来了从站起来、富起来到强起来的伟大飞跃，迎来了实现中华民族伟大复兴的光明前景；意味着科学社会主义在二十一世纪的中国焕发出强大生机活力，在世界上高高举起了中国特色社会主义伟大旗帜；意味着中国特色社会主义道路、理论、制度、文化不断发展，拓展了发展中国家走向现代化的途径，给世界上那些既希望加快发展又希望保持自身独立性的国家和民族提供了全新选择，为解决人类问题贡献了中国智慧和中国方案。"[1] 新时代的到来是如此，民族复兴的最终实现更是如此。

在实现中华民族伟大复兴的征途中，始终有三个重大关系要处理。

一是中国共产党与国家、民族、人民的关系。在这对关系中，中国共产党是领导核心，是主心骨，是国家富强、民族振兴、人民幸福的根本保证。因此，党的自身建设以及执政能力建设，至关重要。治国必先治党，治党务必从严。党的十八大以来党和国家事业取得历史性成就、发生历史性变革证明，必须始终坚持全面从严治党，加强党对一切工作的全面领导，通过自我革命推动社会革命。

二是国家、民族、人民的关系。处理好这个关系，必须紧紧抓住发展这个党执政兴国的第一要务，把人民对美好生活的追求作为奋斗

---

[1] 习近平：《决胜全面建成小康社会 夺取新时代中国特色社会主义伟大胜利——在中国共产党第十九次全国代表大会上的报告》（2017年10月18日），人民出版社2017年版，第10页。

目标，坚定不移推动高质量发展，全面深化改革，全面依法治国，全面建设社会主义现代化强国，全面推进国家治理体系和治理能力现代化，不断增强人民群众的获得感、幸福感、安全感、公平感。同时加强社会主义精神文明建设和道德建设，践行社会主义核心价值观，做到"两手抓、两手都要硬"。

三是中国与世界的关系。处理好这个关系，必须始终坚持中国永远属于发展中国家，永远不称霸，坚定不移走和平发展道路。始终以中国的发展影响世界，全方位对外开放，构建"双循环"发展新格局，构建人类命运共同体，构建和平发展合作共赢的世界经济政治新秩序。同时，坚决捍卫国家主权、领土完整、国家安全。"任何人任何势力企图通过霸凌手段把他们的意志强加给中国、改变中国的前进方向、阻挠中国人民创造自己美好生活的努力，中国人民都绝不答应！"①

在社会主义现代化的征程上，新中国从"一穷二白"的经济文化落后的起点开始，经过20多年奋斗，终于建立起独立的、比较完整的工业体系和国民经济体系，实现了第一步跨越。

随后，又开创改革开放和社会主义现代化建设新时期，顺利实现从计划经济向社会主义市场经济的转变，创造了持续30多年经济快速发展的奇迹，中国稳居世界第二大经济体，成为推动世界经济增长的重要引擎，实现了"三步走"战略目标的前两步。

在全面建成小康社会的征程中，中国特色社会主义进入新时代，社会主要矛盾发生历史性变化，经济进入高质量发展新阶段，精准脱贫战略任务圆满完成，彻底解决了中国社会的绝对贫困问题，胜利实

---

① 习近平：《在纪念中国人民抗日战争暨世界反法西斯战争胜利75周年座谈会上的讲话》（2020年9月3日），《人民日报》2020年9月4日第2版。

现全面建成小康社会任务，人民生活实现从总体小康向全面小康的历史性跨越，第一个百年奋斗目标胜利实现。

在新中国朝着实现中华民族伟大复兴前进的路途上，在实现社会主义现代化建设"三步走"战略和"两个一百年"奋斗目标的路途上，始终有进行具有许多新的历史特点的伟大斗争相伴随。无论推进国内建设和改革事业，还是推进和平发展、祖国统一、维护世界和平事业，都会有斗争。斗争是客观存在，想避免都避免不了。没有斗争，就没有胜利。

在未来踏上强国之路的征程上，仍然会有风险，会有斗争。

风险来自哪里？一方面，来自自身各种短板。这种短板，在社会主要矛盾发生深刻变化中，在由大向强的转变中，在由高速度增长向高质量发展的转变中，是正常现象。正是有短板，才需要全面深化改革，才需要新发展理念指引，才需要统筹推进"五位一体"总体布局、协调推进"四个全面"战略布局。

另一方面，风险还来自各种敌对势力的破坏。这种破坏，从新中国成立之日起，从来没有中断，"树欲静而风不止"。我们要进一步加快建设具有强大凝聚力和影响力的社会主义意识形态，加强国家总体安全建设，坚决反对一切削弱、歪曲、否定党的领导和我国社会主义制度的言行，坚决反对一切分裂祖国、破坏民族团结和社会和谐稳定的行为。

还有来自国际上的各种风险挑战。我们在由大向强的转变中，不仅会遇到"成长的烦恼"，更会遇到"甩锅的烦恼"。因为我们是在西方发达国家在经济科技军事等方面长期占据优势的国际环境中坚持和发展中国特色社会主义的，是在两种社会制度长期合作和斗争的国际环境中建设社会主义现代化国家的，这种"甩锅的烦恼"同样不可避免。而且，越是接近中华民族伟大复兴实现，这种"甩锅""制裁""封杀"的现象会频繁出现，力度也有可能加大。正如习近平总书记指出的："在相当长时期内，初级阶段的社会主义还必须同生产力更发达的资本主义长期合作和斗争，还必须认真学习和借鉴资本主义创造的有益文明成果，甚至必须面对被人们用西方发达国家的长处来比较我国社会主义发展中的不足并加以指责的现实。我们必须有很强大的战略定力，坚决抵制抛弃社会主义的各种错误主张，自觉纠正超越阶段的错误观念。最重要的，还是要集中精力办好自己的事情，不断壮大我们的综合国力，不断改善我们人民的生活，不断建设对资本主义具有优越性的社会主义，不断为我们赢得主动、赢得优势、赢得未来打下更加坚实的基础。"①

如今，中华民族复兴又站在新的起点上。展望未来，正可谓"长风破浪会有时"！

从现在起，中国人民在中国共产党的领导下，已经踏上全面建设社会主义现代化国家新征程。

我们将用15年时间，在全面建成小康社会的基础上，到2035年基本实现社会主义现代化。到那时：

——将较好解决"大而不强"的问题，我国经济实力、科技实力、综合国力将大幅跃升，跻身创新型国家前列；

——将很好地克服法治国家建设的瓶颈性障碍，人民平等参与、平等发展权利得到充分保障，法治国家、法治政府、法治社会基本建成，各方面制度更加完善，国家治理体系和治理能力现代化基本实现；

---

① 《十八大以来重要文献选编》（上），中央文献出版社2014年版，第117页。

——将补齐文化软实力短板，社会文明程度达到新的高度，国家文化软实力显著增强，中华文化影响更加广泛深入；

——将较好解决共享发展和共同富裕问题，人民生活更为宽裕，中等收入群体比例明显提高，城乡区域发展差距和居民生活水平差距显著缩小，基本公共服务均等化基本实现，全体人民共同富裕迈出坚实步伐；

——将补齐社会治理短板，现代社会治理格局基本形成，社会充满活力又和谐有序；

——生态环境根本好转，美丽中国目标基本实现。

我们将再奋斗15年，在基本实现现代化的基础上，到21世纪中叶，把我国建成富强民主文明和谐美丽的社会主义现代化强国。

到那时，我国物质文明、政治文明、精神文明、社会文明、生态文明将全面提升，实现国家治理体系和治理能力现代化，成为综合国力和国际影响力领先的国家，全体人民共同富裕基本实现，我国人民将享有更加幸福安康的生活，中华民族将以更加昂扬的姿态屹立于世界民族之林。

在未来的30年里，中国的强盛，给国际社会带来的将是一个和平发展合作共赢的世界。

中国强起来，不会在世界上再出现一个新的霸主，但会给世界带来朝着和平发展合作共赢方向发展的新希望，带来构建人类命运共同体的新希望，带来彻底打破支配世界几百年的国强必霸逻辑的新希望。

这是中华民族对世界各国人民的一份历史责任，也是对世界各国人民的长期友好支持的最好回报。

未来的30年，世界并不太平。我们将在一个更加不稳定不确定的世界中，实现全面建成社会主义现代化强国的奋斗目标，遇到的阻力、风险、挑战会更大。这毫不奇怪。纵观世界近代发展史，包括美国、英国、法国、德国等国在内，没有任何国家的现代化是顺顺当当实现的。

我国经济稳中向好、长期向好的基本面没有变，长期处于重要战略机遇期没有变，我国经济潜力足、韧性大、活力强、回旋空间大、政策工具多的基本特点没有变，我国发展具有的多方面优势和条件没有变。我国具有全球最完整、规模最大的工业体系，有强大的生产能力、完善的配套能力，有超大规模内需市场，投资需求潜力巨大。这是我国经过长期改革发展奋斗得来的有利局面。

更重要的在于，我们正在从事的事业，是中华民族5000多年文明史在历史与逻辑上的延续，也是自中国近代以来历史发展与逻辑发展的必然，有着无可比拟的深厚文化历史底蕴和磅礴之力，是任何力量都阻挡不住的。我们有中国共产党的坚强领导，有勤劳勇敢的全国各族人民的大团结，有持续5000多年从未中断的中华文明和中华精神，有长期艰辛探索得来的、具有显著优越性和强大生命力的中国特色社会主义道路、理论、制度、文化，就一定能够冲破重重阻力，闯过道道难关，应对重大挑战、抵御重大风险、克服重大阻力、解决重大矛盾，胜利实现中华民族伟大复兴。

参考文献

《马克思恩格斯选集》第 1 卷，人民出版社 2012 年版。

《毛泽东军事文集》第 5 卷，军事科学出版社、中央文献出版社 1993 年版。

《毛泽东文集》第 1—2 卷，人民出版社 1993 年版。

《毛泽东文集》第 3—5 卷，人民出版社 1996 年版。

《毛泽东文集》第 6—8 卷，人民出版社 1999 年版。

《毛泽东选集》第 1—4 卷，人民出版社 1991 年版。

《周恩来选集》上卷，人民出版社 1980 年版。

《周恩来选集》下卷，人民出版社 1984 年版。

《邓小平文选》第 1 卷，人民出版社 1994 年版。

《邓小平文选》第 2 卷，人民出版社 1994 年版。

《邓小平文选》第 3 卷，人民出版社 1993 年版。

《江泽民文选》第 1—3 卷，人民出版社 2006 年版。

《胡锦涛文选》第 1—3 卷，人民出版社 2016 年版。

《习近平谈治国理政》第 1 卷，外文出版社 2018 年版。

《习近平谈治国理政》第 2 卷，外文出版社 2017 年版。

《习近平谈治国理政》第 3 卷，外文出版社 2020 年版。

习近平：《论坚持党对一切工作的领导》，中央文献出版社 2019 年版。

习近平：《论坚持推动构建人类命运共同体》，中央文献出版社 2018 年版。

《建党以来重要文献选编（1921—1949）》第 1、2、5 册，中央文献出版社 2011 年版。

《建国以来重要文献选编》第 6 册，中央文献出版社 1993 年版。

《建国以来重要文献选编》第 9 册，中央文献出版社 1994 年版。

《建国以来重要文献选编》第 10 册，中央文献出版社 1994 年版。

《建国以来重要文献选编》第 11 册，中央文献出版社 1995 年版。

《建国以来重要文献选编》第 12、13 册，中央文献出版社 1996 年版。

《建国以来重要文献选编》第 15 册，中央文献出版社 1997 年版。

《十二大以来重要文献选编》（上、中），人民出版社 1986 年版。

《十二大以来重要文献选编》（下），人民出版社 1988 年版。

《十三大以来重要文献选编》（上、中、下），人民出版社 1991 年版。

《十四大以来重要文献选编》（上、中、下），中央文献出版社 2011 年版。

《十五大以来重要文献选编》（上、中、下），中央文献出版社 2011 年版。

《十六大以来重要文献选编》（上、中、下），中央文献出版社 2011 年版。

《十七大以来重要文献选编》（上），中央文献出版社 2009 年版。

《十七大以来重要文献选编》（下），中央文献出版社 2013 年版。

《十八大以来重要文献选编》（上），中央文献出版社 2014 年版。

《十八大以来重要文献选编》（中），中央文献出版社 2016 年版。

《十八大以来重要文献选编》（下），中央文献出版社2018年版。

《三中全会以来重要文献选编》（上、下），中央文献出版社2011年版。

中共中央党史和文献研究院编：《习近平关于防范风险挑战、应对突发事件论述摘编》，中央文献出版社2020年版。

《陈独秀文集》第1—4卷，人民出版社2013年版。

《陈云文选》第1—3卷，人民出版社1995年版。

《邓中夏文集》，人民出版社1983年版。

《范文澜全集》第10卷，河北教育出版社2002年版。

《冯玉祥日记》第2册，江苏古籍出版社1992年版。

《黄克诚自述》，人民出版社2004年版。

《康有为政论集》上册，中华书局1981年版。

《李大钊文集》（上、下册），人民出版社1984年版。

《孙中山选集》（上、下册），人民出版社2011年版。

《吴玉章回忆录》，中国青年出版社1978年版。

《张学良文集》（1），新华出版社1992年版。

《当代中国》丛书编辑部编辑：《当代中国的农业》，当代中国出版社1992年版。

《中国近代史》编写组：《中国近代史》（第二版）（上、下册），高等教育出版社、人民出版社2020年版。

《中外旧约章汇编》第1册，生活·读书·新知三联书店1957年版。

薄一波：《若干重大决策与事件的回顾》（修订本）上卷，人民出版社1997年版。

陈恭禄：《中国近代史》，中国工人出版社2012年版。

郭廷以：《近代中国史纲》（第三版），格致出版社、上海人民出版社2009年版。

国家统计局编：《中国统计年鉴（1983）》，中国统计出版社1983年版。

国家统计局编：《中国统计年鉴（1985）》，中国统计出版社1985年版。

国家统计局编：《中国统计年鉴（2001）》，中国统计出版社2001年版。

胡绳：《从鸦片战争到五四运动》（上、下册），人民出版社1981年版。

胡绳主编：《中国共产党的七十年》，中共党史出版社1991年版。

蒋廷黻：《中国近代史》，中国华侨出版社2016年版。

金冲及主编：《周恩来传（1898—1949）》，人民出版社1995年版。

金冲及主编：《周恩来传（1898—1976）》（四），中央文献出版社1998年版。

金冲及：《二十世纪中国史纲》（上、下册），社会科学文献出版社2009年版。

冷溶、汪作玲主编：《邓小平年谱（1975—1997）》（上、下），中央文献出版社2004年版。

力平、方铭主编：《周恩来年谱（1898—1949）》（修订本），中央文献出版社1998年版。

刘崇文、陈绍畴主编：《刘少奇年谱（1898—1969）》上、下卷，中央文献出版社1996年版。

罗尔纲、王庆成编：《中国近代史资料丛刊续编·太平天国》（五），广西师范大学出版社2004年版。

逄先知、冯蕙主编：《毛泽东年谱（1949—1976）》第 1—6 卷，中央文献出版社 2013 年版。

逄先知、金冲及主编：《毛泽东传（1893—1976）》第 5 册，中央文献出版社 2011 年版。

逄先知主编：《毛泽东年谱（1893—1949）》（修订本）上、中、下卷，中央文献出版社 2013 年版。

苏星：《新中国经济史》（修订本），中共中央党校出版社 2007 年版。

萧致治主编：《鸦片战争史》（上、下册），福建人民出版社 2017 年版。

徐中约：《中国的奋斗》（第 6 版），世界图书出版公司 2008 年版。

许涤新、吴承明主编：《中国资本主义发展史》第 3 卷，社会科学文献出版社 2007 年版。

赵靖、易梦虹编：《中国近代经济思想资料选辑》上册，中华书局 1982 年版。

张宝明主编：《新青年》（百年典藏）第 1—5 卷，河南文艺出版社 2019 年版。

张发奎：《蒋介石与我》，香港文化艺术出版社 2008 年版。

张海鹏主编，虞和平、谢放著：《中国近代通史》第 3 卷，江苏人民出版社 2007 年版。

张玉法：《民国初年的政党》，台北"中研院"近代历史研究所 2002 年版。

中共中央党史研究室：《中国共产党的历史》第 1 卷（1921—1949）（上、下册），中共党史出版社 2011 年版。

中共中央党史研究室：《中国共产党的九十年》（改革开放和社会主义现代化建设新时期），中共党史出版社、党建读物出版社 2016

年版。

中共中央党史研究室：《中国共产党历史》第 2 卷（1949—1978）（上、下册），中共党史出版社 2011 年版。

中共中央文献研究室编：《〈关于建国以来党的若干历史问题的决议〉注释本》（修订），人民出版社 1985 年版。

中国社会科学院世界历史研究所：《世界历史》第 5 册，江西人民出版社 2012 年版。

邹鲁编著：《中国国民党史稿》（上、中、下册），东方出版中心 2011 年版。

［法］白吉尔：《中国资产阶级的黄金时代》，上海人民出版社 1994 年版。

［美］费正清：《美国与中国》，商务印书馆 1987 年版。

［美］马士：《中华帝国对外关系史》第 1 卷，生活·读书·新知三联书店 1957 年版。

［苏］C. A. 达林：《中国回忆录（1921—1927）》，中国社会科学出版社 1981 年版。

《全国年度统计公报》，国家统计局网站：http：//www. stats. gov. cn/tjsj/tjgb/ndtjgb/。

《中国统计年鉴》，国家统计局网站：http：//www. stats. gov. cn/tjsj/ndsj/。

索 引

爱国民主统一战线 111，145

爱国主义 22，24，47，285，347

百年梦想 1

北伐战争 85，96，98，101，102

变法改良 38

拨乱反正 192，204，211，216，219，224，225，229，271，366，367

长征 118，120－122，198，210

党的建设 233，251，253，273，294－297，309，325，326，346，364，368，369，372，378，380，397，429，496－498，501，505，507－509，514，516－518，535，538，542，552

党的领导 69，160，197，207，222，246，248，261，272－274，282，296，297，320，326，337，342，344，346，367，371，372，374，380，381，498，499，501，508，513－516，525－527，531，535，537，542，543，546，547，549，550，552，604

党内监督 371，384，398，507，519，552－554

邓小平理论 227，260，261，282，295，362，363，366－370，533

帝国主义 5，51，56－58，61，63，68，75，76，80，83，86，87，94，95，98，99，

索引 **615**

103，122，123，125，126，131，140，144，145，186，227，264，290，402，567，569，573

第一个百年目标　429

顶层设计　210，215，241，278，279，317，325，326，339，340，342，482，485，515，528，541，542，545，553

独立自主　59，115，122，133，146，152，154，163，185，230，268，270，271，344，366，523，537，547，562，563，565，568，571，572，578，592，597，601

反腐败　250，319，372，398，500－503，505，510，518，519，554

封建主义　5，23，57，140，144

富国强兵　32，33

改革开放　5，163，174，198，200，203，205，210，211，213，214，219，224，228，229，231－236，241，246－248，250－252，254－262，266，271－274，276，277，279－283，287，290，291，294，297，298，302，305，306，308，309，312，316，320，321，325－327，331，332，342，345，346，366－369，380，398，406－408，410，413，415，420，422，425，429，433－435，437，440，442，445，446，449，477，488，489，497－499，501，512，516，519，525，529，530，532，537，539，540，542－545，549，576，577，603

高质量发展　316，317，321，324，330，331，344，360，388，422，425，427，429，431－433，446，479，480，490，491，493，545，547，601，603，604

工农联盟　111，141，176，551

工业化建设　145，146，154，157，161，166，174，403，488

共产国际　67，78－80，108，

119，122，364

共同富裕　258，259，266，278，305，326，334，374，378，382，388，423，466，475，606

官僚资本主义　5，140，144

国家治理体系和治理能力　317，320，324，325，327，340－345，358，379，380，391，399，400，445，485，495，512，514，520，521，539－549，554，603，605，606

合作共赢　375，390，398，400，401，457，521，522，558，560，561，582－585，592，594，595，597，598，601，603，606

和平发展　268，271，375，383，390，398，400，401，457，521，558，563，571，578，581－583，585，587，592，594－598，601，603，604，606

机构改革　340－342，346，514，518，532，541

经济发展新常态　331，373，387，399，425，427－429，520

经济体制改革　158，228，236，240－243，245，259，278，279，281，321－325，346，367，531，532

精准扶贫　338，452，458，463－465，468，474，475

康乾盛世　7，8，10，11

抗日民族统一战线　122，123，125，127，128，131，523

科教兴国　283－286，300，374

科学发展　299，323，334，381，538

科学发展观　302，303，309，362，363，368－370，420，489，535

可持续发展　283，284，286，287，300，302，303，323，326，374，474，484，488，489，556

历史交汇期　336，361，444，486

马克思主义中国化　5，118，

362－364，366，368，369，376，377，392，394，537

毛泽东思想　115，118，198，199，201，203，204，209，213，219，223－226，262，271，272，362－366，368－370

民主共和　45，53，54，57，88

民族复兴　4－7，21，24，48，67，68，94，100，101，107，111，121，125，128，144，146，197，275，283，315，327，364，490，497，563，587，599，600，602，605

民族精神　1，233，298，357

民族振兴　23，602

全面建成小康社会　216，315，316，319，329，330，334，336，337，340，347，360，372，378，379，397，399，422，425，427，429－431，434，438，444，445，448，458，459，463，464，468，472，476，478，479，486，521，545，602－605

全面建设小康社会　277，296，297，302，307，309，313，334，369，411－414，420，437，500，538，586

全面深化改革　319－321，324－327，329，330，334，341－343，346，372，379，380，399，426，427，429，482，485，517，521，540，542，544，545，549，586，603，604

全球治理　391，396，398，400，401，518，519，521，522，542，556，558，559，561，589－591，598

人类命运共同体　3，344，375，379，383，390，398，400，457，458，492，521，542，547，559－563，574，578，583，585－590，592－598，603，606

人民富裕　3，23

"三个代表"重要思想　362，363，368－370，498，535，536

三民主义　49，52，53，83－

85，102，107

社会革命　49，51，52，87，279，320，385，496，500，505，516，517，522，602

社会主义改造　147-149，154-156，159，161，169，176，227，263，316，524

社会主义工业化　145，148，149，152，154，161，165，174，186，477

社会主义市场经济　244，246，259，260，272，277-280，282，284，294，295，297，298，302，303，321，323，324，346，366，388，407，408，410，412，413，415，419，433，436，437，444，445，498，499，532，534，535，538，543，603

社会主义现代化建设　5，173，195，198，205-207，210，213-215，219，221，226，231-233，247，257，259，261-264，267，274，279-283，298，308，316，326，

327，365，366，368，406，408，497，499，526，539，540，542-544，603，604

十月革命　61-63，65，110，163

"四个全面"　330，331，341，372，373，379，380，387，390，399，476，513，515，517，520，521，542，545，550，604

四项基本原则　210，213，251，271，272，537

太平天国起义　25，26，28，29，31，32，48，50

统筹发展　299，360，382，387，388，587

统一战线　75，77，108，110，111，122-128，130，131，137，145，216，253，365，368，378，381，523

土地制度改革　145

维新变法　38-41，43-45，57

伟大觉醒　198，234，345

五卅运动　91，94，95

五四运动　31，63-68，345

"五位一体" 325，330，341，372，373，379，380，387，389，399，476，479，513，515，517，520，542，545，550，561，604

习近平法治思想 385，391

习近平强军思想 385－387

习近平生态文明思想 385，389，390，485－487

习近平新时代中国特色社会主义经济思想 385，387，389

习近平新时代中国特色社会主义思想 336，362，363，370－373，375－378，384，385，391，392，394－399，401，486，490，512，516，517，519，520

习近平新时代中国特色社会主义外交思想 390，391，592

辛亥革命 45，47，53，54，57，59，61，67，81，94，97，144

新发展理念 330－332，334，373，381，387，389，399，425，428，429，487，491，493，494，520，542，545，604

新时代 143，216，315－318，326，327，334－338，342－344，347，348，350，361－363，370－373，375－380，383－387，389－392，394－399，401，425，426，441，479，485，486，490，491，493，495，500，501，505，509，511，512，515－520，539，540，542，544，547，558，559，591－593，601－603

新世界 62，65，578，580

"一带一路"倡议 542，595

依法治国 282，299，309，319，326－330，334，343，344，346，372－374，379，381，391，392，396，399，429，507，517，521，534－538，541，544，547，551，552，586，603

永续发展 382，476，484，486，490，494，495

原创性 385，517

政治建设　299，319，334，374，380，384，429，479，496，505，508－510，514，518，531，532，538，543

中国方案　315，375，398，400，470，521，522，542，547，559，602

中国工人运动　66，70，72，76，77

中国共产党　3－5，24，66－82，85－87，89－97，99，100，107，108，110，111，114，116，119，121－123，125－133，135－137，143，144，146，147，150，152，154，158－162，167，173，174，180，183，185，186，190，193，194，197，198，203，207，210，213，214，219，223－226，229，231，234，247，253，259，260，265，271－275，281，282，289，296－299，308，309，315，316，319－321，325，328，333－335，337，342，344，345，362－370，372，376，379，381，392，395，396，398，399，401，431，433，434，442，449，460，466，475，476，489，495－498，500－504，506，507，510－515，517，518，520，522－524，526，529，530，535，536，538，539，541，547，549，551，552，563－566，579，592，597，600－602，605，607

中国梦　1，5，210，216，298，319，375，380，383，429，500，586，587，599

中国奇迹　298，351，422，434

中国特色社会主义道路　5，210，265，315，355，368，400，497，521，555，601，602，607

中国智慧　315，401，470，602

中华传统文化　5，376

中华民族伟大复兴　1，4，5，23，45，47，130，143，144，198，210，216，234，297，

298，315，316，318，319，335－338，345，362，368，377，378，380，383，386，390，391，393，397，404，429，430，432，443，457，473，476，492，496，500，511，516，522，541，544，586，587，599－602，604，605，607

资产阶级革命　12，45，47－49，52，53，57，90

自我革命　320，371，384，385，449，496，498，500，505，516－518，522，550，602